20,–

Über alle Grenzen

Hinweis für die Aussprache:
Bei Wörtern in Sanskrit und Tibetisch gilt
c und ch = tsch, j = dtsch, sh = sch

Lama Ole Nydahl
Über alle Grenzen –
Wie die Buddhas in den Westen kamen
Überarbeitung: Catrin Hartung,
Pit & Maike Weigelt, Michael Fuchs
Aurum Verlag in © J. Kamphausen
Verlag & Distribution GmbH, Bielefeld
info@j-kamphausen.de

Lektorat: Adele Gerdes
Typografie, Satz: Wilfried Klei
Umschlag-Gestaltung:
KleiDesign, Bielefeld
Fotos: u.a.v. Gerd Heidorn,
Thule G. Jug
Druck & Verarbeitung:
Westermann Druck Zwickau

www.weltinnenraum.de

Die Deutsche Bibliothek – CIP-Einheitsaufnahme
Ein Titeldatensatz für diese Publikation
ist bei der deutschen Bibliothek erhältlich.
Überarbeitete und erweiterte Neuauflage 2005

ISBN 3-89901-053-1

LAMA OLE NYDAHL

Über alle Grenzen

Wie die Buddhas in den Westen kamen

AURUM

Der 17. Gyalwa Karmapa Trinlay Thaye Dorje

Meinen prachtvollen Schülern gewidmet,

der gesunden Vernunft und vor allem unserem in

Freiheit lebenden und unpolitischen Karmapa.

Möge er zahllosen Wesen nutzen.

Inhaltsverzeichnis mit ausgewählten historisch-politischen Ereignissen der Jahre 1972-1994

Lama Ole Nydahl

Vorwort zur 3. Auflage im Aurum Verlag 2005

Sehr liebe Leser,

glückliche Umstände führten zu diesem zeitgeschichtlichen Buch. In der gleichen Weise wie die Kraft seines Vorgängers „Die Buddhas vom Dach der Welt“[1] *darin liegt, im damals ungestörten Himalaya jahrelang bei den spannendsten tibetischen Meditationsmeistern aufgenommen zu werden, so lebt auch dieses Buch von einmaligen Menschen, Begegnungen und Entwicklungen, dieses Mal um die Welt.*

Seit den späten Sechzigern arbeite ich mit einer wachsenden Schar von Freunden zusammen, damit die in Tibet vom Aussterben bedrohte psychologisch – philosophische Weisheit verständlich und zeitgemäß in den Westen kommen kann. Meine schöne Frau Hannah und ich wünschen zusammen mit ähnlich überzeugten Freunden, unserer Welt Entwicklungen im Bereich von geistigen Erfahrungen und Mitteln zu ermöglichen, die den Menschen etwas grundlegend anderes als die schon vorhandenen Glaubensreligionen bieten können. Unsere Grundlage dabei ist, erst jahrzehntelang für den Diamantweg des Tibetischen Buddhismus gearbeitet zu haben und selbst zu dessen Segensträgern zu werden.

Nun fehlte nur noch ehrlich und ohne Fehler zu verstecken die sinnvollen wie auch sinnlosen Erlebnisse dieser Zeit zu beschreiben. Durch unsere Beobachtungen rund um die Welt wird jeder Leser zu einem direkten Zeitzeugen, wie die Buddhas in den Westen kamen.

Diese neue Auflage ist leserfreundlicher. Zu Beginn eines jeden Kapitels werden zeitgeschichtliche Ereignisse des entsprechenden Jahres aufgeführt. Gleichzeitig kann man leicht an der Jahreszahl und dem Ort am Rande der Seite erkennen, wo man sich gerade im Text befindet. Eine zusätzliche Bereicherung sind die kurzen Lebensgeschichten einiger bedeutender Lehrer am Ende der Kapitel. Wir hatten die Ehre und Freude, sie alle kennen zu lernen.

Wer aus der Geschichte lernt, muss Fehler nicht wiederholen. Möge das Buch von Nutzen sein.

Lama Ole Nydahl

---

1 Die Buddhas vom Dach der Welt, Aurum Verlag, 2003

Vorwort zur 2. Auflage 1994

Dass nach so vielen Jahren im Westen die meisten buddhistischen Lehrer immer noch wenig mit Durchsichtigkeit anfangen können und sich den chinesischen Zerstörern ihres Landes fügen oder sogar mit ihnen zusammenarbeiten, ist bedenklich. Neben neuen, spannenden Ereignissen und einem weiteren Jahr Arbeit bin ich verstärkt auf diese Ebene eingegangen. Das Buch verträgt diese gelegentlich kalte Dusche. Freude und Sinn der Sache sind offensichtlich, und ein kritischer Blickwinkel schadet bei einer guten Sache nicht. Auch habe ich während der Jahre dazugelernt, und wie man sagt: Wer mit zwanzig nicht links ist, hat kein Herz, und wer mit vierzig nicht konservativ ist, hat kein Hirn.

Die Arbeit an diesem Buch wäre nicht ohne den Einsatz von Andi, Gabi, Andrea, Mäc, Peter Speier, den Heidelbergern, den Zürchern, Simone, Gisela, Markus Kuhn, dem Joy Verlag und all den im Hintergrund arbeitenden Helfern gelungen. Caty hielt während der ganzen Zeit die Fäden in ihren Händen, und wir drehten zusammen jedes Wort x-mal um.

Aus Dankbarkeit der deutschen Sprache gegenüber, die ein so kostbares Werkzeug bietet, bin ich weitgehend ohne Fremdwörter ausgekommen. Da die Kraftkreise der Buddhas schon im Westen angekommen sind, haben wir auch ihre Namen in hiesiger Sprache eingeführt.

Im Segensfeld der Schützerin Weißer Schirm *am Tag von* Schwarzer Mantel *auf der Harbour Bridge in Sydney im Februar 1994 beendet.*

Eure Hannah und Lama Ole

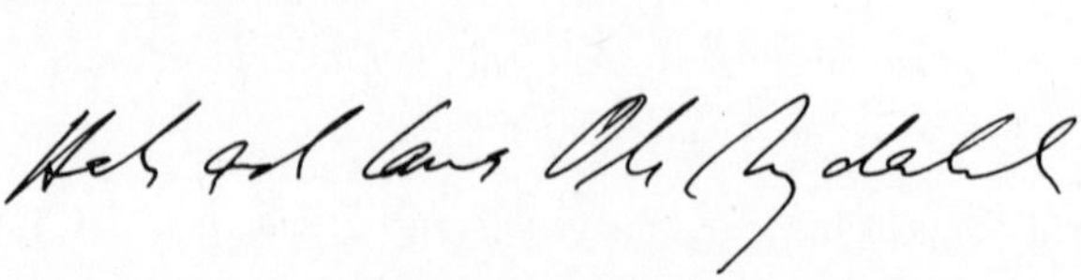

Im Kraftkreis des 8. Karmapa Mikyö Dorje

Einleitung

Das Jahr 1972

- Das SALT Abkommen zwischen der UdSSR und den USA zur Begrenzung strategischer Rüstung wird unterzeichnet. 78 Staaten unterzeichnen die Ächtung bakteriologischer Waffen ('Biowaffen').
- Überfall arabischer Terroristen auf die israelische Olympiamannschaft während der Olympischen Spiele in München.
- Sicco Mansholt wird Präsident der Europäischen Kommission in Brüssel. EWG und die EFTA unterzeichnen ein Freihandelsabkommen.

Dänemark 1972

Der Herbst zeigte sich von seiner besten Seite, als Hannah und ich am 7. Oktober 1972 in Kopenhagen landeten. Die Luft öffnete die Lungen, Farben und Licht waren strahlend und frisch. Dieser Tag sollte der Beginn einer „Saga" sein. Nach drei Lehrjahren im Himalaya schickte uns Seine Heiligkeit, der 16. Gyalwa Karmapa – der erste bewusst wiedergeborene *Lama*[2] Tibets – mit einer Aufgabe nach Hause, die viele Lebenszeiten ausfüllen würde. Wir sollten als erste Europäer die tiefe Weisheit Tibets unserem Teil der Welt zugänglich machen, den nach außen gekehrten Geist des Westens für etwas so Ungewohntes wie *Mantras* und *Meditation* öffnen.

Es hatte zwar bereits früher Verbindungen zu östlichen Heilslehren gegeben, aber diese behinderten unsere Arbeit nur. Überbegeisterte Guruanhänger hatten durch öffentliche und dramatische Lobpreisungen ihrer Lehrer bereits viele befremdet. So schlug die Offenheit, die es in freien Gesellschaften für neue Dinge häufig gibt, gerade zu dieser Zeit in Zynismus um. Was an schnellen Erlösungen versprochen wurde, war weder vertrauenswürdig, noch entsprach das Kaufen eines Mantras dem europäischen Geist. Eigentlich war es wie so oft: Diejenigen, die schon Erfahrung mit dem Geist gesammelt hatten, waren sich auch im Klaren

---

2 Siehe Glossar am Ende des Buches. Jedes im Glossar erklärte Wort wird beim ersten Vorkommen im Buchtext *kursiv* gesetzt.

darüber, was ihnen nicht gefiel; die meisten jedoch waren in ihrer eigenen Welt gefangen.

Es warteten keine Palmen schwingenden Mengen auf die Erlösung.

Unsere Aufgabe bestand darin, einen vollständigen Entwicklungsweg in eine Welt zu bringen, die alle anerkannten Bedürfnisse schon abgedeckt hatte. Uns von eifersüchtigen, rachsüchtigen oder anderweitig unzulänglichen Göttern abgrenzend, wollten wir geistige Erfahrung in Gesellschaften bringen, die viel zu einseitig geworden waren.

Die Vorteile des Westens sind das gute *Karma* und das Mitgefühl sowie die Fähigkeit, klar zu denken. Solche Bedingungen müssen auf lange Sicht zu einer buddhistischen Anschauung führen, und da die Lehre dogmenfrei sagt, wie die Dinge sind, würde die westliche Freiheit und Unabhängigkeit unsere Arbeit immer unterstützen. Da Buddhas Lehre kein Glaube ist, sondern den Weg zur *Erleuchtung* zeigt, muss man die Behauptungen überprüfen und auch erfahren können.

Die erste unserer buddhistischen Gruppen bestand aus Freunden der aufregenden 60er Jahre. Sie fanden es spannend, dass wir jetzt die Reinheit des tibetischen Buddhismus bewahrten; ein paar Jahre vorher hatte ich sie geschützt. Sie wussten, dass wir nicht wegen eigener Schwierigkeiten in eine Glaubensrichtung geflüchtet waren oder um den Entscheidungen des Lebens zu entkommen. Wir hatten schon alle erdenklichen Freuden genossen, bevor wir zu unseren tibetischen Lehrern zogen. Von daher war die Aussage überzeugend, dass der *Geist* ungeahnte Ebenen von Glück und Sinn enthält, zu denen unsere Kultur keinen Zugang kennt. Der *Diamantweg* – und das gilt heute mehr denn je – ist für Menschen mit Überschuss, die Kraft für andere haben.

Wir hatten von Anfang an Rückenwind. Während der 70er Jahre konnte man etwas sein, ohne viel zu haben, und unsere Bewegungsfreiheit war fast unbegrenzt. Der Nahverkehr bestand aus einer Reihe durchgerosteter VW-Busse; für die größeren Fahrten halfen Freunde in der Überführungsabteilung der „Pitzner-Autovermietung", die europaweit Gehhilfen vermietet. So konnten wir meistens umsonst alle Städte zwischen Oslo und Rom erreichen, um Belehrungen zu geben. Auch wenn die Reise gelegentlich per Anhalter weitergehen musste, wurden wir oft von Leuten mitgenommen, die etwas über ihren Geist lernen wollten.

Österreich

Schon im November 1972 kamen wir nach Österreich. Im malerischen Graz gab ich der ersten Gruppe nach einem Vortrag *Zuflucht*, den Zugang zu ihrer *Buddhanatur*, und erklärte ihnen, wie sie alleine weiterkommen konnten. Das war das Modell für die Entstehung vieler Zentren und Meditationsgruppen im kraftvollen Herzen Europas.

Während der Vorträge zeigte ich fast immer eine Reihe Dias aus unseren Jahren im Himalaya, um so neuen Leuten die möglichst stärkste Verbindung zu unserem Lehrer Karmapa und seiner Übertragungslinie zu verschaffen. Um das nötige Geld zu verdienen, räumten wir nachts in einer Sonderschule in Kopenhagen das wieder auf, was die lieben Kleinen tagsüber zerstört hatten. Meistens konnten wir vor Müdigkeit kaum stehen, und ich bewunderte Hannahs Ausdauer. Als mehr Freunde zu unseren Schülern wurden, kamen sie nach den Meditationen mit und halfen uns bei der Arbeit. Während der vielen Fahrten durch Europa gab es bald genügend Hände, in die man den Besen drücken konnte.

Wir lebten sparsam, kauften fast alles gebraucht, achteten aber darauf, genügend Vitamine und Proteine zu bekommen. Diese sollten den täglichen Mangel an Schlaf ausgleichen. Während der Wochenenden fällte ich oft Bäume in Schweden und half später beim Ausheben von Schwimmbädern für die Firma eines Freundes. Zusätzlich zur vergnüglichen Nachtgymnastik brachte das Gesundheit und Kraft.

Ein sehr großer Vorteil waren unsere wunderbaren und unvergleichlichen Eltern. Hannahs Mutter konnte sogar während meiner Schlägerzeit unter meine raue Oberfläche schauen, und bei unseren späteren Schwierigkeiten mit der Polizei hatte auch ihr Vater das Vertrauen in uns nicht verloren. Diese Ereignisse, die Jahre im Himalaya und die wilde Zeit davor, habe ich im Buch „Die Buddhas vom Dach der Welt" beschrieben. Die uneigennützige Liebe meiner Eltern war größer, als Worte es ausdrücken können. Sie waren mutige, aufgeklärte und lebenserfahrene Menschen, die für meinen Bruder Björn, Hannah und mich immer da waren. In einem Alter, in dem sich viele Menschen erlauben, geistig stehen zu bleiben, entwickelten sie sich ständig weiter.

Während der ersten Jahre lebten wir viel zu stark in unseren Erfahrungen, als dass wir zwischen der tibetischen Kultur und der zeitlosen Weisheit der Belehrungen hätten unterscheiden können. Für uns war alles Tibet und Karmapa. Diese fehlende Klarheit sollte später mehrmals unser Wachstum behindern.

Die äußeren Bedingungen der Arbeit waren also zäh fließend bis gut. Aber ohne innere Übertragung wären sie nur eine Schale geblieben. Unsere Entwicklung und die Fähigkeit, anderen zu helfen, entstanden durch tägliche Meditationen auf die Buddhas und durch unsere enge Verbindung zu Karmapa. Vor allem war der Kraftkreis seiner achten Inkarnation, Mikyö Dorje, überall gegenwärtig, und wie heute spürte ich unseren *Schützer*, Träger des *Schwarzen Mantels*, der die furchtlose Kraft aller Buddhas ist. Andere Buddha-Energien, oft weiß und weiblich, mit Namen wie *Weißer Schirm* und *Weiße Befreierin*, zeigten sich während der folgenden Jahre. Mit unglaublicher Kraft und Genauigkeit retteten sie uns vor dem Tod und ernsteren Unfällen.

16. Karmapa Rangjung Rigpe Dorje (1924-1981)

Karmapa verkörpert die Aktivität aller Buddhas und wurde sowohl von Buddha Shakyamuni als auch *Guru Rinpoche* vorhergesagt. Er ist der erste bewusst wiedergeborene Lama (*Tulku*) Tibets und seit dem Jahr 1110 (dem Geburtsjahr des 1. Karmapa Düsum Kyenpa) das spirituelle Oberhaupt der ungebrochenen Übertragungslinie der Karma Kagyüs.

Der 16. Karmapa Rangjung Rigpe Dorje wurde 1924 in Osttibet geboren. Aufgrund der chinesischen Zerstörung verließ er 1959 Tibet und baute seinen neuen Hauptsitz, das Kloster Rumtek in Indien auf. Durch die Gründung des Karmapa Charitable Trust sicherte er das Weiterbestehen der Karma Kagyü Linie. Mit seinen zahlreichen Besuchen in Europa, Nordamerika und Südostasien machte er die Lehren der Kagyü-Schule auch im Westen bekannt. 1981 verstarb er in Chicago; seine Wiedergeburt, der 17. Karmapa Thaye Dorje, konnte mit elf Jahren im Frühling 1994 aus dem unterdrückten Tibet in die Freiheit nach Indien gelangen und lebt seither dort.

Es geht los

Das Jahr 1973

- Westliche Politiker versprechen gegen billiges Öl, den Islam bevorzugt nach Europa zu bringen und hier Moscheen zu bauen, als Ausgleich für das Christentum in den arabischen Ländern.
- Internationale Ölkrise durch Drosselung der Ölförderung der OPEC Staaten um 25%. Man will die Rückgabe der durch Israel besetzten Gebiete erzwingen.
- In Chile putscht das Militär. Staatspräsident Salvador Allende (*1908) kommt am 11.9. gewaltsam zu Tode.
- Die EG Europäische Gemeinschaft wird um Dänemark, Großbritannien und Irland erweitert.

Dänemark

Wir begannen ganz oben. Gyalwa Karmapa hatte uns mit einem Brief an Ihre Majestät Königin Margarete von Dänemark nach Hause geschickt. Schon wenige Tage, nachdem wir gelandet waren, kam die Einladung zur Audienz. Sie lag zwischen unserer Post, als wir morgens aus den Wäldern Südschwedens zurückkehrten. Das Haus mit unserer 15-Euro-Dachwohnung im fünften Stock stand gegenüber der berühmt-berüchtigten Hippiekolonie Christiania und wurde einige Jahre später, als die Behörden entdeckten, dass es tatsächlich bewohnt war, abgerissen. Bis zur Audienz blieben uns knapp zwei Stunden. Nach der langen Zeit im Osten waren wir auf einen solchen Empfang nicht vorbereitet. Hannah fand nur einen uralten Rock, und ich musste den inneren Saum meiner einzig annehmbaren Hose mit Sicherheitsnadeln zusammenstecken, in der Hoffnung, dass niemand meine Militärstiefel darunter entdecken würde. Ich zog eine Jacke an, die ein Zwerg bei seiner Konfirmation getragen haben musste, und verwendete einen furchtbaren Schlips, den ich während meiner Internatszeit in den USA zur Verärgerung der Lehrer getragen hatte.

Mit quietschenden Reifen erreichten wir den dänischen Regierungssitz Christiansborg, parkten unseren rostigen VW neben den glänzenden Limousinen und betraten das Gebäude. In einem Vorraum warteten

RUMTEK MONASTERY
GANGTOK
SIKKIM

VIA INDIA

Your Majesty
Queen Margarethe of Denmark,

By the blessing of the Highest may you and yours be well and happy.

The occasion for writing this letter is the return to Denmark of my trusted pupils, Ole and Hannah NYDAHL of Denmark.

As a follower of Lord Buddha, and the head of one of the four great Sects or Schools of Mahayana Buddhism, in old Tibet, now living as refugees in India, we are specially concerned with Dharma and what you would call the religious life. Our Sect is called the Kagyudpa Sect, and includes many great historical Yogis and saints.

One of the features of the modern age is the trend of many young people towards the East, and I get pupils from many nations who are deeply sincere in their search for the truth. Ole and Hannah are two such. I have therefore entrusted them with the task of establishing a Centre and meditation centre in Denmark where many earnest seekers young and old may learn to meditate and "look within" according to our old and tried traditions.

Belonging to a country which always reveres and respects the "Dharma ruler" as we call the King or Queen, I wished to write this letter, which I send by their hands, to introduce them to you, so that they may have your moral support and protection in this work they are beginning. In essence all religions are one, and all seek "the good life", not for ministers and priests only, but for all living beings, all men and women whoever they may be.

We have had some very remarkable results with young people who are going through the trials of what might be called a war-torn and drug-deluded generation. We have our own way of showing the way to peace, and a natural healthy life.

Praying that you may make the way clearer for these young people.

With blessings

Herbst 1972

ungefähr fünfzig federgezierte Herren mit Säbeln, die vermutlich einen Orden bekommen sollten. Hinsetzen konnte ich mich nicht, sonst wäre meine Hose aufgegangen. Glücklicherweise bemerkte niemand unseren peinlichen Zustand, und kurz danach wurden wir in einen anderen Raum gebeten.

Es war ein großes Erlebnis. Man mag über das Königtum denken wie man will, doch in jedem Königreich gibt es nur einen Menschen, der das Karma hat, diese oberste Aufgabe zu erfüllen. Ich erlebte unsere Königin strahlend und umgeben von viel starker guter Energie. Margarete konnte ihre Augen nicht von unserem Hauptgeschenk abwenden, einer kleinen Statue der Weißen *Befreierin*. Sie stammte aus Karmapas Kloster in Sikkim und glich der Königin aufs Haar. Margaretes Offenheit war ehrlich, nicht gekünstelt. Einige Monate zuvor war sie selbst in Nepal gewesen und hatte den Besuch sehr genossen. Jetzt war sie gespannt auf unser Buch „Der Diamantweg“, entstanden aus Kalu *Rinpoche*s Belehrungen. Es war eine Freude, ihr zu begegnen, und der Eindruck ihrer Größe ist bis heute in uns lebendig geblieben.

1972

Im Winter 1972 gab es mehrere Zeichen, dass sich Karmapas Energie an den von uns besuchten Stellen verdichtete. Zum Beispiel verwendeten wir unseren ersten Lohn, um das eine unserer beiden winzigen Dachzimmer im besten tibetischen Stil zu streichen. Ganz in Gedanken versunken und sicher von den Farbdämpfen benommen, sprach ich das Mantra unseres Schützers *Schwarzer Mantel* laut aus – was man niemals tun sollte. Meine Stimme ging in einem Ohren betäubenden Lärm unter. Hunderte von streunenden Hunden in der Hippiekolonie heulten ohne ersichtlichen Grund gleichzeitig auf. Einen Moment lang stand alles still, und wir spürten, dass das *Kraftfeld* unserer tibetischen Linie jetzt völlig im Westen angekommen war. Es verließ uns nie mehr, und so entstanden bis heute, von unserer bescheidenen kleinen Gruppe in Dänemark ausgehend, über vierhundertfünfzig Zentren rund um die Welt.

Im Dezember 1972 öffnete eine Fahrt zur Insel Fünen neue Dimensionen. Ich war von der Pädagogischen Hochschule in Odense eingeladen worden, die uraltes buddhistisches Meditationswissen mit den neuesten Techniken der Gruppentherapie und des Sensitivitäts-Trainings verbinden wollte. Das war leicht, denn sie hatten sowieso ihre besten Mittel vom Buddhismus abgeleitet. Nach dem Kurs stopften wir, wie so oft in den nächsten Jahren, ein Dutzend Teilnehmer in den VW und fuhren zu unserem Hof in den schwedischen Wäldern. Hier kam ein Gruß von unserem ersten Lama Lopön Tsechu aus Nepal an: Unerklärlicherweise begann sein Bild laut und lang zu brummen.

Das bedeutendste Ereignis in jenem Winter verdankten wir Professor Kjell Sellin, der damals großen Einfluss auf den Zeitgeist hatte. Er war ein kräftiger, fröhlicher Mann norwegisch-schwedischer Abstammung, der zum Geburtshelfer fast aller „neuen geistigen Richtungen" in Dänemark wurde. Einige unserer Freunde, die fast rund um die Uhr bei uns gestapelt saßen, hatten von einer spannenden Sache gehört. Der Professor bereitete eine dreiwöchige Ausstellung mit dem Thema „Das innere Universum" vor. Ihr Ziel war, die Dänen mit neuen geistigen Strömungen, die ins Land kamen, vertraut zu machen.

Das verunsicherte uns. Wir waren überzeugt, das Beste an Geistigkeit überhaupt zu besitzen, und neigten deshalb zu einer abgrenzenden Einstellung. Wir hatten keine Lust, unsere edle alte „Firma", die Karma-Kagyü-Linie unter all den Hindu-Sekten, Neo-Christen, Pop-Gurus und Gemischt-Religiösen vorzustellen. Ganz richtig fühlte sich das aber auch nicht an, denn wie sollten uns neue Leute begegnen können, wenn wir nicht teilnahmen? Einige der Besucher würden eine tiefere Offenheit besitzen, und Karmapas Wunsch ist es immer, so vielen Wesen wie möglich zu nützen.

Also liefen wir am nächsten Vormittag doch durch die stattlichen, hellgrauen Hallen der Ausstellung. Die anderen Gruppen hatten schon ihre Stände aufgestellt und versuchten, sich gegenseitig ein paar Zentimeter Standplatz abzujagen. Aus einem Guru waren während unserer Zeit im Himalaya viele geworden. Mit Erstaunen sahen wir, wie modern und psychologisch anspruchsvoll die Werbung für die Unfehlbarkeit bestimmter Lehrer und Mantras durchdacht war. Den hintersten Raum hatten die Schützer anscheinend für uns freigehalten, denn niemand hatte ihn bemerkt. Die Wände waren bereits in den buddhistischen Farben rot und gelb gehalten, und wir fanden diese Umgebung edel genug, um ausstellen zu können.

Während Hannah uns bei Kjell Sellin anmeldete, hängte ich schnell unsere Rollbilder so beherrschend im Raum auf, dass es keinen Platz mehr für etwas anderes gab. Wir stellten Kalu Rinpoches Buch aus, holten ein paar Matratzen zum Sitzen und waren fertig. Am nächsten Tag wurde die Ausstellung eröffnet, und sie machte wirklich Spaß. Viele Besucher erreichten unseren Raum ganz überwältigt von all den stromlinienförmigen Angeboten und mussten sich erst einmal erholen. Unter den gesegneten Rollbildern entdeckten sie dann, dass sie sich hier eigentlich am wohlsten fühlten.

Eine gesunde Nachfrage wuchs, und ein paar Tage später besuchten viele Leute meinen zweiten Vortrag. Da ich nie gelernt hatte, öffentlich zu sprechen, kamen die Worte eher mit Überzeugung als klar gegliedert heraus. Trotzdem wollte niemand gehen. Die volle Übertragung, der *Segen* der Buddhas und meiner Lehrer war wie immer da. Ich fühlte mich wie unter Starkstrom, während ein anderer Teil meines Geistes zuschaute, wie viel ich plötzlich wusste.

Kurz danach brachte uns Jürgen „Kaninchen" von einer skandinavischen Yoga-Schule auf eine Idee, die vieles verändern sollte. Er hatte seinen Stand vor unserem Raum und leitete seine Meditationen auf Dänisch. Das ermöglichte einen unmittelbaren Zugang zum Diamantweg für den Westen. Zum ersten Mal in der Geschichte lernte wohl hier der Buddhismus etwas Sinnvolles vom Hinduismus und nicht umgekehrt. Es ging jedoch nur um die Vermittlungsweise, denn das Ziel seiner Yoga-Schule war Entspannung und nicht Erleuchtung wie bei uns. Über Jürgens Übung, auf das eigene Wesen als ein goldenes Ei zu meditieren, dachte ich zwar, dass man so als Vogel wiedergeboren werden oder als Omelett auf dem Frühstückstisch landen könne, der Lehrweg aber war gut. So bleibt der Segen der Linie erhalten, ohne dass die Leute sich durch zu viel Tibetisch befremdet fühlen.

Zwischen der Ausstellung und unserer nächtlichen Arbeit gaben wir mehreren Leuten bei uns zu Hause Zuflucht. Die Gruppen erhielten zudem die dänisch geleitete Karmapa-Meditation. Es war die richtige Entscheidung gewesen, von unserem Elfenbeinturm herabzusteigen. Obwohl viele den tibetischen Buddhismus immer noch für etwas verstaubt und fremdartig hielten, mochten sie seine zeitlosen Werte. Als freie Menschen schätzten sie das Fehlen von Dogmen und Gefühlsduselei und waren erleichtert zu hören, dass unser Ziel nicht Glaube, sondern Erfahrung ist. In nur drei Wochen bekamen hundert Freunde die Verbindung zur Lehre. Viele von ihnen gehörten der „geistig beweglichen" Sorte an, waren Studenten oder Hippies. Wie sich zeigte, konnten die Belehrungen aber jeder Gesellschaftsschicht nutzen. Ohne es wirklich zu merken, waren wir zum geistigen Mittelpunkt der Ausstellung geworden.

Am letzten Tag erklärte ich die grundlegende Einstellung, Erleuchtung zum Besten aller zu erlangen. Eigentlich war es nur gesunde Vernunft, aber keine der anderen Gruppen hatte vergleichbare Belehrungen.

Professor Kjell Sellin schloss uns in sein großes Herz und überließ uns umsonst den Keller eines Hauses in der Kopenhagener Altstadt. Viele halfen mit, das Zentrum aufzubauen, und da die Säulen des Kellerraums schon sehr tibetisch wirkten, mussten wir nur noch streichen. Den vierten Stock desselben Altbaus hatten die Schüler von Guru Maharaji gemietet. Damals, als sie noch heftig die Welt überzeugen wollten, sangen sie ständig und sehr laut ihren Hit „Lord of the Universe". Später, als sie praktischer wurden und eine Gaststätte eröffneten, ließ mit Sicherheit jemand immer genau dann ein Tablett voller Teller fallen, wenn ich eine Meditation leiten wollte. Da der Hof alle Geräusche noch verstärkte, verdanke ich den Maharaji-Anhängern viel von meiner heutigen Unbeirrbarkeit. Neue, steife oder verwirrte Leute bei starkem Lärm durch eine unbekannte Meditation zu führen, gibt große Kraft.

Eigentlich hatte ich nicht erwartet, so schnell buddhistische Belehrungen weiterzugeben; ich wollte nur den Segen Karmapas übertragen und seinen Besuch vorbereiten. Aber jetzt hatten wir schon ein Stadtzentrum, in dem über hundert Menschen Platz fanden. Fast jeden Abend lief irgendein Programm, und ich unterrichtete ständig.

Seit wir aus dem Osten zurückgekommen waren, hatten wir mit Freunden eine geeignete Stelle für ein Landzentrum gesucht. Wir verliebten uns in eine verfallene Baracke auf einem Hügel westlich von Kopenhagen, aber nach fünf Monaten Tauziehen mit den Behörden bekamen wir dann das endgültige Nein. Die Arbeit sollte wohl in der Stadt bleiben.

Während in diesem Frühling das Zentrum in Kopenhagen Form annahm, reiften auch an mehreren anderen Stellen gute Verbindungen heran, seit November 1972 in Stockholm, später dann bis Uppsala und Göteborg. Kurz danach bildete sich auch in Oslo die erste Gruppe.

Schweden

Unser Hof in Südschweden, auf dem wir das leicht kirchliche Buch „Der Diamantweg" verfasst hatten, wurde bald zu klein. Monatelang verbrachten wir mit meinem Bruder Björn und anderen Freunden jedes freie Wochenende mit Blitzfahrten auf den Schotterstraßen des Landes. Die Winterfahrten durch die unberührte Schneelandschaft Skandinaviens waren einfach wunderbar. Wir wollten eine größere Stelle finden. Eines Tages tauchte ein schwedisches Mädchen auf, deren Geld uns eine alte Weisheit vergessen ließ: Menschen, die sich selbst nicht froh machen können, sind auch für andere kaum von Nutzen.

Karma Ling in Südschweden

Daran sollten wir uns aber später wieder erinnern. Sie hieß Maria, war „geistig offen" und hatte beim Hindu-Guru Muktananda in der Nähe von Bombay gewohnt, bis Karmapa dorthin eingeladen wurde und mit seiner Kraft all ihre Vorstellungen sprengte. Nun hatte sie den Wunsch, für Karmapa ein Zentrum in Schweden zu eröffnen. Mit ihrem Geld war plötzlich alles möglich. Kurz danach fanden wir einen traumhaft gelegenen kleinen Hof, den wir Ende 1973 mit 15 Hektar Wald für 111.000 **1973**

Bei der Arbeit im Zentrum

schwedische Kronen kauften. Zwei Drittel des Geldes waren von ihr, den Rest brachten wir auf. Der Hof lag in einem unberührten Hochmoor an der alten Grenze zwischen Dänemark und Schweden. Unser eigenes Haus verkauften wir an Freunde, die uns das Holz dutzender Riesenbäume für das neue Vorhaben schenkten.

Holland Während der ersten Jahre fuhren wir häufig nach Holland und Belgien. Eine eifrige Dame aus Utrecht versuchte, unsere Linie mit den holländischen Theosophen zu verbinden. Auch wenn dies wie eine sinnvolle Brücke zum Westen aussah, vergeudete sie letztendlich eine Menge Zeit vieler guter Lehrer. Es dauerte lange, bis wir verstanden, dass diese Leute schon einen eigenen Glauben hatten: die Theosophie. Sie hören zwar gerne zu, filtern aber alles heraus, was nicht mit ihren eigenen Anschauungen übereinstimmt. Sie wollen Dinge wissen und bereden, vermeiden es aber, sich festzulegen, und suchen hinter den Worten keine meditative Erfahrung. Viele von ihnen scheinen zu denken, dass die Dinge schon wahr sind, wenn sie sich nur schön anhören. Gegen Alter, Krankheit und Tod ist das jedoch ein sehr schwacher Schutz.

Nichtbuddhistische Gruppen sollte man nur als Freund, nicht als Lehrer besuchen, und den Menschen auf der Ebene begegnen, die sie verstehen können. Werden ihnen später die Schuhe ihres geistigen Weges zu eng oder entwickeln sie mehr Mut, werden sie von selbst kommen. Noch wichtiger jedoch als enttäuschte Guru-Anhänger aufzusammeln ist es, begabten Zweiflern etwas anzubieten.

Dänemark Die Arbeit in Europa entwickelte sich an verschiedenen Stellen, während in Kopenhagen die Gruppe, die jeden Abend unseren Kellerraum aufsuchte, immer größer wurde. Einige waren neugierig, kamen nur, um „die Giraffen" zu sehen, während andere Schutz und Segen wollten, wie zum Beispiel ein paar schwarze Damen, die von ihren verschmähten westafrikanischen Freiern mit Schlangen und Mäusen vollgezaubert worden waren. Unsere wirkliche Freude war, dass immer mehr Leute den Weg mit ihrem Alltag verbanden, um anderen helfen zu können. Sie gaben der Arbeit wirklichen Sinn. Auch die Übersetzung der wichtigsten tibetischen Texte war in Gang gekommen. Mithilfe des freundlichen Tarab Tulku, der Mitte der 60er Jahre nach Dänemark gekommen war, hatte Hannah erst die Karmapa-Meditation übersetzt und anschließend den Text der *Grundübungen* des Diamantweges, das *Ngöndro*, bearbeitet.

Lobende Briefe von Karmapa und die Erwartungen unserer Freunde drängten mich immer mehr in die Rolle eines Lehrers. Die Erste jedoch, die in Dänemark auf einem traditionellen tibetischen Thron saß, war eine Nonne. Gelongma Palmo war eine nahe Freundin Indira Gandhis, eine willensstarke, englische Großmutter der alten Schule. Sie wollte

Gelongma Palmo in Kopenhagen

Karmapas erstes von Westlern gegründetes Zentrum sehen und besuchte uns im Oktober 1973 auf ihrem Weg von Rumtek nach England. Sie hatte jahrelange Erfahrung, da sie zuerst Schülerin des Dalai Lama gewesen war, dann jedoch zu Karmapa ging, weil sie lieber meditieren als Streitgespräche über Texte führen wollte; die vier Linien des tibetischen Buddhismus zeigen in dieser Hinsicht verschiedene Wege auf. Zusammen mit einigen ihrer Nonnen lebte Gelongma Palmo im obersten Stockwerk des Klosters Rumtek und war die Verbindung unserer Linie zu den Politikern in Delhi sowie zu mehreren geistigen Zirkeln im Westen.

Schon an der Tür unseres Hauses in Kopenhagen hatte sie ein unvergessliches Erlebnis: eine echte dänische Schlägerei. Auf dem Weg die fünf Stockwerke hinauf bis zu unserer Dachwohnung musste sie mehrmals über Bierleichen hinwegsteigen. Am schlimmsten jedoch war, dass wir nicht zu Hause waren, um sie zu „retten“. Glücklicherweise hatte sie aber die Telefonnummer meiner Eltern und konnte durch sie das Zentrum finden. Die feine ältere Dame war schon etwas schokkiert, als sie ankam. So bekam der reichhaltige Gesprächsstoff, den wir den Tibetern lieferten, auch eine gesellschaftliche Ebene: Ihrer Ansicht nach stammten wir zwar aus gutem Hause, versagten uns aber jeden Überfluss, um die Lehre verbreiten zu können, woraufhin Karmapa uns öfter Kleider schenkte.

Weisheitsbuddha auf dem Löwen

Die Kopenhagener Gruppe fand im westlichen Teil der Stadt ein Haus mit Garten für die Nonne, die Belehrungen über *Weisheitsbuddha auf dem Löwen*, Befreierin und Diamantgeist gab. Am Ende ihres Besuches gab es die erste und sicher auch letzte gesungene Meditation – eine *Puja* – auf Dänisch. Es klingt einfach nicht so gut wie auf Tibetisch. Wir benutzen seither nur bei den gesprochenen Meditationen die Landessprache.

S. H. Dalai Lama weiht das Zentrum ein

Kurz danach kam der Dalai Lama nach Dänemark; damit bestand das Zentrum seine Feuertaufe. Prinz Peter, ein Erbe des griechischen Throns, hatte ihn eingeladen. Der dänische Außenminister war mutig genug, die Einladung zu genehmigen, obwohl die Chinesen schon damals vor Wut kochten. Das war wunderbar!

S. H. der Dalai Lama

Als wir den Dalai Lama am 10. Oktober 1973 am Flughafen Kastrup begrüßten, sahen viele die Umrisse einer Hand im Vollmond; und eine Woche später, auf dem Weg von seiner Limousine zu unserem Zentrum, fing es ganz unverhofft an zu schneien – mitten im Oktober! Während er das Zentrum mit dem von Karmapa verliehenen Namen „Karma Drub Djy Ling" („Die Stelle der Verwirklichungslinie") einweihte, war der Raum brechend voll. Der Dalai Lama lachte und witzelte, seine Leibwächter waren jedoch weniger froh, besonders als jemand mehrmals versehentlich das Licht ausschaltete. Sie waren aber gut in Form. Jedes Mal sprangen sie auf, um den Dalai Lama mit ihren schusssicheren Aktenkoffern zu decken. Wir waren froh, dass sie das machten, denn erst viel später sollte sich sein Verhältnis zu den gefährlichen Chinesen bessern.

Lopön Tsechu Rinpoche (1918-2003)

Lopön Tsechu Rinpoche wurde 1918 in Bhutan geboren. Mit 13 Jahren floh seine Familie wegen einer Seuche nach Nepal. Dort wurde er enger Schüler des bekannten Drukpa-Meisters Sherab Dorje Rinpoche, der sein Onkel war. Seine Ausbildung beinhaltete längere Zurückziehungen in Höhlen des Himalaya. 1944 begegnete er dem 16. Karmapa und wurde auch dessen Schüler. Auf mehreren Pilgerreisen erhielt er Belehrungen und Übertragungen aus allen vier Schulen des Tibetischen Buddhismus.

Lopön Tsechu Rinpoche war eine Schlüsselfigur des Buddhismus in Nepal. Er kümmerte sich um die buddhistischen Stämme des Landes, verwandte viel Energie in den Erhalt buddhistischer Stellen, setzte sich für tibetische Flüchtlinge ein und arbeitete als Berater der Königshäuser von Nepal und Bhutan. Ab 1987 bereiste Tsechu Rinpoche häufiger Europa, Australien, sowie Nord- und Südamerika, wo er ebenfalls viele Schüler hatte. In Europa leitete er den Bau von 17 *Stupas*, darunter auch die mit 33 Metern höchste Stupa außerhalb Asiens. Sie wurde im spanischen Benalmádena im Oktober 2003 eingeweiht, wenige Wochen nach dem Tod des angesehenen Meditationsmeisters.

Der 16. Karmapa sagte über ihn: „Wenn ich Buddha bin, ist er Ananda." (der Lieblingsschüler Buddhas)

Mit Kalu Rinpoche durch Europa

Das Jahr 1974

- Aufdeckung der Watergate-Affäre führt am 8.8. zum Rücktritt von US Präsident Nixon zugunsten des Vizepräsidenten Gerald Ford.
- Die arabischen Staaten anerkennen die terroristische PLO als alleinige Vertretung der Palästinenser. Deren Führer Arafat spricht vor der UNO.
- In Äthiopien wird Kaiser Haile Selassie I. durch Mengistu Haile Mariam entmachtet und unter Hausarrest gestellt.

Unsere Blitzfahrten durch Europa hatten die Samen für buddhistische Zentren in den wichtigsten deutschen und österreichischen Städten gelegt. Hier bauten wir auf festen Grund. Obwohl viele Leute eine allgemeine und weiche geistige Schwingung vorziehen, wollte ich meinen Freunden die Fähigkeit zur Unterscheidung sofort beibringen. Vor allen Dingen mussten sie die Unterschiede zwischen Buddhismus,

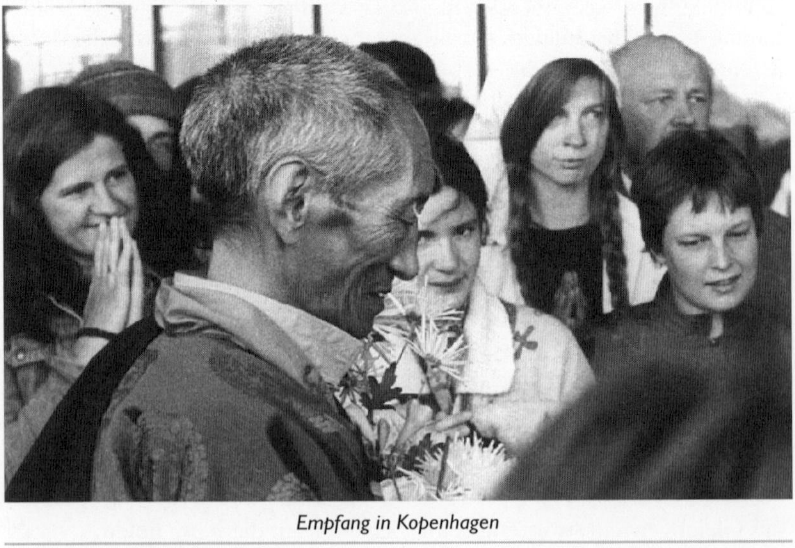

Empfang in Kopenhagen

Drogenerfahrungen und dualistischen Religionen verstehen. Andernfalls würden sowohl der Lehrer als auch die Schüler ihre Zeit vergeuden. Wir wollten mit Menschen arbeiten, für die der Buddhismus die natürliche Folge ihrer bisherigen Entwicklung darstellt.

Dänemark

Über ein Jahr lang hatten wir Zeit, den Besuch des liebevollen Kalu Rinpoche vorzubereiten. Er war von Karmapa geschickt und mit einem Reisepass versehen worden. Während wir Benzin und Gummi auf den Straßen verheizten und fast jeden Tag neue Stellen besuchten, erneuerten unsere Kopenhagener Freunde Räume in der „Aktiven Universität", damit Kalu Rinpoche und seine Lamas dort unterkommen konnten. Am liebsten hätten wir das ganze Institut verschönert, wie wir es später für Karmapas Besuch machten. Das hätte der Professor, der uns die Räume zur Verfügung stellte, verdient, aber es fehlte die Zeit.

1974

Am 30. Mai 1974 traf er endlich ein. Unser Freund Gyaltsen, sein Neffe, und sechs frischgebackene bhutanesische und sikkimesische Lamas, die er im Westen einsetzen wollte, begleiteten ihn. Schon an einem der ersten Tage beeindruckte Kalu Rinpoche uns alle tief. Er setzte seinen Fuß auf den hüfthohen Thron und schwang sich in einer Weise hoch, die allen Gesetzen der Schwerkraft widersprach. Anschließend gab er *Einweihungen* in *Liebevolle Augen* und *Guru Rinpoche*. Viele legten das Versprechen ab, zum Besten anderer die Erleuchtung anzustreben, und erhielten Belehrungen über die Grundübungen. Der Raum war fast immer voll, und obwohl einige sehr erstaunt waren, dass die jungen Lamas sofort einschliefen, sobald eine Belehrung begann, war die Begegnung zwischen den Kulturen ein Erfolg.

Schweden

Während der nächsten Monate fuhren wir Kalu Rinpoche und seine Lamas zuerst durch Schweden und anschließend durch die westeuropäischen Länder bis zum Atlantik. Bereits damals zeigten sich zum ersten Mal Stärken und Schwächen der tibetischen Organisation. Es wurde auch deutlich, wie neu die Verbreitung des Buddhismus' noch im Westen war. Vor allem aber war Kalu Rinpoche eine ständige Freude.

Der größte Schock für die Lamas waren sicher die zwanzig Minuten auf der Fähre zwischen Dänemark und Schweden. Plötzlich entdeckten sie, dass das eiserne Haus, von dem sie gedacht hatten, dass wir nur darin parkten, um auf Kanus zu warten, sich aus eigener Kraft bewegte. Auch die Rolltreppen des Schiffs waren nicht langweilig. Nur Kalu Rinpoche hielt das Gleichgewicht, während seine Begleiter auf die Nase fielen.

Während eines Segeltörns in der Nähe von Stockholm stürzte eine Dame ohne Unterwäsche kopfüber ins Wasser und bereicherte damit das anatomische Wissen der Lamas, die seit ihrer Kindheit Mönche gewesen waren.

Damals bekam unsere Stockholmer Gruppe einen Namen. Die Leute waren „schwedisch-zurückhaltend“, wollten jedoch viel wissen und stellten vor allem praktische Fragen. Hannah und ich zuckten zusammen, als Kalu Rinpoche auf die Idee kam, aus „Karma Ling“, unserem Landzentrum in Südschweden, eine Stelle für die dreijährige *Zurückziehung* der Mönche und Nonnen zu machen. Das würde für unsere Arbeit wenig nützlich sein, weil wir uns schon entschieden hatten, in Europa auf den Laien- und *Verwirklicher*-Buddhismus zu setzen. Das erwarteten unsere begabtesten und selbständigsten Freunde überall. Dennoch machten Kalu Rinpoches Lamas zur Vorbereitung einen Tag lang Pujas unter freiem Himmel mit ihren mitgebrachten Instrumenten, während wir darauf warteten, dass jeden Augenblick liebestolle Elche aus dem Gebüsch springen würden. Das Dröhnen der langen Hörner war ihren Paarungsgeräuschen sehr ähnlich.

Mit Kalu Rinpoche unterwegs

Auf der Rückfahrt hielten wir auf der südlichsten Insel Dänemarks an, wo heute nahe Schüler das Zurückziehungszentrum in Rödby betreuen.

Deutschland

Die Adressen von ein paar recht verwirrten Leuten in Hamburg, die nur dann Kagyüpas waren, wenn wir sie besuchten, hatten wir „vergessen“. Sie luden Lehrer aller Art ein und hätten sowieso nicht viel Kraft sammeln und etwas auf die Beine stellen können. So übernachteten wir in einer Pension in der Nähe des Fernsehturms, den wir am nächsten Morgen mit Kalu Rinpoche besuchten.

Der nächste Halt war das Theravada-Zentrum „Haus der Stille" in Roseburg. Es liegt zwischen Lübeck und der Grenze zur damaligen DDR. Noch fünfzehn Jahre später erzählte Kalu Rinpoche in Indien von diesem Besuch. Es war auch wirklich komisch. Mitten während seines Vortrags wurden die sonst eigentlich erwachsenen und wohlerzogenen Zuhörer immer nervöser, rutschten auf ihren Stühlen herum und stürmten auf einmal aus dem Raum. Nur ein paar Tapfere in der ersten Reihe blieben zurück. Unsere Veranstaltung fand zeitgleich mit einem Zen-Seminar statt, dessen Lehrer aus der alten Schule stammte. Er schlug seine Schüler, wenn sie zu spät zu seinen Belehrungen kamen.

Frankreich

Paris war damals schon die Drehscheibe für Kalu Rinpoches Arbeit. Wir wurden mit endlosen Mahlzeiten verwöhnt und blieben einen Monat im sommerlichen Frankreich. Während eines Essens sprangen plötzlich alle auf, als die Wirtin ihren breiten Finger mitten auf Kalu Rinpoches Stirn drückte. Sie sagte, sie hätte dort ein Licht gesehen.

Zum Schrecken der bürgerlichen Franzosen kam später noch eine Gruppe kräftiger Dänen, von meinem Bruder Björn angeführt, der dort Zuflucht nahm.

Unterwegs nach Lyon machten wir Halt in Plaige, einem kaum verfallenen Schloss. Ein Jahr zuvor hatten wir Freunden geraten, es für Karmapa zu erwerben. In Frankreich hatten wir damals oft mehr Schlösser als Buddhisten. Solange ein Gebäude in Privatbesitz war, mussten für jede einzelne Öffnung – Fenster wie Türen – Steuern bezahlt werden, und das konnte ganz schön teuer werden. Wenn das Gebäude jedoch öffentlich genutzt wurde, entfiel die Steuer. Die scheinbar beste Möglichkeit – dass die Besitzer den Teil behielten, den sie brauchten, und die restlichen Räume dem dortigen Zentrum schenkten – führte leider nur selten zur beiderseitigen Zufriedenheit. Wenn Unstimmigkeiten auftauchten, war westliche Direktheit dem hinhaltenden Verhandlungsstil des Ostens meistens unterlegen. In den Fällen, in denen der Wunsch der Besitzer nicht unbedingt der war, den Tibetern etwas zu schenken, fühlten sie sich letztendlich betrogen und zogen aus.

Zum ersten Mal redeten die Buddhisten in Aix-en-Provence davon, ein Zentrum „für Kalu Rinpoche" zu starten. Wir glaubten, falsch gehört zu haben, und sagten ihnen, dass er doch von Karmapa geschickt sei. Alle Kagyüpas müssten zusammenarbeiten und dürften sich nicht zersplittern. Erst später erfuhren wir, dass der tibetische Lehrer Akong Tulku Schuld an der Abkehr der Franzosen war. Er wollte Oberhaupt des europäischen Buddhismus sein und versuchte ständig, dafür eine schrift-

S. H. Karmapa segnet Kalu Rinpoche

liche Bestätigung von Karmapa zu erhalten, die dieser aber nicht geben wollte. Da die Franzosen Akong in keiner Weise vertrauten, trieb er sie damit in die Arme Kalu Rinpoches.

In Aix-en-Provence wurden einige Mönche und Nonnen ordiniert. Das Zentrum blühte zunächst auf, fiel aber in den frühen 80er Jahren auseinander, als ein launischer amerikanischer Lehrer die Gruppe verunsicherte. Ihre ganze Einstellung machte sie von Grund auf verwundbar: Sie hatten sich zu sehr auf die Tugend im Buddhismus versteift und entwickelten zu wenig Freude. Das gibt kaum Widerstandskraft und Ausdauer, und die spannenden Leute bleiben fern.

Die Pyrenäen waren nicht nur schön, wir lernten dort auch einiges über Christentum und Buddhismus. Wir erhielten eine Einladung zu einem „Super-Bischof". Dieser hatte sich mit dem Papst zerstritten und wollte deswegen den Buddhisten ein Stück Land zukommen lassen. Kalu Rinpoche konnte jedoch dieses Angebot nicht verwenden, und ein anderes Gebiet, das für ein Zentrum geeignet gewesen wäre, wollte der

Monseigneur nicht hergeben. Die beiden älteren Herren zusammen zu erleben, jeder das Ergebnis lebenslanger Arbeit auf seinem Weg, war lehrreicher als dicke Bücher über Philosophie: auf der einen Seite das christliche „Hohe Ich", bei dem alles höchstpersönlich auf die Goldwaage gelegt wird, und auf der anderen Seite das unmittelbare, mühelose „Verweilen in dem, was ist" des Buddhismus. Hier sah man beides in voller Blüte nebeneinander.

Dem Psychologen Schnetzler, der bei Grenoble wohnte, galt unser nächster Besuch. Kalu Rinpoches Lamas nannten mit einer für uns sehr ungewohnten Denkweise die tief psychotischen Patienten im Krankenhaus Schnetzlers „Schüler".

Kalu Rinpoche und der Bischof

Kalu Rinpoche wollte bhutanesische Lamas in Paris, Plaige und Nizza zurücklassen. Obwohl er ständig jedem riet, den Weg des Zölibats zu gehen, sprach er hier ganz anders über Sexualität: Wäre man fähig, sie in der Meditation zu steuern und richtig einzusetzen, sei es möglich, die Erleuchtung in einem Zeitraum von sechs Monaten bis zu einem Jahr zu erreichen.

In einem Weinkeller bei Nizza erlebte ich etwas Außergewöhnliches. Während ich für eine Gruppe reicher Unterstützer des berühmten Pawo Rinpoche eine 16. Karmapa-Meditation leitete, hing plötzlich ein Drache vor mir im Raum. Er war sehr zornig, etwa zwei Meter lang, in jeder Einzelheit klar zu erkennen und durchsichtig. Er griff an, indem er Rauchbälle auf mich blies. Die Lage war vielschichtig. Mein Französisch war nicht das Beste, und vor so wichtigen Leuten durfte ich keine Fehler machen. Ein Rauchball hatte schon meine Kehle gestreift und meine Stimme etwas angekratzt. Am wichtigsten aber war, dass ein Vertreter Buddhas nicht verlieren durfte. Wird die Lehre angegriffen, so kämpfe ich, bis die Gefahr beseitigt ist. Ohne die anderen merken zu lassen, was vor sich ging, rammte ich also auf der Bewusstseinsebene, auf der die Begegnung zwischen mir und dem Drachen stattfand, einen

Hagel Haumesser von Schwarzer Mantel und dreieckige rituelle Diamantdolche in den Drachen. Ich machte aus seinem langen Körper ein Nadelkissen, bis er sich fauchend in die Felswand zurückzog. Erst später erkannte ich, dass es mein Fehler gewesen war. Ich hatte einen fremden Kraftkreis in sein Gebiet gebracht, ohne ihn darauf vorbereitet zu haben. Wie jedes Mal, wenn ich das Glück habe, Liebevolle Augen, Schwarzer Mantel oder andere Buddhas zu sehen, sah auch dieser Drache genau so aus, wie er sollte. Er war wie aus einem chinesischen Bilderbuch entsprungen.

England

Anfang September 1974 ging unsere Fahrt weiter nach England. Der englische Linksverkehr mit seinen kleinen Straßen war gemütlich. Allerdings musste ich beim Überholen aufpassen: Der Beifahrer, den ich dem Gegenverkehr aussetzte, war sehr kostbar. Kalu Rinpoche entspannte sich richtig in England, vielleicht, weil ihm so vieles aus Indien vertraut war. Das buddhistische Interesse der Menschen war aber nicht besonders groß. Sie hatten schon früher Herren in Röcken gesehen und von Wiedergeburt gehört. So ließ der Lehrer seinen zeitlosen Verwirklicher-Geist frei spielen und hatte einfach Spaß. Ich werde niemals vergessen, wie er mir einmal im Vorbeigehen auf den Rücken klatschte, während ich pinkelte. Ich war nahe daran, meine Hose nass zu machen, und er fiel fast um vor Lachen.

London war von Kalu Rinpoche nicht sonderlich überwältigt. In großen Städten ist es allgemein oft schwierig, buddhistische Zentren zu halten. Dort denken die Menschen entweder, sie hätten sowieso schon alles, oder sie haben aufgegeben, es anzustreben.

Das Zentrum von Lama Chime, „Kham House", liegt auf einem unbewachsenen Feld außerhalb eines idyllischen südenglischen Dorfes. Dort bestanden die Einwohner darauf, die Autos beim Starten anzuschieben, um die Ruhe des Klosters nicht zu stören. Auch sonst gab es genügend Gesetze und Einschränkungen. Wir blieben jedoch nicht lange.

Der nächste Halt war in Manchester, wo Kalu Rinpoche mitten in seinem Vortrag ankündigte, dass ich jetzt weiter sprechen würde. Ich war zutiefst dankbar. Es war eine wirkliche Einführung in seinen Bewusstseinsstrom. Während ich redete, musste ich jedoch die Augen von einer Stelle mitten im Saal fernhalten, an der ein gewöhnlich aussehender Mann giftgrün leuchtete. Ich kann den Fall bis heute nicht erklären, aber hätte ich mich davon ablenken lassen, wäre aus dem Vortrag sicher nicht viel geworden.

Akong Tulku, der Lehrer von „Samye Ling", einem Landzentrum in Schottland, war schon schottisch-tibetisch geworden, ebenso wie die gediegenen Gebäude und die ökonomische Einstellung des Zentrums. Nur das Wetter war rein schottisch: Wind und Regen. Heute hat Akong übrigens die zusätzliche Ehre, einen 1992 von den kommunistischen Chinesen erworbenen Titel „Lebender Buddha" zu tragen, über dessen Grund man lieber nicht nachdenkt: Was muss man leisten, um von den Unterdrückern des eigenen Volkes eine solche Anerkennung zu erhalten?

Kalu Rinpoche hatte in „Samye Ling" ein umfassendes Programm, und ich lehrte in den Städten Edinburgh und Glasgow, die jede auf ihre Weise an die armen fünfziger Jahre erinnerten. England bezahlte teuer für die früheren Kolonien; die neue Unterklasse aus Übersee war allgegenwärtig. Kalu Rinpoche blieb drei Wochen, und wir hatten genug Zeit, um in einer Hütte beim Kloster zu meditieren. Wir lernten mehrere Leute kennen, die den Anfang dieser Stelle miterlebt hatten. Von den Sehenswürdigkeiten der Gegend zeigten sie uns unter anderem einen Stall, in dem Trungpa Tulku sich lange vor der Polizei versteckt hatte, bevor er nach Amerika entkommen war. Trungpa war damals schlank, schüchtern, und trug chinesischen Seidenbrokat. Die Polizei hatte gerade den Drogenverbrauch des Klosters unter die Lupe genommen. Viele Geschehnisse sind inzwischen Legende geworden, so zum Beispiel, dass er einmal betrunken über eine Brücke direkt in einen Scherzartikelladen hineingefahren war. Man sagt, er hätte sich nicht entscheiden können, weil rechts seine Freundin wohnte und links sein Kloster lag. Die ganze Geschichte war jedoch nicht so lustig, wie sie klingt. Trungpa Tulku wurde bei dem Unfall schwer verletzt und ist seitdem teilweise gelähmt.

Wir waren ihm nur einmal begegnet, im September 1973 in Stockholm. Unsere Bekannten vom Völkerkundemuseum ließen ihn für einen Film über das Leben *Milarepas* ihre erstklassigen Rollbilder verwenden. Die Begegnung mit Trungpa Tulku hinterließ einen bleibenden Eindruck. Einen berühmten Rinpoche im Maßanzug bei einer Luxusmahlzeit mit Jahrgangsweinen zu sehen, war etwas Neues. Wir waren seit Jahren gewohnt, Lehrern in roten Gewändern, nüchtern und arm, zu begegnen. Die Lage erforderte mehr Umstellung, als unser Geist auf Anhieb bewältigen konnte. Die Hingabe blieb irgendwo auf dem Weg stecken; doch wir schafften es, höflich zu sein.

Ende September sollte Kalu Rinpoche weiter nach Kanada reisen, wo er 1971/72 schon einmal ein ganzes Jahr unfreiwillig verbracht hatte. Damals gab er seinem reichen Gönner unerwünschte Ratschläge für dessen Nachtleben, woraufhin ihm dieser das Geld für die Rückreise strich. Außer Gyaltsen nahm Kalu Rinpoche diesmal Trinley Drugpa mit, den beliebtesten seiner Schüler. Als wir im Flughafen warteten, gab es mehrere gute Zeichen für unsere zukünftige Arbeit. Die Tibeter saßen plaudernd um einen Tisch, auf dem ein in Seide gehülltes Päckchen lag, das wie ein buddhistischer Text aussah. Aus alter Gewohnheit berührte ich kurz meinen Kopf damit, um die gute Energie aufzunehmen. Die Tibeter fragten mich, ob es sich gut anfühle. Einige Tage zuvor hatte ich bei ihnen Reliquien gesehen, unter denen Rippenstücke mit deutlichen Mantrasilben von der Hauptfrau des 15. Karmapa gewesen waren. Ich antwortete, dass es sich wie ein guter Segen anfühle, und alle lachten, denn in dem Seidentuch waren englische Pfundnoten, die damals größer waren als heute. „Wenn du sogar von Geld Segen aufnimmst, kann nichts schief gehen", sagte Kalu Rinpoche. „Wenn du die beiden da drüben dazu bewegst, hierher zu kommen, wirst du allen Wesen nützen können." Dabei zeigte er auf ein vorzeitig gealtertes Arbeiterehepaar. Der Mann sah aus, als käme er aus den Minen, und keiner der beiden schien ein leichtes Leben zu haben. Ich setzte mich also zu ihnen und erzählte, wer Kalu Rinpoche sei. Ihre Mundart war für mich schwer zu verstehen, wohl genauso wie mein Schulenglisch für sie. Aber das Vertrauen war sofort da, und innerhalb von zehn Minuten kamen sie an Kalu Rinpoches Tisch. Sie nahmen seinen Segen entgegen, und er war froh.

Kurz vor dem Abflug geschah noch ein drittes besonderes Zeichen. Als ich mich von einem Mädchen aus Wien verabschiedete, legte ich meine Stirn gegen die ihre, und plötzlich entstand eine Europakarte vor mir. Auf dieser waren eine Menge strahlender Lichter zu sehen – vor allem in der Mitte und im Osten –, und ich wusste, dass dort unsere zukünftigen Zentren blühen würden.

Während des Herbstes mussten Hannah und ich östlich des Rheins einen großen Teil der früheren Arbeit wiederholen. Unsere eigenen nahen Lehrer-Schüler-Bände innerhalb der Kagyü-Linie waren jahrelang tatsächlich ein Hindernis für das Wachstum. Natürlich war es wunderbar, Kalu Rinpoche und später sogar Karmapa überall zu unseren Freunden zu bringen. Es wäre auch unmöglich gewesen, die Rinpoches alleine durch Europa reisen zu lassen. Doch wenn wir nicht da waren, gab es in den Zentren nur wenig Ausrichtung auf die Linie und kaum Zielstrebigkeit.

Unter einem Himmel voll Regenbögen landete Karmapa am 17. Oktober 1974 in London auf dem Weg nach Amerika, und es gab Zeit für viele Segnungen. Ansonsten waren wir ausgefüllt mit Reisen, Unterrichten, dem Beantworten ständig wachsender Briefstapel und dem nötigen Geldverdienen. In Kopenhagen behinderte uns leider ein launischer Lama aus Sikkim, der später nach Stockholm weitergeschickt wurde und nach einer weiteren Versetzung in San Francisco die Gerüchteküche in Gang hielt. Kalu Rinpoche hatte ihn dem Zentrum „geschenkt", und er kostete vor allem Hannah eine Menge Zeit.

Deutschland

Zu meiner großen Freude fing jetzt das kraftvolle Herz Europas zu schlagen an. Deutschland begann im Norden, im Süden und in der Mitte zu erwachen. Meine erste Gruppe in München war zwar nach Südamerika gezogen, um dort im Dschungel zu leben; aber in Duisburg, Hamburg und in der Nähe von Kiel geschah viel Spannendes. Ich erahnte die Möglichkeiten für großes Wachstum. Wie alles andere in diesem Land würde auch der Buddhismus stark werden.

10. Pawo Rinpoche Tsuglag Nangwa Wangchuk (1912-1991)

Die Pawo-Inkarnationslinie gehört zu den wichtigsten in der Kagyü-Linie und soll bereits in einem verborgenen Text Guru Rinpoches vorhergesagt worden sein. Verschiedene Pawo Rinpoches gehörten auch zu den „Schatzfindern", die verborgenen Texten von Guru Rinpoche auf die Spur kamen. In Tibet hatten die Pawo Rinpoches ihren Sitz traditionell im Kloster Nenang.

Der zehnte Pawo Tulku Tsuklag Nangwa Wangchuk wurde 1912 geboren und mit drei Jahren vom 15. Karmapa Khakjab Dorje anerkannt, bei dem er bis zu dessen Tod im Jahre 1922 blieb. Auch zum 16. Karmapa hatte Phawo Rinpoche eine nahe Verbindung. Nach seiner Flucht aus Tibet 1959 wurde der als sehr gelehrt geltende Pawo Tulku für einige Jahre Sanskrit-Professor an der indischen Universität von Benares. Später ging er nach Bhutan, bevor er sich in Frankreich niederließ und ein *Retreat*zentrum aufbaute. Kurz vor seinem Tod kehrte er nach Asien zurück und starb 1991 nahe der berühmten Bodnath-Stupa in Nepal.

Karmapa kommt

Das Jahr 1975

- 30.4. Bedingungslose Kapitulation Südvietnams und fluchtartiger Abzug der letzten US Truppen und ca. 30.000 Zivilisten aus Vietnam. Saigon wird in Ho-Chi-Minh-Stadt umbenannt. Kambodscha kapituliert vor den Roten Khmer, Lon Nol (*1913) flieht in die USA.
- Ende der Diktatur in Spanien nach Tod von General Franco. Seinem Testament entsprechend wird Juan Carlos I. (*1938) König von Spanien.
- Heftige Kämpfe im Libanon zwischen Christen und Moslems.

Norwegen 1974

Am 10. Dezember kam die Tatkraft aller Buddhas selbst, um unseren wunderschönen Teil der Welt zu bereichern: Karmapa landete in Oslo. Schon am Flughafen stand alles unter Strom. Wir stürmten durch den Zoll zu Karmapa und waren ganz benommen vom Segen. In seinem Kraftfeld schüttelte es mich wie immer.[3] Im Nachhinein betrachtet muss es eine ziemliche Show gewesen sein.

In meinen üblichen gebrauchten Militärkleidern hob ich den hohen Gast auf den Beifahrersitz unseres rostigen VW-Busses auf ein viel zu dickes Kissen. Dann ging die Fahrt mit hoher Geschwindigkeit durch Oslo, wobei Karmapas Kopf fast gegen die Decke stieß, bis wir auf die Idee kamen, das Kissen wegzunehmen. Lody Sherab, sein Begleiter, erwähnte höflich, dass es in Amerika gute Autos gäbe. Das war eine Anspielung darauf, dass sie in den USA in meterlangen Dollarkisten samtweich herumgefahren worden waren. Dort gab es genügend reiche Spender, und die Verbände waren auch bereit, sich zu verschulden. Gegen Ersteres hätten wir nichts einzuwenden gehabt, aber Schulden wollten wir unter keinen Umständen. Als Nordeuropäer bis in die Knochen antwortete ich: „Die Lackkästen drüben lassen sich weder lenken noch bremsen, aber schaut, was das alte Auto hier kann!" Danach legte ich noch ein paar Rutschpartien auf der verschneiten Straße hin, zu Ehren

---

3 siehe auch: „Die Buddhas vom dach der Welt". Hier werden viele Begegnungen zwischen dem 16. Karmapa und Lama Ole beschrieben.

S. H. Gyalwa Karmapa zeigt die Schwarze Krone

europäischer Autohersteller. Das Hotel jedoch hätte sogar den größten Snob zufrieden gestellt. Es lag auf dem Holmenkollen, dem bekanntesten Skihügel des Nordens, und war ein riesiges Gebäude im Blockhaus-Stil. Was die netten Besitzer uns dort kostenlos bereitstellten, war auf jeder Ebene ein Vergnügen und ein edler „Einstieg" in unseren Teil der Welt.

Die Freunde erwarteten mit Spannung Karmapas Ankunft. Die Lehrer, die vor ihm da gewesen waren, hatten die Richtung angezeigt und alles vorbereitet. Nachdem wir alle so viel von ihm erzählt hatten, sollten sie ihm nun selbst begegnen. Karmapa segnete sie sofort und zeigte kurz danach die *Schwarze Krone* zum ersten Mal in Europa. Durch die Form der Schwarzen Krone entsteht eine Offenheit, die es ermöglicht, die tiefsten Ebenen des Geistes zu reinigen und zu bereichern. Buddha selbst hatte Karmapa und seine Krone in zwei wichtigen Sutren vorhergesagt. Durch die Kraft der Übertragung erreicht jeder, der der Zeremonie beiwohnt, innerhalb von nur drei Lebenszeiten *Befreiung*. Sogar im Vergleich zu den anderen wirksamen Mitteln des Diamantweges ist diese Geschwindigkeit einzigartig. Bei der anschließenden Schützer-Einweihung warf er gesegnete Senfkörner in den Raum. Diese verwandelten sich in schwarze Karmapa-Pillen, sobald die Leute sie in die Hand nahmen. In der gleichen Weise, wie die Karmapas früherer Zeiten bei ihren Chinabesuchen Wunder als Gastgeschenke vollbracht hatten, so grüßte Karmapa Europa.

„Wer von beiden bin ich?"

Als alle, von den Erlebnissen erfüllt, gegangen waren, kam Hannahs und meine Zeit mit Karmapa. Er ließ uns völlig dahinschmelzen und zeigte sich uns wie niemals zuvor. Er stellte ein Bild neben sich auf, das in Lebensgröße seinen zeitlosen Geisteszustand ausdrückte, und fragte: „Wer von beiden bin ich?" Dann rollte er das Bild zusammen und gab es uns. Was nach dieser Belehrung des *Großen Siegels* folgte, war ein fast noch größeres Geschenk: Er erzählte uns seine Lebensgeschichte. In malerischen Beschreibungen ließ er das ganze kraftvolle Osttibet, an das ihn Norwegen so sehr erinnerte, wieder auferstehen. Er erzählte von seiner Sippe, ihren Übertragungen, Lieben und Kämpfen, und verweilte beim stärksten seiner sieben Brüder.

Wenn dieser zu Hause durch das Tor ritt, schlang er die Beine um sein Pferd, ergriff einen Ring über sich und zog sich und das Pferd daran hoch. Mit einem donnernden Lachen, das seinen kräftigen Körper schüttelte, zeigte Karmapa auf seinen Kopf und sagte: „Ich war der kleinste von ihnen, aber ich bin der Einzige, der heute noch Haare hat!"

Drei Tage lang lief das Programm mit kraftvollen *Kronzeremonien* und einer Einweihung auf *Karma Pakshi*, den 2. Karmapa, die allen die Luft nahm. Entgegen jeder Vorschrift war es auch gelungen, Unmengen von Karmapas Vögeln ohne Quarantäne durch den Zoll zu bekommen. Er wollte sie bei sich haben und ließ seinem Reisesekretär keine Ruhe, bis die Käfige im Raum standen.

Karmapas Verhältnis zu Vögeln sprengte alle Vorstellungen. Als ausgeprägter Sinnesmensch, der am liebsten die Dinge berührt, um sie voll zu erleben, hatte ich mich nie viel mit den kleinen, allzu zerbrechlichen Federbällen beschäftigt. Karmapa sorgte für eine „Umschulung". Es geschah ganz von selbst. Während wir ihn in großen europäischen Städten herumfuhren, in denen er niemals zuvor gewesen war, sagte er oft: „Park da drüben!" Er nahm uns mit um die Ecke, und da lag das größte Vogelgeschäft der Stadt. Wenn er im Laden stand, lauschte er einen Augenblick und sagte dann: „Der Vogel da erzählt die schönsten Sachen, aber der andere dort nur Unsinn." Er streckte die Hand in den Käfig, und der Vogel, den er haben wollte, flog zu ihm hin. Die Vogelhändler, die so etwas noch nie gesehen hatten, gingen oft von selbst ein gutes Stück mit dem Preis hinunter.

Was wir am meisten gewünscht hatten, war gelungen. Der Besuch wurde zu einem Familientreffen. Die Geschmeidigkeit der Tibeter und die Hingabe unserer Freunde führten zu den Ebenen der Offenheit, die wirkliche Übertragungen geschehen lassen. Karmapa strahlte wie die Sonne. Jeden Augenblick geschah etwas Bedeutendes, und sein Kraftkreis sprengte alle Grenzen.

Schweden

Auf dem Weg nach Stockholm war der gute Zusammenhalt auch notwendig. Bei einem nahen Freund der farblosen schwedischen Schülerin von Muktananda, mit der wir den Hof in Südschweden gekauft hatten, waren wir zur Übernachtung eingeladen. Er hieß Karl Birger und war einer von der Sorte, die bei mir Gänsehaut auslösen. Er kam von der Westküste Schwedens und war zutiefst sauer, denn er hatte die Technik für die Kirlian-Photographie schon vor Kirlian erfunden, aber kein Patent darauf angemeldet.

Alle erlebten einen wunderbaren Tag mit Karmapa. Der Bus fuhr durch die verschneiten Wälder in Norwegen und Schweden. Die Zöllner an der Grenze durchsuchten alle außer uns – sie entdeckten nicht einmal die Vögel –, und Stunden danach erreichten wir das verlassene Dorf Karl Birgers. Es lag unweit der Stadt Mora, in der sehr scharfe Messer aus geschichtetem Stahl für Waldarbeiter hergestellt werden. Das Dorf befand sich inmitten einer industriegeschädigten Gegend, die Bäume waren schon gefällt, und nun wollte Birger es, offenbar mit sich selbst als Guru, zu einem geistigen Zentrum aufbauen.

Als wir dort ankamen, war nichts, überhaupt nichts vorbereitet. Trotz mehrerer Einladungen an Karmapa in Oslo war Karl alleine in einem kalten Haus, die Schränke waren leer. Zuerst ging es also darum, für Karmapa Essen zu besorgen, denn um mit dem langsamen Bus voranzukommen, hatten wir auf jede Pause verzichtet. Ich kann mir nicht erklären, wie sie es schafften. Da ich in früheren Lebenszeiten in jeder Weise den weiblichen Buddhas gedient habe, bin ich glückliche 64 Jahre alt geworden, ohne jemals eine Mahlzeit gekocht zu haben. Dennoch gelang es, etwas halbwegs Essbares für Karmapa herzustellen. Die Hausfeen, denen die Umwandlung der Substanzen gelang, waren wohl Akong Tulku und Lody Sherab. Wer sonst etwas essen wollte, bekam alte Haferflocken.

Die nächsten Tage dagegen hatten Stil. Wir erlebten das Feinste, was europäische Kultur zu bieten hat. Nikita Tolstoi, ein älterer, kraftvoller Herr und direkter Nachkomme des gleichnamigen russischen Schriftstellers, war unser Wirt. Er und die schöne Diana mit dem Volvo-Geld im Rücken hatten sich gefunden. Sie luden uns in ihr Rokoko-Schloss nördlich von Uppsala ein, einem geschmackvoll angelegten gelben Riesenbau. Es hatte meterdicke Mauern, geheime Treppen, und in jeder Ecke standen Rüstungen. Es war ein gediegenes Gebäude, dessen wohlerhaltener Zustand deutlich zeigte, dass die Schweden während der letzten Kriege zwar Waffen überallhin verkauft, sich selbst aber aus Streitigkeiten herausgehalten hatten.

Die erste Nacht wurde dramatisch. Wir wohnten im zweiten Stock, ein paar Zimmer von Karmapas Raum entfernt, an einem hellgrünen Gang mit breiten Eichentüren. Während alle schliefen, hörten wir plötzlich ein lautes Schreien aus dem Raum nebenan und das Gepolter von umgeworfenen Möbeln. Mit dem Bajonett, das ich immer dabei hatte, sprang ich auf den Flur hinaus. Damals war ein chinesischer Mordanschlag auf Karmapa durchaus möglich. Es waren aber keine Herren in Mao-Uniformen, die mir begegneten, sondern Akong Tulku. Er war käsebleich: Er hatte eine Hand frei im Raum schweben sehen, gefolgt von einer Dame, die ihren abgeschnittenen Kopf unter dem Arm trug. Ich wollte sofort hinein. So eine Dame hatte ich noch nie gesehen, aber Karmapa hielt mich zurück und sagte: „Das erledige ich!“ Er ging in das Zimmer und warf einige Reiskörner. Am nächsten Tag im Bus fragte er mich dann: „Was war eigentlich das Besondere an der letzten Nacht?“ Ich antwortete: „Warum hast du mich die Dame nicht sehen lassen?“ Karmapa ging nicht darauf ein, sondern sagte: „Das Besondere war Akong Tulku. Nachdem ich gesagt hatte, dass alles in Ordnung sei, schlief er ohne Angst. Das ist wirkliches Vertrauen, und es entsteht, wenn man in früheren Leben viel auf seinen Lehrer meditiert hat.“

Danach segnete er mich mit einer Meditation auf fünf Karmapas in den fünf Zentren des Körpers, die erst zehn Jahre später wieder aus meinem Unterbewusstsein auftauchte. So speicherte er öfters Eindrücke in Hannah und mich, durch die wir noch heute in vielschichtigen Lagen wissen, was sein Wunsch ist.

Kurz danach gab es wieder Aufregung. Nach einer Mahlzeit auf dem Weg zwischen Uppsala und Stockholm, die Karmapa scheinbar nicht beenden wollte, merkten wir viel zu spät, dass der Bus nach Norden statt nach Süden fuhr. Das Programm war bereits für den Nachmittag angesetzt, das hätten wir auf keinen Fall mehr geschafft. Deshalb fuhr ich alleine, so schnell wie nur möglich, mit einem gekaperten Volvo voraus. In Stockholm waren etwa 2.000 Gäste dabei, sich schon etwas ungehalten aus den Sitzen im großen Saal des Kulturhauses zu erheben. Ohne zu entdecken, dass es Lautsprecher gab, hielt ich sie die nächste Stunde fest, bis Karmapa kam. Sie waren nun wirklich gut auf ihn und die folgende Kronzeremonie vorbereitet. Ich hatte große Freude, mit so vielen Erwartungen zu arbeiten, und mein Schwedisch war selten besser.

Für Karmapa war ein Besuch beim Bischof von Stockholm vereinbart worden. Er war ein großer und würdevoller Mann, der uns gut gefiel. Er hatte deutlich mehr Herz als der Monseigneur in den Pyrenäen und wünschte wirklich, für andere etwas zu tun. Aber auch hier waren

die Unterschiede zwischen Christentum und Buddhismus überdeutlich. Karmapas Fähigkeit ist, spontan und mühelos im Augenblick zum Besten der Wesen zu handeln, während der Bischof allein durch seinen Vorsatz, Gutes tun zu wollen, immer von den Wesen getrennt blieb. Ein Fisch schwimmt in einer Tüte Leim anders als im Meer, und nur wer der Offenheit des Geistes selbst vertraut, ist völlig im Hier und Jetzt.

Ich sorgte auch dafür, dass Karmapa die Stätten der nordischen Götter sah. Während ich aufwuchs, hatte ich mich an den Helden der Sagen gemessen. In der heutigen Zeit leerer Gefühlsduselei und tiefer Verwirrung sind ihr Mut und ihre steife Oberlippe beispielhafter als je zuvor. Viele wunderten sich, dass ich alle Lehrer, die uns besuchten – Karmapa, Kalu Rinpoche und Gelongma Palmo – zu Holger Danske auf Schloss Kronborg brachte und den Dalai Lama sein Bild segnen ließ. Übersetzt heißt sein Name „Roland der Riese". Er schlug die Araber 998 n. Chr. in den Pyrenäen und war einer meiner historischen Helden. Der Einzige, der ihn offenbar nicht mochte, war Kalu Rinpoche. Die anderen Heerführer, die vor 500 Jahren die Türken aus Europa vertrieben hatten und so unsere Freiheit bewahrten, gehören in dieselbe Musterklasse. Meine Verbindung zu Holger Danske war 1973 bei einem Besuch auf Schloss Kronborg entstanden, als ein Verkäufer uns plötzlich ohne äußeren Anlass – deutlich in Trance – seine ganze

Ware über den Tisch zuschob. Mit weit offenen Augen zeigte er dabei auf sein Ohr und wiederholte immer wieder „Telefon von Holger Danske! Telefon von Holger Danske!"

Während unseres Aufenthalts in „Karma Ling" in Südschweden verließ uns ein wesentlicher Teil unseres Lebens. Vor unserer Fahrt nach Oslo hatte Hannahs Mutter mehrere Fragen über den Tod gestellt. Hannah hatte sie auch schon im Geist in der Einfahrt ihrer Villa nördlich von Kopenhagen tot daliegen sehen. Einen ähnlichen Traum hatte sie in Stockholm. Wir saßen mit Karmapa im Zimmer, als die Nachricht kam, dass ihre Mutter einen Schlaganfall erlitten habe und ohne Schmerzen gestorben sei. Karmapa stand sofort auf, ging durch den Schnee hinüber zur Scheune, wo wir einen Altar aufgebaut hatten, und gab ihr das Bewusste Sterben. Das bedeutet, dass er sich mit ihrem Geist verband und ihn in ein *Reines Land* übertrug. So nennt man die Bewusstseinsebene jenseits der Vorstellung eines Ichs, einen Zustand, aus dem es kein Zurückfallen gibt. Karmapa sah tiefen Sinn in dem Zeitpunkt und der Weise, wie sie gestorben war. Etwas später gab er überraschend eine Einweihung auf *Allmächtiger Ozean* in ihrem Namen. Diese Einweihung verband das Bewusstsein aller Anwesenden mit dem vollkommenen Mitgefühl des roten Buddhas und seiner Gefährtin.

Am nächsten Tag zeigte Karmapa wieder seine Schwarze Krone. Während Schnee durch die Ritzen in der Scheune wehte, saßen ein paar Dutzend Freunde in dicke Decken gehüllt. Der Kater des Zentrums, eine Tötungsmaschine, die alles Kleingetier erwischte, huschte unter Karmapas Robe. Alle vergaßen ihn, aber nach der Zeremonie lächelte Karmapa breit. Er hob seine Kleider, und das Tier kam taumelnd darunter hervor. Von da an war er Vegetarier und jagte nichts mehr. Seine männlichen Freuden und seine gute Form durfte er jedoch behalten.

Dänemark

Kopenhagen war gut vorbereitet. Diesmal hatten wir das Gebäude der „Aktiven Universität" gründlich erneuert. Karmapas Zimmer war besonders schön hergerichtet worden, doch schon beim Betreten des Raums fragte er: „Was ist denn das für eine Stelle?" Er bekam sofort 41 Grad Fieber und eine Beule auf dem Oberschenkel. Alle waren bestürzt, und keiner verstand, was los war. Dann stellte sich heraus, dass Dänemarks letzter Henker im 19. Jahrhundert diesen Raum bewohnt hatte. Später waren im selben Haus Kaninchen geschlachtet und ihr Fell zu

Handschuhen verarbeitet worden. Es war uns schon vorher aufgefallen, dass es nicht die beste Schwingung hatte. Als wir anfangs auf die schwer abschließbaren und sehr schmalen Toiletten in den Gängen gehen mussten, fiel uns öfter ein Süchtiger mit Spritze und Band um den Arm entgegen. Wir hatten aber gedacht, dass die feinen neuen Tapeten das bereinigt hätten.

Er verwandelte Schmerz und Krankheit in ein strahlendes Lächeln

Ein Arzt schnitt die Beule auf, und Karmapa zeigte kurz darauf, wie der Diamantweg jede Energie umformt. Als er sich auf seinen Thron setzte, verwandelte er Schmerz und Krankheit in ein strahlendes Lächeln, das im ganzen Saal spürbar war. Anschließend gab er Segnungen. In dem Film, der damals aufgenommen wurde, kann man sehen, wie ich nach seiner Berührung fast bewusstlos zurücktaumle.

Die zehn Tage, in denen Karmapa Kopenhagen besuchte, wurden gut genutzt. Das Zentrum war immer voll. Zwei Tage vor Weihnachten zeigte er öffentlich die Schwarze Krone. Als er sie auf seinen Kopf setzte, wurde der ganze Saal mit 2.000 Menschen wie Kristall. Sie hielten den Atem an, und alles stand still. Als er die Schwarze Krone zum zweiten Mal auf seinen Kopf setzte, bewegte sich etwas Riesiges am Rande meines Gesichtsfeldes vorbei. Erst nach einem Augenblick wurde mir klar, was geschah: Mein alter Studienfreund Sigvaldi aus Island, zwei Meter groß und mit rotem Vollbart, stand völlig betrunken vor allen Leuten und fuchtelte wie wild herum. Es gab keine Zeit zu verlieren, sonst wäre die Kraft des Augenblicks verloren gegangen. Ich sprang hoch, klappte ihn über meiner Faust zusammen und zog ihn auf dem Rücken dahin, wo ich saß; es ging so schnell, dass es fast niemand mitbekam. Die Übertragung wurde nicht gestört.

Alles war sehr ungewöhnlich und undänisch. Während die Läden schlossen und es unmöglich wurde, noch Weihnachtsgeschenke zu kaufen, standen die Leute stundenlang Schlange, um Karmapas Segen zu

Karmapa gibt Zuflucht

empfangen. Leider vergaßen wir die Eigenwerbung bei diesem bis dahin größten buddhistischen Ereignis in Dänemark. Aber noch heute kommen Leute in unsere Zentren und sagen: „Der Mann mit der Schwarzen Krone damals hat etwas in meinem Leben verändert."

Weihnachten und Neujahr 1975 standen ganz im Zeichen Karmapas. Gelongma Palmo war froh, dass jetzt auch einige Mönche und Nonnen ordiniert werden sollten. Unter ihnen war Maria aus Schweden, die nach ihrer Spende für „Karma Ling" nun allen die Stelle vermieste. Auch wenn die Frauen und Männer in den Kleidern Buddhas feierlich aussahen – ich kannte sie und fand es viel zu früh. Für Tibeter ist das Tragen der roten Roben eine Bedingung in ihrem Ausbildungsweg. Sie werden oft gerade von den Starken angenommen, damit sie in ihrem Leben weiterkommen. Im Westen sind es aber viel zu häufig diejenigen, die mit der Fülle des Lebens nicht zurechtkommen und deshalb das Zölibat wählen. Es sind auch nur ganz besondere Typen, die es lange in diesem Zustand aushalten. Von den zehn, die damals diesen Weg einschlugen, ist heute niemand mehr dabei. Irgendeinen Nutzen muss es dennoch gehabt haben, sonst hätte es Karmapa bestimmt nicht erlaubt.

1975

Auf der Fahrt durch Amerika, Norwegen und Schweden war Tenga Rinpoche der ständige Begleiter Karmapas gewesen. Karmapa hatte ihn aber niemals gebeten, zu unterrichten. Die Aufforderung dazu kam erst in Kopenhagen. Dort lehrte Tenga Rinpoche die Meditation auf den 8. Karmapa, die heute von vielen verwendet wird, und ich hatte die Ehre, zu übersetzen.

Am 28. Dezember zeigte Karmapa wieder vor vollem Saal die Schwarze Krone. Damit schenkte er den Besuchern die Begegnung mit dem Buddha in uns allen.

Unterrichtet wurde nicht viel. Karmapa hielt die Belehrungen kurz, weil die englische Nonne, die auf das Übersetzen bestand, nicht viel tibetisch konnte. Sie hatte auch nicht die Fähigkeit, seinen unmittelbaren Verwirklicher-Geist zu vermitteln, wurde leicht moralisierend und steif. Dafür gab Karmapa mehr Segen und Einzelgespräche. Fast jeden Tag fand er Zeit für Einweihungen und Zuflucht. Viele legten auch das *Bodhisattva-Versprechen* ab, den tiefen Wunsch, Erleuchtung zum Besten aller anzustreben.

Mehrmals ließ Karmapa sich eine Straße im Botschaftsviertel Kopenhagens entlangfahren. Heute befindet sich genau dort unser Zentrum, bestehend aus zwei großen Jugendstilhäusern. Er machte uns auch die große Freude, zweimal meine Eltern zu besuchen, zuerst zu einem Mittagessen mit seinem ganzen Gefolge, dann „nur so". Als er im Norden der Insel Seeland war, fragte er Hannah plötzlich, wo ihr Vater wohne. Es war nur einen Kilometer entfernt, und so bekam auch er an diesem Tag besonderen Besuch.

Deutschland

Karmapa segnete das neu gestartete Zentrum in Rödby auf dem Weg nach Deutschland, und noch einmal kamen wir zum „Haus der Stille", in dem Kalu Rinpoches Zuhörer geflüchtet waren. Diesmal ging unser Aufenthalt auf Kosten der Hausordnung. Unser Verwirklicher-Stil zog den wohl meinenden, aber Theravada geprägten Leuten den Boden unter den Füßen weg. Sobald die Lamas entdeckten, dass die Küche vegetarisch war, liefen sie los und kamen mit gekauften Hühnchen wieder zurück. Sie lachten und redeten laut, was nicht erlaubt war, und ich unterrichtete bis zwei Uhr morgens, obwohl alle um elf Uhr hätten schlafen sollen.

Karmapa hatte etwas mit den Deutschen vor, das war eindeutig! Auch wenn nur wenige kamen, zeigte er mehrfach die Schwarze Krone. In der Nähe von Kiel öffneten sich einige Psychologen und Medizinstudenten der Lehre. Ich mochte ihr Mitgefühl, ihre Ehrlichkeit und Kraft, sah aber auch die Schwächen, die dem Diamantweg in allen Ländern Schwierigkeiten bereiten: die abhängigen und unzufriedenen Leute. Statt freudvoll zu sein, selbst Stellung zu nehmen, tratschten sie sogar über die Lehrer anderer und zerstörten damit die gemeinsame Vertrauensebene. Es ist dieser humorlose Menschenschlag, der gerne „Kirche spielt" und Lehrer und Freunde, vor allem für das verehrt, was diese nicht tun oder nicht zu tun wagen. Kraftvolle Fähigkeiten verun-

Karmapa hatte etwas mit den Deutschen vor

sichern sie eher, und das Heiligste für sie wäre wohl jemand vom Friedhof. Schon damals beschloss ich, so ehrlich zu leben, dass solche Menschen schreiend vor mir davonlaufen würden – und das gelingt mir jeden Tag.

Karmapa tat alles, um mein starkes Band zum deutschsprachigen Teil Europas noch zu stärken. Er bat mich oft, dort sein Mann zu sein. Von dem Augenblick an, in dem er, das Wunschjuwel, dies sagte, wurde die Verbindung unlösbar und ist seit all den Jahren nur gewachsen. Meine Familie ist dänisch-norwegisch, wohnte aber in Südjütland und wurde erst 1920 nach der Abstimmung dänisch. Mein Vater schrieb fünfzig Deutschbücher, um den Dänen nach dem Zweiten Weltkrieg die deutsche Sprache wieder beizubringen. Karmapa stärkte also ein altes Band, und heute habe ich nirgendwo bessere Freunde als in Deutschland. Es ist der Teil der Welt, in dem ich die meiste Zeit verbringe.

Kurz vor Lübeck sagte Karmapa etwas, was wir weder davor noch danach von ihm hörten: „Hier war ich in einem früheren Leben." Er meinte das wirklich. Einen Moment lang dachte ich an Johann Sebastian Bach, da Karmapa viele Ausstrahlungen hat. Ich weiß nicht, was den anderen durch den Kopf ging. Dann rollten wir durch Deutschland, das jetzt in meiner Verantwortung lag, weiter zu den theosophischen Damen in den Niederlanden.

Die Deutschen sind für den Diamantweg besonders gut geeignet. Sie haben starke Gefühle, die genutzt und umgewandelt werden können.

Holland

Holland dagegen ist eher ein „*Mahayana*-Land", mit beiden Beinen auf dem Boden stehend und „vernünftig". Das war spürbar. In den „Randstaaten" sind eher Stolz und Verwirrung ausgeprägt, während in Mitteleuropa die Begierde im Vordergrund steht. Die Zentraleuropäer kamen zu Karmapa, um berührt und erfüllt zu werden, während die Holländer und Engländer vor allem Wissen ansammeln wollten. Aber in der zweiten Hälfte der 90er Jahre stieg das Interesse am Diamantweg sowohl in England als auch in den Niederlanden, und unsere Zentren dort begannen zu wachsen. Bei den Franzosen war oft die kraftvolle Vorführung, der äußere Rahmen, genug, und was die Belgier wollten, verstand wohl niemand. Erst im Jahre 2000 entstand eine nette Diamantweg-Gruppe in Paris und Brüssel.

Im „Kosmos" in Amsterdam wäre fast alles schief gegangen. Im obersten Stock des Kulturzentrums wurde Haschisch verkauft. Schon am Eingang sprach Karmapa das hundertsilbige Reinigungsmantra von Diamantgeist, was kein gutes Zeichen war. Auf dem Weg hinauf zum Saal, in dem er die Schwarze Krone zeigen sollte, waren die Leute so unaufmerksam oder voll gepumpt mit Drogen, dass wir sie beiseite schieben mussten, um Karmapa Platz zu machen. Bei den Vorbereitungen war es nicht möglich, für Ruhe zu sorgen. Alle redeten einfach weiter. Die würdevolleren Mitglieder des Gefolges versuchten von der Bühne aus, etwas zu sagen, aber niemand hörte zu. Die Lage wurde untragbar, und doch wäre es schade gewesen, Karmapa wieder hinauszubegleiten, ohne dass er die Menschen gesegnet hätte. Also kletterte ich über einige Absperrungen auf die Bühne und schrie die Leute einfach an. Das konnten sie verstehen, und einige Augenblicke später war es ruhig. Sonderbarerweise gab es hinterher keinen Zorn über meine wenig schmeichelhaften Ausdrücke, und die meisten blieben sogar zu einer Meditation, die ich am Ende leitete. Obwohl die eigentliche Idee war, tibetisch-westliche Kontakte aufzubauen, war ich von da an für die unangepassten, langhaarigen jungen Menschen zuständig.

Frankreich

In Paris hatte Karmapa große Auftritte, es wimmelte von berühmten Leuten und gehobenem Bürgertum. Die Zeremonien fanden in den großen Sälen der feinen Hotels statt, und die Franzosen verlangten Eintrittsgeld, was wir auch hätten tun sollen. Es ist auf Dauer nicht möglich, dass einige Wenige, die Herzen der Zentren, alle Ausgaben tragen. Niemand schafft es, ständig verschuldet zu sein

Die Bühnen waren immer gleich aufgebaut. Für Karmapa stand ein großer Thron in der Mitte, während die rot gekleideten tibetischen Mönche rechts von ihm saßen und die schwarz gekleideten Zen-Mönche aus dem jeweiligen Zentrum links. Im Saal sah man eine ältere und angepasstere Bevölkerungsschicht als in der germanischen Welt. Der Aufruhr der Jugend war hier offenbar nicht so durchschlagend gewesen wie im nördlichen Europa, denn die jungen Leute sahen sehr wohlerzogen aus. Hier wusste man, auf welcher Seite des Brotes die Butter war, und fand seinen Weg innerhalb und nicht gegen die bestehende Ordnung.

Arnaud Desjardin, der das Vorwort für „La Voie du Diamant", unser erstes französisches Buch, geschrieben hatte, hielt auf mehreren Vorträgen eine einleitende Rede. Er hatte die Tibeter ein paar Jahre zuvor „entdeckt" und eine Welle der Begeisterung für sie ausgelöst. Seine meisterhaft gemachten Filme und Bücher, die den Nerv der Zeit trafen, hatten die Klöster von *Kanjur* und Kalu Rinpoche mit wohlhabenden Franzosen gefüllt. Während Karmapa die Schwarze Krone hielt, wurden die Unterschiede zwischen tibetischem und Zen-Buddhismus viel offensichtlicher, als Worte es hätten beschreiben können. Die Zen-Anhänger saßen todernst und kerzengerade in ihren schwarzen Kleidern, während die Tibeter wie rote Häufchen aussahen. Sie flüsterten, lachten und bewarfen sich gegenseitig mit Reis. Manchmal schliefen sie sogar während der „allerheiligsten" Anlässe ein.

Herr der Buddhaaktivitäten

Die Vielfalt des Buddhismus wurde noch deutlicher, als wir zum Tempel des Zen-Lehrers Deshimaru, einem Kuppelbau in einem Hinterhof in Paris, eingeladen wurden. Zunächst sangen die Tibeter einige Wunschgebete, dann die Zen-Leute das Herz-Sutra, während sie sich im

Takt verbeugten und auf einen Gong schlugen. Es wirkte militärisch, aber flott, und anschließend saßen sie wieder ganz steif da. Als der Lehrer danach umherging und sie mit einem flachen Stock auf den oberen Teil des Rückens schlug, was einen wach hält, aber nicht schmerzt, war es unserer Gruppe zuviel. Erst zogen Puntsog, der Jüngste, und dann einer nach dem anderen die Robe über den Kopf und rollten sich vor Lachen auf dem Boden. Nur Karmapa gelang es, keine Miene zu verziehen.

Deshimaru war ein ungewöhnlicher Japaner, wie die meisten Samurai, großzügig und offen für das Gute an Frauen und Wein und schenkte Karmapa einige sehr schöne tibetische Buddhastatuen.

Danach besuchten wir das heute instand gesetzte Kloster in Plaige, wohin erstaunlich viele Einheimische kamen. Sie hatten offenbar gehört, dass Karmapa eine Art Papst war. Dort gab er Hannah und mir eine weitere Übertragung des Großen Siegels und allen eine Einweihung in „Allmächtiger Ozean". Sie schlug wie ein Blitz ein, und es dauerte Stunden, bis ich wieder auf weltlicher Ebene einsetzbar war.

Diamant in der Hand,
Vater von Schwarzer Mantel

Mitte Januar flog Karmapa für zwei Tage nach Rom, da er beim Papst eingeladen war. Dieser beeindruckte die Tibeter nicht besonders, und sie sagten in ihrer üblichen Aufrichtigkeit, dass er alt und müde aussähe.

In „Karma Ling" nahe Clermont-Ferrand verbrachten wir einige schöne Tage, und Karmapa gab eine besondere *Diamant in der Hand*-Einweihung aus unserer Kagyü-Linie. Wir hatten diese Übertragung noch nicht. Zu meiner Verwunderung glaubte ich, bei Karmapas Berührung nichts zu spüren, dann aber traf mich der Segen mit voller Kraft. *Diamant in der Hand* ist der Vater von Träger des Schwarzen Mantels und zeigte wirklich seine Nähe. Er hält die geheimen Belehrungen und ist die Kraft aller Buddhas.

Mr. Benson, ein englisches Genie, der das Delta-Flugzeug und eine Reihe elektronischer Kleingeräte erfunden hatte, war mit seiner schönen neuen Frau und einigen seiner elf Kinder gekommen. Er beabsichtigte, Karmapa einen Bergrücken in der Dordogne für ein Zentrum zu schenken. Zugleich aber wollte er das Land zu einem eigenen Staat erklären, ähnlich wie Monaco. Dies gefiel den Behörden überhaupt nicht, und sie verhinderten deswegen jegliche Entwicklung des Gebietes für Jahre.

In „Karma Ling" sahen wir zum ersten Mal Karmapas meditierende Vögel. Ein Lama kam überglücklich mit einem gelben Vogel auf einem Tellerchen die Treppen herunter. Er saß ganz steif da, mit seinem Schnabel nach oben. „Er ist von Karmapa gesegnet", sagte er, „und er meinte, dass sein Geist heute Abend *befreit* sein wird." Zur Essenszeit war der Vogel dann ein kleiner Federklumpen, wie es tote Vögel üblicherweise sind, und wurde mit viel Aufhebens begraben. „Das war ein Bodhisattva", sagte Karmapa, und von da an schmückten die Vögel während der Fahrt die Altäre.

Da Hannah und ich Karmapas erste westlichen Schüler und wie seine Kinder waren, konnten wir immer zu ihm, sahen und hörten viel Spannendes und bekamen auch mit, was er mit den Vögeln machte. Er sagte Mantras und blies kalte und warme Luft auf sie. „Ich bringe ihnen Meditation bei", erzählte uns Karmapa. „Vor allem gelbe Finken und Kanarienvögel sind oft Bodhisattvas. Schau, wie sie sich gegenseitig pflegen, wenn sie krank sind. Sie essen auch keine Körner mit Würmern, damit sie den Tierchen kein Leid zufügen."

Er erweiterte oft sowohl unsere Schulausbildung als auch den gesunden Menschenverstand. Zum Beispiel sagte Karmapa, dass es daumengroße Elfen in Dänemark gibt, die von der Essenz der Blumen leben. Wenn etwas mit einem so kleinen Hirn wie ein Vogel ein Bodhisattva sein kann, dann erübrigt sich die Vorstellung vom Gehirn als dem Hersteller des Bewusstseins, für den wir es meist halten. Das Gehirn kann als Umformer gesehen werden, wie ein Radio, das Erfahrungsströme – Programme – aus den unbegrenzten Möglichkeiten des Raumes herausholt. So wird das zeitlose Vorhandensein erklärt, das Religionen mit unterschiedlicher Klarheit unserem Geist zuschreiben.[1]

Schweiz

Der Millionär Schultze lud uns für zehn schöne Tage auf sein Schloss bei Zürich ein. Er war ein großer und kräftiger Mann, der Bhutan für den

Westen geöffnet hatte; durch seine Hände gingen viele Geschäfte des Landes. Auf dem Schloss konnten die Tibeter ausruhen, und wir hatten Zeit, eine erste Vorstellung vom Gebiet zu entwickeln, das uns Karmapa nach und nach in die Hände gelegt hatte: das kraftvolle Europa östlich des Rheins. Die Leute kamen geradewegs nach ihren Begegnungen mit ihm zu mir. „Karmapa hat gesagt, dass ich dich einladen soll. Wann kannst du kommen?" Es sollten spannende Jahre werden.

Der nächste Besuch galt Rikon, einem tibetischen Kulturzentrum in der Nähe von Winterthur. Als die Politiker in den 60er Jahren noch dachten, dass man den Flüchtlingen der Welt helfen könnte, indem man sie nach Europa einlud, hatten die Schweizer eine kluge Wahl getroffen. Sie hatten 1.000 Tibeter aufgenommen, einen begabten, drogenfreien und hart arbeitenden Menschenschlag mit festen Familienbindungen. Von dem berühmten osttibetischen Kriegerstamm der Khampas, zu dem auch Karmapa gehörte, waren zwar nicht viele darunter, aber diese wilden und selbständigen Menschen hätten sicher auch nicht gut in die Schweizer Millimeter-Gesellschaft gepasst.

Schon im Dezember 1973 waren wir nach Rikon gefahren, um dem Dalai Lama für seinen Besuch in Kopenhagen zu danken. Dabei bekamen wir mehr Einsicht in die tibetischen Machtverhältnisse, als uns lieb war. Mit den Jahren hörten wir wohl von den meisten politischen Machenschaften und lernten so, Religion von Politik zu trennen. Es bedarf heute noch oft aufgerollter Ärmel, um die Freiheit der Linie und die Reinheit der Lehre zu schützen, aber „viel Feind, viel Ehr", wie man sagt.

Karmapas Besuch wirbelte einiges auf. Kaum angekommen, sagte er: „Sie machen hier zu viel Politik." Dann brach ein viertägiger Sturm los, wie ihn die Leute noch nie erlebt hatten. Die Dachziegel flogen, Bäume knickten um, und die Tibeter konnten ihre gewohnten Runden um das Kloster nicht mehr drehen. Der Sturm warf sie einfach um. Dieser äußere Rahmen passte gut zu den inneren Geschehnissen. Viele der Tibeter aus den Grenzgebieten waren so ungebildet, dass sie nicht wussten, wer Karmapa ist.

Andere konnten oder wollten sich nicht benehmen. Bei der Kronzeremonie wurde den Anwesenden gesagt, dass sie nicht fotografieren durften, und dennoch gingen die Blitzlichter munter weiter. Als sogar die dritte Aufforderung nichts nutzte, sprang ich durch die Menge und schlug ihnen die Geräte aus den Händen. Das konnten sie verstehen. Es war ein Vergnügen, zu sehen, wie schnell das Mittel wirkte.

Von Zürich aus schickte uns Karmapa für eine Weile nach Deutschland, um neue Gruppen zu starten. In Karlsruhe an der Pädagogischen Hochschule hielt ich meinen ersten öffentlichen Vortrag auf Deutsch. Ich dachte: „Hoffentlich zettle ich keinen deutsch-dänischen Krieg an." Doch alle schienen zufrieden, und hinterher gab ich Zuflucht und Segen in einem Privathaus. **Deutschland**

Genf war der letzte Halt Karmapas vor seinem Rückflug nach Indien. Schultze lud uns alle ins „Parkhotel" ein. Dort konnten wir Karmapas Besuch abrunden und wichtige Richtlinien für die Zukunft festlegen. Inzwischen flog Karmapa mit Benson zu dem Hügel in der Dordogne, den dieser Karmapa schenken wollte. Dort hatten in den Jahren 40000 bis 10000 vor Christus die Cro-Magnon- und Aurinac-Menschen ihre jagdmagischen Bilder auf die Höhlenwände gemalt. **Schweiz**

Karmapa bestand beim Abflug des Hubschraubers trotz des strahlenden Frühlingstags darauf, einen Regenschirm mitzunehmen. Auf dem Land hob er einen außergewöhnlichen Stein auf und sagte: „So einen fanden wir auch, als wir Rumtek bauten." Dann spannte er seinen Regenschirm auf, und plötzlich hagelte es aus einem wolkenlosen Himmel einige Minuten lang. Lächelnd sagte er: „Auch dies ist ein gutes Zeichen."

Die letzten Tage erweckten in vielen den Wunsch, das Schulgeld zurückzufordern. Vor Karmapa sitzend konnte Barry, ein amerikanischer Künstler, sein seit einem Brückensprung in Indien steifes Knie allmählich wieder bewegen.

Als Karmapa und sein Gefolge schließlich abflogen, fehlten zwei nahe Freunde am Flughafen. Jigmela und Unzela hätten es nicht verkraftet, auf Wiedersehen zu sagen. Karmapa hatte sie gebeten, in Frankreich zu bleiben.

Nun begann die Arbeit, die jede Erfahrung, Berge von Kraft und den größten Teil unserer Zeit, Tag und Nacht, von uns fordern würde. Karmapa hatte versprochen, bald wiederzukommen. Bis dahin wollten wir Mitteleuropa zusammenbringen. Die Freunde sollten vor allem die 16. Karmapa-Meditation lernen, die er uns als wichtigste Praxis gegeben hatte, und mit den Grundübungen anfangen.

In Genf hielt ich einen Vortrag in meinem besten Französisch, und auf dem Weg nach Dänemark holten wir in Paris ein „Pitzner-Auto" ab. Unterwegs besuchten wir Freunde in Duisburg, die ersten Kontakte in dieser Gegend. **Deutschland**

Wir stoppten auch bei den immer noch verwirrten Leuten in Hamburg. Walli aus der Gruppe in Osterade rührte unser Herz. Mit ihr reiften die Pläne für Langwedel heran, einer buddhistischen Gemeinschaft bei Kiel. Sie reiste später mit mir, und wenn sie gefragt wurde, warum sie tat, was ich ihr sagte, antwortete sie engelhaft: „Was sollte ich sonst tun?"

Danach ging sie für viele Jahre in Zurückziehung, übersetzte zusammen mit ihrem Mann Henrik ein wichtiges Buch des 9. Karmapa über die Natur des Geistes und gibt heute selbst Belehrungen.

Dänemark

In Dänemark gaben wir das Auto ab und fuhren weiter mit unserem Freund Kim Wunsch nach Göteborg. Ziel war es, die Zentren im Norden zu verbinden, doch die Rechtsanwälte der schwedischen Nonne schoben die Übergabe von „Karma Ling" an Karmapa auf. Zurück in Kopenhagen übersetzte Hannah mit Hilfe Tarab Tulkus von der königlichen Bücherei unsere Puja-Texte aus dem Tibetischen. Sie regte ihn dabei zu einem sehr schönen Gedichtband an.

Nachdem wir mit Kalu Rinpoche erneut England besuchten, erforderte Europa wieder viel Arbeit. Doch diesmal hatten nicht alle die Ausrichtung des Zentrums sofort nach unserer Abreise vergessen. Der launische sikkimesische Lama Lodro war nach Stockholm versetzt worden. Kopenhagen war wieder frei, um zu wachsen.

Bei seiner Abreise hatte Karmapa gesagt, dass das Kopenhagener Kellerzentrum, obwohl mietfrei, nicht gut genug sei. Drei Tage darauf brach das Abwassersystem des Hauses zusammen und überschwemmte den Keller. Eine Woche später fand ein Freund eine dreistöckige Villa im Jugendstil, in der mein Professor für amerikanische Literatur gewohnt hatte. Hier hatte ich schon 1961 bei einem Besuch die klare Eingebung bekommen, das Haus einmal zu übernehmen. Da es an einer Straße liegt, deren Schönheit Karmapa mehrmals gelobt hatte, wussten wir, dass wir es kaufen sollten. Alle gaben, was sie konnten, und an dem Tag im Juni 1975, als die dänischen Häuserpreise in den Keller rutschten, erwarben wir das Prachtstück für etwa 100 000 Euro. Im Jahre 1990 übernahmen wir auch die Nachbarvilla. Heute leben und praktizieren dort mehr als zwanzig Freunde.

Die Kopenhagener Gruppe arbeitete erstklassig. Sie führte den Stil weiter, den wir uns als Holzfäller in Schweden angewöhnt hatten. Obwohl die meisten Familien gründeten und bald wieder auszogen, ermöglichten sie, dass Menschen mit dauerhafterem Karma unserer Linie begegnen und Karmapas Segen empfangen konnten. Währenddessen rei-

Das Prachtstück

ste ich ständig umher, wenn möglich mit Hannah, und so wuchs das Netz der ersten Zentren von den Alpenländern in Richtung Norden.

Italien

Im Juni 1975 fuhren wir kurz in die Dordogne und danach via Milano nach Rom. Die Mitglieder der Gruppen waren jeder für sich angenehm, aber sie sprachen so schlecht übereinander, dass es keine Grundlage für ein Zentrum gab. Außerdem war es schwierig, in Rom einen Saal zu mieten. Sobald die Behörden erfuhren, das wir keine *Gelugpas* sind, war die Tür für uns verschlossen. Die Gelugpas und die Kirche hatten offenbar eine Absprache getroffen.

Griechenland

Seit 1972 hatten wir die Reise nach Griechenland aufgeschoben. Nun nahmen wir den Zug in Richtung Brindisi und kamen dabei durch wirklich arme Gebiete, die die Norditaliener „Afrika" nennen. Auf der Fähre schlief ich, todmüde nach einem Monat voll Arbeit fast rund um die Uhr, in der Sonne ein. Total verbrannt wachte ich auf. Den ganzen Weg von Patras nach Athen war ich kurz davor, ohnmächtig zu werden. Ich wollte aber nicht nachgeben, da dies für die Entwicklung in einem neuen Land ein schlechtes Zeichen gewesen wäre. Nachdem es mir gelungen war, den Kopf klar zu halten, bis wir die Wartenden beim Bus sahen, wusste ich, dass unsere Arbeit hier sehr schwierig werden, aber letztendlich gelingen würde.

Die Begegnungen fanden in einem Haus statt, das mitten in einer Einflugschneise lag. Sie durften nicht öffentlich gehalten werden, damit unsere Gastgeber nicht in Schwierigkeiten gerieten. Die Junta war damals gerade entmachtet worden. Die Stimmung im Lande war bedrükkend, und die Polizei verhaftete Mitglieder der Krishna-Sekte, Anhänger des Maharaji und andere, die wenig geschützt waren. Die geistige Einstellung der Menschen – christlich-orthodox mit Narben aus mehreren Jahrhunderten eines blutigen türkischen Jochs – war für uns neu. Sie wollten oft keine klare Stellung beziehen, nur einige konnten über Jahre ihre Bände halten. Während unseres ersten Besuchs in dem wichtigsten Athener Museum bat ich die alten Götter des Landes um Hilfe für unsere Arbeit und band – die Hallen waren zu der Zeit leer – Karmapas Segensschnüre um die Hälse der Statuen.

So wuchs die Arbeit auf der Nord-Süd-Achse Europas ständig. Da meine Vorfahren sowohl Seeräuber als auch Lehrer waren, wusste ich aber, dass nichts die eigene Erfahrung ersetzen kann. Und wo konnte man mehr über Leid und seine Ursache, sein Ende und die Wege dahin lernen, als bei einer Fahrt in den Osten? Die Entwicklung der Freunde, die durch harte Arbeit und den Aufbau von Mut vorangetrieben wurde, würde durch eine solche Fahrt beschleunigt werden und sie erwachsen machen. Im Oktober war es soweit. Wir starteten unsere erste Pilgerreise.

Jigme Rinpoche (geb. 1949)

Jigme Rinpoche wurde 1949 in Kham, Osttibet, geboren. Jigme Rinpoche ist ein Neffe des 16. Karmapa und Bruder von Künzig Shamar Rinpoche. Mit sechs Jahren kam er nach Tsurphu, dem Hauptsitz der Karmapas in Tibet. Zusammen mit dem 16. Gyalwa Karmapa Rangjung Rigpe Dorje verließ er wegen der chinesischen Invasion 1959 Tibet. Danach lebte er in Rumtek und Sikkim. Seine Ausbildung erhielt er vom 16. Karmapa. Von anderen namhaften Lamas der Kagyü- und *Nyingma*-Traditionen bekam er wichtige Lehren und Übertragungen. Gyalwa Karmapa setzte ihn 1974 als seinen Vertreter in Europa mit den Worten ein: „In der Person Jigmelas hinterlasse ich euch mein Herz." Seitdem lebt er hauptsächlich in Frankreich, wo er zusammen mit Gendün Rinpoche maßgeblich am Aufbau der dortigen Zentren beteiligt war.

Er besucht regelmäßig die Zentren des 17.Karmapa Thaye Dorje in Europa.

Tarab Tulku Rinpoche (1934-2004)

Tarab Tulku galt als die elfte Inkarnation eines hohen tibetischen Lamas. In der Klosteruniversität Drepung erwarb er den Titel eines Lharampa Geshe, des höchsten Gelehrtentitels im Tibetischen Buddhismus. Nach seiner Flucht aus Tibet wirkte er mehr als 30 Jahre im Westen. An der Universität Kopenhagen war er Dozent und Leiter der Tibetischen Abteilung. Daneben galt sein besonderes Engagement der Verbindung von westlicher Psychologie und Therapie mit dem umfangreichen Erfahrungswissen des Tibetischen Buddhismus. Er gründete zu diesem Zweck mehrere gemeinnützige Institute in mehreren Großstädten Europas sowie in Indien und war Autor mehrerer Bücher, die in westlichen Sprachen erschienen.

Er hatte zu Shamar Rinpoche eine enge und historische Verbindung.

Über Land nach Indien und Nepal

Das Jahr 1976

- Nach Tod Mao Tse-tungs rächt sich der chinesische Parteiapparat an der „Viererbande“ unter Führung seiner Witwe Tschiang Tschin, der Greueltaten während der Kulturrevolution (1966-1969) angelastet werden. Sie wird verhaftet.
- Pol-Pot Regime in Kambodscha.
- Ein israelisches Kommandounternehmen befreit im ugandischen Entebbe 103 Geiseln aus der Gewalt palästinensischer Terroristen.
- Jimmy Carter wird 39. Präsident der USA.

Björn, Tom und Kate kauften in Deutschland ein paar gebrauchte Busse, und Niels, ein großer blonder Medizinstudent, bereitete die Fahrt vor. Wir hatten sechs Monate Zeit und Platz für fünfzig Freunde. Die meisten waren ulkige Typen – dreißig bis vierzig Dänen, die anderen kamen aus Norwegen. Wie die nächsten Monate zeigen sollten, hatten mehrere keine schlechte dramatische Ader. In Kopenhagen überluden wir die Busse mit Säcken von Protein-Keksen und Pflanzenextrakten für uns selbst sowie mit dicken norwegischen Filzschuhen für die Flüchtlinge im Himalaya und Mengen von Arzneien, die unsere „Medizinmänner“ verteilen sollten.

Dänemark

Es war die letzte Möglichkeit, über Land nach Asien zu kommen. Kurze Zeit später brach der schwelende Hass der Moslems als Krieg und Unterdrückung aus. Schon damals war ihr Zorn viel deutlicher zu spüren als auf unseren früheren Fahrten in den Jahren 1966, 1968 und 1969.

Erst aber sahen wir den schönen Herbst in Deutschland und Österreich, dann das trostlose damalige Jugoslawien. Ein Dutzend meiner griechischen Schüler war von Athen nach Thessaloniki gefahren, wo ich zwei Tage lang Belehrungen gab, bevor es weiter in die Türkei ging. Dort

Türkei

hatten wir Einblick in die Angst und Gewalt, die in diesem Land so alltäglich waren. Vor allem die Unterdrückung der Frauen erschütterte unsere Freunde zutiefst. Dies war eindeutig kein Teil Europas. Hannah und ich beobachteten täglich an unserer jetzt eher mitfühlenden Einstellung zu Ereignissen und Menschen, wie sehr Karmapa auf den inneren Ebenen mit uns gearbeitet hatte. Wir hatten es bisher nicht bemerkt, weil wir für ihn so beschäftigt waren.

Kurz vor der iranischen Grenze sahen wir einen Unfall. Ein Laster stand quer auf der Straße und ein Dutzend Männer um ihn herum. Björn hielt an und ich lief hin. Es sah so aus, als könnte ich helfen. Als ich in den Kreis trat, öffneten sich viele Ebenen. Sie waren alle gleichzeitig in der Freiheit des Raums vorhanden, ohne sich im Geringsten auszuschließen. In der Mitte lag ein toter Mann. Er muss wohl um die vierzig Jahre alt gewesen sein, sah aber aus wie siebzig. Er lag auf dem Rücken, war unrasiert, und sein Mund war voll von frischem Blut. Neben ihm lag ein Stück Hüftknochen in einem kleinen See von Blut, das zu gerinnen begann und in der Sonne glänzte. Um ihn herum standen die anderen Männer, schlecht ernährt und im Schock, wie eine Herde Kühe um die eine, die umgefallen ist. Den Hintergrund bot der schneebedeckte malerische Ararat, ein Vulkan, der gleichförmiger ist als der Fuji in Japan. Der tiefblaue, wolkenfreie Himmel war grenzenlos, und während ich die Augen des Verstorbenen schloss, dachte ich an seine Angehörigen, die jetzt ihren Versorger verloren hatten. Ich kümmerte mich um sein Weiterkommen und wusste gleichzeitig mit großer Freude, dass mein Geistes zu keinem Augenblick irgendetwas ausgegrenzt hatte, während mein Körper alles Nötige ausführte.

Iran

Die Iraner waren unangenehm. Sie hatten den Stolz über das viele Ölgeld ihrem wenig anziehenden Nationalcharakter hinzugefügt. Auf dem Weg durch das Land fuhren wir mehrmals an militärbewachten Opium-Feldern vorbei. Jemand mit den richtigen Verbindungen war anscheinend dabei, sich einen saftigen Nebenverdienst zu verschaffen. In Maschad mussten wir mit Gewalt ein paar Mitglieder unserer Gruppe aus den Klauen der Mullahs in einer großen Moschee befreien. Sie waren in einen besonders heiligen Raum eingetreten und sollten deswegen zwangsbeschnitten werden.

Afghanistan

Wir alle hatten uns sehr nach Afghanistan gesehnt. Damals konnte man sich dort entspannen und wenigstens einigermaßen normal benehmen. Mitte Oktober durchquerten wir das Land; die Strecke war die

Der Khyber-Paß

übliche über Herat, Kandahar, Kabul, Jalalabad und den Khyber-Pass. Das Land war so, wie wir es von früheren Reisen kannten. Die Natur war beeindruckend, und kurz hinter Herat sahen wir sogar zehn Wirbelstürme, die gleichzeitig den Sand aufrissen. Als wir mit voller Geschwindigkeit über einen Damm fuhren, platzte das rechte Vorderrad. Hätte Björn den überladenen Bus nicht so schnell anhalten können, wäre es einigen aus der Gruppe weniger gut ergangen.

In Kabul zeigte unsere Gruppe ihre guten Gefühle für Afghanistan, indem sie eine Menge unnützer Sachen kaufte. Abends im Hotel mussten wir zuerst gebrauchte Spritzen aus den Matratzen schütteln, bevor wir uns auf sie legen konnten. Damals hieß die Gefahr Gelbsucht und noch nicht Aids.

Bereits in Dänemark hatte ich die Übertragung für *Diamantgeist* gegeben, und der Bus summte rund um die Uhr sein hundertsilbiges Mantra. Es holt alles Störende aus dem Unterbewusstsein hervor und reinigt es blitzschnell. Was auch hinter uns fuhr, sei es der zweite kleinere Bus oder ein fremdes Auto, brach mehrmals zusammen. Es war, als würde sich ein Teppich schlechter Schwingungen auf der Straße hinter uns auswälzen und nur allmählich verschwinden.

Kurz vor Jalalabad, im Osten des Landes, stehen alte buddhistische Haddastupas. Vor über tausend Jahren hatten die Moslems den Statuen die Nasen abgeschlagen, damit sie nicht atmen konnten, aber man spürte noch immer ihren Kraftkreis. Dort ritten wir auch auf Kamelen, wohl das Sonderbarste, was man sich als Verkehrsmittel vorstellen kann.

Unsere Fahrer zeigten auf der Straße durch den engen Khyber-Pass wirklich ihre Tüchtigkeit. Als wir in der „Tribal Area" ankamen, die weder Engländer, Pakistani noch Russen haben beherrschen können, bestand ich darauf, nachts durchzufahren. Man riet uns stark davon ab. Sogar die Köpfe von Westlern landeten dort leicht auf Stangen, aber wir hatten keine Zeit, vorsichtig zu sein. Wenn wir unser Bestes taten, mussten die Schützer den Rest schaffen.

Die Fahrt ging fast rund um die Uhr weiter, und alle hatten inzwischen furchtbare Rückenschmerzen von den kaputten und fast senkrechten Sitzen. Geschlafen wurde im Viertelstundentakt, doch wir kamen stetig voran. Viele wurden zum ersten Mal zäh; die meisten lernten, Unangenehmes als Reinigung zu sehen und diese wiederum als Kraftprobe.

Pakistan

Pakistan durchfuhren wir an einem Tag. Lisbeth, eine kleine Wirrköpfige, verlor ihren Pass an der Grenze und musste durchgeschmuggelt werden. Die Pakistani merkten, dass etwas nicht stimmte, und zählten immer wieder durch, während ich die Freunde im Bus umhergehen ließ, um die Beamten zu verwirren. Gleichzeitig versteckten wir Lisbeth ganz hinten unter dem Gepäck. Als die Pakistani schon am Aufgeben waren, fielen wir aus allen Wolken. Ein etwa einen halben Meter langes, englisch geprägtes Gesicht mit Schnurrbart bewegte sich um den Bus und schaute gemächlich zu den Fenstern herein. Ich schickte Morten, den mit 2,10 Metern größten Mann der Gruppe, hinaus, um ihn abzulenken. Morten konnte fast unter dem ausgestreckten Arm des Riesen stehen.

Indien

Wir wollten durch die nordwestliche Ecke Indiens in Richtung Kaschmir und Ladakh fahren. Diesen Teil der Himalaya-Vorberge kannten Hannah und ich noch nicht. Wir besuchten mehrere kraftvolle Stellen wie Mandi, wo Mandarava, Guru Rinpoches erste Hauptfrau, gelebt hatte. Das Gebiet hat etwas Koboldhaftes, und die Tibeter sagen, dass hier Schlangengeister wohnen.

Srinagar liegt in einem idyllischen Tal in Kaschmir. Der Ort war jedoch aufdringlich und unausstehlich, wie leider so viele Städte der Mos-

Srinagar

lems. Die Männer klebten an einem und versuchten, einen zu betrügen oder sich interessant zu machen, und die Frauen waren nicht zu sehen. Hannah und ich hatten natürlich der Gruppe geraten, uns bei Einkäufen über zehn Dollar zu fragen. Dennoch kauften ein paar Dänen, die immer alles besser wussten, einige der schlechtesten Nachahmungen tibetischer Kunst, die ich jemals gesehen habe. Sie kamen stolz mit ein paar Möchtegern-Rollbildern zurück, die offensichtlich von Nicht-Buddhisten in einem Blindenheim gemalt worden waren. Wir mussten drohen, ein Hausboot niederzubrennen, bevor sie wenigstens einigermaßen gute Teppiche für die Hunderte von Dollars bekamen, die sie bezahlt hatten.

Unsere Busse hatten etwa die doppelte Länge der einheimischen Fuhrwerke, und schon auf der Strecke nach Srinagar waren wir mehrmals kaum durchgekommen. Das letzte Stück über Kargil und den 4,7 Kilometer hohen Pass ins Leh-Tal sollte noch schmaler und kurviger sein. Also wechselten wir auf die nachgebauten Mercedes-Minibusse und mussten uns auf die hiesigen, Haschisch rauchenden Fahrer verlassen. Das Land ist schon erstaunlich lange moslemisch, obwohl jeder Stein auf der Straße „Tibet“ schreit und überall zerstörte Stupas stehen. Erst nach einer pechschwarzen Nacht im Dorf Kargel spürten wir, wie sich der eiserne Griff des Islam lockerte. Die Stimmung wechselte völlig; Frauen tauchten auf, die Leute entspannten sich und redeten jetzt ein sehr putziges und kompliziertes Buch-Tibetisch.

Der eiserne Griff des Islam lockert sich

Leh war im Grunde eine traurige Angelegenheit, ein verlorenes Stück Tibet. Riesige halb oder ganz verfallene Lehmgebäude ragten überall in den Himmel. Mächtige verwahrloste Klöster und Schlösser waren in Auflösung begriffen. Eine alkoholisierte Bevölkerung buddhistischer Bauern wurde immer stärker von besser ausgebildeten Zuwanderern aus Kaschmir beherrscht. Diese hatten bereits die Zukunftsgewerbe Fremdenverkehr und Gütervertrieb in der Hand.

Hätten wir genug Körper zur Verfügung gehabt, hätten wir gerne einige dort oben gelassen, um eine Schulausbildung für die Einheimischen zu sichern. Ohne diese waren die Ladakhis dazu verdammt, einer der vielen ausgebeuteten Volksstämme Asiens zu bleiben.

Bei der Ankunft dachte ich vor allem daran, dass Ladakh ein ehemaliger Teil Tibets ist, den wegen seiner Trockenheit keiner haben wollte. Aus dem Bus gestiegen, spürten wir die Höhe: Unsere Lungen brannten. Mit Verantwortung für so viele in einem unbekannten Land gab es genug zu laufen, und in 3,5 Kilometer Höhe mit Rucksack und ohne Übung tat das weh.

Niels handelte die Hotels auf einen angemessenen Preis herunter, und am nächsten Morgen ging die Fahrt zu den einmaligen Klöstern der Gegend los. Mehrere waren vor über tausend Jahren gebaut worden, zu einer Zeit, als das Schmelzwasser einiger Gletscher das Land noch fruchtbar machte. Sie waren um Jahrhunderte älter als die meisten in Tibet. Unter einem unfassbar blauen Himmel bewegten wir uns zu Fuß und auf den Ladeflächen der Lastwagen durch eine mondähnliche Landschaft. Zuerst sahen wir das Erlaubte. Die spannenden Lama-Tänze aber fanden in dem für Touristen verbotenen Gebiet im Chamde-Kloster statt, einem Stück Ladakh, in dem die Chinesen jedes Jahr Straßen bauten und den Indern Land wegnahmen. Die indischen Soldaten, die sie dabei fingen, schickten sie zu einer „Ausbildung" nach Peking und ließen sie dann wieder frei. In ihrer Kultur galt das als eine ausgesprochene Verhöhnung.

Die Lamatänze

Drukchen Rinpoche und Dugpa Rinpoche, die wir aus unseren Jahren in Darjeeling im Ost-Himalaya kannten, waren im Chamde-Kloster zu Besuch. Wir versteckten uns hinten auf den Lastwagen, und bei der Ankunft verschwanden alle aus der Gruppe samt Gepäck in einem Augenblick von der Straße.

Der Weg den Berg hinauf war schwierig. Die Starken mussten für alle tragen, aber das war es wirklich wert. Plötzlich waren wir tausend Jahre in der Zeit zurückversetzt. Wir standen auf einer pastellfarbenen Bergspitze mit einer unglaublichen Aussicht. Alles hatte Sinn, war zauberhaft, und viele Meister des Geistes hatten hier ihre Kraftfelder hinterlassen. Hunderte Einheimische saßen zusammengekauert auf den Mauern und schauten in den tiefen Hof, in dem sich Pujas und Tänze miteinander abwechselten. Die Stimmung steigerte sich noch während der Nächte; die Leute sprangen stundenlang auf ihre Sitze und wieder rückwärts hinunter oder liefen laut schreiend durch die Gassen. Die gemeinsamen Trancezustände verstärkten sich ständig, jeder bekam einen Geschmack der uralten und vergessenen Kraft von Körper und Geist. Als alles vorbei war, liefen wir in der zweiten Nacht bei Vollmond den Berg hinunter und wanderten einige Stunden in Richtung Leh zum Hemis-Kloster, unserem nächsten Ziel.

Bei den Tänzen in Ladakh

Als die Sikhs vor über hundert Jahren das Land zerstörten, war das Kloster von den Plünderungen verschont geblieben. Da es in einem Pappelhain versteckt liegt, hatten die vorbeiziehenden Eroberer die Gebäude übersehen. Dafür kamen nun die Touristen, und das Ergebnis war nicht besser. Schon bei unserer Ankunft benahmen sich die Mönche unverschämt. Mein üblicher kumpelhafter Stil nützte diesmal kaum, denn sie mochten uns einfach nicht. Um zu verhindern, dass wir fotografierten, öffneten und schlossen sie ständig die Tür, bis ich den Geschäftigsten von ihnen eine Zeit lang hochhob, die Arbeit getan werden konnte und es am Ende kein Trinkgeld gab. Sie waren wirklich zu weit gegangen, wir gehörten immerhin der gleichen Linie an.

Nachdem wir alles besichtigt hatten und eine Tasse Tee am Straßenrand tranken, bezeichnete ein begabt aussehender, aber betrunkener Mann mich ständig mit dem Titel Gelong. Das bedeutet: voll ordinierter Mönch mit 254 Gelübden, inklusive Zölibat und Alkoholverbot. Ich zeigte ein paar Mal auf Hannah neben mir und machte ihn darauf aufmerksam, dass mein Leben so mehr Sinnesfreuden habe. Dann fragte ich ihn, was er selber sei. „Auch Gelong!", sagte er und erhob sein Glas. Ich verstand, dass sie hier die Sache nicht so eng sahen, und er war wohl der begabteste und offenste Mann, dem wir in Ladakh begegneten.

Am Indus-Fluss zwischen Leh und der tibetischen Grenze lag ein Flüchtlingslager, in dem der Dalai Lama später die *Große Rad der Zeit*-Einweihung gab. Dort hatte ein tapferer Schüler Karmapas ein kleines Kloster mit einem enormen Hof gebaut und eine Menge vergnügter Schüler um sich gesammelt. Es war gut, dass es ihn gab, denn das Flüchtlingslager war so ziemlich das Trostloseste, was wir jemals gesehen hatten. Die Häuser bestanden oft nur aus einem dünnen Stück Stoff über schulterhohe Zementmauern gespannt und hatten weder Tür noch Fenster. Der Winter dort – bei der schlechten Ernährung – musste unfassbar hart sein. Wir schenkten den Familien, die unter den schlimmsten Bedingungen lebten, die norwegischen Filzschuhe. Leider erschienen einige davon schon auf dem Markt, noch bevor wir wieder abreisten. Entweder waren die Flüchtlinge total verschuldet, oder der Winter war noch so weit weg, dass Essen oder Alkohol ihnen wichtiger waren.

Eine Einweihung von Situ Rinpoche

Die Bewohner aus dem Kloster und unsere Gruppe verstanden sich sofort, und zu unserer Freude konnten wir Tai Situpa einladen, einen Monat im Kloster zu lehren. Er brachte den rundlichen, recht aufbrausenden Drubpön Dechen Rinpoche mit, der später in Tibet eine Uhr, die Pedro Gomez ihm schenken wollte, mit der Begründung ablehnte, dass er durch seine ständige Arbeit für Karmapa keine Zeit hätte, darauf zu schauen. Die Begegnung war auch für die Rinpoches ein Lehrstück, wir waren ja die erste weiße Pilgergruppe überhaupt.

Tai Situpa verließ als erster der vier Linienhalter sehr früh Rumtek. Er baute im West-Himalaya sein eigenes Verbindungsnetz auf, obwohl Karmapa ihn tatsächlich nur für kurze Zeit nach Ladakh entlassen hatte und ihn danach mehrfach bat, erst seine Ausbildung in Rumtek zu beenden. Es ist lehrreich, seine Entwicklung zu verfolgen, da sie leider deutlich neben der von Karmapa in Rumtek eingeschlagenen Richtung verlief.

Der tapfere Abt des Klosters hatte noch nie so etwas wie unsere Bande mit großen Knochen und blauen Augen gesehen. Um uns einordnen zu können, fragte er: „Gibt es Sonne und Mond, da wo ihr herkommt?" „Ja", antwortete ich, „und sie haben dieselbe Farbe wie hier." Diese Auskunft war wichtig, denn das bedeutete, dass wir aus demselben Universum stammten wie er. So konnte er sich entspannen. Er schenkte uns ein einmaliges Rollbild der Weißen Befreierin, das dem 13. Karmapa gehört hatte. Unsere Ärzte heilten seine Mönche, während wir die restlichen Geschenke heraussuchten.

Tai Situpa gab einige Tage lang Belehrungen und Einweihungen, darunter *Weisheitsbuddha auf dem Löwen*, den wir das erste Mal bekamen und dessen Mantra ich danach laut im Traum hörte. Auch Hannah hatte besondere Träume.

Bevor wir die Gruppe wieder ins Tiefland Indiens zurückschickten, besuchten wir zusammen noch einige Klöster.

Der Besuch von Tikse Gompa war sehr bedeutend für mich. Ich bekam den Segen der Schützerin Weißer Schirm und erneuerte für dieses Leben meine Verbindung mit ihr. In einem ansonsten schmucklosen Raum spürte ich einen so starken Segen, dass ich ein Holzgitter aufbrach, um dahinter die Ursache zu finden. Dort stand Weißer Schirm – eine meterhohe Statue. In dem Augenblick, als ich hineinschaute, leuchteten ihre unzähligen Gesichter von einem scharfen Sonnenstrahl

Weißer Schirm zeigt ihre Zähne, fauchte und war unsagbar schön

getroffen plötzlich auf. Sie zeigte ihre Zähne, fauchte und war unsagbar schön. Ich wusste, dass uns Weißer Schirm ab jetzt nie mehr verlassen würde. Einige Jahre später sollte sie bei Kassel mein Leben retten, und ihre tausend Gesichter und Arme sehen und schützen unsere Freunde überall.

Wir schickten die Reisegruppe voraus, solange das Wetter noch gut war, und wagten, ein halbes Jahr eingeschneit zu werden, um die wertvollen Belehrungen, die uns Tai Situpa geben wollte, erhalten zu können.

Als erste Westler sollten wir in die *sechs geheimen Lehren Naropas* eingeweiht werden und dadurch die Energieseite des Geistes richtig kennen lernen. Wir schmolzen unter Situpas damals unverdorbenem Charme dahin.

Der kommende Vollmond war ein großes Erlebnis, sowohl für uns in Zurückziehung, als auch für unsere Freunde auf dem Weg durch Nordindien. Sie mussten einen zerstörten Lastwagen samt Ladung aus dem Weg räumen, um weiterzukommen. Bei uns befand sich das ganze Kloster in Aufruhr. Sie erwarteten eine Mondfinsternis, was Naturmenschen überhaupt nicht gefällt. Die Tibeter nennen den Erdschatten „Za" und sagen, dass er zwei Münder habe. Frisst er den Mond mit dem einen Mund, wird er rot; frisst er ihn mit dem anderen, verschwindet der Mond ganz. Alle aus dem Kloster waren auf den Beinen, um mit großen Hörnern die Gefahr der Finsternis wegzublasen. Die angekündigte Zeitangabe von Dharamsala war „halb zehn", während ein alter Sterngucker aus Rumtek, der immer das Mantra „Karmapa Tschenno" sagte, „halb drei" meinte. Er behielt Recht. Es war rührend, die Freude aller zu sehen, als der Vollmond sich auf der anderen Seite von Za wieder zeigte.

Die nächsten drei Wochen verbrachten wir in geschlossener Zurückziehung und lernten die fortgeschrittenen Körperübungen.

Als wir aus der dreiwöchigen geschlossenen Zurückziehung kamen, erwischten wir gerade noch den allerletzten Lastwagen über den Pass, bevor der Schnee die Straße bis April versperrte. Es war eine harte Fahrt; wir mussten Diesel, so dick wie Butter, aus einem Container kratzen und alle 20 Kilometer ein Feuer unter dem Mercedes machen, weil die Ölleitungen eingefroren waren. Glücklicherweise saßen wir aber im Wageninneren und nicht – wie zehn Jahre später in Tibet – hinten auf der Ladefläche.

Da wir alleine reisten, konnten wir leicht Abstecher machen. Nachdem wir Mandi verlassen hatten, fuhren wir nach Tsok Pema, dem berühmten Lotus-See. Als Guru Rinpoche die Prinzessin Mandavara verführte, war ihr Vater so erbost, dass er das Paar auf einem Scheiterhaufen verbrennen ließ. Am nächsten Morgen, als er wiederkam, saßen die beiden immer noch in Vereinigung, nun jedoch auf einer Lotusblüte. Der See war um sie herum entstanden und ist heute eine wichtige Pilgerstätte.

Dort lebte Khunu Lama, der uns 1972 in *Bodhgaya* als erster ein Mantra auf Buddha Shakyamuni gegeben hatte. Er wollte damals alles über Dänemark wissen, und ich sagte zu Hannah: „Wenn wir hören, dass er gestorben ist, müssen wir besonders bei der Liebe aufpassen. Wir haben keine Zeit für Nachwuchs, und er sucht sich bestimmt dänische Eltern für seine nächste Geburt." Khunu Lama hatte sich jahrelang mit allen Heilslehren befasst, bevor er sich für den tibetischen Buddhismus entschied. Er war so gelehrt, dass ihm von der Regierung ein Aufnahmegerät zugeteilt worden war. Er besprach es in jedem freien Augenblick und redete vor allem über die Bedeutung von Lauten. Was Mantras und andere Schwingungen betrifft, wusste er Dinge, die niemand sonst kannte. Khunu Lama starb vermutlich, ohne sein Wissen weitergegeben zu haben. Tatsächlich ließ er sich an einem Vollmond im Dezember 1978 als Sohn einer dänischen Freundin und eines tibetischen Verwirklichers wiedergebären, die sich nachts in der Stupa in Bodhgaya zum Lieben versteckt hatten, um das bestmögliche Kind zu zeugen. Sie gebar das Kind nahe der B12 in Bayern während einer Fastenmeditation, und ich half dabei. Der Raum war voll weiblicher Buddhas. Gleich am nächsten Tag fuhr ich die Mutter und das Kind durch hohen Schnee von Süddeutschland nach Dänemark zurück.

Damals betreute Khunu Lama in Tsok Pema eine tibetische Frau mittleren Alters, die Drikung Khandro hieß. Als wir um die Ecke ihres Hauses traten, wandte sie sich um, und wir blieben alle wie angewurzelt stehen. Es war ein sofortiges Wiedererkennen. Sie sah aus wie eine kräftigere Ausgabe von Hannah. Als eine der berühmtesten *Dakinis*, wie die weiblichen Erleuchteten genannt werden, ist ihre Geschichte ein Stück Tibet: Siebzehn Jahre hatte sie allein meditiert, bis die Chinesen anfingen, Löcher in die Wände der Verwirklicherhöhlen zu schießen. Das plötzliche Licht ließ viele erblinden, die jahrelang in völliger Dunkelheit ihren Geist erforscht hatten; ihre Sehnerven hielten den Schock nicht aus. Es gelang, Drikung Khandro rechtzeitig herauszuholen, und eine Gruppe nahm sie auf die Flucht über den Himalaya nach Indien mit. Erst wollte sie kein Fleisch essen, die oft einzige verfügbare Nahrung. Als sie dadurch so schwach geworden war, dass die Leute sie tragen mussten, fielen große Tränen aus ihren Augen, und sie aß, was es gab. Wir redeten lange mit ihr. Sie gab uns Tsampa und wir ihr Proteinpulver und Geld. Als wir zum Abschied unsere Stirnen aneinanderlegten, blieb das Gefühl von ihr lange in mir lebendig. Sie war eine einmalige Frau.

Während eines wunderbaren Empfangs beim Dalai Lama in Dharamsala hatten wir genügend Zeit für alles. Dann fuhren wir so schnell wie möglich nach Delhi. Wir fanden die Namen der Leute aus unserer Gruppe im Visa-Buch der nepalesischen Botschaft und nahmen durch das Menschenmeer den Zug weiter nach Bodhgaya. Dort wartete der große Bus, der andere war nach Nepal gefahren. Trotz einiger kleiner Unfälle hatte Niels die Gruppe gut durchgebracht. In Dharamsala hatten auch sie versucht, den Dalai Lama zu treffen, was ihnen erst später in Delhi gelang. Der Empfang entsprach jedoch nicht ihren Erwartungen. Der Dalai Lama ist, obwohl im Exil, König und damit oberster Vertreter eines Landes, das es in der Welt schwer hat, sich international Ansehen zu verschaffen. Für seine Arbeit wäre es nützlicher gewesen, wenn die Gruppe in ihren besten Kleidern erschienen wäre. Als sie ungepflegt, aber voller Vertrauen dastanden, erlebten sie mehr Erziehung als Segen in seinen Worten.

Karmapas Sekretär erwartete uns in Darjeeling, und nach einem Abstecher zu Ayang Tulkus Kloster in Südindien konnten wir endlich weiter nach Rumtek in Sikkim fahren, unserem eigentlichen Reiseziel. Wir erreichten es am 25. Dezember. Karmapa rief sofort in Delhi an und verschaffte allen eine zweiwöchige Aufenthaltserlaubnis. Die Gruppe

Wir tauchten in seinen Kraftkreis ein

wohnte in Rumtek bei Familien oder in Zelten, oft auf den flachen Dächern einiger Häuser, und nur wenige hatten Durchfall. Aus der Ruhe der Berge zurückblickend, wurde uns klar: Die hektischen vorhergehenden Wochen waren eine vorbereitende Reinigung und eine Härtetaufe gewesen, damit wir nun Karmapas Segen völlig annehmen konnten. Wir tauchten in seinen Kraftkreis ein und saugten ihn durch jede Pore auf. Er nahm sich unserer wirklich an, gab uns die große *Lehrer als Schützer*-Einweihung und malte jedem den ersten Buchstaben seines Namens, ein tibetisches „KA", auf die Stirn. Jeden Tag konnten wir ihm nahe sein, und er ließ seine Linienhalter Einweihungen geben. Sogar den jüngsten Rinpoches wurde angeordnet, die gerade erst gelernten Texte vorzulesen.

Durch die Kronzeremonien übertrug Karmapa täglich seine unmittelbare Erfahrung der Erleuchtung.

Er gab Belehrungen, das Bodhisattva-Versprechen und weihte uns in unsere besondere Schützerin *Weißer Schirm* und in den 2. Karmapa, *Karma Pakshi,* ein. *Karma Pakshi* sagte zu seinen Lebzeiten voraus, dass er später in zwei menschlichen Körpern wiedergeboren würde. Neben Karmapa würde sein erleuchteter Geist auch als Shamarpa erscheinen. Karmapa und Shamarpa wurden in Tibet der Karmapa mit der Schwarzen Krone (Karmapa) und der Karmapa mit der Roten Krone (Shamarpa) genannt. Sie wurden, wie Sonne und Mond, als Einheit gesehen.

Der höchste Linienhalter, Künzig Shamarpa, gab die Einweihung in den roten *Buddha des Grenzenlosen Lichtes*, dessen Ausstrahlung er ist,

Shamarpa, Gyaltsab Rinpoche, Jamgön Kongtrul Rinpoche

und von Gyaltsab Rinpoche bekamen wir von seinem Bett aus den Kraftbuddha Diamant in der Hand und eines späten Abends auch *Diamantdolch*. Jamgön Kongtrul Rinpoche gab uns *Weisheitsbuddha auf dem Löwen*, und schließlich erklärte Thrangu Rinpoche die Meditation auf den 8. Karmapa.

Die Gruppe reiste weiter nach Nepal, aber Karmapa bat Hannah und mich zu bleiben. Etwas sehr Wichtiges war in Entwicklung. Ein amerikanischer Schüler hatte dem bekannten Verwirklicher Urgyen Tulku in Kathmandu einen riesigen Tempel gebaut, und Karmapa sollte ihn einweihen. Wir sollten sie fahren. Vier oder fünf Jeeps und ein Lastwagen standen zur Verfügung. Einige der Fahrzeuge, Geschenke des großzügigen bhutanesischen Königs, waren neu, der Rest war reiner Schrott. Hannah bekam einen Nissan-Militärjeep mit Thrangu Rinpoche und Sister Palmo als Beifahrern und ich den ältesten und kaputtesten Landrover des Himalaya. Mit mir fuhr auch Karmapas Diener, der die Schwarze Krone um seinen Bauch gebunden hatte. Die Fahrzeuge waren mit den Menschen aus Rumtek und dem Gepäck völlig überfüllt. Spannend wurde es auf Anhieb! Karmapas nagelneuer Jeep fuhr einfach drauflos, alle anderen mussten folgen, so gut es eben ging. Die Straße – ein indisches Projekt – war gerade fertig gebaut, aber schon ausbesserungsbedürftig, und man hatte die Brücken vergessen. Zehnmal mussten wir uns gegenseitig durch die Flüsse ziehen; die Fahrt hätte für viele Abenteuer-Kampagnen aus der Werbung Stoff abgegeben. Doch wir schafften es irgendwie, weder Einheimische noch ihre Kühe oder Hühner als Kühlerschmuck mitzunehmen. Auf einem Pass angekommen, hatten wir eine atemberaubende Aussicht auf die verschneite Himalaya-Kette im Norden über das Kathmandu-Tal hinweg.

Der König des Mahamudra

Nepal Karmapa ließ alle anhalten, und während wir um ihn herumstanden, nannte er uns die tibetischen Namen der Schneegipfel über Hunderte von Kilometern auf beiden Seiten des Mount Everest. Er enthüllte auch, welche Buddhas von jedem einzelnen Gipfel aus in die Welt strahlen, wo sich die Kraftfelder von *Höchste Freude*, Langlebensdame und anderen wichtigen Formen gesammelt haben. Es war ein unvergleichliches Erlebnis, dies von jemandem zu hören, der einfach nur beschrieb, was er sah. Niemals waren wir dem alten Tibet näher.

Kurz danach geschah etwas, worüber man noch heute in Rumtek redet. Es hätte mir mit Leichtigkeit einen Platz neben Mao Tse Tung in den Geschichtsbüchern der Kagyü-Linie verschaffen können und noch fünfhundert Wiedergeburten als Maulwurf dazu. Die Bremsen des Landrovers waren – sogar nach indischen Maßstäben – von Anfang an schlecht. Außerdem war es oft nicht möglich, die Gänge herunterzuschalten, und die Handbremse hatte sowieso noch nie getaugt. Als wir die Vorberge in Richtung Kathmandu hinunterrollten, fiel auch die Fußbremse aus. Und das alles mit Karmapas Krone an meiner Seite! Wir schlitterten mit zunehmender Geschwindigkeit durch die Kurven, bis ich endlich einen Kieshaufen fand, den Straßenarbeiter hinterlassen hatten. Mit einem Arm vor Karmapas Diener, um die Krone zu schützen, fuhr ich in ihn hinein. Der Schaden am Landrover war nicht groß, aber die Tibeter fanden diesen Zwischenfall sehr dramatisch. Über meinen ersten Kommentar „Das Auto ist schlecht, aber der Segen ist groß“ lachten sie sehr. Meine Mitfahrer kletterten schnell auf den Lastwagen und die anderen überfüllten Jeeps. Sie wollten den Unfallwagen zurücklassen, obwohl sie wussten, dass er noch am selben Tag, in Einzelteile zerlegt, verschwinden würde. Mir gefiel das nicht. Also banden wir mit Karmapas Erlaubnis den Landrover vor den Lastwagen, der ihn dann bremsen sollte. Zweimal riss das

Die heilige Swayambhu-Stupa

Seil, das zu viele Regenzeiten mitgemacht hatte, und ich musste in zwei weiteren Kieshaufen bremsen, bis wir ein Stahlseil fanden. Den Rest der Strecke nach Kathmandu hatte dann der Lastwagen hinter mir die Unfälle.

Sangye Nyempa Rinpoche

Dort betrat ich im großen Tempel von Swayambhu in einem geschichtsträchtigen Augenblick Karmapas Raum. Der erste weiße Tulku sollte soeben anerkannt werden. In Ländern mit gutem Karma und viel Freiheit leben viele solcher bewusst Wiedergeborener, und wer seinen Körper als Werkzeug sieht, um anderen zu nutzen, ist bereits auf dieser Ebene. Mehrere sind offensichtlich unter meinen Schülern und entwickeln sich schnell. Die Tibeter erkennen jedoch solche Wiedergeburten selten und nur dann an, wenn sie das gesamte Ausbildungssystem durchlaufen. Lehrer wie der Karmapa, die frühere Lebenszeiten der Wesen klar sehen, geben ihnen oft wichtige und besondere Aufgaben. Hier war aber die erste weiße Wiedergeburt, die durch die gesamte tibetische Lehrmühle laufen sollte. Wir hatten seine Eltern in Hippiezeiten kennen gelernt, und später wurden die Einzelheiten seiner Entdeckung von Freunden in den USA bestätigt.

Uns wurde die Geschichte folgendermaßen erzählt: Als Karmapa 1974 in den USA war, lud ihn ein kleiner, friedlicher Indianerstamm in die Südwest-Staaten ein. Es waren die leider nicht vom Alkohol trockengelegten Hopis. In einigen ihrer Prophezeiungen stand geschrieben, dass ihre Brüder in roten Kleidern kommen würden, wenn die Dinge sehr schlecht gingen. Sie glaubten, dies seien die Tibeter. Als Karmapa und sein Gefolge ankamen, herrschte schon mehrere Monate Dürre, und sie fragten ihn: „Kann ein so heiliger Mann wie du Regen für uns machen?"

Karmapa antwortete: „Ich werde es im Geist halten." Er gab den Indianern die Einweihung in die rote stehende Form von *Liebevolle Augen* und einen starken Segen. Währenddessen zogen sich am Horizont die Wolken zusammen, und als Karmapa die Autotür zuschlug und die Tibeter abfuhren, fielen die ersten Tropfen.

Im heiligen Swayambhu-Tempel

Auf den Titelseiten der Lokalzeitungen in New Mexico war am nächsten Tag zu lesen: „Karmapa Makes Rain in Hopi-Land". Später fiel eine Ausgabe dieser Zeitung in die Hände von Hettie und Angus in Kathmandu, und sie schrieben an Karmapa nach Sikkim, ob das wahr sei. Ihr Sohn war nordöstlich von New York geboren worden, und einige Jahre danach spürten sie plötzlich den inneren Drang, nach Nepal zu reisen. Am Swayambhu-Tempel Karmapas angekommen, versuchte ihr Kind zu ihrem Erstaunen, die Treppen zum Kloster hochzuklettern und sagte: „My monastery, my monastery!" Zuerst nahmen sie an, er habe das von den kleinen Mönchen gelernt. Diese sprachen aber kein Englisch. Karmapas Antwort auf ihren Brief traf den Kern: „Das Kind ist die Wiedergeburt eines früheren Lehrers. Bleibt, wo ihr seid, ich werde bald kommen."

Nachdem ich den Landrover in einer Werkstatt abgeliefert hatte, ging ich zu Karmapa. Auf dem Tisch lagen zwei Karten. Eine davon war alt und vergilbt. Sie enthielt Karmapas Bericht über Zeit und Ort der Geburt des Kindes. Daneben lag eine Karte von Massachusetts. Flüsse, Berge und andere Landschaftsmerkmale stimmten überein. Als Karmapa damals die Karte zeichnete, fragten seine Leute, ob sie losfahren und das Kind holen sollten. Nachdem sie Tibet verlassen hatten, fand er häufig Wiedergeburten in Bhutan und anderswo im Himalaya. Aber Karmapa sagte: „Dieser hier wird von selbst kommen.“ Jetzt saß er da, strohblond und blauäugig, und sah wie ein kleiner Soldat aus. Er war die Ausstrahlung des Rede-Zentrums des großen Sangye Nyenpa Rinpoche, dessen erste Inkarnation der Lehrer des 8. Karmapa gewesen war.

Die Einweihungsreihe im neuen Tempel bei Bodhnath war aus einer anderen Welt. Karmapa gab den „Schatz der Kagyü-Mantras“, die Übertragungen, die *Marpa* vor 1.000 Jahren nach Tibet gebracht hatte. Vor etwa 150 Jahren waren diese Einweihungen von Lodrö Thaye gesammelt worden, der früheren Inkarnation Jamgön Kongtrul Rinpoches. Alle waren gekommen: Rinpoches, tibetische Mönche, viele Freunde aus dem Westen und oft einflussreiche, aber bewusst arm gekleidete Leute vom Stamm der buddhistischen Newaris. Obwohl sie Jahrhunderte lang von den Hindu-Gurkhas unterdrückt worden waren, sind sie die Kulturträger des Kathmandu-Tals. Die Gurkhas verboten bei der Eroberung des Landes den Buddhisten, Klöster zu unterhalten, und beschlagnahmten die meisten der uralten buddhistischen Heiligtümer. Heute noch lassen sie diese von Soldaten bewachen, die Nicht-Hindus mit Waffen wegdrängen.

Einige nahe Freunde aus den Hippie-Tagen in Dänemark boten uns die denkbar beste Stelle zum Wohnen an, die damals einzige Dachwohnung in Bodhnath mit Terrasse zur Stupa hin. Zum ersten Mal verband ich hier einen Himalaya-Aufenthalt, wo es sowieso nicht viel Anziehendes für die Geschmacksnerven gibt, mit ein paar Wochen Fasten. Man vermeidet, von dem ungesunden Essen krank zu werden, und die Kleider passen hinterher besser.

Karmapa baute einen ungeheuren Kraftkreis auf, und in den drei Wochen ereigneten sich viele Wunder. Er vertrieb alle negativen Energien aus der Gegend, doch einige von ihnen zogen offenbar nach Kopan, einem in der Nähe gelegenen Gelugpa-Kloster. Während der Einweihungen, bei denen niemand aus Kopan anwesend war, aber viele Gerüchte über uns unmoralische Kagyüpas umgingen, wollten sie dort eine Buddha-Statue von einem Gebäude zu einem anderen tragen. Plötzlich wurde die Statue so schwer, dass sie sie nicht mehr tragen konnten. Nach drei erfolglosen Tagen kamen sie zu Karmapa und baten um seine Hilfe. Die Statue wurde sofort wieder leicht, und sie konnten sie zu der gewünschten Stelle bringen.

Gegen Ende der Einweihungen erhielten wir schlechte Nachrichten. Die humorlose schwedische Nonne und ihr nicht viel frischerer Bruder wollten die Stelle in Südschweden, die wir gemeinsam Karmapa geschenkt hatten, verkaufen. Lama Lodro in Stockholm hatte es nicht verhindern können. Die Nonne war unter den Einfluss Karl Birgers, mit dem wir ja bereits unsere Erfahrungen hatten, gekommen. Er erzählte ihr, dass sie von sieben Engeln umgeben sei, „Karma Ling" verkaufen und stattdessen ein Stück von seinem verlassenen Dorf erwerben solle. Es war ein harter Schlag gegen den Buddhismus in Skandinavien. Plötzlich war der Platz, an dem sich alle begegnen konnten, verschwunden. Ich habe Karmapa selten so unzufrieden gesehen wie damals, als er die Nachricht hörte. Wir schickten zwei Telegramme von ihm, dass sie mit dem Verkauf bis zu unserer Rückkehr warten sollten, aber die Nonne verkaufte dennoch.

Was schlecht für Skandinavien war, nützte den südlicheren Ländern. Der schwedische Hof wäre niemals ein Angebot für die Massen im Herzen Europas geworden. Mit zwei teuren Fähren und der peinlichen Geschwindigkeitsbegrenzung in Skandinavien konnten wir kaum größere Gruppen dahin einladen. Wir mussten nun dort arbeiten, wo schon ein ausgewogenes geistiges Interesse vorhanden war. Die Zeit für den Rest Europas war gekommen, und Kopenhagen konnten wir mit dem Geld aus dem Verkauf umbauen. Am ersten April 1976 begann die Arbeit im großen Stil.

Dänemark 1976

Karmapa und viele Lamas bei der Kagyü Ngagdzö-Einweihung

Khunu Lama Rinpoche (ca. 1895-1977)

Khunu Lama Tenzin Gyaltsen war indischer Abstammung und wurde 1894 oder 1895 in Ladakh geboren. Er widmete sein ganzes Leben intensiv dem Lernen und der Meditation, wobei er sich vieles im Selbststudium aneignete. 1916/1917 brach er nach Tibet auf und lernte bei bedeutenden Lamas unterschiedlicher Linien, wobei er bis in den äußersten Osten des Landes reiste. Erst 1947 kehrte er nach Indien zurück.

Als 1959 viele Tibeter nach Indien fliehen mussten, bot sich Khunu Lama als Lehrer an: Er unterrichtete sowohl einfache Flüchtlinge als auch hohe Lamas, auch den Dalai Lama. Seine Kenntnisse beinhalteten sowohl Sanskrit, tibetische Literatur und Grammatik als auch buddhistisches Spezialwissen zur *„Großen Vervollkommnung"* (Dzogchen oder Maha Ati) sowie dem „Großen Siegel" (Chagchen oder Mahamudra). Der in bescheidenen Verhältnissen lebende, unter Exiltibetern hoch angesehene unabhängige Verwirklicher (Yogi) starb 1977. Seine Wiedergeburt kam 1979 in Dänemark zur Welt.

Drikung Khandro, Neni Rinpoche (1927-1979)

Drikung Khandro Sherab Thubten, bekannt auch unter dem Namen Neni Rinpoche, wurde 1927 im Norden Tibets geboren. Sie verbrachte viele Jahre im Nonnenkloster Drikung Longshü und lernte bei bedeutenden Meistern der Drikung Kagyü- und der Nyingma-Linie. Nach ihrer Flucht aus Tibet im Jahre 1959 verbrachte sie zehn Jahre in Zurückziehung an einer heiligen Stelle, die mit der Aktivität von Guru Rinpoche in Verbindung gebracht wird. Danach setzte sie ihre Studien und Praxis mit Khunu Lama Rinpoche fort. Sie galt als strenge, disziplinierte Meditationsmeisterin und hoch geachtete Lehrerin. Ihre Schüler betrachteten sie als eine Dakini. Drikung Khandro Neni Rinpoche starb 1979 an den Folgen einer Tuberkulose-Erkrankung.

Drukchen Rinpoche

Der erste Gyalwang Drukchen Tsangpa Gyarey Yeshe Dorje war eine Ausstrahlung von *Naropa*, der von 1161 und 1211 lebte.

Der 12. Gyalwang Drukpa, Jugme Pema Wangchen, wurde 1963 geboren und ist vom Dalai Lama anerkannt worden. Er traf auch den 16. Gyalwa Karmapa. Er studierte weitgehend unter vielen großen Gelehrten und erhielt viele Übertragungen der Nyingma-Schule und der Drugpa Kagyü Linie, einschließlich des Mahamudra.

Sein Hauptsitz befindet sich in Darjeeling, Thubten Sangag Chöling. In dieses Kloster ist auch eine staatlich unterstützte Schule für körperlich Behinderte eingegliedert. Drukchen Rinpoches beträchtliches Wissen und seine Klugheit kommt seinem Unterricht sehr zugute.

Urgyen Tulku Rinpoche (1920-1996)

Urgyen Rinpoche wurde 1920 in Ost-Tibet geboren und vom 15. Karmapa als eine hohe Wiedergeburt anerkannt. Seine außergewöhnlichen Fähigkeiten sowohl Kagyü- als auch Nyingma-Lehren zu übertragen, machten ihn zu einem Lehrer einiger der bekanntesten Lamas im Tibetischen Buddhismus, einschließlich des 16. Gyalwa Karmapa, Dudjom Rinpoche und des 14. Künzig Shamar Rinpoche. Innerhalb der Nyingma-Linie hielt Urgyen Rinpoche die kompletten Übertragungen von drei der größten Meditationsmeister des 19. Jahrhunderts: Terchen Chokgyur Lingpa, Jamyang Khyentse Wangpo and Jamgön Kongtrul Lodrö Thaye. In Nepal errichtete Urgyen Tulku sechs Klöster und Zurückziehungsstellen; er selbst verbrachte insgesamt über 20 Jahre im Retreat.

Seine Familie hält die Barom Kagyü-Linie, eine Unterschule innerhalb der Kagyü-Tradition. Seine drei Söhne gelten allesamt als Wiedergeburten hoher Lamas. Urgyen Tulku starb 1996 in Nepal.

Im Westen viel Neues

Es ging sofort los. In Rumtek hatte Karmapa ein großes Versprechen gegeben: „Da ihr jetzt so weit gereist seid, um mich zu sehen, werde ich bald wieder zu euch kommen.“ Das gab großen Auftrieb. Während Hannah meistens mit Tarab Tulku in Kopenhagen Texte übersetzte, baute ich unsere Zentren in Europa auf. Bei vielen Belehrungen fiel ich vor Müdigkeit fast vom Thron, und wenn ich die ganze Nacht durchfuhr, sah ich die Lichter der Autos doppelt.

Deutschland

Im Herbst zeigte *Weißer Schirm* erstmals ihre Kraft. Sie ist die Form mit den tausend Armen und Gesichtern, die mich in Ladakh so tief gesegnet hat. Es geschah in den Kasseler Bergen, als ich einen Leihwagen aus Wien zurückbrachte. Mit dem Bild von Weißer Schirm, gut befestigt an der Decke des Autos, fuhr ich früh morgens mit einer Freundin durch dichten Nebel, um ein Nachmittagsprogramm in Kopenhagen noch zu erreichen. Plötzlich löste sich das Bild ohne ersichtlichen Grund und flatterte in den Fußraum.

Da ich niemals auf eine Dame treten würde, vor allem nicht auf eine Buddhine, nahm ich sofort den Fuß vom Gas, während ich nach dem Bild auf dem Boden griff. Die Autobahn ging bergauf, der neue Sechszylinder-Motor bremste ab, und wir fuhren nur noch 100 km/h, als plötzlich ein Baustellenschild direkt vor uns aus dem Nebel auftauchte. Ich riss das Lenkrad herum, und statt das Schild frontal zu treffen, was selbst bei dieser Geschwindigkeit ernst gewesen wäre, rammte ich es mit der Seite des Wagens. Es flog auf die andere Fahrbahn. Beim Bremsen hörten wir noch, wie die großen Lastwagen das Schild flach walzten. Die Seite des Autos war zerstört, das Vorderrad stand schief. Ich wechselte den Reifen, klebte Plastik über das Fenster, und wir erreichten rechtzeitig Kopenhagen. Dass ich genau in diesem Augenblick dazu gebracht wurde, langsamer zu fahren, ist ein klassisches Beispiel für einen Segen, der weder zu spät noch zu früh kommt. Seitdem ist Weißer Schirm immer mit auf meinen Reisen.

Zu dieser Zeit fingen die beiden Herren „Wie“ und „Warum“ an, ihr Verhältnis zu mir zu überdenken. Es gefiel ihnen nicht, dass ich so unmittelbar handelte und sie einfach nicht beachtete. Erst ging „Warum“, dann „Wie“, und als sie nicht mehr im Wege standen, setzte das eine ungeheure Kraft frei. Ich weiß aber heute, wo sie zu finden sind. Sie sind für besondere Zwecke schon nützlich, nur dürfen sie weder das Verhalten bestimmen noch Handlungen verzögern.

Rote Weisheit

Frankreich 1976

Im Juni 1976 war Kalu Rinpoche in Frankreich, um die erste der dreijährigen Mönchs- und Nonnen-Zurückziehungen einzuleiten. Er bat uns, an den Vorbereitungen teilzunehmen und mitzuhelfen. So verbrachten wir den Juni bei ihm, schleppten tagsüber Steine für die Zurückziehungszellen, meditierten nachts auf *Rote Weisheit* und besuchten die Belehrungen der Zurückziehungs-Anwärter. Es war reiner Urlaub, wieder selbst Unterricht zu erhalten, und bei Kalu Rinpoche zu sein, war zeitlos schön. Unter den Schülern, die immer mehr seinen Verein übernahmen, gab es jedoch wenig zu lachen. Für meinen Geschmack waren sie viel zu heilig und spielten ständig „Kirche“. Außerdem konnte ich ihre Neigung, mehrere Jahre nur unter Geschlechtsgenossen zu verbringen, gar nicht verstehen. Ich dachte, dass es für mein Wohlbefinden nicht gesund sein könne. Hannah, immer etwas tugendhafter, lag der Gedanke nicht ganz so fern. Sie war erst richtig beruhigt, als Karmapa einige Monate später sagte: „Wenn ihr euch zurückzieht, wer wird dann meine Zentren machen? Ich verspreche euch genau dieselbe Entwicklung durch eure Arbeit für mich wie durch eine geschlossene Zurückziehung, und zusätzlich unendlich viel Kraft.“

Wieder machte das Schloss Plaige deutlich, wie grundlegend unterschiedlich sich die Lehre im romanischen und im germanischen Europa verbreitete. Frankreich entwickelte sich kirchenähnlich und hierarchisch, während unsere Gruppen östlich des Rheins wie das Gras wuchsen. Sie entstanden spontan, geprägt nur durch Karmapas Wünsche, das Karma der Menschen und unsere starken Bände und Freundschaften. Das Benehmen war entsprechend – bürgerlich feingeistig beziehungsweise herzlich und klar.

Als die wilden Germanen kamen, wurden die Franzosen oft verschreckt. Diesmal, als fünfzig Bewohner aus der Hippiekolonie Christiania anreisten, um „den freundlichen Kalu Rinpoche" zu besuchen, war es besonders wild. Es fand leider, wie meistens auf der Welt, keine Annäherung der Kulturen statt. Die Mädchen pinkelten mit nacktem Hintern vor den erschütterten Mönchen und stillten bei den Einweihungen ihre Kinder. Die Nachbarn des Schlosses riefen an und fragten, ob die fremden Männer bitte ihre großen Messer, die sie an ihren Gürteln trugen, ablegen könnten. Obwohl wir die meisten Leute kaum kannten und nichts mit ihrem Besuch zu tun hatten, wurde dadurch Hannahs und mein guter Ruf etwas getrübt. Das Heil kam nur noch bedingt aus dem frischen Norden.

Deutschland

Bei den folgenden Blitzfahrten durch Mitteleuropa zeigten mir die Schützer ihre Kraftfelder. Im Hamburger Völkerkundemuseum lächelte mich *Weißer Schirm* an, errötete und trat aus dem Rollbild heraus. Als die Vitrine geöffnet wurde und ich meinen Kopf an das Rollbild legte, klapperten meine Zähne laut, und mein Körper erschauerte wie im Kälteschock. Es war so kraftvoll wie ein Segen Karmapas. In Köln stand *Strahlende Göttin*, die Partnerin von *Schwarzer Mantel*, in einer Ausstellung lebendig vor mir, und in München breitete *Sechsarmiger Großer Schwarzer* seine schützende Kraft vom Völkerkundemuseum her aus. Durch unsere Arbeit für Karmapa sammeln sich diese Schützer heute im Kraftkreis um *Schwarzer Mantel*. Das ist die Form, die vor allem Karmapas Tatkraft ausdrückt. Halten die Leute ihre Bände, sorgen diese Energien dafür, dass ihre Entwicklung durch nichts behindert wird.

Tschechoslowakei

Unser nächstes Ziel, die Lehre nach Polen zu bringen, war ein großes Erlebnis. Wir nahmen den Zug von Wien durch die damalige Tschechoslowakei. Erst konnten wir kaum glauben, in welcher Weise die Behör-

Mit Familie Czapnik, Hanna und Krysztoph

den dort ihre Bürger behandelten – einfach wie Kühe. Völlig verarmt waren sie nicht, aber sie besaßen keinen Kampfgeist, was noch viel schlimmer ist. Im Unterschied dazu war Polen eine fast romantische Erfahrung. Die Menschen waren tief, etwas schüchtern und verträumt. Trotz jahrhundertelanger Unterdrückung, auch durch ihre Kirche, fand man bei ihnen Bewusstseinsebenen, denen man in hektischeren Teilen der Welt nur schwer begegnet. Dieses Land bot einen erstklassigen Boden für den Diamantweg, daran gab es keinen Zweifel.

Polen

Wladyslaw Czapnik, ein großer und warmherziger Mann, hatte durch einen Tschechen von uns gehört und uns eingeladen. Wir sollten die Lehre so schnell wie möglich in Polen verbreiten. Die Karmapa-Meditation ergriff die Leute sofort. Das Einswerden mit der Erleuchtung war wirklich ihr Weg. Ich gab auch eine mündliche Übertragung der *Liebevolle Augen*-Meditation mit drei verschiedenen Verschmelzungsphasen. Später, als die „übliche" Fassung verbreitet wurde, führte das leider zu viel Verwirrung. Das war ein Zeichen dafür, in Zukunft linienfremde Texte in unseren Zentren zu vermeiden. Auch wenn alle Wege im nördlichen Buddhismus das gleiche Ziel verfolgen – nämlich die volle Entwicklung unseres Geistes –, muss man sich für eine Übertragungslinie entscheiden, um das Ziel zu erreichen.

Es wurde eine kraftvolle Woche, und niemals, zumindest nicht bis in Russland im Jahr 1989, ist so viel Wachstum aus der Hingabe einer einzigen Familie entstanden. Der zweite Besuch in Polen folgte, während Karmapa in Europa war. Als ich wegfahren wollte, zwinkerte er mir zu und fragte: „Wie lautet dein Zufluchtsname?" Ich antwortete: „Karma Lody Gyamtso." Er fuhr fort: „Der Name des ersten Zentrums in der kommunistischen Welt wird Karma Lody Gyamtso Ling sein. Bring ihnen Freiheit und geh in den Osten, so oft du kannst."

Strahlender Lama

USA

Karmapas Ankunft in New York war für den 17. November 1976 geplant. Wir wollten ihn nicht länger missen, kauften ein paar billige Drei-Wochen-Tickets und flogen hin. Der Empfang dort war Welten von dem in Europa entfernt. Es warteten unglaublich lange, technisch veraltete Limousinen, die nur geradeaus fahren konnten, und Männer mit Anzug und Krawatte. Alles wirkte wie auf einem Begräbnis. Es gab auch ein paar lebendige Gesichter unter den Pinguinen wie Barry, die meisten jedoch waren ausdruckslos und steif. Wir konnten nicht unterscheiden, wer angeheuerter Fahrer, Polizist oder Mitglied von Trungpa Rinpoches Dharmadhatu-Organisation war.

Karmapa kam durch den VIP-Ausgang, sah uns, rief „Ole, Hannah!" und gab uns einen solchen Segen, dass wir uns erst in einem Minibus auf den Straßen des schönen Long Island wieder fanden. Für Hannah war es der erste Besuch in Amerika, während ich schon 1958/59 als Austauschschüler dieses große Land genossen hatte.

Mr. Chen, eine große Stütze für den Buddhismus in Amerika, lud uns nach Seatucket an der Nordküste von Long Island ein. Er war 1946 aus Hongkong gekommen. Seine „American Steam Ship Company" beherrschte die Frachtfahrt auf den großen Seen. Gemeinsam mit seiner Frau Nancy half er seinen vielen Verwandten in Rotchina und unterstützte gleichzeitig mehrere buddhistische Schulen. Er war damals Mitte fünfzig und gut in Form. Sein Einfluss reichte bis zur Westküste, an der er eine riesige ehemalige Nervenheilanstalt gekauft hatte. Dort wollte er die vielen chinesischen Mönche, die er vor allem aus Vietnam erwartete, unterbringen. Sie bekamen stattdessen von den neuen Machthabern eine Umerziehung verpasst. So große und gut erhaltene Gebäude hätten wir in Europa gebrauchen können, ebenso wie Dr. Chens Hilfe für die Herausgabe von Büchern und seine guten Vorträge. Auf putzige chinesische Weise gelang es ihm immer, ungewöhnliche Punkte in Buddhas Lehre hervorzuheben. Karmapa behandelte ihn wie einen Bruder, mehr muss ich nicht sagen.

Im oberen Stockwerk saßen Akong Tulku, Ato Rinpoche und Dr. Chen auf dem Boden vor Karmapas Bett. Als wir eintraten, rief er freudestrahlend: „Jetzt sind alle da. Ruft Chime an." Karmapa hörte diesem lange zu und runzelte immer mehr die Stirn. Dann sagte er leise: „Lama Chime hat keine Zeit zu kommen." Wir plauderten über die Entwicklungen überall, bis ein kräftiger Mann in einem makellosen dunkelblauen Anzug hereinkam und sich als einziger auf das Bett neben Karmapa setzte. Es war Trungpa Tulku, den wir zuletzt in Schweden gesehen hatten. Wir fanden nicht, dass dies der angemessene Platz für ihn sei. Erst später erinnerten wir uns, dass er seit einem Unfall behindert war und vielleicht deshalb nicht auf dem Boden sitzen konnte. Karmapa redete ernsthaft auf ihn ein. Er bat ihn, die Aussagen über Akong Tulku aus seinem Buch „Born in Tibet" herauszunehmen, in dem er ihn als paranoid und berechnend bezeichnet. Die dritte Ausgabe wurde dann mit einem weniger deutlichen Nachwort gedruckt.

Wir genossen die Vielfalt Amerikas. Die Gegend, in der wir wohnten, war sehr idyllisch. Dr. Chen lieh uns freundlicherweise ein Auto, und wir fuhren sofort mit doppelter Geschwindigkeit. Wir schafften es einfach nicht, wie die Amerikaner herumzukriechen. Dafür hätte es einer Hand voll Schlaftabletten vor jeder Fahrt bedurft.

Reiche und berühmte Leute kamen und gingen. Oft war es möglich, privat bei Karmapa und Jamgön Kongtrul Rinpoche zu sein. Sie hatten hier viel mehr Freizeit, als wir ihnen in Europa zugestanden hätten.

In Karmapas Kraftkreis kam keine Langeweile auf. Lex und Sheila, Unterstützer von Tomo Geshe Rinpoche, riefen eines Nachts an. Sie wollten unbedingt ihren ausgeliehenen VW-Bus zurückhaben. Das war eine gute Gelegenheit, New York bei Nacht zu sehen. Hannah wäre gerne mitgekommen, aber Karmapa bat sie zu bleiben, um einer dänischen Geschäftsfrau die 16. Karmapa-Meditation zu erklären. Es wurde eine unterhaltsame Fahrt, und ich war froh, dass Hannah nicht dabei war. Mitten in Harlem fiel die Elektrik des Autos aus. Ich verbrachte Stunden damit, den Wagen in diesem Ghetto, wo man selbst tagsüber kein weißes Gesicht zeigen sollte, wieder anzuschieben. Erst in den frühen Morgenstunden erreichte ich das schöne Haus von Lex und Sheila am Fluss in der Bronx.

Beim Frühstück lernte ich die Familie kennen. Lex und ich hatten 1958 das gleiche Internat besucht. Lex erinnerte sich immer noch, wie wild ich gewesen war, wie ungeeignet für jede Dressur. Er leitete jetzt ein New-Age-Programm bei einem Privatsender in der Stadt und stellte mir eine Stunde im Rundfunk zur Verfügung, die ein großer Erfolg wurde. Viele riefen an, und Hannah erzählte mir später, dass Karmapa zugehört und viel dabei gelacht habe. Solange Lex die Leitung des Senders innehatte, fingen meine folgenden Amerikabesuche immer mit einer Live-Sendung und anschließenden Hörer-Fragen an. Die letzten Jahre drückte er mir nur noch den Studioschlüssel in die Hand. Ein großer Teil derjenigen, die die Diamantweg-Zentren der Karma-Kagyü-Linie New Yorks heute unterstützen, bekamen durch diese Vorträge ihre erste Verbindung; später schrieb Lex selbst ein Buch über Buddhismus.

Die nächsten Tage verbrachten wir alle bei Lex. Viele bekannte Leute erhielten Karmapas Segen, aber alles blieb an der Oberfläche. Wir erreichten die Menschen nicht so wie in Europa. Nur selten entstand die beste Grundlage für Wachstum: Hingabe. Höchstwahrscheinlich dachten die meisten, schon zu wissen, was sie brauchten. Wenn Stolz stärker ist als Begierde, werden tiefe Bände verhindert. Diese Leute wollten eine Show und keinen Lehrer.

Während der nächsten Wochen in New York stand Karmapa das gesamte oberste Stockwerk des Plaza-Hotels am Central Park zur Verfügung. Dank seines Gastgebers, dem Dharmadhatu-Verein, war er fast unerreichbar. Die einzigen, denen der Zugang gelang, waren unsere europäischen Freunde. Wir schmuggelten voller Freude fast täglich einige zu ihm hinein, ganz egal, wie viele ihrer Wachen ich auch beiseite schieben oder austricksen musste. Es ging einfach nicht, einen Bodhisattva, der zum Besten aller Wesen da ist, wie einen Präsidenten abzuschirmen.

In der schönen Halle des teuren Hotels zeigte Karmapa, dass er auf eine ordentliche Ausbildung bestand. Auf seine Einladung hin nahmen wir an einer lang vorbereiteten Begegnung mit Vajradhatu teil, den Hauptschülern Trungpa Tulkus. Nun war ihre Zeit für Fragen an den höchsten Lehrer gekommen. Unter den etwa fünfzig Schlipsträgern waren mehrere bekannte Gesichter, wie zum Beispiel Allen Ginsberg. Er wollte über Homosexualität und Umweltverschmutzung mit uns reden. Wir konnten aber wenig zu diesen Gebieten beitragen, und so bestellte er stattdessen unser damals einziges Buch auf Englisch, Kalu Rinpoches

Belehrungen. Ob berühmt oder nicht: Die Fragen der Zuhörer waren aus der Luft gegriffen, eine Tasse dünner New-Age-Tee.

Als es schon jenseits von peinlich war, sagte Karmapa plötzlich: „Von einer Sache weiß ich, dass ihr sie gelernt habt: zu sitzen! Macht jetzt den vollen Lotussitz." Es sah von unserem Platz so aus, als würden nur Hannah und ich die Beine ganz kreuzen, aber wegen der hohen Kissen waren wenigstens alle Rükken gerade. Weil ich Karmapa so sehr liebe, wusste ich auch, was er jetzt vorhatte: Plötzlich warf er seinen kraftvollen Körper nach vorne und rief laut „Phe!". Ich rollte auf dem Boden vor Lachen, während Karmapa schnell den Saal verließ. Einen Augenblick später kam Jamgön Kongtrul Rinpoche herein und fing an: „Buddha war ein Prinz in Indien ..."

„Phe!"

Dr. Chen hatte Karmapa ein Tal geschenkt, das etwa eine Stunde nördlich von New York liegt. Er dachte, dass es sich für ein Kloster eignen würde. Während wir es inmitten der schönen Herbstfarben durchschritten, stellte Dr. Chen uns seine Pläne vor. Er träumte unter anderem von einem schönen Lotusteich. Die Vorstellung lag seinem chinesischen Herzen ganz nah. Wir Europäer waren sehr begeistert, aber für den tibetischen Geschmack war das Gelände zu eingeschränkt: Sie äußerten sich eher allgemein als zur Sache, ein klares Zeichen, dass sie höflich, aber nicht begeistert waren.

Vor der Rückfahrt blieb Dr. Chens Jeep im Wald stecken. Nun machte ich meinen nordischen Vorvätern alle Ehre und bahnte uns einen Weg durch den Wald. Ich riss einige Bäume aus, brach andere ab, während die Mönche verschreckt davon sprangen. Als der Jeep wieder auf dem Pfad stand, hatten wir etwas Grundlegendes miteinander geteilt. Wir waren Freunde geworden.

Unser einziger Ausflug bei diesem Besuch in Amerika war eine Fahrt nach Chicago, wohin uns Karmapa schickte. In der Indianersprache bedeutet der Name der Stadt „Kalter Wind", und das traf zu. Vickie hatte dort einen Vortrag in die Wege geleitet. Der Bus wäre zu teuer gewesen, Autostopp zu kalt, aber glücklicherweise gibt es auch in Amerika Firmen, die Autos überführen. Also ging es mit einem untermotorisierten „Lackkasten" los.

Die Weite Amerikas ergriff uns. Wir nahmen die nördliche Strecke über die Appalachen nach Chicago. Die letzten Stunden regnete es so stark, dass wir an den Autos, die wir überholten, fast vorbeischwammen. Chicago sah aus wie Europa nach dem Krieg. In einigen Stadtteilen stand höchstens noch eines von vier Häusern, der Rest war abgebrannt. Die Folge des immer gleichen Musters. Wenn eine schwarze Familie in eine Gegend zog, fielen die Hauspreise. Die Weißen zogen aus und dafür andere Schwarze ein. Weil sie keine Miete zahlten, ging nach und nach alles so kaputt, dass sie ausflippten und ihre Häuser abbrannten. Wenn genug zerstört war, kauften die Weißen das Land wieder und bauten Eigentumswohnungen. Das waren Wolkenkratzer mit so hohen Mieten, dass nur sie dort wohnen konnten. Den Preis bezahlten viele aber gern, um mit weniger Bedrohung leben zu können. An mehreren Stellen in Chicago sagten unsere Fahrer: „Wenn ihr hier aus dem Auto steigt und versucht, zu der Ampel dort unten zu gehen, werdet ihr das nicht überleben." Wir hatten nie die Zeit, zu überprüfen, ob sie Recht hatten. So nah am Ghetto besuchten Menschen unterschiedlichster sozialer Herkunft meine Vorträge. Sehr zu meiner Verwunderung saßen alle unbeweglich da wie in einer Kirche, und ihre Fragen waren dem Lehrer in mir oft ein Gräuel. Sie zeigten, dass sie keine allgemeine Schulbildung besaßen.

Das Auto für die Rückfahrt nach New York sollte in den Iran verschifft werden. Es hatte deshalb keine Nummernschilder, doch wir wollten es noch ein paar Tage benutzen. Im Stau auf der 5th Avenue, der teuersten Straße New Yorks, gab es einen furchtbaren Lärm hinter uns, der von Ampel zu Ampel nicht aufhörte. Als wir uns umdrehten, schauten wir direkt in das Megaphon eines Polizei-Busses. Sie wollten mit uns reden. Unsere Papiere bewiesen, dass das Auto nicht gestohlen war. Einer der Polizisten gefiel mir. Er war rothaarig, irischer Abstammung und sah frisch aus. Jedes Mal jedoch, wenn ich ihm auf die Schulter klopfte, zog er seinen Revolver halb aus dem Halfter. Er bemerkte dabei nicht einmal, was er tat.

Die Polizei in New York hat übrigens genug zu tun. Ein paar Tage vorher hatten wir mit einem Mann aus dem Südstaat Virginia geredet, dessen Auto in Harlem eine Panne hatte. Während er das Rad wechselte, kamen zwei schwarze Herren, öffneten die Motorhaube und fingen an, die Batterie auszubauen. Er fragte, was sie da machten, und sie sagten: „Wenn du die Reifen nimmst, kriegen wir die Batterie." Er musste seine Papiere zeigen, damit sie glaubten, dass es wirklich sein Auto war.

Als unsere Flugtickets abliefen und wir von Karmapa Abschied nehmen mussten, zog er eine Handvoll großer Dollarscheine hervor und sagte: „Fliegt nach Hawaii und lehrt die 16. Karmapa-Meditation. Bringt sie dazu, mit dem Haschischrauchen aufzuhören." Einen Augenblick baumelten die Scheine vor unserer Nase, dann zog er die Hand wieder zurück: „Nein, es ist wichtiger, dass ihr Kalu Rinpoche helft."

Frankreich

Gesagt – getan. Wir holten Kalu Rinpoche, Gyaltsen und eine gefühlsstarke schottische Übersetzerin, Yeshe Khandro, in Paris ab. Dort erhielt ich das erste Mal Geld für eine Belehrung. Ich konnte mir nicht vorstellen, was der Umschlag, der mir in die Hand gelegt wurde, enthielt. Es fühlte sich schwer an. Damals waren die Zehn-Franc-Stücke gerade erschienen, und ich ging sofort zu Kalu Rinpoche, um ihn zu fragen, was ich damit machen solle. „Behalte es, es ist deines", sagte er, „du arbeitest ja sowieso ununterbrochen für die Lehre." Kurze Zeit später bezahlte Karmapa unsere Reise nach Irland, um dort das erste Zentrum zu starten. Während er jedem von uns einen gesegneten Geldschein gab, sagte er: „Jetzt wird euch nichts mehr fehlen. Wenn ihr eure Einstellung rein haltet, werden eure Vorhaben immer gelingen."

Holland

In Holland herrschte nach wie vor ein Gemisch aus Theosophie und Buddhismus, aber die Menschen waren wieder großzügig, was ich inzwischen zu schätzen gelernt hatte. Die Zeit, in der ich nicht für Geld arbeiten musste, gehörte vollständig Karmapa. Das war sinnvoll und fühlte sich gut an. So teilten die Spender und wir sowohl die Arbeit als auch das viele Gute, das überall geschah.

Obwohl Holländer gerne mehrere Pferde gleichzeitig reiten wollen, bildete sich allmählich eine kleine Diamantweg-Gruppe heraus. Es

Pferdekopf

wuchsen sogar die Pläne für ein großes Zentrum, einen sechsstöckigen Turm mit Wassergraben.

Belgien bestand für uns nur aus Antwerpen. Nach einer *Liebevolle Augen*-Einweihung band mir Kalu Rinpoche beim Abschied eine Segensschnur um den Hals, die sich wie ein Feuerring anfühlte. Ich schluckte und fragte ihn: „Wessen Energie ist das?" „Die von *Schützer Pferdekopf*", antwortete er.

Weiter nördlich in Osterade war der Empfang rührend, es gibt kein anderes Wort dafür. Unsere Medizin- und Psychologie-Studenten nahmen Kalu Rinpoche so selbstverständlich an, als wären wir im alten Tibet.

Viele hatten schon die Schwarze Krone gesehen oder Kalu Rinpoche in Frankreich oder Schottland besucht. Damals war der Belehrungsstil zu beiden Seiten des Rheins viel ähnlicher als heute. Seit den 80er Jahren hatte Mitteleuropa zum Westen hin fast nur Verbindung mit Karmapas Zentrum in der Dordogne. In Richtung Osten bis nach Wladiwostok ist die Arbeit jedoch bestens vernetzt. Auch an den südlichen Grenzen Europas – wenn man Ex-Jugoslawien noch zu diesem Erdteil hinzurechnen kann – stehen wir auf zwei geschichtsträchtigen Pfeilern. Im Südwesten bei Malaga in Spanien bauten wir als Schutz gegen den Islam und die Einflüsse Afrikas die Zurückziehungsstelle „Karma Gön". Hier verließen die letzten Araber Europa. Im Südosten bei Korinth in Griechenland, wo die Spartaner Europa vor den Iranern retteten, soll die Zurückziehungsstelle „Karma Berchen Ling" gleichfalls die Einflüsse der Frauenunterdrückung und der heiligen Kriege von unserer Welt fernhalten.

Durch jährliche Kurse Künzig Shamarpas und wegen der Fähigkeiten seines Bruders Jigme Rinpoche ist „Dhagpo Kagyu Ling" in der Dordogne ein wichtiges Zentrum. Der Meditationsmeister Gendün Rinpoche lehrte dort von 1975 bis 1997. Vorher hatte er dreißig Jahre in Zurückziehung im Osten verbracht, was ihm offensichtlich sehr gefiel: Als Karmapa Leute schickte, um ihn abzuholen, versteckte er sich mehrere Male unter seinem Bett, und erst nachdem Karmapa ihn spüren ließ, dass er jetzt unbedingt kommen solle, gab Gendün Rinpoche seinen Widerstand auf. Als wir ihn damals am Flughafen in Paris abholten, dachten viele, er habe eine Augenkrankheit. Der Grund seiner Tränen war jedoch Mitgefühl. Die starken gesellschaftlichen Unfreiheiten und körperlichen Leiden in Asien kannte er wohl, doch das gefühlsmäßige Durcheinander des Westens war ihm neu.

Gendün Rinpoche

Kalu Rinpoches Besuch bei der „Weißen Bruderschaft“, einer neureligiösen Gruppe in Jütland in Dänemark, zeigte die Bandbreite seines Wissens. Der dort ansässige Guru, ein Engländer, hatte ein an Darmverschlingung erinnerndes Chakra-System entwickelt. Offenbar fürchtete er, Schüler an den netten Tibeter zu verlieren. Kalu Rinpoche begrenzte deshalb seinen Vortrag ausschließlich auf die Medizin. Den ganzen Abend gab er Auskünfte, die wir weder vorher noch später hörten. Obwohl wir uns nicht mehr genau an den Vortrag erinnern, staunten wir wieder einmal über sein Wissen.

Dänemark

In Kopenhagen lehrte Kalu Rinpoche in der Nicolai-Kirche. Anschließend nahmen wir die Fähre zu dem schönen Zentrum, das wir kurz zuvor außerhalb Oslos gefunden hatten. Dort gab es mehr Männer als Frauen – eine damalige Seltenheit. Unbestechlich und zäh, wie die Norweger sind, hatten sie die Dinge in Gang gehalten, während einige begabte Frauen leider die Gruppe verlassen hatten. Der Druck der Ehemänner und christlichen Familien war zu stark geworden. Es war

Norwegen

traurig. Sie waren alte und enge Freunde und konnten viel mehr als kochen.

Schweden Die Fahrt ging im unheizbaren VW weiter durch Berge von Schnee in Richtung Osten. Auf dem Weg schob Kalu Rinpoche jedes Mal das Beifahrerfenster zurück, sobald Tiere im Wald zu sehen waren, und sagte „Om Mani Peme Hung". Damit legte er die Samen für ihre gute Wiedergeburt. Lama Ngawang und Lama Sönam leiteten nun eine kleine Gruppe in Stockholm mit mehreren ungarischen Flüchtlingen. Sie hatten das Haus südlich der Stadt erneuert und bauten einen alten Hof weiter nördlich zu einem Zurückziehungszentrum aus, das Kalu Rinpoche als erster segnete.

Finnland Danach besuchten wir unsere beiden Gruppen in Finnland. Obwohl wir ein paar Mal da gewesen waren, hatte die Lehre nicht Fuß fassen können. Es schien in diesem Land keine Offenheit für ein abgerundetes geistiges Leben zu geben. Die unterkühlten Finnen waren entweder Sektierer, Gesundheitsfanatiker oder völlig auf Verbrauch eingestellt, aber sie sollten wenigstens die Möglichkeit haben, Kalu Rinpoche kennen zu lernen. Wir nahmen die Fähre, während Kalu Rinpoche und Gyaltsen im Flugzeug folgten. Die eisglatten Straßen waren anstrengend genug für sie gewesen, und wir wollten ihnen weitere Belastungen ersparen. Doch die beiden kamen in Helsinki, wo wir sie abholen wollten, nicht an. Nach und nach stellte sich heraus, dass sie bei einer Zwischenlandung in Turku ausgestiegen waren und jetzt von der Polizei festgehalten wurden. Es war zu einer zusätzlichen Unterbrechung des Fluges gekommen, so dass die Stockholmer Anweisung, bei der zweiten Landung auszusteigen, nicht mehr zutraf. Obendrein galt ihr Visum, das ansonsten für ganz Skandinavien gültig war, dort nicht. Ein voller Saal wartete. Der Vortrag, den ich anstelle von Kalu Rinpoche hielt, wurde ein unangenehmes Erlebnis. Obwohl ich kein Wort Finnisch verstehe, spürte ich mit jedem Nerv, dass eine übereifrige Dolmetscherin meine Worte entstellte. Egal was ich sagte, es wurde indirekt, moralisch oder süßlich vorgetragen, wie bei einer Sekte. Als Kalu Rinpoche schließlich ankam, warteten nur noch einige auf Segnungen. 2005 gibt es ein paar kleine, vielversprechende Diamantweg-Gruppen, die sich mit um unsere Traumstelle nördlich von Petersburg kümmern.

Griechenland Zurück in Dänemark gelang es uns, eine Einladung aus Griechenland in den Zeitplan einzubauen. Es war ein gutes Treffen mitten im Frühling. Kalu Rinpoches Gesicht und sein Stil begeisterten die Griechen, während seine tibetischen Begleiter rund um die Uhr griechischen Joghurt aßen. Etwas Besseres hatten sie noch nie gekostet. Wie überall gab Kalu Rinpoche die Einweihung und Praxis von Liebevolle Augen und führte die Leute in die Grundübungen ein. Ein großer Teil von ihnen beendete diese während der folgenden Jahre, schaffte es dabei aber selten, gegenseitig und zu ihren Lehrern die Bände zu halten.

DDR

Auch die Länder hinter dem eisernen Vorhang sollten einen Besuch bekommen. Deswegen nahmen wir die Fähre von Dänemark nach Warnemünde in der damaligen DDR. Kurz vor Rostock bockte das Auto plötzlich wie ein Pferd, das uns abwerfen wollte. Eine Aufhängung war durchgerostet, und die Räder hatten sogar die hintere Schweißnaht auf-

Etwas Besseres hatten sie nie gekostet

gerissen. Der Wagen war nicht mehr zu retten. Der erste Mann, der anhielt, war noch nicht vom Sozialismus gelähmt. Er wollte uns für 100 Westmark nach Berlin fahren. Wir gingen zuerst zur Polizei, um das liegen gebliebene Auto im Pass ausstempeln zu lassen, und dann – ich weiß immer noch nicht wie – gelang es tatsächlich, den Inhalt des schon überfüllten Kleinbusses in einen russischen ZIM-Wagen zu packen. Die Filmkamera, die Gyaltsen auf einer Mauer vergaß, wurde uns sogar nachgeschickt. Die Ehrlichkeit der Menschen war wirklich erstaunlich.

Es wurde eine unbequeme und verregnete Fahrt nach Ost-Berlin. Wir mussten mehrere Grenzübergänge anfahren, bis wir einen fanden, der uns durchließ. Das wichtigste dabei war, unseren Fahrer zu schützen, damit er nicht entdeckt und von der Polizei verhört wurde. Mit Erstaunen beobachteten Kalu Rinpoche und Gyaltsen diese „mildere" Form des Kommunismus. Es war die europäische Abart der Unterdrückung, die Tibet seit 1951 zerstört hatte. Alle atmeten tief durch, als ein eisernes Tor hinter uns zuschlug. Wir waren zurück in der freien Welt.

Deutschland Erst kurz vor Mitternacht kamen wir an, aber das war in Ordnung. Tibet war gerade in Mode gekommen, weshalb Kalu Rinpoches Ankunft in einem Lokalsender groß angekündigt worden war. Die meisten, die gekommen waren, wollten nur „die Giraffen" sehen. Die, die noch geblieben waren, wünschten wahrscheinlich mehr.

Berlin sollte noch oft durch Verwirrung hervorgerufene Schwierigkeiten bekommen, die der Stadt eigen waren. Diesmal wurden Drogen zum Brennpunkt. In unserer Abwesenheit hatte jemand für Kalu Rinpoche „Haschisch" mit „Arznei" übersetzt. Diese zu nehmen, konnte Kalu Rinpoche ja niemandem verwehren, auch nicht im Zentrum. Das wurde kurz danach gefährlich, als eines der billigsten Blätter Deutschlands einen Angriff auf die „neuen" geistigen Bewegungen startete. Obwohl wir 500 Jahre älter sind als die in Europa gängigste Heilslehre und schön frei davon, Hexen verbrannt oder andere Religionen verfolgt zu haben, konnten wir uns das nicht leisten. Ich musste jedem einen Krankenhausaufenthalt versprechen, der im Zentrum nicht auf die Arznei verzichtete.

Freunde aus Kiel verschafften uns schnell einen anderen VW-Bus – unser erster mit durchgehender Frontscheibe und Schiebetür, außerdem hatte er auch ein paar PS mehr. Hamburg war der nächste Stopp. Dort kamen wir einer dicken politischen Sache auf die Spur. Einige sehr reiche deutsch-englische Gelugpas luden Kalu Rinpoche auf ihr privates Schloss im Tierpark Bergedorf ein. Sie hatten vor, ihr Geld und ihren Einfluss mit der Kraft und Hingabe unseres „Fußvolks" zu einem „Rime"-Zentrum zu verbinden, offen für „alle" tibetisch-buddhistischen Richtungen. Das Modell war uns schon bekannt. In der Tat bedeutete es, dass kurz danach ein Geshe, ein Professor aus Dharamsala im Westhimalaya, ankommen würde. Wir hätten dann ein „tugendhaftes" Gelugpa-Zentrum, von Mönchen geführt. Kirchen für Gläubige gibt es genug, aber da Karmapas Segen und mein Stil die frischen Leute anzieht, wäre es ein Verrat an ihnen. Wo sollten sie dann hingehen? Ich warnte Kalu Rinpoche mehrmals davor, aber offenbar nicht häufig genug, wie die Zukunft noch zeigte.

In München lehrte Kalu Rinpoche bei den Mitgliedern eines russischen Volksstammes, den so genannten Kalmücken. Dabei wurde ein Märchen widerlegt, das mich stets gestört hatte. New-Age-Bücher berichten von „dreihundert Tibetern“, die nach dem Zweiten Weltkrieg in Berlin tot aufgefunden worden waren. Eher mit Vorstellungskraft begabt als wissenschaftlich ausgebildet, schlossen einige Verfasser daraus, dass Lamas ihre Mantras für Hitler und seine üblen Schergen gesprochen hatten. Die Tatsachen sehen anders aus: Hitler erkannte glücklicherweise zu spät, dass die kleine Bevölkerung Deutschlands nicht alleine all das erreichen konnte, was er vorhatte. Er ahnte, dass er die Kommunisten nur dann besiegen konnte, wenn er Teile der sowjetischen Bevölkerung auf seine Seite brachte. So versprach er den Völkern Sibiriens und der Mongolei weitgehende Eigenständigkeit, wenn sie auf seiner Seite kämpfen würden. Weil Stalin Millionen von ihnen hatte umbringen lassen, gingen sie darauf ein. Als die deutsche Wehrmacht 1942 die kalmückische Steppe südlich von Stalingrad besetzte, meldeten sich bald mehrere Tausend Freiwillige, aus denen ein „Kalmücken-Kavalerie-Korps“ (KKK) gebildet wurde. Die für das KKK kämpfenden Kalmücken folgten mitsamt ihren Familien der Wehrmacht auf dem Rückzug bis nach Berlin. Später, in der Schlacht um Berlin, wurden einige jener Kalmücken als Hilfssoldaten getötet. Die meisten von ihnen konnten weder lesen noch schreiben und gehörten zudem der Schule der Gelugpas an, was kaum eine Grundlage für „wilde Beschwörungen“ ist.

Ihr Lama, Bembijef, war einige Jahre vor unserem Besuch gestorben. Während der Großteil schon nach Taiwan und in die USA ausgewandert war, hatte sich der Rest der Gruppe in einer Wohnung im Norden Münchens mit ihm getroffen. Dort erhielten sie auch die Belehrungen eines Geshe aus Rikon. Ihre Geschichte ist keinen Deut hintergründiger.

Österreich

Wien wartete. Bei der Einreise nach Österreich glaubten wir, bereits im Balkan zu sein. Auf der Botschaft hatten sie uns versichert, dass keine Extra-Papiere für Kalu Rinpoche und seine Begleiter notwendig seien, doch an der Grenze wollten sie auf einmal jede Menge Geld. So etwas geschah offenbar jeden Tag.

In der Nähe von Salzburg, der Stadt Mozarts, schaute Kalu Rinpoche lange über den Mondsee und auf die dahinter liegenden Berge. Dort machte er die einzige politische Aussage, die wir jemals von ihm hörten:

„So sah es auch bei meinem Kloster in Kham aus, und die Menschen waren glücklich. Was haben doch die Chinesen angerichtet."

Die Unterbringung in Wien war erstklassig. Jeder erwartete in dieser Zeit schnelle Lösungen für sein Leben. Leider fehlte aber das Vertrauen untereinander, das alleine ein ständiges Wachstum sichern kann. Unser Freund Erich Skrleta vom Octopus-Verlag hatte schon mein erstes Buch „Der Diamantweg" herausgegeben und sollte uns später bei weiteren Büchern beistehen. Da viele „Pitzner-Autos" in der Stadt abgeliefert werden mussten, entstanden dort zahlreiche Verbindungen.

Weiter südlich in Graz hatten wir die ältesten Verbindungen in ganz Europa. Schon bei unserer Rückfahrt aus dem Osten 1971 war dort eine Gruppe entstanden. Im Allgemeinen waren die Österreicher wenig gefangen von den germanischen Rollen, wo der Mann die Frau in der Kirche absetzt, um in Ruhe Geld zu verdienen. Auch die Männer durften geistige Offenheit besitzen. In den Gruppen erprobten in wechselnder Besetzung hoffnungsvolle Leute ihre Kräfte und befreiten sich dabei von vielen Luftschlössern.

Erst Jahre später entstand ein großes Zentrum in Wien, das den Buddhismus auch außerhalb Österreichs unterstützt. Wien wurde schnell zu einer Schnittstelle zwischen Ost und West. Heute haben wir ein großes Haus mit Garten für die Wochenenden und Familien und auch ein tolles Stadtzentrum im Herzen der Stadt. Wir haben Freunde und wichtige Zentren im ganzen Land. Das bedeutendste Zentrum für alle ist Graz, wo durch Jacobs Großzügigkeit ein Juwel für den Diamantweg strahlt. Familien und langjährige Freunde bieten hier tägliche Zentrumsarbeit, Zurückziehungen und Kurse für viele dankbare Menschen. Ein besonderes Modell.

Auf einer kleinen Burg in Scheibbs, die die älteren buddhistischen Gruppen in der Nähe von Linz gekauft hatten, gab es die neue Ausgabe einer uralten Auseinandersetzung. Der Theravada-Mönch, der dort lebte, wurde richtig sauer. Er fühlte sich durch Kalu Rinpoches Einteilung von Buddhas Lehre in ein niederes und zwei höhere Fahrzeuge gekränkt. Es war hauptsächlich eine Frage von Fachbegriffen. Da die Tibeter die Gesamtheit der Lehre Buddhas besitzen, ordnen sie diese in der Weise, die den klarsten Überblick ermöglicht. Bei Begegnungen mit anderen Schulen ist es jedoch wichtig zu betonen, dass alle Ebenen der Belehrungen sinnvoll und von Buddha gegeben sind. Er war einfach auf verschiedene Wesen mit unterschiedlichen Zugängen und Verständnisebenen eingegangen.

Die Gruppe in Mailand war genauso unklar wie die in Rom, wobei die Störungen weniger auf der zwischenmenschlichen Ebene lagen. Fröhlich mischten die Leute die Belehrungen verschiedener Schulen, konnten aber nicht verstehen, warum sie dabei immer verwirrter wurden. Am schlimmsten waren die „umgedrehten Rassisten". Sie glaubten, man bräuchte eine gelbe Hautfarbe, um gut zu meditieren. Die eigenen Fähigkeiten anzuzweifeln, zeugt von völlig falsch verstandener Hingabe. **Italien**

Vor Frankreich besuchten wir noch ein psychologisches Zentrum bei Zürich, in dem eine nahe Schülerin Jungs eine neue Therapieform erfunden hatte. Die höheren Stützen der Gesellschaft drückten durch das Gestalten von Sandkästen ihr Innenleben aus, das dann gedeutet wurde. Ich konnte vor Lachen kaum auf den Beinen stehen, während ich heimlich Phallus- und Aggressions-Symbole in ihre noch auszuwertenden Sandwelten einbaute. **Schweiz**

Von Plaige machten wir einen Abstecher nach Dänemark, wo Rinzin Lhadipa Lama in meinen Armen im Reichs-Spital starb. Er war der berühmteste Maler Sikkims, den Karmapa nach Kopenhagen geschickt hatte, um unser schönes Haus auszumalen. Das Zeichen der Bewusstseinsübertragung auf seinem Scheitel war vollkommen, sein Geist war gut im Reinen Land des Grenzenlosen Lichtes angekommen. Keiner im Zentrum dachte daran, den Körper nach Sikkim zurückzuschicken, und eigentlich war auch die Familie über diese Stammessitte hinausgewachsen. Nur eine zugereiste Schwester, heute die streitsüchtige Nonne **Dänemark**

Rinzin Lhadipa Lama bei der Arbeit

Dechen Zangmo, die später größte Schwierigkeiten bei der Anerkennung des 17. Karmapa Thaye Dorje machen sollte, störte mit ihren vielen Forderungen das gute Gefühl.

England

Kalu Rinpoches charmantes Lächeln

Zurück aus Paris, fuhren wir Kalu Rinpoche nach England. Dort hatte sich wenig entwickelt. Besonders peinlich war London, wo Kalu Rinpoche so viel seiner Kraft eingesetzt hatte. Im „Friends House", der Begegnungsstätte der Quäker, vergaß er alle Gesetze guten Benehmens. Vor den versammelten englischen Lehrern und Hunderten von Zuhörern verglich Kalu Rinpoche mit einem verschmitzten Lächeln die vier Linien des tibetischen Buddhismus folgendermaßen: „In Tibet gingen die Menschen zu den Gelugpas, wenn sie Tugend entwickeln wollten. Wollten sie weise werden, gingen sie zu den *Sakyapas*. Wollten sie Meditation lernen, zu den Nyingmapas, und wenn sie schnelle Erleuchtung wünschten, zu den Kagyüpas." Es gab einen Augenblick völliger Stille, in dem die Leute versuchten, diese Sicht in ihr Weltbild einzuordnen.

In Manchester sah ich diesmal keinen grünen Mann, und man konnte erste gute Entwicklungen beobachten, die auf ein abgesichertes Verständnis der Lehre gegründet waren.

Unser längster Aufenthalt war wieder in „Samye Ling". Das Kloster liegt bei Lockerbie, wo Araber 1988 ein Pan-Am-Flugzeug vom Himmel holten. Dort hatten wir Bekannte aus vielen Teilen der Welt. Sie lebten in Bauernhöfen oder Wohnwagen im entspannten Stil der 60er Jahre. Ich lehrte wieder in Edingburgh und Glasgow, und wir genossen den Frühling und die kleinen, kurvigen Straßen. Sie machten sogar die Höchstgeschwindigkeit unseres VW-Busses spannend.

In „Samye Ling" lernte ich etwas Wichtiges für meinen Weg. An einem Vollmondtag beteiligte ich mich an einem allgemeinen Schweige-Gelübde, offenbar durch einige Äußerungen Kalu Rinpoches beeinflusst. Wenn nicht alle an der Übung teilnehmen, lege ich ein solches Gelübde nie wieder ab.

Mehrere Leute, die wirklich Hilfe brauchten, kamen an diesem Tag zu mir. Während ich die Ratschläge auf Zettel schrieb, fühlte ich mich elend. Freiwillig die Fähigkeit, anderen zu nützen, einzugrenzen – nie wieder!

Kurz nach Kalu Rinpoches Abreise verließen auch wir Anfang Mai 1977 England. Zwei Freunde waren auf dem Weg nach Kopenhagen. Da **1977** so viele es wünschten, wollten wir es trotz unserer Erfahrungen noch einmal mit sesshaften tibetischen Lehrern versuchen. Lama Thubten und Lama Lody, Leiter des Bhutia Busty Klosters in Darjeeling, sollten in Dänemark unterrichten.

Kalu Rinpoche (1905-1989)

Der erste Kalu Rinpoche wurde 1905 in Kham, Osttibet, geboren. Bis zu seinem dreizehnten Lebensjahr lebte das Kind bei seinen Eltern, um dann nach Palpung zu gehen, wo Rinpoche seine Novizengelübde vom 11. Situ Rinpoche erhielt und ins Kloster eintrat. Mit sechzehn Jahren begab er sich in das traditionelle Dreijahresretreat und erhielt alle Übertragungen der alten und neuen Traditionen. Als 25-Jähriger begann er ein zwölf Jahre dauerndes Einzelretreat in den Bergen Ost-Tibets und kehrte dann auf Wunsch Situ Rinpoches zum Kloster zurück, um der Leiter beider Retreateinrichtungen, Naroling und Niguling, zu werden. Dort erhielt er neben der vollständigen Karma-Kagyü-Übertragungen auch die seltenen Übertragungen der Shangpa-Kagyü-Linie. 1955, auf Wunsch S. H. Karmapas, verließ er Tibet, um Vorbereitungen im Exil zu treffen. In Sonada/Indien baute er ein Kloster. Im Jahre 1979 schickt S.H.Karmapa ihn in den Westen, um diesen für ihn vorzubereiten. Später reiste er in der ganzen Welt, etablierte viele Shangpa-Kagyü-Zentren und Zurückziehungsstellen. Rinpoche verließ seinen Körper am 10. Mai 1989 in Sonada.

Gendün Rinpoche (1918-1997)

Gendün Rinpoche war ein erfahrener Meditationsmeister der Kagyü Tradition des Tibetischen Buddhismus. Über 30 Jahre lang war er in Tibet und Indien in Zurückziehung. Auf Drängen des 16. Gyalwa Karmapa ließ er sich 1975 in Frankreich nieder. Von seinem Sitz Dhagpo Kagyü Ling aus lehrte er, gab wichtige Einweihungen, baute Institute und Zurückziehungsstellen auf und betreute mehrere traditionelle *Drei-Jahres-Retreats*. Er erwarb vor allem beim Aufbau eines monastischen Zweigs der Karma Kagyü Linie in Europa große Verdienste. Gendün Rinpoche starb 1997 in einem der von ihm aufgebauten Zurückziehungszentren in Frankreich.

Die Sonne bricht durch

Das Jahr 1977

- Historische Friedensreise und Begegnung zwischen dem ägyptischen Präsidenten Sadat und dem israelischen Regierungschef Begin. Die Arabische Liga spaltet sich in Befürworter und Gegner der ägyptischen Friedensoffensive.

Karmapas nächste Europareise war deutlich vorher spürbar. Es war wie das Sich-Zurückziehen des Meeres vor der großen Welle. Diesmal wollten wir Karmapa, Jamgön Kongtrul Rinpoche und das etwa zwanzigköpfige Gefolge in einem gebrauchten Bus herumfahren, um das ständige Wechseln der Autos zu vermeiden. Hannah würde übersetzen, mein Bruder Björn und Joch aus Schottland sollten die Fahrer sein. Wir hatten einen Monat Zeit, die Gruppen zwischen Oslo und Athen vorzubereiten. Glücklicherweise schafften die Franzosen und die Briten ihre Arbeit alleine.

Die Reisegruppe vor unserem Bus

Das bedeutendste Ereignis dieses Monats war die Begegnung mit Kurt Nübling, die eine zwanzigjährige Bereicherung unserer Arbeit bringen sollte. Als ich meinen ersten Vortrag in der „Deutsch-Indischen Gesellschaft" in Stuttgart beendet hatte, wurde es in einer der hinteren Reihen plötzlich unruhig. Ein junger Mann, fast nur braunes Haar und Bart, sprang an der Schlange vorbei, die auf Segen wartete. Er rief mir etwas in breiterem Schwäbisch zu, als ich damals verstand. Er war ganz ergriffen, sowohl von dem Bild Karmapas mit der Schwarzen Krone, als auch von meinen Belehrungen über die Natur des Geistes. Ich sagte ihm, dass er mir alles schreiben solle, ich würde ihm dann sofort antworten. Der Brief – auf hochdeutsch – zeigte eine tiefe Offenheit für die Lehre, und ich antwortete, dass er sich bereit machen solle für die Arbeit in Deutschland. **Deutschland**

Er wurde zunächst sehr wichtig für den Aufbau des Zentrums Schwarzenberg, aber er entschloss sich unerfreulicherweise später, die Stelle privater und exotischer zu halten. Dies wurde ein Hindernis für das Wachstum des Zentrums,, und leider trennten sich dadurch später unsere Wege. Heute haben sich die Verhältnisse geklärt und nach den Wünschen der höchsten Kagyü-Lamas arbeitet fast das ganze schöne Gebäude mit Alpenblick innerhalb des Diamantweges.

Belgien

In Belgien wartete der Bus, den Akong Tulku in Holland gekauft hatte. Wir zogen zwar deutsche Qualität vor, fanden ihn auch viel zu teuer, aber es war nicht mehr zu ändern. Unsere Freunde in Antwerpen hatten ihn rot angemalt und erklärten Björn vor der Weiterfahrt all seine Tücken.

Jamgön Kongtrul Rinpoche und die Schwarze Krone

Frankreich 1977

Dann war er wieder bei uns! Am Morgen des 20. Juni 1977 landeten Karmapa und Jamgön Kongtrul Rinpoche samt Gefolge in Paris. Sie kamen direkt aus Amerika und blieben sechs Monate in Europa. Bereits am Flughafen stellte Karmapa einen Khenpo, eine Art gelehrten Abt, vor. Er hatte ihn mitgebracht, um die theoretische Seite von Buddhas Lehre zu vermitteln. Sein Name war Tsültrim Gyamtso, und Karmapa sagte, dass er ihn nach Europa schicke, weil seine Nase so groß sei wie die unseren. Gleich am Anfang fragte mich Karmapa wie so oft, wie es in der Welt aussähe. Er wollte von den allgemeinen Entwicklungen hören und meine Einschätzung der Weltlage wissen. Mit der Zeit wurde ich sein politischer Berater. Die vielen Stunden, die ich mit dem freudlosen Spiegel, der Herald Tribune, mit Newsweek oder Time verbracht habe und verbringe, zahlten sich hier aus. Ein umfangreicher Überblick über die Machtspiele in der Geschichte half zum Beispiel unseren Schülern, Hannah und mir, die Tricks der kommunistischen Chinesen in den frühen 90er Jahren zur Einsetzung eines falschen Karmapa-Kandidaten abzuwehren. Böse Menschen verhalten sich halt immer gleich. Seinerseits vertraute Karmapa uns vieles an, was er den Tibetern nicht sagen konnte, weil – wie er es ausdrückte – sie alle miteinander verschwägert seien. Undurchsichtige Klüngeleien sind bei ihnen genauso üblich wie sonst im Osten. Bei einer verhältnismäßig dünnen Oberschicht in einem so kleinen Kulturkreis ist eine offene Aussprache kaum möglich.

Während der sechs Tage in Paris gab Karmapa in riesigen Sälen Kronzeremonien, die meine Erlebniswelt immer wieder in goldenem

Karmapa gibt Segen in Oslo

Licht verschwinden ließen. Nur die Schwarze Krone blieb gestochen klar im Raum hängen, und Karmapas Segen schien täglich anzuwachsen.

Vor den öffentlichen Veranstaltungen versuchten wir in endlosen Sitzungen mit den Franzosen, die Zusammenarbeit der europäischen Zentren zu retten. Es war Karmapas tiefer Wunsch, die Kagyü-Linie zusammenzuhalten, und mit seinem eigenen, sehr wichtigen Beitrag vereitelte er immer wieder die schottischen Machtansprüche Akong Tulkus auf Europa.

Deutschland

Als die Tibeter in die Dordogne fuhren, mussten Hannah und ich kurz nach Dänemark. Wir begegneten der Reisegesellschaft erneut auf einem Hof in der Nähe von Kiel, genannt „Karma Söpa Ling", „Stelle der Geduld", die man dort tatsächlich immer mehr brauchte. Die Bewohner steckten in der Sackgasse. Die steifen Neigungen, vor denen ich unsere Freunde stets warne, waren voll erblüht. Alles schaute fromm nach oben, anstatt selbst die gute Schwingung hervorzubringen.

Einige Mädchen, die offenbar den Jugendaufstand der 60er Jahre verschlafen hatten, spielten Kirche und rieten anderen, durch das Vermeiden von Freude geistiger zu werden. Das schlimmste daran war: Jedes

Ohne Worte ...

Mal, wenn so ein heiliger Zirkus anfing, kostete uns das vor allem die spannenden und frischen Leute. Ich war immer todunglücklich, an einen Ort zurückzukehren und zu hören, dass die selbständigen Freunde eine Gruppe kopfschüttelnd verlassen hatten.

Da ich oft verquere Stimmungen vertreiben musste, was dem Ego der Leute nicht immer gefiel, war es wichtig, dass Karmapa mich so häufig „Lama" nannte. Unreife Menschen schenken Titeln mehr Vertrauen als dem, was vor ihrer eigenen Nase geschieht. Selbst die Tatsache, dass ich alle Zentren östlich des Rheins gegründet habe, genügte einigen nicht, um mich anzuerkennen. Eigentlich hatte ich mich schon schnell als Lama gefühlt, aber es war kein Geheimnis, dass dies der Arbeitsweise Kalu Rinpoches zuwiderlief. Er entzog seinen Schülern den Titel, sobald offensichtlich wurde, dass sie ihre Nächte nicht mehr alleine verbrachten. Meiner eigenen bescheidenen Meinung zufolge muss ein Tag-und-Nacht-Bodhisattva wenigstens ebenso gut sein wie einer, der nur tagsüber Freude bereitet. Ich war froh, dass Karmapa genauso dachte. Dies ist übrigens eine verlässliche Weise, um zwischen romanischem und germanisch-slawischem Einflussbereich zu unterscheiden: Im ersteren sind Roben und Zölibat höchst angesehen, während sie im letzteren eher Misstrauen erwecken.

Norwegen Schweden

Für Norwegen und Schweden hatten wir jeweils fünf Tage Zeit. Diesmal mussten die schwedischen Zöllner nicht ausgetrickst werden, denn die Vögel waren mit Karmapas Vertrauten bei Tsultrim Namgyal in Kopenhagen geblieben. Bei Oslo sprang Karmapa von Fels zu Fels, mit einem so hohen Zuckerspiegel im Blut, dass man mit ihm den Tee hätte süßen können. Die Ärzte konnten nicht verstehen, dass er nicht im Koma lag. Alles in allem war es wunderbar zu erleben, wie Karmapa im wahrsten Sinne des Wortes „heilig" war. Er war in jeder Weise „heil".

Karmapa in Rödby

Wenn nachts die Arbeit getan war und Karmapa keinen neuen Vögeln die Meditation beibrachte, schubste er mich oft augenzwinkernd mit den Schultern an: „Los, lass' uns fahren!" Wenn dann die Räder des Wagens auf den kleinen Straßen nicht quietschten und wir nicht wenigstens das Doppelte der erlaubten Geschwindigkeit fuhren, war es ihm nicht gut genug. Karmapa war der lebende Beweis, dass die Einsicht in die *Leerheit* und gegenseitige Bedingtheit aller Dinge absolute Furchtlosigkeit bringt, und es war gut, dass er es zeigte. Andernfalls hätte er auch niemals die vielen starken und hingebungsvollen Menschen berühren können, die heute zahlreicher denn je überall auf der Welt in seinen Kraftkreis kommen.

Wir genossen Kronzeremonien und Einweihungen, und unsere Gastgeber führten die geheimen Schätze von Sven Hedin im Völkerkundemuseum in Stockholm vor. Die „weißen Nächte" dort sind berauschend schön, und viele alte Freunde waren zusammengekommen.

Im Schloss der Familie Tolstoi erwartete Akong Tulku ein weiterer Schock. Am Tisch sitzend machte er plötzlich hilfesuchende Gesten, während er von unsichtbaren Händen in ein Sofa hineingedrückt wurde. Die Dame ohne Kopf war offenbar von der altmodisch treuen Sorte.

Dänemark

Da wir die Pläne machten, bekam Dänemark ganze drei Wochen von Karmapas Zeit. So ist halt die Welt! Das genügte, um wieder so lebendige Eindrücke von der Vielfalt unseres Landes zu vermitteln, dass sie noch lange Gesprächsstoff bei den Lamas in Sikkim blieben.

Über das Zurückziehungszentrum in Rödby sagte Karmapa, dass dort 1.000 Buddhas erscheinen würden. Ihm gefiel dieses flache, aus dem Meer zurück gewonnene Stück Land. Er segnete es mit einer Kronzeremonie und einer Milarepa-Einweihung. Seit 1993 erlebt die Stelle mit einer neuen Gruppe richtigen Aufschwung.

Karmapa segnet ein Paar

Kopenhagen war wieder der Treffpunkt für ganz Nordeuropa. Die Veranstaltungen fanden in großen Sälen im schönen östlichen Teil der Stadt gegenüber der schwedischen Küste statt. Karmapa gab Kronzeremonien, Belehrungen und Einweihungen, während Jamgön Kongtrul Rinpoche das Sieben-Punkte-Geistestraining lehrte. Khenpo Tsültrim Gyamtso, ein humorvoller Lehrer, der meinem Onkel ähnlich sah, erklärte *Gampopas* „Juwelenschmuck der Befreiung". Alle waren begeistert über die fast fertige Arbeit des verstorbenen Rinzing Lhadipa Lama an den Wänden des Kopenhagener Zentrums. Sein farbenfroher zentraltibetischer Stil ist einzigartig, man findet im Westen nichts Vergleichbares.

Der Meister und sein Werk

Viele Freunde brachten ihre Bekannten mit, und so kamen immer mehr Wesen in das Feld von Karmapas Segen. Da das Wetter schön war, lernte man sich im Garten des Zentrums kennen. Karmapa zeigte jeden Tag, wer für die Arbeit zwischen Oslo und Athen verantwortlich sein sollte, denn er schickte alle zu Hannah und mir. Stetig nahm die Zukunft Form an. Wir waren wie berauscht von all den Möglichkeiten, die sich ständig in seinem Kraftkreis entfalteten.

Der Kurs in Kopenhagen war der erste mit so hohen Lehrern, und einige sonderbare Karmas reiften heran. Wir verloren ein paar Freunde, meistens wegen jäh auftauchenden Stolzes. Es war auch der Anfang von Axels Ende, einem Heiler von der dänischen Insel Fünen. Er war damals unser einziger Gönner und größtes Problemkind zugleich. Kalu Rinpoche hatte sich bei seinem letzten Besuch mit ihm fotografieren lassen. Kurz danach brachten zwei dänische Massenblätter das Telefon des Zentrums zum Glühen. Sie zeigten die beiden auf dem Sofa sitzend und Hände haltend. Der Text war noch schlimmer. Es hieß, dass Kalu Rinpoche aus Tibet gekommen sei, um Axel zu danken, da dieser Tenga Rinpoche aus der Ferne geheilt hätte. Später tauchte Kalu Rinpoches Bild auch auf dem Etikett des „heiligen Wassers" auf, das Axel verkaufte.

Es kostete fünf Euro pro Halbliterflasche, und die Behörden konnten es nicht verbieten, da es ganz einfach Wasser aus dem Wasserwerk war. Jetzt wünschte er sich auch ein nahes und vorteilbringendes Band zu Karmapa.

Axel gab mir 5.000 Kronen in bar, die wir gerade im Rödby-Zentrum sehr gebrauchen konnten, und wollte als Gegenleistung bei denen sitzen, die die Kronzeremonie bestellt hatten. Diese bekommen Ehrenplätze, ganz vorne bei Karmapa. Nur er kann diese Meditation, die zeitlosen Segen bringt, ausführen. Die Form der Schwarzen Krone gibt eine unmittelbare Verbindung zum Speicherbewusstsein der Menschen. Karmapa kann damit unzählige zukünftige Leiden entfernen. Am wichtigsten ist jedoch, dass er so die Samen für das *Große Siegel* legt, das Erkennen des unbegrenzten, klaren Raums unseres Geistes. *Buddhaschaft* bedeutet nichts anderes als das.

Auch diesmal kamen 2.000 Besucher zu der Zeremonie. Während der Vorbereitungen gingen zwei Fotografen herum, um Karmapa und Axel von allen Seiten zu fotografieren. Sie waren vom „Extrablatt“, einer Art dänischer Bild-Zeitung, und suchten offensichtlich ein gutes Werbebild. Im Saal war man erst erstaunt, dann verärgert, aber Karmapa beruhigte alle mit einer Handbewegung und seinem strahlenden Lächeln.

Zusammen im Kopenhagener Zentrum

Karmapas Geist

Es war also in Ordnung. Am nächsten Morgen rief der Heiler an und sagte: „Karmapa hat mir einen Streich gespielt. Beide Filme sind schwarz. Die Fotografen sagen, das sei ihnen noch nie zuvor passiert." Wir waren nicht überrascht. Schon damals hing in unserem Zimmer im Keller des Kopenhagener Zentrums ein von Karmapa unterschriebenes Bild, das Kim uns mitgebracht hatte. Es zeigte die genaue Abbildung des Kraftkreises von Schwarzer Mantel in Vereinigung mit seiner Gefährtin Strahlende Göttin. Eine Frau aus Kanada hatte dieses Bild von Karmapa im Frühling 1972 in Delhi gemacht, in einem Neubau mit schmucklosen weißen Wänden. Als das Polaroidbild sich zu entwickeln begann, war sie sprachlos, während Karmapa nur sagte: „Fein, die anderen fotografieren meinen Körper und du meinen Geist."

Andere Geschehnisse zeigten, wie auch gestörte Energien von einem erleuchteten Kraftkreis angezogen werden können, obwohl die Schützer letztendlich alles regeln. Eines Tages kamen die Freunde, die beim Mittagessen bedienten, etwas erstaunt aus dem Raum. Sie wollten wissen, wer da mit den Schuhen auf dem Tisch zwischen den Lamas saß. Ich riss einen großen jungen Mann vom Tisch herunter und fragte ihn, was er da mache. Mit einer mehr als menschlichen Stimme rief er auf Englisch: „Ich bin Seth und komme aus einer anderen Dimension." „Dahin kehrst du jetzt auch zurück", sagte ich und zog ihn aus dem Haus. Als wir auf der Treppe standen, erlaubte er sich, mir mit seinen Karate-Fähigkeiten zu drohen, und ich warf ihn mitsamt seinem Fahrrad im hohen Bogen hinaus. Ohne abergläubisch zu sein, spürte ich, dass dieser Herr eine ganz schlechte Energie trug. Das mit der anderen Dimension musste gar keine Lüge gewesen sein.

Gegen Ende seines Aufenthaltes in Kopenhagen besuchte Karmapa meine Mutter, und auch Hannahs Vater kam. Sie wollten Karmapa von ganzem Herzen dafür danken, dass er ihre Ehepartner durch den Tod begleitet hatte. Ein Jahr zuvor war mein Vater sehr würdevoll gestorben. Mit ihm hatte uns ein mutiger und zutiefst liebevoller Mensch verlassen. Nach so vielen Jahren, die er zum Besten anderer gelebt hatte, ging er sofort in die Reinen Länder.

Anfang September fuhren wir mit Karmapa und dem Bus voll piepsender Vögel zur Insel Fünen. Alle waren von Axel in sein schönes Haus eingeladen worden. Doch Akong Tulku und er hatten keine gute Verbindung. Axels verfressener Schäferhund hielt die vielen Leute nicht aus, und als Akong Tulku zusätzlich noch äußerte, dass Axels Bett viel zu kurz für Karmapa sei, bat er uns, zu gehen. Bis heute haben es wohl nur die Mongolen, Mao und unser Gönner Axel geschafft, einen Karmapa zu vertreiben. Glücklicherweise hatten einige aus der Gruppe vor kurzer Zeit ein großes Haus gekauft, so dass niemand ins Hotel musste. Trotzdem missfiel uns Akong Tulkus Verhalten. Durch seine schottische Art hatten wir gerade unseren einzigen großzügigen Unterstützer verloren.

Auf dem Weg nach Holland wurde Hannah wegen starken Zugwindes im Bus krank. Bei der ersten Veranstaltung, einer *Karma-Pakshi*-Einweihung, konnte sie vor Schmerzen kaum stehen. Karmapa drückte sie an sich, pustete ihr kräftig über den Rücken und ließ sie dann während der Einweihung die Belehrungen über das *Große Siegel* genauestens übersetzen. Eine bessere Hilfe konnte keiner bekommen, und sie hält dies heute noch für eine ihrer größten Reinigungen. **Holland**

Während eines Ausflugs zeigte ein bärtiger Lama echten Gleichmut. Er hielt damals bei den Zeremonien Karmapas Schwarze Krone und hält heute die Rote Krone von Gyaltsab Rinpoche. Er hatte mit Sicherheit zum ersten Mal ein Pornoblatt mit scharfen Nahaufnahmen in die Hände bekommen und blätterte nun Seite um Seite mit gleicher Geschwindigkeit um. Einige Menschen mögen solche Zeitschriften, während andere lieber selbst die Hauptrollen spielen. Jeder aber würde das eine oder andere etwas genauer anschauen oder vielleicht auch zurückblättern. Scheinbar war für ihn alles ebenso rein wie die vereinigten Buddha-Aspekte auf den Rollbildern. Er zeigte weder Anziehung noch Verlegenheit.

Karmapa gab Kronzeremonien, und nach einer Woche in Holland fuhren wir über Witten nach Königsstein. Der „Frankfurter Ring“ hatte **Deutschland**

Karmapa gibt eine Einweihung, links Lama Tsültrim Namgyal

eine große Begegnung vorbereitet. Unter den ungefähr 1.000 Besuchern waren viele Berühmtheiten und ein schlecht gelaunter Journalist einer großen Zeitung. Er mochte den belehrenden Stil des Khenpo, der den Sinn der Kronzeremonie erklärte, nicht und machte ihn in seinem Artikel ziemlich nieder. Es war zwar schade, dass die Sache so herabgesetzt wurde, aber es machte auch Spaß. Was als abgehoben erlebt wird, darf auch lächerlich gemacht werden, und hier war es gut gelungen. Auch Karmapa lachte, als er den Artikel übersetzt bekam. Unsere Freunde Fritz und Lisa ließen die Gesellschaft in ihrem Haus in Königstein wohnen, und weil er soviel Zen praktiziert hatte, gab ich Fritz eine besondere Karmapa-Meditation. Alle fanden Frankfurt ziemlich konturlos, ohne klare Schwingung, auf die man hätte bauen können, anders als Preußen, Schwaben oder Bayern. Wir unterrichteten und knüpften Verbindungen zum Besten der Exil-Tibeter. Dann flogen Karmapa und Jamgön Kongtrul Rinpoche nach Berlin.

Kurt und ich fuhren die Lamas, die für die Kronzeremonien gebraucht wurden, durch die damalige Ostzone. Hannah blieb, um auf den Rest der Gruppe „aufzupassen". Die Mönche waren entsetzt über die Mauer und die Todeszone und atmeten erleichtert auf, als wir in West-

Berlin ankamen. Sogar die Luft schien dort anders zu sein.

In der geteilten Stadt wurde Karmapa zum Hippie-Guru. Die Kronzeremonie war von einem Freund, den ich einmal beim Trampen mitgenommen hatte, vorbereitet worden und fand im Türkenviertel Kreuzberg statt. Überall sah man Blumen und lange Haare. Karmapa war den Anwesenden gegenüber ganz offen, nahm ihr Lob entgegen und gab strahlend einigen Hundert Zuflucht. Dann forderte er öffentlich und mit Nachdruck, dass es weder Drogen noch Politik in unseren Zentren geben dürfe. Das war genau das Richtige für Berlin.

Karmapa beim Segnen in Berlin

Österreich

Hannah fuhr die Gruppe von Frankfurt nach Wien, eine weitere wahre Reinigung für sie. Sie hatte einen peinlich schwachen Ford Transit bekommen, und Karmapa bat sie ständig, zu überholen und schneller zu fahren, was die „Rasenmäherausgabe" von Motor jedoch nicht schaffte.

Als Kurt und ich nach der Abendbelehrung in Wien ankamen, klingelte sofort das Telefon. Walli aus Hamburg hatte Neuigkeiten. Sie erzählte, dass Kalu Rinpoches reicher Gastgeber alle Norddeutschen zu einem Treffen eingeladen habe. Er besaß einen Brief, in dem Kalu Rinpoche ihn bat, ein Rime-Zentrum in seinem Haus einzurichten. Ich hatte Kalu Rinpoche bereits früher vor dieser Entwicklung gewarnt, und als der Gastgeber und seine Frau während Karmapas Besuch nicht erschienen – ein deutliches Zeichen von schlechtem Gewissen –, erfuhr ich es. Karmapa hatte Hamburg bewusst denselben Namen gegeben wie Kopenhagen, um die Zusammenarbeit zu stärken und meine Verantwortung zu betonen, also sprang ich sofort zu Karmapa und fragte, ob er wolle, dass seine Schüler jetzt geködert würden. Sollten sie ihre Bände zur Linie schwächen, um in einem schönen neuen Haus meditieren zu können? „Nein", sagte Karmapa, „verhindere das!"

Deutschland

Die Autobahn war frei, und am nächsten Morgen kam ich gerade im richtigen Augenblick an. Unsere Freunde, die damals noch keinen Einblick in die Hintergründe tibetischer Politik hatten, waren mit bestem ökumenischem Eifer dabei, „Ja“ zu sagen. „Karmapas Schüler nehmen nicht teil“, sagte ich. Ein kalter Wind ging durch den Raum. Kalu Rinpoches Gastgeber brausten auf, aber ich sagte: „Im Großen Weg kann man alles mischen, aber im Diamantweg nicht. Für euch Gelugpas bedeutet es nicht so viel, aber wir Kagyüpas müssen unsere Übertragung rein halten. Karmapas Schüler kommen mit mir in den nächsten Raum.“ Nachdem sie ihr Nichtsektierertum schön verdaut hatten, erschien einer nach dem anderen. Sie kamen, weil ich ihr Lehrer war, aber es sollte noch eine Weile dauern, bis sie verstanden, was der damals so beliebte Ausdruck „Rime“ oder „grenzenlos“ wirklich bedeutet. Sein Sinn ist, bei den eigenen Übungen zu bleiben, während man sich über die Reichtümer anderer Schulen freut.

Österreich

Die Schwingung in Scheibbs hatte sich seit Kalu Rinpoches Besuch nicht verbessert. Ich fühlte mich immer etwas verantwortlich für die Stelle die ich einige Jahre zuvor mit einem Kurs eröffnet hatte. Weil es ein von den alten Buddhisten geleitetes Zentrum war, sollte es auch dort gut laufen. Etwas fröhliche Kraft wurde gebraucht, und natürlich hob Karmapa ganz schnell alles auf eine befreite Ebene. An einem strahlenden Herbsttag gab er unter freiem Himmel eine Einweihung auf die Befreierin sowie eine Kronzeremonie und fegte damit die Störungen weg.

Deutschland

Mit einem großen Ford Granada der Firma Pitzner fuhr ich am nächsten Morgen Karmapa, Jamgön Kongtrul Rinpoche und ein paar Mönche nach München. Wir hatten diesmal keine Zeit, den Bus zu nehmen, denn Graf von Dürckheim, ein bekannter Zen-Lehrer, erwartete uns zusammen mit mehreren geistig Interessierten in einem riesengroßen Haus in Pasing. Anstatt mit den wenigen „Auserwählten“ zu essen, führte ich das „Fußvolk“ in Karmapas 16. Karmapa-Meditation ein. Damals entstanden in diesem Gebiet mehrere sowohl gute als auch schlechte Verbindungen. Ob ich im letzten Leben mit ihren Frauen und Pferden davon geritten war, kann ich nicht sagen; auf jeden Fall brachte die Gerüchteküche einiger eifersüchtiger Starnberger und Münchner für die nächsten Jahre etwas Extrawürze in mein Leben. Sonderbarerweise waren immer diejenigen am sauersten, denen ich geholfen hatte, als sie ganz unten waren. Hätten sie gewusst, wie vollkommen und lückenlos

Mit Karmapa in Scheibbs

mein Verwirklicher-Geist peinliche Erinnerungen ausfiltert, hätten sie mich hinterher nicht zum Feind machen müssen.

Das nächste Ziel war wieder Rikon mit den Exil-Tibetern. Unsere gediegenen Stadtzentren, die heute soviel Gutes bringen, sollten erst noch entstehen. Die Baader-Meinhof-Bande hatte gerade eine Stütze der Gesellschaft umgebracht – es war wohl Herr Ponto –, daher waren die Grenzen zu. Also fuhren wir einen Grenzübergang nach dem anderen in westlicher Richtung an. Unterdessen sorgte Karmapa dafür, dass es nicht langweilig wurde. Während ich mit voller Geschwindigkeit auf eine unbeleuchtete Straßengabelung zufuhr, schüttete er zwei kleine Häufchen braunes Pulver auf seinen Handrücken und gab sie mir zum Schnupfen. Völlig unvorbereitet ergriffen zwei eiskalte Hände mein Hirn. Mit quietschenden Reifen schlug ich den falschen Weg ein, und als ich anhielt, um zu untersuchen, wie viel von meinem Kopf noch vorhanden war, schüttelte es Karmapa vor Lachen. Das war der indische Schnupftabak, den auch Kalu Rinpoche verwendete, und der wohl aus Dynamit und gemahlenen Boxhandschuhen hergestellt ist.

Das Verhalten der bayerischen und schwäbischen Bauern gegenüber Karmapa erstaunte mich. Wenn wir anhielten, um nach dem Weg zu fragen, spürten sie einfach seine Kraft. Viele verließen Bier und Zigaretten und kamen, um seinen Segen zu empfangen. Ihr Vertrauen war ungekünstelt und unmittelbar. Obwohl ein kräftiger gelber Herr in roten Roben für sie sicherlich etwas Neues war, ließ seine Wärme alles Trennende schmelzen. Karmapa sagte dabei wie so oft, wie sehr ihm Mitteleuropa am Herzen läge. Nach vier oder fünf Versuchen kamen wir frühmorgens an einem Grenzübergang durch. Schnell die verschlafenen schweizerischen Dörfer durchfahrend, kamen wir bei Rikon an, wo die Tibeter mit roten Augen herumsaßen; sie hatten die ganze Nacht über gewartet.

Schweiz

In der Schweiz konnte sich Karmapa zu der Zeit leider nur der Tibeter annehmen. Er blieb zwei Tage bei ihnen, diesmal ohne einen Sturm zu verursachen. Einige reiche Gönner kamen, die jedoch mehr von der Fremdartigkeit als von der Nützlichkeit des tibetischen Buddhismus angezogen waren. Das Tote dem Lebendigen vorziehend, schätzten sie den Buddhismus als eine erleuchtete Heilslehre in Asien hoch, obwohl es dort längerfristig kaum Überlebensmöglichkeiten dafür gibt. Sie verschlossen aber ihre Herzen und Geldbeutel unseren Freunden gegenüber, die ihre Jugend und Kraft hergaben, um das Beste dieser Lehre in die Länder zu bringen, in denen sie gebraucht wurde und wachsen konnte. Selbst die idealistischsten und am besten ausgebildeten Westler waren ihnen nicht „kulturell" genug. Das Verständnis, dass eine erleuchtende Einsicht nur dann erhalten bleibt, wenn sie im täglichen Leben verwurzelt ist, entstand häufig nur in der humanistischen Mittelschicht, die über geringe Finanzkraft verfügt.

Karmapa war bestimmt kein Snob. Wenn er zum Beispiel von Leuten eingeladen wurde, die nur von einer Berühmtheit Besuch erhalten oder ihren Besitz vorführen wollten, sagte er Dinge wie: „Diese Leute haben überhaupt keine Hingabe und noch dazu einen schlechten Geschmack. Sie laden mich nur ein, um ihren Freunden erzählen zu können, dass ich hier war." Der arme Dolmetscher musste dann versuchen, das Gesicht in die richtigen Falten zu legen, während er übersetzte: „Seine Heiligkeit ist gerührt über euer tiefes Interesse für die Lehre, das Wichtigste von allem. Er findet euer Haus sehr schön und wird euch in seine Gebete einschließen." Das letzte tat Karmapa natürlich immer, und sogar der oberflächlichste Kontakt mit ihm bewirkte Wunder. Jeden Tag geschahen mehrere davon, und man verstand, warum die Tibeter ihn „Wunschjuwel" nannten.

Einmal flatterte in Los Angeles ein großer Scheck an unserer Nase vorbei. Der Erfinder irgendeines Kleinkrams wollte seine Bildung vorführen, indem er die Lamas zu einer japanischen Teezeremonie einlud. Nachdem er eine halbe Stunde lang winzige Tassen gewaschen und Wasser hin und her gegossen hatte, ohne dass irgendein Tee erschien, brachen die Lamas einer nach dem anderen vor Lachen zusammen. Sogar Karmapa musste seinen Schal über den Kopf ziehen. Die Gesichter der Gastgeber wurden merklich länger, und der Scheck wurde nicht unterschrieben. Aber was sollten wir tun? Nicht jeder versteht die hohe Kunst des Teekochens.

Frankreich

Von Genf aus, dem letzten Halt in der Schweiz, ging die Fahrt wieder nach Frankreich. Diesmal fehlte Akong Tulku. Er hatte auch dort versucht, die Machtzentrale für Europa zu werden, und die Franzosen waren nun so zornig auf ihn, dass sie seinen Besuch verboten. Also schickte Karmapa ihn und seine Mönche zu seiner Hauptstelle in die Dordogne. Er selbst, Jamgön Kongtrul Rinpoche und ein paar Begleiter fuhren für drei Wochen mit Hannah und mir in unserem uralten VW durch die südfranzösischen Zentren.

Bei jedem Besuch wurde offensichtlicher, dass die Franzosen sich an Kalu Rinpoches Kloster in Sonada orientierten und nicht an Rumtek. Sie wurden immer kirchenähnlicher und bürgerlicher. Ich wollte nicht einmal die Möglichkeit einer Spaltung in Betracht ziehen, aber es war

Mit Lama Jigmela

seltsam, die Scheinoffenheit vieler Franzosen Karmapa gegenüber zu beobachten. Irgendwie erwarteten sie, seine einfachen und klaren Worte noch näher erläutert zu bekommen. Geldsorgen hatten die Zentren jedoch nicht. Die Männerrolle der romanischen Kultur erlaubt geistige Interessen, und deswegen gab es gute Unterstützer. Was ihnen fehlte, waren vor allem der „Flash" und die grenzenlosen Möglichkeiten, die man erfährt, wenn man sich unmittelbar auf Karmapas Kraft bezieht.

Hannah übersetzt in der Dordogne

Was ungewöhnliche Typen betrifft, schlug die Riviera fast Kalifornien. Erst besuchten wir ein Waldstück, wo ein selbst ernannter belgischer Lama seine Schüler vollständig bevormundete. Nach Nizza folgten wir einer Einladung von „Mandar-Om", einem Verein von Kahlköpfen. Sie sangen vor und nach jedem Satz „Om" und hatten einen ganzen Berghang mit Pappmaché-Tieren in Überlebensgröße bedeckt. Ihr Leiter erhielt später in Cannes Karmapas Segen, und ich gab ihm die 16. Karmapa-Meditation, die er hoffentlich nicht abänderte.

Eine andere Gruppe war weniger auffallend, dafür umso hochmütiger: Schüler des allgemein bekannten Bhagwan Shree Rajneesh. Dieser hatte gerade ein Buch mit ein paar bescheidenen Behauptungen herausgegeben, die neu für uns waren, zum Beispiel, dass Karmapa ihn zum größten Bodhisattva aller Zeiten ernannt habe. Er, der Bhagwan, sei der Mann, der das buddhistische *Tantra* in den Westen bringen solle. Karmapa, der ihn gar nicht kannte, war so diplomatisch wie möglich, aber zufrieden waren Bhagwans Schüler mit seinen Antworten nicht. Wieder einmal schüttelte ich den Kopf über die bodenlose Einfalt vieler Menschen auf geistigem Gebiet. Es war erschütternd, wie liebend gern sie sowohl Kritikfähigkeit als auch klaren Verstand aufgaben.

In Nizza wohnten Karmapa und Jamgön Kongtrul Rinpoche in einem schönen Hotel am Strand. Hannah und ich tauschten Erinnerungen mit den Lamas aus, die seit Kalu Rinpoches Besuch in Frankreich geblieben waren. In St. Tropez wartete ein weiterer, sehr reicher Anhänger des Rolls-Royce-Gurus Rajneesh. Er wollte den Tibetern einige Tage im Überfluss schenken. Wir fragten uns, wie er wohl so reich geworden war, und erhielten sofort eine Antwort. Das Mittagessen, zu dem er uns eingeladen hatte, durften wir selbst bezahlen. Danach kauften wir unseren Verzehr wieder im Supermarkt. Mehr feine Einladungen dieser Art konnten wir uns nicht leisten. Karmapa entschied schon auf der ersten Yachtfahrt, dass er anderswo nützlicher sein konnte, und brach den Besuch vorzeitig ab.

Nach drei Wochen in Karmapas Nähe erreichten wir seinen französischen Hauptsitz. Dort waren große Einweihungen vorbereitet worden.

Die Dordogne ist eindrucksvoll: Knorrige Eichen, rotbraune Kalkberge und wunderbar kurvige Straßen – ein Genuss für den, der fahren kann – prägen diese uralte Landschaft. Mr. Benson hatte dort unserer Linie ein großartiges Geschenk versprochen, aber als schließlich alle versammelt waren, fehlte er. Bevor jedoch die Einweihung in Höchste Freude und die Segnung der Stelle geschehen konnte, musste die Übergabe geregelt sein, und dafür brauchten wir ihn. Alles, was wir hatten, war eine Telefonnummer von einem seiner Freunde in New York. Trotz der schwachen Fährte flog Jytte Marstrand hinüber und spürte ihn tatsächlich auf Hawaii auf. „Wir weihen jetzt die Stelle ein", sagte sie, „und du kannst selbst bestimmen, ob du dabei sein willst oder nicht." Das wirkte, und bei den späteren Reden vergaß ich nicht, die Großzügigkeit eines Mannes zu rühmen, der elf Kinder hatte und dennoch der Lehre etwas so Kostbares schenkte. Schon damals waren die hellen Köpfe der Dänen und Deutschen in der Überzahl, ein gutes Zeichen, dass die Stelle eine weitreichende Wirkung ausüben würde. Genau das war Karmapas Wunsch, und es war schön, dass die Reiselust der Nordeuropäer ihm diese Freude bereitete.

Ich selbst lernte, wie unpersönlich Schmerz sein kann. Pawo Rinpoche, ein sehr wichtiger Linienhalter, hatte sich einen Wirbel gebrochen, weshalb er seinen Thron nicht aus eigener Kraft besteigen konnte. Als ich seine damals neunzig Kilo auf meine Arme nahm, muss mich einen Augenblick sein Schmerz erreicht haben. Ein weißer Blitz traf meinen Rücken. Ich ließ ihn einfach durchziehen und setzte Rinpoche sanft auf sein Kissen. Der Schmerz war sofort weg. Als ich ihn später fragte, warum er so unruhig gewesen war, sagte er: „Ich hatte

Angst, meine Füße höher zu haben als Karmapa." Viele angelernte Muster blieben offenbar auch auf den höchsten Ebenen bestehen.

Einige Äußerungen Karmapas nahmen den Faden eines Interviews in Kopenhagen wieder auf. Eine sehenswerte, fast zwei Meter große Journalistin einer unserer besten Tageszeitungen hatte damals stundenlang auf ihn gewartet. Sie wollte von Karmapa nur eins wissen: Was das Besondere am Bewusstsein der heutigen Menschen sei. „Darauf sollte ich eigentlich nicht antworten", sagte Karmapa, „denn das bringt noch mehr Vorstellungen. Da du aber fragst, werde ich etwas dazu sagen: Moderne Menschen sind verwirrt. Da ihre Vorstellungen ständig zunehmen, haben sie immer weniger Zugang zu ihrer zeitlosen Natur." Weitere Erklärungen dazu erfolgten in Lascaux, wenige Kilometer vom Zentrum entfernt. Björn und ich hatten die dortigen Höhlenmalereien aus der Steinzeit schon mit unseren Eltern besichtigt. Kurz vor der Schließung der Höhlen besuchten wir sie noch einmal mit Karmapa. Beim Rundgang wies ich mehrmals darauf hin, dass die Bilder jagdmagisch seien. Dass sie gemalt wurden, um Tiere besser beherrschen und töten zu können. Dann kam ich auf Karmapas Aussage in Kopenhagen zurück, mit der ich mich immer noch nicht abfinden konnte. Wenn ich auch sonst in allem mit ihm einig war, so stieß mir dieser Punkt doch heftig auf. Er passte keineswegs zu meiner eigenen Erfahrung. Ich erlebe die Menschen und ihren Geist als immer spannender und reiner, Tag für Tag, und bestaune vor allem die schnelle Entwicklung meiner Schüler. „Aber wir sind zumindest besser als die Leute von damals? ", versuchte ich es noch einmal. „Nein", antwortete Karmapa, und es sah nicht so aus, als wollte er noch mehr hinzufügen.

Vor seiner Abfahrt empfahl er den anwesenden Südafrikanern, mich einzuladen. Ich sagte natürlich zu und freute mich darauf, in einem weiteren Erdteil etwas aufzubauen.

Danach war ein großes Treffen in einem Schloss bei Paris geplant. Karmapa wollte, dass alle französischen Kagyü-Gruppen zusammenarbeiteten, und hier hätten die Ursachen zukünftiger Zersplitterungen beseitigt werden können. Leider kamen nur die „schon Geretteten". Diejenigen, die gerade dabei waren, sich wichtige Stellungen in Kalu Rinpoches Arbeit zu sichern, hatten Unheil gewittert und blieben fern. Es gab also nicht viel zu vereinen. Glücklicherweise konnten einige einflussreiche Freunde versprechen, bei Reibereien zwischen den Gruppen zu vermitteln.

Belgien

In Antwerpen hörten wir wundersame Geschichten. Es war gerade das geschehen, was Karmapa in Frankreich hatte vermeiden wollen. Schottische und französische Interessen waren in Belgien aufeinander geprallt. Einige frühere Freunde waren mit dem Lama, den Kalu Rinpoche bei ihnen zurückgelassen hatte, nicht zufrieden gewesen. Also nahmen sie die Spendenkasse mit nach Brüssel und steckten das Geld in ein stattliches Gebäude, das ein Zentrum für Akong Tulku werden sollte. Der Streit war so zäh und hintergründig, wie man es sich nur aus oftmals eroberten Ländern vorstellen kann. Sogar langjährige Idealisten scheinen häufig unfähig zu sein, überpersönlich und in größeren Zusammenhängen zu denken. Mit einem schiefen Lächeln gab Karmapa dem neuen Zentrum einen – dem alten verwandten – Namen, machte gute Wünsche, und wir reisten weiter.

England
Deutschland

Die Fahrt durch England war kalt und nass. Zwischenzeitlich schickte mich Karmapa nach München, um einen deutschen Karma-Kagyü-Verein auf die Beine zu stellen. Dort fand die Gründungssitzung mit mir als erstem Vorsitzenden statt. Wir folgten Karmapas ausdrücklichem Wunsch, dass ich ihn überall in unseren Zentren vertreten solle. Deshalb war es erforderlich, mich zum ersten oder zweiten Vorsitzenden eines Vorstands zu wählen, was seitdem auch um die ganze Welt geschieht. Es war eine Freude, auf die zwischen Akong Tulku und Lama Chime aufgeteilte Insel zurückzukehren und Karmapa sagen zu können, dass sich wenigstens in Deutschland alle einig waren.

England

Die Begegnung in den riesigen Hallen der ehrwürdigen „Buddhist Society“ in London war beeindruckend. Viele buddhistische Überlieferungen waren vertreten, und wir genossen sowohl den Reichtum der Lehre als auch Karmapas Geschmeidigkeit. Nachdem Christmas Humphreys, der Vorsitzende des Vereins und Verfasser mehrerer Bücher, einen Vortrag über das Leiden und das Übel in der Welt gehalten hatte, setzte Karmapa diese Rede unmittelbar fort. Er erklärte die grundlegende Reinheit und Buddhanatur aller Dinge, die Einheit von Samsara und Nirvana, und verdeutlichte den Zuhörern, dass diese Vollkommenheit hier und jetzt zutage tritt, sobald die Schleier unseres Geistes entfernt werden. Dies stand keineswegs im Gegensatz zu den Worten seines

Vorredners, sondern war eine gelungene Ergänzung. Beim anschließenden Mittagessen unterhielten sich alle fröhlich miteinander.

Dann fuhr der Bus weiter nach „Samye Ling". Dort sollte Karmapa Weihnachten verbringen. Gleich nach seiner Ankunft bat er einige Leute aus dem Kloster, zu einem nahe gelegenen Hof zu fahren. Sie sollten eine Dachbodenluke öffnen, da dort drei große Vögel gefangen wären. Obwohl er niemals zuvor diesen verlassenen Hof gesehen hatte, gab er eine genaue Beschreibung davon. Sie befreiten eine Eule und zwei Krähen, die sonst sicherlich verhungert wären. Da er Ähnliches schon einige Male in Frankreich gemacht hatte, wunderte sich niemand mehr darüber.

Irland

Kurz vor Weihnachten drückte uns Karmapa einige Pfundnoten in die Hand. Er sagte: „Fahrt nach Irland und startet dort die Lehre." Mit Zug und Fähre erreichten wir Dublin. Das Land war vertraut und fremd zugleich, und wir wohnten sowohl fürstlich auf einem Herrensitz als auch im armen Stadtviertel. Durch Vorträge vor allem in Hotels entstand eine feste Gruppe, die sich danach für einige Jahre traf. Obwohl die Iren wie die Polen und Spanier ein katholisches Volk sind, war der Sprung von der allgemeinen Bewusstseinsebene der Bevölkerung zum Buddhismus weit größer. Diejenigen, die meditieren wollten, waren sich ihrer Sache jedoch sicher. Da viele „Kirche" wollten und es jedes Mal teuer war, mich einzuladen, empfahl ich ihnen nach einigen Jahren, sich den englischen Zentren anzuschließen.

England Griechenland 1978

Neujahr 1978 feierten wir in Wales. Ein Pferdekenner und Schüler von Trungpa Rinpoche schenkte Karmapa den oberen Teil eines schönen Berges. Danach flogen wir von London nach Athen, wo Hannah wieder für Karmapa übersetzte und ihm als Sekretärin half. Barbara Pettee, frisch aus Kalifornien eingetroffen, kam auch dorthin. Sie hatte das westliche Drittel der USA in der Hand und war mit Karmapa auf der ergebnislosen Fahrt zu den Hopi-Indianern gewesen. Als sie bei einer meiner Belehrungen zuhörte, wurde sie von dem „westlichen" Lehrstil und der Kraft der Übertragung ergriffen. Sie bestand darauf, dass ich ein Tulku sei und öfter in den USA unterrichten solle, was Karmapa sofort aufgriff und danach immer wieder bestätigte: „Du musst jedes Jahr hinüber fliegen, in meinen Zentren unterrichten und neue Gruppen starten. Versprich mir das."

Im alten Zentrum Athens gab es wenig Platz. Ein großer Teil des Nutzraums im stattlichen Gebäude war von Pfeilern ausgefüllt, und obwohl es in der Stadtmitte lag, konnten wir wenig damit anfangen. Die Zeit in Griechenland, in der noch jeder gut über den anderen redete, endete kurz danach. Die Gebräuche des Nahen Ostens liegen dort nicht weit unter der Oberfläche, aber wer sein Vertrauen hielt wie die Manganaris-Familie und andere nahe Freunde, entwickelte sich schnell weiter.

Diamantgeist

Ein paar Dutzend Dänen waren angekommen, von meiner liebevollen Energiebombe von Mutter auf Trab gehalten. Während einer Einweihung in Diamantgeist hatte sie das erfahren, was ich aus meinem tiefsten Herzen jedem wünsche. Hannah und ich hatten es schon bei unserer ersten Begegnung mit Karmapa erlebt: Sie sah seinen *Freudenzustand*. Mit starren Augen zeigte sie auf ihn und rief: „Er leuchtet ja, er leuchtet ja!“ Sie war mehrere Stunden danach noch ganz weg und vergaß nie das goldene Licht, das sie gesehen hatte.

Frankreich

Nach sechs fruchtbaren Monaten in Europa machte Karmapa einen letzten Halt in Paris, wo seine Vögel und Berge von Geschenken warteten. Von dort flog er Mitte Januar 1978 mit Jamgön Kongtrul Rinpoche und seinen Begleitern nach Indien zurück. Sie wollten rechtzeitig zum tibetischen Neujahr in Sikkim sein. Karmapa hinterließ einen geöffneten Erdteil, dessen Mitte und Osten nun unser Arbeitsgebiet war. Wie immer hatte er uns klare Anweisungen gegeben, was zu tun sei, und zum Abschied schrieb er noch einen Brief an die europäischen Zentren. Es würde noch aufregender sein, alles wachsen zu lassen, ohne den „Chef“ an der Seite zu haben.

His Holiness
The Gyalwa Karmapa

14th January 1978

For the attention of all the European Dharma centres especially those in Germany and Scandinavia.

Ole and Hannah Nydahl are followers of the Kagyupa Lineage of Mahayana Buddhism and they are linked to me by the Samaya Bond of Lama and disciple.

They established the first Buddha Dharma centres in Denmark and elsewhere, and have arranged for visits of many highly accomplished and learned Lamas, thereby making it possible for many to receive the precious Teachings for the realization of the true nature of the mind.

During my second visit to Europe, I was highly encouraged to see the new houses bought and centres established by members of Karma Drub Djyling and elsewhere by the help of Ole and Hannah's ceaseless efforts and encouragement. All the Dharma activities were most beneficial and successful.

Furthermore, I have reappointed Ole Nydahl as the Head of the Dharma centres of the Karma Drub Djyling Association and I have reappointed Hannah Nydahl as his deputy; I have authorised both Ole and Hannah Nydahl to continue to be Instructors to the people who are first entering into the understanding and practice of the Buddha Dharma and also to continue to help to establish new Dharma centres.

I pray that all beings may be liberated from the sufferings of samsara.

His Holiness The XVI Gyalwa Karmapa.

The Seats of His Holiness the Gyalwa Karmapa

Dharmachakra Centre
Rumtek, Gangtok
Sikkim, India

Tashi-Chöling
Bumthang
Bhutan

Karmaraj Vihara
Swayambhunath
Kathmandu, Nepal

Cable: Dharmachakra Centre, Sikkim Phone: Gangtok 363

Unsere Aufgabe war, Karmapas Geschenke an viele weiterzugeben, seinen Segen in das tägliche Leben der Wesen einzubauen. Die Leute sollten ihre buddhistische Zuflucht verstehen und sich bei den auf Deutsch oder Tibetisch geleiteten Meditationen und den Grundübungen zu Hause fühlen. Mit dem Lehrer als kraftvolle Verbindung zu ihrem zeitlosen Zustand würden sie viel Verwirrung vermeiden können und schnell vorwärts kommen. Der schnelle Weg ist, sich so lange furchtlos, freudvoll und mitfühlend zu verhalten, bis man wie sein Lehrer geworden ist; nichts wirkt durchgreifender. Das ist das Hauptanliegen der unterschiedlichen Karmapa-Meditationen, zu deren Halter er mich machte. Die Aufgabe der Zentren und Gruppen ist, dieses Vertrauen durch Belehrungen und Meditationen noch zu stärken. Sie entfernen jedes Leid so erfolgreich, wie es sich während der letzten 2.500 Jahre immer wieder gezeigt hatte.

Unsere Freunde sollten wissen, dass es nur ein Ziel gibt: menschliches Wachstum. Wenn wir selbständig sind und die äußeren wie inneren Welten beherrschen, wird sich die Buddha-Natur zeigen. Da die Mittel so wirksam sind, würden auf dem Kagyü-Weg die Gemüter ganz schön in Aufruhr geraten, und es sollte nicht langweilig werden.

Hannahs Kraft ist ihr unerschütterliches Vertrauen und ihre tiefe Liebe. Ich kenne keinen besseren Menschen als sie. Meine Kraft ist, dass ich die Menschen mag, dass ich sie anziehend und spannend finde. Diese Eigenschaften zusammen mit meiner Freude am Handeln und Entfernen von Hindernissen – je größer, desto besser – hatten wir in Karmapas Hände gelegt. Wir taten genau, was er sagte. Ich sollte als Lehrer reisen und in seinem Namen Zentren aufbauen. Hannahs Aufgabe war und ist, sich um die Linienhalter und Rinpoches zu kümmern. Sie sollte bei ihren Reisen und bei mündlichen und schriftlichen Übersetzungen helfen. Zudem gehört zu ihrer Arbeit noch die „Vermittlung nach oben“: Sie konnte während der wichtigen Jahre des ersten Wachstums unsere Lehrer im Voraus gegen die Gerüchte impfen, die bezüglich meines Verwirklicher-Stils mehrmals bei den engeren Geistern auftraten – was heute nicht mehr nötig ist. Da Hannah und ich oft zusammen sind und ständig in Verbindung bleiben, festigten sich die Beziehungen zwischen Ost und West.

Das Schönste von allem ist, dass Karmapa uns nie verließ. Seit seinem ersten Besuch blieb sein Kraftfeld im Westen, und es verdichtet sich ständig. Wo immer die Menschen ihr *Band* zu ihm und ihrer gesunden Vernunft halten, gewinnt ihr Leben an Sinn. Seine Arbeit, durch den Kraftkreis von Schwarzer Mantel ausgedrückt, ist überall und schützt jeden. Wenn meine Schüler zu erzählen anfangen, wie oft sie seine Hilfe gespürt haben, sind sie nicht leicht aufzuhalten.

Hannah übersetzte zunächst für Khenpo Tsültrim Gyamtso in England. Dann begann sie in Dänemark, eine Zusammenfassung von Gampopas Buch „Juwelenschmuck der Befreiung" zu verfassen. Sie beendete während eines Kurses in Frankreich den Text, der heute überall verwendet wird. Ende Juli folgte ihre nächste Übersetzungsreise für Ayang Tulku aus der Drikung-Linie, der seine ersten Kurse über das Bewusste Sterben in Kopenhagen und Rödby gab. Danach fuhr sie ihn durch Europa.

Deutschland

Ich startete unter anderem die wichtige Gruppe in Bad Wörishofen, dem Ort, an dem Pfarrer Kneipp seine Gesundheitslehre begründet hat. Kurt beendete dort gerade seine Ausbildung zum Masseur und lud mich in seine Schule zu einem Vortrag ein. Im Gymnastiksaal einer süddeutschen Kurstadt mit nur zehntausend Einwohnern warteten achtzig helle Köpfe. Mehrere waren mir sofort bekannt. Außer Erik, dessen Eltern die Veranstaltung ermöglicht hatten, wurden am gleichen Tag Paul, seine Zwillingsschwester Tina, Karola, Ruth, Andrea, Fidi und einige andere meine Schüler. Aufgrund starker alter Bände waren sie an der gleichen Stelle geboren worden und hatten schon als Kinder miteinander gespielt. Nun, da sie ihre Verbindung mit der Lehre wiederbekamen, entstand wie von selbst eine Meditationsgruppe, und sie trafen sich täglich. Einige schafften es noch vor ihrem Abitur, die Grundübungen zu vollenden. Ihr natürliches Vertrauen der Lehre und dem Lehrer gegenüber ist der beste Beweis dafür, dass man Gewohnheiten aus früheren Lebenszeiten fortsetzt. Ihre fröhlichen Verwirklicher-Geister hören nicht auf, sich zu entwickeln. Erik wurde Reiselehrer; Karola betreut heute die Freunde bei längeren Zurückziehungen und hält die Diamantweg-Übertragung in unserem später gekauften Zentrum auf dem Schwarzenberg, von woher auch tatkräftige Reiselehrer wie Hinrich, Patricia und Alex die Verbindungen in alle Welt beleben

Nachdem Kurt mich jahrelang auf Reisen begleitet und dabei geholfen hat, die ersten Zentren südlich von Frankfurt zu starten, sind heute viele Freunde nachgekommen und er ist mehr mit seiner Firma beschäftigt.

Nach Jahren, in denen wir uns, wegen des Vertrauens und der nahen Zusammenarbeit Aller, freudvoll jenseits aller Hierarchie befanden, bestätigten einige Anfragen aus Schwarzenberg, dass auch der 17. Karmapa Thaye Dorje, Künzig Shamarpa und Jigmela, die Vertreter des Karma Kagyü für Europa, den Wunsch des 16. Karmapa weitertragen, dass ich die Verantwortung und somit auch den Vorsitz aller Diamantweg-Zentren übernehme.

Schon 1976 hatte mich Karmapa in Frankreich darum gebeten, ein Buch im Stil der Lebensgeschichte Milarepas zu schreiben. Diese Idee griffen einige Freunde wieder auf. Die Jahre, die wir so nahe bei Karmapa verbracht hatten, sollten allen gehören. Ein Lektor des bekannten Diederichs-Verlages war bereits gefunden, und im Juni 1978 fand ich drei Wochen Zeit. Im besten Deutsch sollte ich niederschreiben, woran ich mich erinnerte; der Lektor würde es verfeinern. Nach einer Nacht- und Nebelaktion, damit auch die entschlossensten Frauen mir nicht folgen konnten, bestand meine Welt mit einem Schlag aus einem Kellerzimmer in Davos. Anfangs war die Arbeit nicht leicht. Ich lebe so sehr im Jetzt, dass es kaum Zeit für Erinnerungen gibt. Die vielen Boxhandschuhe, die mein Kopf gestoppt hatte, neun Jahre mit Drogen und ein kräftiger Motorradunfall in München haben sicher auch nicht zu meiner Erinnerungsfähigkeit beigetragen. Nach und nach kam aber vieles hoch, was wichtig war, und bald lebte ich wie im Rausch: Ich aß kaum und arbeitete von sieben Uhr morgens bis um drei Uhr früh. Die beschriebenen Blätter stapelten sich. Als Kurt mich abholte, sagte er, dass ich durchsichtig geworden sei. Ich wog zehn Kilo weniger.

Schweiz

Begegnung mit dem Buddha in uns

Dank der guten Arbeit des Lektors und einer weiteren Woche in der Nähe von München zum Überarbeiten des Textes war die erste Ausgabe von „Die Buddhas vom Dach der Welt“ schnell fertig. 1988 verbesserte ich das Buch für die zweite Auflage, 1993 erschien die dritte und die vierte Auflage im Jahr 2003. Es war ein Vergnügen, in der Zwischenzeit so viel Deutsch dazugelernt zu haben, dass ich mich genau ausdrükken konnte. Das Buch ist noch heute der Einstieg für die Hälfte derjenigen, die zum ersten Mal in unsere Zentren kommen. Nach einem riesigen Fest flog ich nach Südafrika, um Karmapas Segen in einen neuen Erdteil zu pflanzen.

Südafrika

3. Jamgön Kongtrul Rinpoche Chökyi Senge (1954-1992)

Die Vorgänger des 3. Jamgön Kongtrul Rinpoche waren zwei bedeutende Lamas in der Kulturgeschichte Tibets: Jamgöng Kongtrul Lodrö Thaye (1813-1899) gilt als Mitbegründer und wichtiger Vertreter der so genannten „Rime"-Bewegung, die sich den Erhalt wichtiger Überlieferungslinien in verschiedenen Schulen zum Ziel gesetzt hatte. Der 2. Jamgön Kongtrul Khyentse Özer (1902-1952) war Sohn des 15. Karmapa gewesen und einer der wichtigsten Lehrer des 16. Karmapa und Linienhalter der Mahamudra-Lehren.

Chökyi Senge wurde 1954 geboren und bald darauf vom 16. Karmapa als der 3. Jamgön Kontrul Tulku anerkannt. Er und seine Adminstration wurden vom 16.Karmapa nach Rumtek eingeladen, wo er eine Ausbildung machte. 1976/77 und 1979/80 begleitete er Karmapa auf dessen Reisen im Westen und setzte nach dessen Tod einige seiner wichtigen Aufgaben fort. Er gab in Indien, Tibet und im Westen große Einweihungszyklen. Bekannt wurde er dort u.a. durch die große Kagyü-Nagdzö-Einweihungsreihe in Rødby/Dänemark, 1989. Schon 1984 bekam er die Erlaubnis zum Wiederaufbau von Karmapas Hauptsitz in Tibet, Tsurphu. In West-Bengalen und Nepal baute er Klöster; auch ein Projekt zum Neuaufbau der historischen Nalanda-Universität brachte er auf den Weg. Jamgön Rinpoche starb 1992 bei einem Autounfall.

Südafrika

Das Jahr 1978

- Bürgerkrieg in Nicaragua gegen das Regime Somoza.
- In Rhodesien einigen sich Ministerpräsident Jan Smith und die gemäßigte schwarze Opposition auf Übergabe der Regierung an die schwarze Bevölkerungsmehrheit bis zum Jahresende.
- In Italien wird der christdemokratische Politiker Aldo Moro entführt und später ermordet.

Das südliche Afrika war aufregend und ungewöhnlich. Jeder war auf sich selbst gestellt. Es gab drei weiße „Stämme“: die Juden, die mit Gold und Diamanten handelten, die Engländer, die sich um die Verwaltung und den Großteil der Kultur kümmerten, und die Buren, die das Land besaßen. Außerdem lebten dort Mulatten, Asiaten und eine Reihe schwarzer Stämme, die sich regelmäßig gegenseitig umbrachten, mit Vorliebe die Zivilbevölkerung. Die Schwarzen fürchteten sich immer noch vor den Zulus, einem kleinen, fast gelben Menschenschlag. Vor hundert Jahren waren sie von den Zulus unter Leitung des Militärgenies Charka unterworfen und teilweise ganz ausgerottet worden. Er hatte Tausende seiner Gegner in der Nähe von Durban an der östlichen Küste von einem Felsen des Landes hinunterstürzen lassen.

In Johannesburg wartete die Familie Hardacre, starke nordenglische Leute, die wir aus der Dordogne kannten. Geoff, damals in den Fünfzigern, hatte früher für die Polizei in Hongkong gearbeitet. Er war mehrmals zum Sieb geschossen worden, da er am liebsten der Erste war, wenn es galt, ein Verbrechernest auszuheben. Sein Revolver hatte eine Kerbe für jeden Mann, den er weitergeschickt hatte, und er goss seine Kugeln in der Garage auf altmodische Weise selbst.

In Hongkong hatte eine Buddha-Statue einen starken Eindruck auf Geoff gemacht. Er fand eine chinesisch-buddhistische Lehrerin, und als er sich mit seiner Familie in Südafrika als unabhängiger Gutachter in Versicherungsangelegenheiten niederließ, war er bereits Buddhist. Obwohl übergewichtig und mit vielen körperlichen Schwächen ausge-

In Südafrika

zeichnet, die ein Leben voll Gewalt mit sich bringt, war er ein Löwe von einem Mann. Es war spannend, bei den Hardacres zu sein.

Einige kleine Meditationsgruppen, in denen nur ausgeprägte Einzelgänger waren, gab es schon. Meine Aufgabe war, ihnen klar zu machen, was Buddhismus überhaupt ist, die Lehre aus den mehr oder weniger verworrenen geistigen Überlieferungen zu verdichten. Das ist eine unangenehme Arbeit; man trampelt dabei ständig auf verwundeten Egos herum, aber wer es unterlässt, baut auf Sand. Da die Kirche verhinderte, Universitäten oder andere öffentliche Gebäude für meine Vorträge zu nutzen, fanden die meisten Begegnungen in privaten Räumen statt.

Schnell lösten sich bei mir einige der allgemeinen festen Vorstellungen über Südafrika auf. Fragte ich die Weißen über die Stellung der Schwarzen aus, so sagten sie, dass die Europäer zuerst in das Land gekommen seien, was wohl geschichtlich stimmt. Die Urbewohner des Landes waren ausgestorben, dann kamen die Weißen dorthin. Als ich etwas über die Sklaverei wissen wollte, die die Dänen als erste abgeschafft hatten, erzählten sie mir, dass sogar die schwarzen Stämme einander gefangen nahmen. Sie verkauften dann ihre Beute an die Araber, die sie zur Küste brachten. Dort luden vor allem Holländer die Sklaven auf ihre Schiffe. Außerdem gehe es den Schwarzen in Südafrika besser als irgendwo sonst, was man auch sehen könne. Einige sagten sogar, dass eines der größten Probleme, nämlich die Überbevölkerung, daher kommt, dass Penizillin ohne notwendige Aufklärung und Verhütungsmittel gegeben wurde.

Eines war jedenfalls deutlich: Wenn man hier die buddhistische Lehre erklären wollte, so war Politik sicherlich nicht die richtige Annäherungsweise. Wieder einmal wurde mir klar, warum Karmapa immer darauf bestanden hatte: „Keine Politik in meinen Zentren!"

Die Landschaft war beeindruckend hart und eintönig. Der Wind jagte den feinen Staub aus den bis zu elf Kilometer tiefen Goldminen in jede Ritze, und die Menschen hatten häufig Probleme mit den Nebenhöhlen. Johannesburg sah aus wie ein zu heiß gewaschenes New York, mit Wolkenkratzern und altertümlichen Kreuzungen, an denen alle erst anhalten mussten, um herauszufinden, wer zuerst fahren durfte.

Eines Tages fuhren wir zum Drakensvaal, der wahrscheinlich ältesten Bergkette der Welt. Auf dem Weg hielten wir in Pretoria, der Hauptstadt des Landes, und standen auf den Treppen des Parlaments, während die Buren gerade Geschichte machten. Sie verwarfen in einer Stunde eine ganze Hand voll ernsthafter UNO-Resolutionen. Ich dachte mehrmals, dass die restlichen Bewohner Afrikas schnell im Mittelmeer schwimmen würden, wenn diese paar Millionen Leute mal richtig sauer wären. Es gab eine unfassbare, starrköpfige Kraft bei den Buren, meistens ohne jeden mildernden Humor.

Noch am selben Tag zog ich alleine los, um eine der uralten Bergwände zu besteigen. Ich hatte schon entdeckt, dass sie der Traum eines jeden Bergsteigers sein mussten: Der Fels war so hart, dass man sein ganzes Gewicht an einem einzigen Punkt abstützen konnte. Also war es möglich, ganz schnell hinaufzuklettern. Nach etwa hundert Metern gab es plötzlich nichts zu greifen über mir, weder links noch rechts. Ich dachte: „Nach unten gehst du nicht, das wäre zu schwach." Doch dann entdeckte ich, dass ich gar nicht nach unten gehen konnte. Mehrmals auf dem Weg hoch war ich ein Stück gesprungen, um den nächsten Halt zu erwischen, und ich würde unweigerlich daran vorbei in den Abgrund stürzen. Das war wahre Spannung. Ich konnte nirgendwohin und wurde auch etwas müde. Nur Bewohner aus flachen Ländern wie Dänemark bringen sich in eine so dumme Lage. Ich hatte auch gehört, dass man nie nach unten schauen sollte, dachte aber: „Wenn du nicht guckst, dann lernst du nichts über deinen Geist." Ich stellte mir also vor, wie platt ich sein würde, wenn ich unten ankäme, und überlegte, ob zuerst die Menschen oder die Schakale meinen Körper finden würden. Meine Kräfte waren ernsthaft dabei nachzulassen, als ich die Nähe von etwas unendlich Liebevollem spürte. Es war hell, weiblich mild und fühlte sich an wie eine leichte Brise. Sie drückte mich gegen die Bergwand und gleichzeitig etwa zehn Zentimeter nach oben, wo es eine Spalte für meine Finger gab, die ich von unten nicht hatte sehen können. Der Rest ging leicht, und als ich mich nach wenigen Minuten auf das Plateau hochwälzte, waren – gebe ich gerne zu – meine Augen feucht. „Ich verspreche, härter zu arbeiten", war das einzige, was ich sagen konnte. Ich versprach es immer und immer wieder.

Es war die Weiße Befreierin, die eingegriffen hatte, das wusste ich. Als ich danach auf dem uralten Plateau herumging und ihr Mantra sprach, segnete sie auch meinen Geist. Alles nahm die Farbe von Rosenquarz an, und als ich auf den Boden schaute, wurden die Steine zu *Glocken*, *Dorjes* und Lotusblüten, Sinnbildern des tibetischen Buddhismus. Ich musste einige Stunden in ihrem Reinen Land verbracht haben. Als ich wieder in die normale Welt zurückkehrte, war ich so glücklich, dass ich eine Universitätsklasse von Mulatten, die mir beim Abstieg begegnete, nach Hause zum Tee einlud. Sie waren sonst bei den einheimischen Bauern nicht sehr beliebt. Der Grund war ihre Angewohnheit, Stücke von Plastiktüten als Opferung in die Luft zu werfen. Da die Kühe der Buren Plastik liebten, es jedoch nicht verdauen konnten, starben viele jedes Jahr an Verstopfung.

Etwas unendlich Liebevolles

Ein anderer Höhepunkt war die Reise nach Rhodesien (heute Simbabwe), wo es in Salisbury (heute Harare) eine kleine Meditations-Gruppe gab. Die treibende Kraft war George, ein weiterer Ex-Polizist aus Hongkong, der auch in der Versicherungsbranche gelandet war. Er fuhr umher und schätzte die Schäden, die die Terroristen verursacht hatten. Geoff hatte ihm eines Tages von seinem Interesse für die Lehre Buddhas erzählt, und George hatte nur den Kopf geschüttelt und seinen alten Freund fast abgeschrieben. Ein paar Wochen später während einer Autofahrt sah er plötzlich einen Buddha auf der Motorhaube sitzen. Er leuchtete so intensiv, dass George geblendet im Graben landete. Während er da saß und sich erholte, fuhr ein Bus mit Eingeborenen auf eine Landmine, die hundert Meter weiter für ihn gelegt worden war. Das war seine Einführung in den Buddhismus.

Rhodesien

Am Tag, nachdem Mugabes Leute ein Zivilflugzeug mit einer SAM-Rakete abgeschossen und die Überlebenden massakriert hatten, flogen wir also nach Salisbury. Wir hatten gehofft, ein billiges Ticket zu bekommen. Es klappte zwar nicht, aber wir hatten dafür das ganze Flugzeug für uns. Als die Hauptstadt sichtbar wurde, stiegen zwei uralte englische Hawker-Hunter-Jets auf und flankierten uns, während sie abwechselnd ihre Motoren an- und ausschalteten. So brachten sie eventuell abgefeuerte Raketen – die viel schneller waren als sie – zu einem Zick-Zack-Flug, bis sie ausbrannten und abstürzten.

Salisbury war eine englische Stadt mit allem, was dazu gehörte. Die Menschen waren tapfer. Sie hatten die berühmte „steife Oberlippe" und wahrten den Stil, obwohl ihre Feinde aus der ganzen Welt mit Waffen unterstützt wurden. Auf dem Flughafen grüßte Geoff einen alten Freund, der eben einen Arm verloren hatte. Seine Maschinenpistole, Marke Eigenbau, hatte blockiert, während er dabei gewesen war, einige mit erstklassigen „AK-47"-Sturmgewehren bewaffnete Rebellen von den Bäumen herunterzuholen. Sein einziger Kommentar war: „So was kommt vor."

Das Kostbare an Rhodesien war seine Weite. Die Häuser standen mindestens hundert Meter auseinander, was sich gut anfühlte. Die Weißen hatten ein viel entspannteres Verhältnis zu den Schwarzen als in Südafrika. Die Trennung war keine Folge von Gesetzen, sondern von Ausbildung und Tatkraft. Erstaunlich viele, hauptsächlich große nordenglische Typen, kamen auf meine kleine Anzeige und ein paar Worte im

Radio hin zu George. Sie hängten ihre unglaublich primitiven „Stenguns", die den Maschinenpistolen der dänischen Widerstandsbewegungen im Zweiten Weltkrieg gleichen, an Nägeln auf und setzten sich. Erst jetzt erfuhren wir, warum so viele gekommen waren: Als ich die Straßen in Salisbury entlangging, hatten einige von ihnen „gesehen", wie mir drei Männer in roten Roben folgten. Viele hatten außergewöhnliche Fähigkeiten, was man oft in Gesellschaften mit wenig Verbindung zur Außenwelt findet.

Südafrika Zurück in Johannesburg gab ich drei Medizinfrauen Zuflucht. Sie und ihre Kolleginnen lebten häufig davon, mit einem Kuhschwanz Wasser auf die Wände in den Heimen der Reichen zu spritzen. Deren Diener glaubten daraufhin, verhext zu werden, wenn sie zu stehlen wagten. Ein großer Anteil ihrer Ausbildung bestand aus Fastenzeiten, und sie verstanden wohl etwas von Kraftkreisen, aber offensichtlich nichts von den Erleuchteten. Sie wollten schwierige Götter bei guter Laune halten. Wenn ich aber über die Leerheitsnatur aller Dinge redete, rollten sie mit den Augen. Das war ihnen eine Nummer zu hoch, und sie hatten Angst, in einem Nichts oder schwarzen Loch zu verschwinden.

Ich unterrichtete auch eine Gruppe Inder und genoss es, Menschen, die wir jahrelang in Asien fehlernährt gesehen hatten, in guter Form zu begegnen. Es ließ das Glück erahnen, das eine durchgreifende Geburtenbeschränkung für die Dritte Welt bedeuten könnte.

Nach und nach hatte sich eine gute Gruppe entwickelt, Ziel und Weg waren inzwischen klar. Als die Zahl der Einladungen ständig zunahm, war die Zeit für eine Fahrt durch das große Land gekommen. Unser erstes Ziel war Durban am Indischen Ozean, wo die Familie Souter lebte.

Durban war offener als Johannesburg. Viele Lehrer kamen und gingen; zum Beispiel waren die Leute vom Biohof „Findhorn" aus Schottland zu Besuch – sie gehörten zu denen, die mit Pflanzen reden, damit sie schneller wachsen.

Wir badeten im Indischen Ozean, was sehr spannend war, denn jeden Moment konnte ein Hai auftauchen.

In Durban stand eines Morgens ein Zulu an der Gartenpforte der Souters. Er hieß Jonathan, war Medizinmann und mit dem Bus aus Johannesburg gekommen. Jonathan erzählte, dass er durch einen Traum von seinen „Vorfahren" gehört habe, dass er in die Haven Road 4 gehen solle. Dort sei ein weißer Mann, von dem er Belehrungen bekommen würde. Obwohl es in Südafrika sehr ungewöhnlich war, dass ein Schwarzer einfach zu Besuch kam, brachten sie ihn zu mir in den Garten. Da sein Englisch gut war, konnten wir über vieles reden. Ich gab ihm Zuflucht, die Karmapa-Meditation und ergänzte sein Wissen über Kraftkreise. Er war total überrascht, einem Weißen zu begegnen, der nicht gleichzeitig auch Christ war und ihm nicht sagte, dass er seine bisherige Grundlage für eine fremde Lehre aufgeben solle. Niemals zuvor hatte ihm jemand gesagt: „Lass uns sehen, was du hast und ob wir etwas hinzufügen können.“ Aus Dankbarkeit warf er für mich ein Orakel, bat mich, dreimal auf einen Sack Knochen, Federn und Steine zu pusten, die er dann vor mir auf die Erde warf. Wenn ich mich recht erinnere, waren die Auskünfte zutreffend. Als ich das letzte Mal von ihm hörte, meditierte er täglich auf Karmapa und es ging ihm gut.

Vom halbtropischen Durban fuhren wir durch ein „Homeland“ wieder ins trockene Landesinnere. Ich sollte eine Stelle, New Behesda, segnen, die einige Gönner Lama Anagarika Govinda als Zurückziehungsplatz geschenkt hatten. Von den Pflanzen dort hatten sich einige in 50 Millionen Jahren kaum verändert. Sie hatten eine unbeschreiblich starke Schwingung.

Dann flog ich nach Port Elizabeth an die Südostküste. Leider war zu wenig Zeit, um diese Strecke mit dem Auto zu fahren. Die Stadt leuchtete in klaren Pastellfarben, wirkte gleichzeitig spannend und hart. Ich wohnte bei einigen Anti-Apartheid-Schriftstellern in einer Künstler-Kolonie. Unser Gastgeber war durch Romane und Theaterstücke über das Verhältnis von Schwarzen und Weißen in den USA bekannt geworden und hatte deswegen ständige Schwierigkeiten mit den Behörden. Wie viele Psychologen behauptete er, dass die Schwarzen für die Weißen das Weibliche, Unbewusste und Unlogische darstellen, den unkontrollierbaren Teil des Geistes, der sie stört. Die Weißen seien dagegen für die Schwarzen das Männliche, die kalte Vernunft, das Unpersönliche und Abstrakte, das sie nicht verstehen können.

Die Leidenschaft unseres Wirts war das Fischen. Er erklärte mehrmals, wie unbuddhistisch das sei, anscheinend um den Lehrer herauszufordern. Ich blies aber nur auf seine Angelrute und wünschte ihm viel Erfolg. Als er drei Stunden später nach Hause kam, hatte er zum ersten Mal seit Jahren überhaupt nichts gefangen. Er war sichtlich beeindruckt.

In Südafrika

Innerlich dankte ich allen Buddhas, aber nach außen sah ich aus, als würden solche „Wunder" jeden Tag geschehen, was ja auch immer mehr der Fall ist.

Wie in Zentraleuropa hatte die Gruppe in Port Elizabeth warme und gefühlsreiche Frauen. Es war ein wirkliches Zuhause, und ich genoss es, entspannt mit den Leuten verkehren zu können.

Heute, wo ich dies nach über fünfzehn Jahren niederschreibe, fällt mir etwas auf: Ich erinnere mich an Natur und Nachnamen, wenn ich an Johannesburg und Durban denke. Bei der Erinnerung an Port Elizabeth aber tauchen frische Gesichter auf und Erfahrungen, die mir ans Herz gingen.

Cape Town muss man gesehen haben, um es glauben zu können. Atlantik und Indischer Ozean treffen aufeinander, und die Pflanzenwelt ist eine Mischung aus Europa und Afrika. Das geistige Leben wurde von Theosophen und ein paar Hindu-Gurus beherrscht, von denen einige Zuflucht nahmen. Da Weiße und Malaien lange dort gelebt hatten, bevor die Schwarzen kamen, war das Verhältnis der Bevölkerungsgruppen viel entspannter als weiter im Norden.

Es erschienen einige Artikel über mich in den Zeitungen, und ich hielt Vorträge bei den Theosophen. Dann legte ich die Arbeit in die Hände eines Professors aus Rhodesien, der am meisten über Buddhas Lehre wusste.

Auf dem Weg zurück nach Johannesburg überflogen wir die Kimberley-Mine. Sie ist ein unfassbar großes Loch in der Erde, in dem Diamanten geschürft werden. Witzigerweise soll dabei ein Mann den größten Gewinn gemacht haben, der sich die Erlaubnis verschaffte, die Strauße der Gegend zu schießen. Die lang gestreckten Hühner schlucken Steine, um das Essen besser zu verdauen, und die, die dabei nicht zermahlen werden, sind natürlich Diamanten. Er schnitt die Tiere auf und verschwand mit einem Vermögen aus dem Land.

Wieder bei den Hardacres, stellte ich fest, dass die Gruppe dort gut weitergekommen war. Sie gaben mir Krügerrands, die ich später an Karmapa weiterschenkte. Er wiederum opferte die Goldmünzen an Schwarzer Mantel. Es war rührend, wie ungern sie mich abreisen ließen. Die Briefe aus Europa hatten sich jedoch gestapelt – ich war fast zwei Monate lang fort gewesen. Jetzt war es Zeit für weiteres Wachstum auf dem lebendigsten und spannendsten Erdteil überhaupt.

Hannah und Ayang Tulku landeten ein paar Stunden nach mir in Paris und hatten sich auch nicht gelangweilt. Sie kamen aus Griechenland, hatten viele Kurse über das Bewusste Sterben gegeben und waren dabei ein gutes Team geworden.

Den Rest des Jahres 1978 arbeiteten wir in Europa. Nachdem Ayang Tulku im Dezember wieder in den Osten geflogen war, kam ein großes Geschenk für Europa: Der liebevolle Tenga Rinpoche nahm unsere Einladung nach Dänemark an, hier die Knochentuberkulose in seinem Fuß auszuheilen. Er sollte das ganze Jahr 1979 bei uns bleiben.

Dänemark

Obwohl man ihn schonen musste und er nicht arbeiten durfte, konnte er das Kraftfeld im Kopenhagener Zentrum und in Mitteleuropa aufrechterhalten. Das ermöglichte uns die zweite lange Pilgerfahrt zu Karmapa. Es war wieder Zeit, etwas Fleisch auf die Knochen der bloßen Belehrungen zu bringen. Buddhistisches Wissen soll untermauert werden durch handfeste Erfahrung der Leiden der Welt, ihrer Ursachen, ihres Endes – die Erleuchtung – und der Mittel, die dazu führen. Genau das boten unsere Pilgerfahrten immer.

Ayang Rinpoche / Chöje Ayang Tulku (geb. 1941)

Geboren in einer Nomadenfamilie in Ost-Tibet, erhielt Chöje Ayang seine Grundausbildung in Drikung Til, dem bedeutendsten Kloster der Drikung Kagyü Linie Tibets. Von verschiedenen hohen Lehrern bekam er sehr umfangreiche Übertragungen der Drikung Kagyü sowie der Karma Kagyü Traditionen, daneben auch Einweihungen aus der Nyingma-Linie des Tibetischen Buddhismus. Nach seiner Flucht aus Tibet baute er in Südindien zwei Klöster auf. Er ist Halter mehrerer unterschiedlicher Übertragungen des *Phowa* (Bewusstes Sterben) und hat diese Praxis in vielen Ländern gelehrt.

Die Drikung Kagyü Linie im Tibetischen Buddhismus geht zurück auf Lama Jigten Sumgön (1143-1217). Er war einer der Hauptschüler von Phagmodrupa (1110-1170), der wiederum Schüler des großen Gampopa (1079-1153) war. Als das gegenwärtige Oberhaupt der Drikung Kagyü Linie gilt Drikung Kyabgön Chetsang Rinpoche (geb. 1940).

Zu Besuch bei Karmapa

Das Jahr 1979

- 12.9. Die NATO beschließt die Stationierung 108 neuer atomarer Mittelstreckenraketen Pershing 2 und 464 Cruise Missiles („NATO-Doppel-Beschluss") in Europa.
- Massive sowjetische Intervention in Afghanistan führt zum Sturz der Regierung Hafizullah Amin und schwerem Bürgerkrieg.
- Unter dem Druck der Opposition muss Schah Reza Pahlewi (*1919, †1980) den Iran verlassen, er geht in ägyptisches Exil. Schiitenführer Ajatollah Khomeini kehrt aus französischem Exil zurück und ruft die islamische Republik Iran aus. Es kommt zu Ausschreitungen gegen Vertreter der als teuflisch angesehenen westlichen Zivilisation, die am 4.11. in der Besetzung der US-Botschaft durch radikale Studenten mündet. Khomeini stellt sich hinter den Völkerrechtsbruch und fordert ultimativ Austausch der Geiseln gegen Transfer des Schah-Vermögens und dessen eigene Auslieferung. Der Nervenkrieg wird 14 Monate lang dauern (bis 20.1.1981).

Über hundert Leute kamen mit, von denen viele heute unsere nahen Freunde sind. Die meisten waren Deutsche, was eine bessere Ordnung versprach als mit den Dänen, die auf der letzten Fahrt dabei gewesen waren. Niels hatte alles bestens vorbereitet. Bevor wir abreisten, gab ich noch ein paar Tage Belehrungen in Kopenhagen, während unsere Schützer mal wieder für uns einsprangen. Sie hielten den Besitzer des Reisebüros davon ab, mit dem Geld, das er bereits für die Tickets bekommen hatte, zu verschwinden. Das tat er statt dessen einige Wochen später; er lebte danach in Südamerika. Damals gab es leider keine andere Wahl, als mit den Arabern zu fliegen, die wir sonst nur ungern unterstützten. Es war zu offensichtlich, wie sie ihr Geld für Unterdrückung und Kriege verwendeten. Kaufbewusstsein ist eine einfache Weise, die Lehre ins Leben umzusetzen, und ich fuhr gerne einen Umweg, um nicht ihr Benzin tanken zu müssen.

Wir landeten mit einigen Tagen Verspätung in Delhi. Die Freunde, die die Strecke über Land vorausgefahren waren, atmeten auf, als sie uns endlich sahen. Während Niels die Busse mietete, hatte die Gruppe ein paar Tage Zeit, sich an das indische Durcheinander zu gewöhnen.

Tsok Pema

Unser erstes Ziel war der Lotus-See Tsok Pema. Dort wollten wir Drikung Khandro Arznei für ihre Tuberkulose bringen, doch zu unserem großen Bedauern war sie ein paar Wochen zuvor gestorben.

Die Verwirklicherhöhlen am Pass lagen diesmal im Schnee. Die Schilfinseln auf dem See bewegten sich häufig dorthin, wo wir meditierten. Einheimische bemerkten das, es gilt als wirkliches Zeichen von Segen. Als wir angekommen waren, trieben alle neun Inseln auf den Tempel zu, in dem wir wohnen sollten.

Tsok Pema war ein wunderschöner Ort. Stundenlang umwanderten die Besucher den See, wie üblich im Uhrzeigersinn. Unsere Gruppe sagte dabei das Mantra „Karmapa Tschenno". Es ist unser wichtigstes Mantra und bedeutet „Tatkraft aller Buddhas, arbeite durch mich". Abends übersetzte Hannah für den verheirateten Lama, der dort lebte, und ich unterrichtete.

Auf dem Rückweg nach Delhi verbrachten wir zwei Tage in Clementtown weiter westlich am Fuß des Himalaya. Dort fand gerade ein sehr wichtiges Ereignis statt. Der große Dilgo Khyentse Rinpoche gab sechs Monate lang eine Reihe von Einweihungen. Abgesehen von den wichtigen Übertragungen vermittelte der Aufenthalt einen erschütternden Einblick in die Leiden, denen die Chinesen so viele Tibeter bis heute aussetzen: In einem abgeschirmten Raum, ganz oben in dem großen Kloster, sahen wir Mindroling Rinpoche, das eigentliche Oberhaupt der alten Nyingmapa-Schule und der Vater von Khandro Rinpoche, die seit 1993 auch Europa besuchen. Er war in sehr schlechtem Zustand. Mit einem Heldengesicht, das jeden Bildhauer in Wonne versetzt hätte, und einem unglaublich starken Segen im Raum wechselte er auf seinem Bett zwischen bewussten und unterbewussten Zuständen hin und her. Mindroling Rinpoche war völlig zerstört worden und bezeichnete die Chinesen, die ihn durch die Straßen Lhasas geprügelt hatten, mehrmals als seine „Lehrer".

Dudjom Rinpoche leitete jahrelang in Vertretung die Schule. Nach seinem Tod übernahm Dilgo Khyentse Rinpoche diese Aufgabe. Seit 1993 gibt es den Dudjom Rinpoche gleich zweimal: Ein Kind wurde von der Nyingmapa-Schule auserwählt, und die häufig glücklosen Behörden Dharamsalas hatten ein anderes öffentlich auserkoren.

Anschließend besuchten wir das Nonnenkloster von Gelongma Palmo in Tilokpur. Es liegt oberhalb der Haupthöhle des großen Verwirklicher *Tilopa*. Die Inder laufen oft den Besuchern voraus und besetzen die heiligen Stellen. Dann machen sie viel Lärm und bieten einem kurz darauf gegen Geld Ruhe zur Meditation an. Ich war wenig begeistert von dieser Art des Broterwerbs und schenkte ihnen stattdessen kostenlosen Flugunterricht zur Höhle hinaus.

Bei Vollmond ging die Fahrt von Delhi mit gemieteten Zügen weiter zum Taj Mahal – eine Idee von Niels –, dann nach Bodhgaya. Damals war die Stupa noch von keiner Mauer umgeben, und man musste als Westler schon schlimm aussehen, um keinen Bettlerschwarm anzuziehen. Danach hielten wir bei Kalu Rinpoche in Sonada, der uns in Liebevolle Augen einweihte, und fuhren weiter nach Rumtek. Dort zeigte Karmapa wieder seinen Einfluss. In einem Land, in dem die Fernsprecher kaum taugen und keiner sich traut, irgendetwas zu genehmigen, rief er einfach die Behörden in Delhi an. Obwohl der Aufenthalt in Sikkim seit dem Krieg im Jahr 1962 auf drei Tage begrenzt war – sofern man überhaupt ein Visum bekam –, verschaffte er uns mit wenigen Worten einen ganzen Monat in Rumtek. Es war das größte Geschenk überhaupt, und wir nutzten es vollständig.

Während der beiden letzten Tage vor Tibetisch Neujahr fanden auf Rumtek die beeindruckenden Lamatänze statt, ohne Masken. Nach einer durchwachten Nacht gaben Karmapa und die Linienhalter ihren Segen. Am nächsten Tag übernahmen wir die Unterhaltung. Kraftsprünge und Karatehiebe verstanden sie, aber das mimische Theater eines Starnberger Psychologen fanden die Tibeter merkwürdig. Sie bevorzugten derbe „Hans-Wurst-Spiele" und Cowboyfilme.

Lamatänze

Nach den Festlichkeiten folgte tiefgehender Unterricht. Karmapa selbst lehrte über die Natur des Geistes und gab fast täglich Kronzeremonien und seltene Einweihungen. Dabei legte er wichtige unterbewusste Samen, die einen zukünftig befähigen, seinen Lehrer und Schwarzer Mantel als untrennbar zu erleben. Das ist die Haupterfahrung, die ich beim Segnen weitergebe.

Shamarpa lehrte über Dewachen, den Bereich der großen Freude. Gyaltsab Rinpoche erklärte das „Verhalten der Bodhisattvas". Dieser altindische Text kann leicht sehr eng und freudlos wirken und sollte von denjenigen die solche Neigungen haben, ferngehalten werden. Sangye Nyenpa Rinpoche und Pönlop Rinpoche, damals noch Kinder, erklärten, was sie gerade in der Schule gelernt hatten, und sogar die ganz Kleinen wie Garwang Rinpoche und Gyaltrul Rinpoche sollten ein *Dharma*band zur Gruppe aufbauen. Sie lasen uns einfach ihre Schultexte laut vor. Wir waren übrigens dabei gewesen, als Karmapa die beiden 1969 in Nepal und Sikkim fand.

Es war großartig, Rumtek als äußeren Rahmen für so viel Zeit mit unseren engsten Freunden zu haben. Obwohl wir ständig verbunden sind und heute rund um die Welt wie Zahnräder ineinander greifen, sehen wir uns viel zu selten: Gemeinsame Zeit ist das Kostbarste überhaupt.

Eines Tages brachte uns der Sekretär von Rumtek einen Brief. Darin bestätigte Karmapa Hannah und mich öffentlich als seine westlichen Schüler. Wir waren die einzigen, denen er diesen Titel verlieh. Der Text war rührend, warm und vermied alles Förmliche; Karmapa ernannte uns darin zu „Haltern seiner Aktivität". Als Hannah den Brief sah, wurde sie unsicher. „Jetzt gibt es keinen Grund mehr, Rinpoches zu schicken", wandte sie ein und ließ hinzufügen: „In Abwesenheit von voll ausgebil-

Zu Besuch bei Karmapa

deten Lehrern". Karmapa war erstaunt über diesen Vorschlag, stimmte dann aber zu. Ich hätte besser auf mein innerstes Gefühl hören und keine „Verbesserung" von Karmapas Dokument zulassen sollen. Diese Einfügung wurde später Munition für diejenigen, die keinen Verwirklicher-Buddhismus mochten.

Der Monat endete mit einem großen Fest auf dem flachen Dach des Hotels. Als wir am nächsten Morgen gerade in den Bus gestiegen waren, wurden Niels und ich noch einmal zurückgerufen. Er und andere Medizinkundige in der Gruppe hatten das halbe Dorf behandelt und Rumtek sehr genützt. Wir wurden zum Haus der bhutanesischen Königsfamilie geführt, das etwa 100 Meter oberhalb des Klosters liegt. Die Leute sahen sehr bedrückt aus. Gyalyum, die stattliche Hauptfrau des verstorbenen Königs, saß mit dem Kopf in den Händen auf einem Stuhl, während Blut aus ihrer Nase lief. Das war die Rache des Butter-und-Salz-Tees, ein schlimmer Schlaganfall, den Niels für tödlich hielt. Karmapa nahm es nicht so ernst. Während er witzelnd herumging und Kräuter auf ihren Kopf warf, sagte er zu Acchi Pema Dechen, der liebevollen jüngeren Königin, sie solle uns nach Bhutan einladen, sobald die Gruppe nach Hause gefahren sei. Wie er die Königin rettete, wissen wir

Karmapa bei der Diamantdolch-Einweihung

nicht, aber Gyalyum, die uns wie eine Mutter behandelte, begegnete uns noch häufig – und gesund – auf unseren Reisen.

Nepal

Nach Rumtek folgten ein paar wundervolle Wochen bei Lopön Tsechu Rinpoche in Nepal. Dann reisten die Freunde nach Hause und wir nach Bhutan. 1970 hatten wir uns zweimal ins Land geschmuggelt, erst allein und dann unter Karmapas Gepäck versteckt. Diesmal lag das Geschenk direkt auf dem Tisch: eine echte Einreiseerlaubnis.

Bhutan

In einem nagelneuen Jeep fuhren wir die kleine kurvige Straße mit großartiger Aussicht von der Grenzstadt Phuntsholing in die Berge hoch. Kurz vor der Hauptstadt Thimphu liegt ein Schloss des Sohns der Königin Pema Dechen. Alles war darauf vorbereitet, den weißen Gästen ein bequemes Leben zu bieten. Doch es kam anders. Anstatt uns zu bedienen, sahen unsere vier stattlichen persönlichen Diener, die beiden Fahrer und verschiedene Köche viele Tempel ihres Landes. Jeden Tag wanderten wir stundenlang die Berge hinauf zu besonderen Klöstern und Höhlen. Wir waren an Stellen, die nie zuvor ein Weißer gesehen hatte und die heute nicht mehr zugänglich sind. Die am stärksten gesegneten Orte der Thimphu- und Paro-Täler wurden uns damals in die Hände gelegt, und ihre Kraft ist seitdem immer bei uns. Die Klöster haben Namen wie Chiri, Tago und Jowo. Ich erwähne sie hier, weil die Namen eine gute Kraft wachrufen.

Mit Lopön Tsechu Rinpoche und Buddha Laximi

Ende April 1979 verabschiedeten wir uns in Kalkutta. Hannah fuhr zu Niels und Shamarpa nach Nepal, um bei seinem ersten Kurs außerhalb Rumteks zu übersetzen. Ich brannte wie immer darauf, nach Europa zu kommen, zu all den Freunden und Möglichkeiten dort. Eines war sicher: Die zweite Pilgerfahrt hatte allen Nutzen gebracht und sollte nicht die letzte sein. Eine wichtige Brücke war geschlagen. **1979**

Nach Kopenhagen führte mein erster Besuch nach Stavanger in Norwegen. Dann ging die Fahrt durch Europa weiter, in gebrauchten, aber schnellen Autos, jetzt mit deutschen Nummernschildern. Wegen des wachsenden Zeitdrucks und der unmöglich hohen Steuern in Dänemark blieb das so. Wie dankbar wir der Firma „Pitzner" auch waren: Wir brauchten nun Autos, über die wir voll verfügen konnten. **Norwegen**

Dilgo Khyentse Rinpoche (1910-1991)

Kyabje Dilgo Khyentse (1910-1991) war einer der größten verwirklichten buddhistischen Meister der Nyingma-Schule des 20. Jahrhunderts. Er wurde als hervorragender Dichter, Gelehrter und Dzogchen-Meister respektiert. Er war einer der Hauptlinienhalter der Dzogchen Longchen Nying-thig-Linie und das Oberhaupt der Zhé-shen Linie.

Dilgo Khyentse war einer der letzten, aus der Generation großer Meister, die ihre Ausbildung noch in Tibet abschließen konnten. Viele hochrangige tibetische Lamas, so auch der 14. Dalai Lama, betrachteten ihn als ihren Lehrer. Auch im Westen hatte er eine große Schülerschaft.

Im Land der unbegrenzten Möglichkeiten

Das Jahr 1980

- Der erste Golfkrieg zwischen Iran und Irak beginnt mit Kündigung des Grenzvertrages von 1975 und Fliegerangriffen auf iranische Ölzentren durch den angreifenden Irak.
- Nach schweren Unruhen und einer Streikwelle in Polen kann die unabhängige Gewerkschaft Solidarität gegründet werden.
- Bei einem Bombenanschlag rechtsradikaler italienischer Extremisten im Wartesaal des Hauptbahnhofs von Bologna sterben über 80 Menschen und mehr als 220 werden verletzt; der betroffene Gebäudeflügel wird dabei zerstört.

Dänemark 1979

Im Juli 1979 stellten wir den ersten Sommerkurs mit Tenga Rinpoche in Rödby auf die Beine – ein großes Erlebnis für alle. Hannah übersetzte, ich lehrte am Abend. Doch nach einigen weiteren Fahrten auf der Nord-Süd-Achse Europas musste ich unbedingt wieder in die USA. Das hatte ich Dr. Chen versprochen. Das Flugticket hatte er schon geschickt. Hannah blieb bei Tenga Rinpoche, dessen Knochentuberkulose so weit geheilt war, dass er täglich in Kopenhagen unterrichten konnte. Unser europäisches Netz führte immer mehr Leute zu ihm, und ich freute mich darauf, zahllose karmische Verbindungen im großen Nordamerika zu knüpfen.

Tenga Rinpoche in Rödby

Das Land, das Dr. Chen den Tibetern bei Carmel zugedacht hatte, war ihnen zu klein gewesen. So schenkte er ihnen stattdessen ein großes, altes Hotel. Es lag eine Autostunde nördlich von New York, auf einem Berghang mit einer atemberaubend schönen Aussicht in der Nähe des berühmten Woodstock der 60er Jahre. Dr. Chen wollte nun auf dem Land je einen Tempel für *Grenzenloses Licht* und für *Kuan Yin*, eine chinesische Befreierin, bauen. Der Berserker aus dem Norden sollte dafür das Land roden. Mir standen zwei ganz neue Motorsägen, ein Haus, ein Jeep und eine Planierraupe zur Verfügung, und ich durfte auf seine Rechnung einkaufen. Ein zusätzlicher Vorteil war ein Telefon, mit dem ich meine weitere Reise durch Amerika planen konnte. Nach der Vorstellung all dieser Reichtümer fuhr Dr. Chen zurück nach New Jersey, wo die Steuern viel geringer waren als in New York. Seine schöne Stelle auf Long Island hatte er verkauft.

Welche Freiheit! Es war noch besser als in Schweden. Den ganzen Tag über fielen Bäume niederer Güte, glücklicherweise standen keine Eichen oder Buchen im Weg. Niemand konnte mir Vorschriften machen, niemand Angst bekommen, wenn ich etwas Neues versuchen wollte. Blieb die erste Motorsäge stecken, konnte ich sie immer mit der zweiten freischneiden. Sobald es für die Arbeit zu dunkel wurde, fuhr ich mit dem Jeep nach New York und gab Belehrungen in den Zentren von Khenpo Kathar oder Lama Norla. Dann folgte die Diskothek, und wo auch immer ich am nächsten Morgen aufwachte: Punkt acht Uhr ging es alle Stockwerke hinunter zum Jeep. Das lernt man schnell. Wenn in New York der Wagen abgeschleppt wurde, kostete seine Befreiung 130 Dollar und sehr viel Zeit.

Lex stellte mir wieder ein paar Stunden in seinem Radioprogramm zur Verfügung, und so kamen nochmals viele Leute. Obwohl ich Tag und Nacht dieser Stadt mein Bestes schenkte – irgendwie blieben die Frischen nicht, und die Leute wurden leider Jahr für Jahr steifer. Es war wie eine unheilbare Krankheit. Ich vermute, dass der Aktentascheneinfluss von Trungpas Dharmadhatu-Organisation dahintersteckte.

Als das Land gerodet war – die letzte Arbeit mit der Planierraupe machte besonders Spaß –, kam Dr. Chen wieder und sagte: „Danke für deinen Einsatz, aber eigentlich bist du zu gut für diese Arbeit. Hier ist etwas Geld. Komm bitte übermorgen und halte einen Vortrag in unserem chinesischen Tempel in der Bronx.“ In einem ansonsten heruntergekommenen Ghetto sticht dieser Bau merklich ab. Karmapa, Hannah und ich waren dort schon einmal Ehrengäste gewesen; damals war mir aufgefallen, wie sehr Karmapa Dr. Chen schätzte.

Meine Belehrungen gefielen sogar den steifen, Vorschriften liebenden Chinesen. Trotz ihrer Spenden fehlte mir aber noch Geld für all meine Vorhaben in diesem schönen Herbst. Also nahm ich einen Job bei dem Ex-Mönch Sherab – jetzt Barry – an, der alte Häuser auf Manhattan erneuerte und hinterher für viel Geld vermietete. Sein Knie, das Karmapa in Genf geheilt hatte, war immer noch in Ordnung, und neben der vielen Arbeit machte er gerne kleine Ausstellungen zum Besten der Tibeter. Barry war dabei gewesen, als ich einmal erzählte, dass ich mein Geld durch das Ausheben von Schwimmbädern für Kim verdiente, und Karmapa sagte zu Barry: „Wenn du jemals Lama Ole anheuerst, musst du ordentlich zahlen." „Natürlich", hatte Barry versprochen. Augenzwinkernd hatte Karmapa geantwortet: „Du kannst sowieso nicht bezahlen, was er wert ist." Ich war aber nicht unzufrieden. Zehn Dollar steuerfrei pro Stunde für das Einreißen von Mauern waren damals nicht schlecht.

Ich arbeitete in einem riesigen alten Haus in der 168. Straße in Harlem. Es lag gegenüber dem Presbyterian Krankenhaus und sollte später Betten für die Leute bieten, die es sich nicht leisten konnten, jenseits der Straße krank zu werden. Der Vorschlaghammer war schön schwer, und ich verschwendete keine Zeit. Als die Wände kippten und wir bis zur Decke gefüllte Kellerräume leerten, lernte ich die letzten siebzig Jahre der materiellen Geschichte Amerikas gut kennen: Welch eine Verschwendung von Rohstoffen! Wir arbeiteten wie die Pferde, und täglich kam Barry in seinem roten Cadillac vorbei. Gegenüber war es auch nicht langweilig. Offenbar lief irgendwo ein Bandenkrieg. Jede Viertelstunde heulten Krankenwagen, einigen Kunden war der Kopf halb weggeschossen worden. Die Gewaltausbrüche der Puertorikaner und anderer Latinos waren weniger einschätzbar als die der Schwarzen. Diese hatten jahrelang die gleichmäßigere Mordquote, bis Crack Mode wurde und die Ghettokinder Maschinenpistolen kauften.

Inzwischen waren die Verbindungen im Westen Amerikas herangereift, und es wurde Zeit, weiterzufahren. Ich wählte das bewährte amerikanische Fahrzeug des „armen Mannes", den Greyhound-Bus. Für hundert Dollar konnte man innerhalb von zwei Wochen durch das ganze

Land reisen. Man sah viel und durfte die Fahrt unterbrechen, wo immer man wollte. In und um die Busbahnhöfe wohnte die unterste Unterschicht Amerikas, oft unter unfassbaren Bedingungen.

In Chicago gab es ein paar gute Veranstaltungen. Durch die gestellten Fragen wurde klar, dass hier erstaunlich viele Frauen Schwierigkeiten mit Zorn hatten. In New York überwog dafür die Eifersucht. Eine Fahrt durch die Stadt belebte die Eindrücke von dem früheren Besuch mit Hannah: Die dicke Schaumschicht an einigen Seeufern kam noch dazu, ebenso wie die „Gammler" – damals eher König Alkohol als den Drogen zusprechend –, die sich in ihren zu großen Mänteln vor dem tränentreibenden Wind zu schützen versuchten. Glückliche Menschen sah ich selten.

Da der Winter vor der Tür stand, wollte ich zuerst den nördlichen Teil der Westküste ansteuern. Die Fahrt ging über Denver, wo betrunkene Indianer mit märchenhaften Geschichten im Busbahnhof Geld erbettelten, nach Salt Lake City, die saubere, aber humorlose Hauptstadt der Mormonen. Es sieht dort aus, als sollten die übergroßen öffentlichen Gebäude die Bürger gegenüber der göttlichen Ordnung gehörig klein machen. Neben der Straße nach Portland, Oregon, diesmal in einem Trailway-Bus, lag im Graben ein Auto auf dem Dach. Ich bat den Fahrer anzuhalten und sprang hinaus. Glücklicherweise brauchte keiner Hilfe, aber als ich erleichtert zum Bus zurückkehrte, rollte der Fahrer einfach davon. Gleich darauf kam ein Auto vorbei, das mich mitnahm, doch bei der amerikanischen Schneckengeschwindigkeit dauerte es lange, bis wir den Bus überholen und anhalten konnten. Der Fahrer sah aus wie eine Leiche. Während einige Mitreisende ihm gründlich die Meinung sagten, tat er mir leid. Ich fragte mich, wie lange man in Enge und Zorn leben musste, um Leute in Hemdsärmeln einfach in der kalten Wüste stehen zu lassen.

Die farbenreiche Hochsteppe bei Antelope im Staat Oregon hatte schon damals eine besondere Schwingung. Dort legte sich später der Bhagwan seine Sammlung von 95 Rolls-Royce zu, und Tausende seiner Anhänger boten den Feinden östlicher Geistigkeit reichliche Angriffsflächen. Das meiste war nach außen hin recht gut gegangen, bis Bhagwan den Fehler machte, öffentlich Hitler positiv mit Gandhi zu vergleichen. Von da an war sein Ende nur noch eine Frage der Zeit.

Nach dem dichten Regenwald der Kustberge erreichte ich Portland, wo Nancy wartete. Sie war eine willensstarke Frau und öffnete mir die nördliche Hälfte der amerikanischen Westküste. Nancy war froh, einen Lehrer gefunden zu haben, mit dem sie direkt umgehen konnte. Menschliche Unzulänglichkeiten hatten lange ihre Arbeit für die Tibeter gehemmt, und sie war erleichtert, dass ich nicht vorgab, Mönch zu sein. Schon damals zeigte sich mancherorts, dass dies im Westen nicht einfach ist.

Kalu Rinpoches Schüler waren in dieser Hinsicht besonders schlecht gestellt. Er bestand darauf, dass buddhistische Lehrer den Titel „Lama" nur verwenden durften, solange sie nachts alleine schliefen. Den Mönchen fiel das außerhalb ihrer Klöster schwer, und sie waren oft sehr einsam. Die häufigen und zornigen Gerüchte bezüglich ihres Nachtlebens drehten sich jedoch weniger um das Einhalten des Zölibats, dem der Westen sowieso geringe Bedeutung beimisst. Sie entstanden vielmehr, weil die Frauen sich von den Mönchen als „gefühlsmäßig" ausgenutzt erlebten, was in Kalifornien zu ewigen Redereien führen kann. Dieses Problem war seit der Ankunft der ersten Rinpoches in Amerika ständig aufgetaucht, und außer bei den reifen Lamas in Portland und Santa Fe mussten fast überall verärgerte Damen beruhigt werden. Je höher der Rang des ohne Aufsicht lebenden Lehrers war, umso übler waren auch die Geschichten, die in Umlauf kamen. Tarthang und Trungpa Tulku waren dabei mit Sicherheit allen anderen meilenweit voraus.

Nancy hatte einige Vorträge in Portland und Aberdeen in die Wege geleitet. Aberdeen lag im Sonnenschein gebadet; ein starker Finne war hier die Hauptkraft. In Seattle führte die nette Ann Robben die Gruppe an. Eine Zeitlang sah es so aus, als würde dieses Gebiet Amerikas den Buddhismus nicht nur verbrauchen, sondern auch selbst etwas auf die Beine stellen. Doch dann fingen sie auch hier an, die unterschiedlichsten Richtungen zu mischen. Sie kamen dadurch auf die „Nur-Kopf-Schiene", und mit der Entwicklung war es vorbei.

Was mich überall in Nordamerika erstaunte – und vorerst auch in Lateinamerika – war, wie verschieden die Menschen aussahen und wie wenig junge Gesichter es in den Gruppen gab. Neunzig Prozent meiner europäischen Schüler hätten jederzeit die Musterungsbedingungen der Armee erfüllen oder an einer Modenschau teilnehmen können. Sie schaffen es leicht, die Nacht durchzufeiern und am nächsten Tag hart zu arbeiten. In Amerika hätte ich hingegen jahrelang am liebsten vor

Freude geklatscht, wenn jemand erschien, der jünger war als dreißig. Wer die Frische der 60er Jahre nicht miterlebt hatte, zeigte hier im Allgemeinen sehr wenig geistige Offenheit.

Kanada

Die Wissbegierde der kanadischen Grenzpolizisten war kaum zu befriedigen. Die unberührte Landschaft und das gepflegte Zentrum außerhalb von Vancouver versöhnten uns jedoch bald mit dem ersten Eindruck des Landes. Hier hatte Kalu Rinpoche ein Jahr lang festgesessen, weil sein Gönner sauer auf ihn war. Karma Trinley Rinpoche vertrat hier seit mehreren Jahren. Wer sich über den Mönchsweg den höchsten Belehrungen Buddhas nähern konnte, war in Kanada gut versorgt.

In Vancouver wartete eine Einladung. Freunde, denen ich vor Jahren in Woodstock begegnet war, hatten mir ein teures Ticket nach Whitehorse geschickt, eine Pionierstadt weit im Nordwesten nahe bei Alaska. Es versprach, spannend zu werden, und ich ging in den nächsten Second-Hand-Laden, um billige warme Kleider zu kaufen.

Das Yukon-Territorium war atemberaubend. Alle festen Ideen wurden auf den Kopf gestellt, wenn Dauerfrost und lange Winter herrschten. Auf dem Weg vom Flughafen hörte ich nicht auf, Fragen zu stellen. Auf den ersten Blick wirkte alles unglaublich durchgeplant. Die Bäume, kleine Tannen, waren alle gleich groß und standen im selben Abstand zueinander. Sie waren jedoch nicht von einem übergenauen Gärtner gepflanzt worden, sondern mussten einfach so wachsen, um überleben zu können. Die Autos standen stundenlang mit laufendem Motor, damit sie nicht einfroren, und als ich am Anfang ein paar Mal versuchte, irgendwohin zu gehen, brannte die kalte Luft in der Kehle wie Feuer. Die Nächte waren jenseits jeder Beschreibung: Die Nordlichter sind wie wehende durchsichtige Schleier in ständig wechselnden Farben. Man bleibt einfach stehen und schaut, egal wie kalt es auch ist.

Die Menschen waren wie das Land: raue Einzelgänger. Viele kamen zu meinen Vorträgen, was mich verwunderte, denn neben meinen einfachen Plakaten hing das Bild eines wohl gekleideten Herrn aus New York. Er versprach jede geistige Erfahrung, von Hellseherei über Heilung bis hin zur Astrologie. Ich dagegen konnte nur die Möglichkeit anbieten, etwas Einsicht in die Arbeitsweise unseres Geistes zu erlangen.

Die ersten Tage wohnte ich bei meinen Gastgebern. Abends putzten wir zusammen in einem Supermarkt. Als ihnen die zahlreichen Besucher, die Tag und Nacht kamen, zuviel wurden, zog ich zu Françine, wo nichts zu eng war. Monika aus Österreich stellte ihr Haus für die Belehrungen zur Verfügung. Viele Bewohner der Gegend waren deutschstämmig. Das war sicher der Grund, warum sie so auf die Güte der Belehrungen achteten, und ich war froh, wieder einmal alles geben zu können.

Jede Bewegung durch dieses weite Land brauchte unglaublich viel Zeit. Eines Tages fuhren wir stundenlang nach Carcross, einem Wildwechsel, wo ich eine geplante Zurückziehungsstelle segnen sollte, einen alten Holzturm aus der Goldgräberzeit. Der Jeep blieb stehen, und mit „Dick-und-Doof"-ähnlichen Bewegungen kämpften wir uns über rutschige Eisflächen einen Hügel empor. Oben angekommen, war der eiskalte Wind so stark, dass man sich frei dagegen lehnen konnte, ohne umzufallen. Es war mindestens so kalt wie damals in Ladakh, als wir die sechs Doktrinen Naropas bekamen. Auf dem Rückweg hielten wir bei heißen Quellen an, und nach nordischer Art wälzten sich bald alle abwechselnd im Pulverschnee und im warmen Wasser.

USA

Zurück in Seattle wohnte ich bei Ann. Sie hatte eine große Kellerwohnung gemietet, und wie so viele Verwirklicherinnen unserer nordamerikanischen Zentren verdiente sie damals ihr Geld mit Putzen. Sie war rührend, hatte einige Vorträge in die Wege geleitet und zeigte mir das Nachtleben von Seattle. Nancy fuhr mich zurück nach Portland. Dort lenkte ich die Aufmerksamkeit der Leute auf Trinley Drukpas Zentrum. Er war es wert, unterstützt zu werden – zur Abwechslung einmal ein bescheidener, liebevoller und unpolitischer Lama. Im Anschluss an unsere erste gemeinsame Fahrt durch Europa hatte Kalu Rinpoche ihn vor fünf Jahren mit nach Amerika genommen.

Dann fuhr ich mit den örtlichen Bussen die Küste entlang zu mehreren Grüppchen. Selten war bei einer Ankunft das Chillum leer oder der Joint kalt, und von den Leuten Menschen sah man vorwiegend Haar und Bart. Aber sie waren ehrlich, vertrauten ihrem grundlegenden Wesen und wollten lernen, um anderen zu helfen. Verglichen mit der glatten „Ich-Generation", die sich zu dieser Zeit entwickelte, waren sie tief wie das Meer.

Vicky aus Chicago arbeitete in einer geschützten Indianersiedlung im nördlichen Kalifornien. Einen Tag dort zu verbringen, wurde sehr lehrreich: Alle Reste von Indianer-Romantik, die ich noch hegte, gingen verloren. Ich hatte übrigens als Kind meistens Cowboy gespielt. Während dieser Monate begegnete ich mehreren Stämmen, und von Alaska bis Honduras waren sie allesamt ein trauriger Anblick. Alkohol war ihr größter Zerstörer, und wie bei den Schwarzen war alles die Schuld der Weißen. Erst einige Jahre später, als ich einige Medizinmänner und -frauen traf, bekam ich einen besseren Einblick in ihre Kultur. Auch gelang den Nordwest-Indianern in Vancouver offenbar seit den frühen 90er Jahren eine würdevolle Wiederbelebung ihrer alten Gebräuche, was schön zu sehen war. Aber wie weit hoch entwickelte Volksstämme wie die Mayas, Azteken oder Inkas auf den Gebieten der Astronomie und Kriegskunst auch waren: Kulturen, die kein Mitgefühl kennen und die eine staatlich verordnete Unterdrückung Wehrloser erlauben, sind immer gefallen – und zwar hart.

Seit New York hatte ich Barbara Pettee einige Male angerufen, die wir bei Karmapas Besuch in Griechenland kennen gelernt hatten. Es war ihr Wunsch gewesen, dass der Hauptteil meiner Arbeit an der Westküste liegen sollte. Viele sagten, dass der Kultursprung zu den tibetischen Lehrern dort am größten gewesen sei, doch das leuchtete mir nicht ein. Im aufgeschlossenen Westen ist es auf Dauer unwichtig, was die Menschen essen oder tragen. Unterrichtet man aber hoch ausgebildete Westler und selbständige Leute in verantwortungsvollen Stellungen in derselben Weise wie Kinder oder Bauern in Tibet, würde das niemals greifen. Meine Empfehlung ist einfach: Sage und mache das gleiche, damit du Gerüchte vermeidest. Erzähle, was dir selbst einleuchtet, und teile deine Freude am Leben. Vergiss nie das Wichtigste, dass der Geist so ist wie der *Raum*: offen, klar und unbegrenzt, dass ihm alle guten Eigenschaften innewohnen. Mache immer Weg und Ziel klar, ermutige zu Fragen und behandle die Fragenden wie deine Helfer in der Arbeit. Zeige ihnen nur Grenzen, wenn sie die Zeit verschwenden oder bewusst versuchen, unangenehm zu sein, und verweise die ganz schwierigen Fälle auf die Interviews. Schließe mit einer Meditation, die den Segen der Linie schenkt. So gehen die Belehrungen tief in den Geist.

Dieser Lehrstil sollte jetzt bei den am meisten verwöhnten und verwirrten Zuhörern der Welt geprüft werden, der geistigen Gemeinde in und um San Francisco, wo sich Gurus selten lange halten. Nirgendwo waren Vertrauen und Freundschaft wichtiger für die Arbeit. Von dort aus und die Küste südwärts bis Mexiko gab es eine zusätzliche Freude: an Stellen zu arbeiten, die Karmapa bereits gesegnet hatte.

Barbaras Zentrum war ein schön gelegenes Holzhaus auf einem Hügel südöstlich der Stadt. Es lag wenige Minuten nördlich des Computergebiets Kaliforniens, in einer sehr teuren Wohngegend. Da Erfolg leider viel Zeit kostet, fanden pro Woche nur ein bis zwei Begegnungen mit den Leuten statt.

Mehr Muße gab es in der westlichen Küstenstadt Santa Cruz, ein Strandparadies für meist lesbische Damen. Ich verbrachte die meiste Zeit unter den frischen Menschen, schrieb an neuen Büchern und teilte unzählige Freuden während dieser gesundheitlich noch unbedenklichen Zeit.

Die Gruppe zog mehrmals um. Kurz bevor ich ankam, hätte es sogar genug Leute für ein großes Zentrum gegeben. Doch dann kam der Lama aus San Francisco, den Kalu Rinpoche inzwischen von Stockholm hierher geschickt hatte. Sein Geschick hatte sich seit Kopenhagen nicht verbessert. In unbeholfenem Englisch erzählte er die Geschichte von einem Heiligen, der Erleuchtung erlangte, indem er die Würmer aus den Wunden eines Hundes leckte. In Asien hören die Leute dabei immer sehr fromm zu, doch für Sunny-Surfing-California war das nicht gerade die passende Belehrung. Die Menschen verließen angeekelt die Stelle und kamen nie wieder.

An der Universität in Santa Cruz war eine große Tagung geplant. Sie nannte sich „Psychology 2000" und änderte grundlegend meine Vorstellung von Geistigkeit. Hier sollte ich sowohl Europas Avantgarde als auch den tibetischen Buddhismus vertreten. Als ich die Treppe zum Saal hochgesprungen kam – wie schon öfter zu spät –, glaubte ich zuerst, in eine Bauernmesse über Zierpflanzen geraten zu sein. Alle ausgestellten Bücher zeigten Grünes. Dann sah ich, um welche Gewächse es sich drehte: Hanf, Meskalin, Ergot – der Rohstoff für LSD – und Psylocybin. Vielleicht war ich doch am richtigen Ort. Das waren die Speerspitzen unserer inneren Befreiung während der 60er Jahre gewesen. Die Tagung war voller Berühmtheiten, die zu meiner Verwunderung oft kaum ernst zu nehmen waren, und ein paar redeten einfach so daher. Ein junger Mann mit Sonnenbrille unterhielt beispielsweise eine halbe Stunde lang mit seinen Erfahrungen während eines Toilettenbesuchs. Stanislaw Grof, bei unserer Begegnung offensichtlich auf Trip, fachsimpelte nur. Er war anscheinend bemüht, wissenschaftlich ernst genommen zu werden. Der Grund war ein Skandal mit einer bekannten Sterbeforscherin. Bei ihren

Sitzungen für Witwen war ein nackter Herr mit Turban herumgesprungen und hatte die verstorbenen Ehemänner zu gut vertreten: Mehrere der Frauen hatten sich dadurch einen Tripper eingehandelt. Es hatte in allen Zeitungen Südkaliforniens gestanden, und nun ging es darum, den Ruf zu wahren. Am spannendsten war der LSD-Papst Timothy Leary. Dünn, weißhaarig und weiß gekleidet unterhielt er zwei Stunden lang den ganzen Saal, nur mit Witzen. Er wiederholte sich nicht ein Mal. Die Klarheit seines Geistes funkelte, aber von Mitgefühl war nichts zu spüren. Aus seiner Sicht war es einfach Pech, wenn man minderbegabt, schwarz, ungeschickt oder schlecht ausgebildet ist. Sein ständiger Bezugspunkt war das Gehirn, und er belächelte jeden Anflug von Romantik. Auf der Stoßstange seines Autos stand: „Intelligence is the best aphrodisiac!" (Intelligenz ist das beste erotische Reizmittel).

Im Saal waren an die 2.000 Zuhörer, viele von ihnen bekannte Psychologen, die täglich dicke Rechnungen an ihre Patienten ausstellten. So entschloss ich mich, ihnen für ihre teure Zeit wenigstens etwas Sinnvolles zu geben, und zielte direkt auf ihre Tabus. Ich hielt also einen „Einführungsvortrag" mit besonderem Gewicht auf das, was jeder meiner Vorredner ausgeklammert hatte: die Notwendigkeit, geistige Inhalte zu finden, die einen durch Krankheit, Alter und Tod tragen können. Alles erstarrte, als ich auf diese heiklen Punkte einging, und niemand hatte hinterher kluge Fragen. Auf einem Fest am selben Abend kamen aber Dutzende und dankten mir. Es sei der einzige Beitrag mit Tiefe gewesen, sagten sie. Ich antwortete, dass ihre Gesichter dabei schön lang geworden seien, und riet, vor allem Milarepas Lebensgeschichte zu lesen. Die geistigen Häuptlinge jener Zeit waren anwesend, solche, die die dicken Bücher schreiben. Vielleicht hatte ich hier Einfluss auf die nächste psychologische Welle Amerikas genommen: Sie drehte sich um den Tod und die Betreuung Sterbender. Bei dieser Gelegenheit musste es vielen aufgegangen sein, dass der Tod kein unerklärbares schwarzes Loch ist.

Ein mexikanisches Mädchen aus Santa Cruz brachte mir etwas über „weiße Magie" bei. Vier Jahre hatte sie wegen Schmuggels von Haschisch im Gefängnis gesessen und war dort durch die Tür Zeuge geworden, wie amerikanische Polizisten ihren mexikanischen Kollegen „stubenreine" Verhörmethoden beibrachten. Sehr beliebt war, die Köpfe der Leute unter Wasser zu drücken, bis sie fast ertranken. Diese Vorgehensweise ist dafür bekannt, sowohl die Erinnerung als auch die Bereitschaft zur Mitarbeit kräftig zu fördern. Zäh wie die Kleine war, hatte sie die Eindrücke wieder von sich abgeschüttelt und wohnte jetzt ganz nah am dortigen Zentrum. Während einer Reise in der Umgebung der Stadt fiel mir auf, dass sie oft in meinem Geist auftauchte. Als ich es ihr sagte, lachte sie nur. Sie öffnete einen kleinen Behälter und zeigte auf einen Knoten, den sie aus ihren und meinen Haaren gebunden hatte: „Das lernen wir zu Hause", sagte sie.

Mexiko

Von San Francisco aus flog ich nach Mexico City, zu Cesar und der spannenden Japanerin Yoshiko. Cesar hatte in der mexikanischen Botschaft in Athen als Sekretär gearbeitet, als wir dort das Zentrum starteten. Ich hatte beiden Zuflucht gegeben, und sie waren auch zum Kurs mit Tenga Rinpoche in Rödby erschienen. Jetzt wollten sie Buddhas Lehre nach Mexiko bringen. Rührend wie immer, fuhren sie mich erst durch die Innenstadt und dann zum Patrizierhaus ihrer Familie, einem spanischen Bau mit Innenhof. Es war schon spät, doch alle waren wach geblieben. Ich fühlte hier einen Zusammenhalt, der an meine eigene Familie erinnerte.

Während der Nacht besuchten mich Mensch und Götter. Als wir am nächsten Morgen zu den Sonnen- und Mondtempeln der Azteken fuhren, kannte ich sie schon. Cesar war ein erstklassiger Fremdenführer. Wir sahen den Stein, auf dem noch pochende Menschenherzen, mit einem Steinmesser herausgeschnitten, der Sonne geopfert worden waren. An einer anderen Stelle hatten die Azteken eine Art Basketball gespielt, häufig mit den Köpfen eines früheren Teams. Einerseits konnten sie die Bewegung der meisten Planeten bis etwa 1988 vorausberechnen, andererseits wurde ihnen nachgesagt, während ihrer Rituale Tausende von Menschen geschlachtet zu haben. Wie schon erwähnt: Kulturen mit wenig Mitgefühl überleben nicht lange.

Cesar übersetzte gut und genau. Eine reiche, aber schwierige Amerikanerin war von der tugendhaften Gelugpa-Linie sehr angetan, ansonsten waren die Menschen in Mexiko wie überall. Sie wollten vieles hören und bereden, aber bis später Antonio und Eduardo Eindeutigkeit in ihren Zentren einsetzten, waren nur wenige fähig, sich der Sache langfristig zu widmen.

Danach jagten wir einen flotten Golf den malerischen Weg nach Vera Cruz, an die Atlantikküste. Mexico City zu verlassen dauerte lange. Die Stadt liegt in 2,4 Kilometern Höhe und war mit etwa 20 Millionen Einwohnern die größte der Welt. Wegen der vielen Abgase, die noch durch Zementstaub und menschlichen Abfall angereichert werden, konnte man die Luft sowohl schmecken als auch fühlen. Jogging war eine häufige Todesursache. Die großen Lastwagen fuhren oft ohne Schalldämpfung, und aufgrund der hohen Verdichtung der Motoren war man noch lange taub, nachdem man einen von ihnen überholt hatte.

Mayaheiligtum

Anfangs war es nicht leicht, die Aufmerksamkeit auf den Verkehr zu richten. Niemals zuvor hatte ich so einen Himmel gesehen – solche Wolken und Farben! Bald waren die Berge ebenso spannend, und es wurde eine traumhafte Fahrt. Glücklicherweise waren meine drei Mitfahrer furchtlos, und es gab keine Polizei. Vor allem hinter Puebla, wo die Autobahn endet, war es reinste Poesie, den kleinen, gut liegenden Wagen durch die Kurven zu bringen. Ich glaube nicht, dass viele Vera Cruz am Golf von Mexico schneller über Land erreicht haben als wir.

Bemerkenswert an der Stadt ist das Fort. Es stammt aus der Zeit von Cortez und ist gut erhalten. Die Schwingung der vielen spannenden Geschehnisse, die sich dort zugetragen hatten, war noch spürbar. In dem klaren Mondlicht sah es wie ein Stück Geschichte aus, in das man direkt eintreten konnte.

Die halbe Nacht verbrachten wir in einer Diskothek. Am nächsten Tag flogen wir zu einigen neu entdeckten Heiligtümern der Mayas. Tief im Urwald gelegen, waren sie nur aus der Luft erreichbar. Findet man die Azteken grausam, dann waren die Mayas verdreht. Sie bestätigten das Sprichwort der alten Griechen: „Wen die Götter zerstören wollen, den machen sie zuerst verrückt." Jahrhunderte lang lebte der kriegerische Stamm im südwestlichen Mexiko und richtete wegen seiner Inzucht wahrscheinlich den größten Schaden an der eigenen Erbmasse an. Die Abbildungen in ihren Tempeln zeigen Menschen von sehr außergewöhnlichen Körpermaßen, die sich noch dazu furchtbar foltern. Die alten Nubier, Ägypter und Perser, die ähnliche Sitten hatten, müssen im Vergleich zu ihnen menschlicher ausgesehen haben.

Eines Tages brachen die Mayas dann plötzlich auf und verließen ihr Gebiet. Sie wurden Kannibalen und zogen zur Yucatan-Halbinsel im Südosten, gerade rechtzeitig, um von den Spaniern abgeschlachtet zu werden. Es war ein Trip, in den gut erhaltenen Ruinen herumzuwandern und ihre Gesellschaftsspiele zu erahnen.

Das einzige Gebäude, in das man hineingehen konnte – ein hohles Königsgrab –, fühlte sich sehr fremd an. Diese Kultur war sicher eine Sackgasse unter den Entwicklungsmöglichkeiten des Geistes gewesen, und ich bin überzeugt, niemals dort gelebt zu haben. Andere glauben dafür, dort geopfert worden zu sein, wie die schöne Adriana aus Kolumbien, die bei einem Besuch einfach durchdrehte. Die Forscher, die nachvollziehen wollen, was in den Köpfen der Mayas vorgegangen sein mag, bräuchten nur einige der dünnen hellen Pilze zu essen, die dort überall an den Berghängen wachsen. Die Hippies sammelten sie mit Vorliebe, denn sie enthalten Psylocybin, das ungefähr wie LSD wirkt.

Cesar musste plötzlich zurückfliegen; Yoshiko und ich fuhren zum berühmten Acapulco an Mexikos Westküste. Dort war ein großer Teil von dem Hanf angebaut worden, der die Jugend Amerikas in den 60er Jahren beflügelt hatte. Eine Lehrerfamilie, die unter den ärmsten Indianern arbeitete, nahm Zuflucht.

Wenige Nächte später, als Yoshiko und ich zurück nach Mexico City fuhren, brauchten wir keine Scheinwerfer mehr. Ein Gewitter zog auf, und die ununterbrochenen Blitze erhellten die kurvige Bergstraße völlig, während wir auf einem dicken Wasserteppich dahinschlitterten. Es war einmalig.

Ein Amerikaner lud uns nach Guadalajara ein. Es ist die zweitgrößte Stadt Mexikos, wärmer und angenehmer als Mexico City. Wieder war der Weg eine Freude an sich. Wir hatten diesmal einen großen amerikanischen Wagen, der weder durch Automatikgetriebe noch „Sofafederung" oder Katalysator kastriert war. Er hatte einen kraftvollen V8-Motor, und ich wusste gar nicht, dass die Amerikaner so etwas bauen konnten. Doch mit dem damaligen Benzinpreis von acht Cent pro Liter war alles möglich.

Nach einem Vortrag schliefen wir in einer geschichtsträchtigen Wohnung, in der Maharishi, der Begründer der Transzendentalen Meditation, seinen „Worldplan“ entworfen hatte. Während ich seine Aufzeichnungen in den Händen hielt, wünschte ich stark, unzähligen Wesen nutzen zu können, ohne dabei die zeitlose Tiefe von Buddhas Belehrungen zu verlieren.

USA

Mexiko ist eine Kultur für sich. Als ich in Los Angeles aus dem Flugzeug stieg, war ich in einer ganz anderen Welt. Diese gewaltige Stadt war klar, einsgerichtet und willensbetont. Sie wird oft mit New York verglichen, was aber fast nie zutrifft. Die Erlebnisebene der New Yorker ist ehrlicher und sozialer. Obwohl es nicht viel Sinn hat, große Dramen aus bedingten Gefühlen zu machen, die sich ihrem Wesen nach sowieso ständig ändern: in New York wussten die Menschen besser, wie sie zueinander standen. Buddhistisch gesehen passte es auch zum unterschwelligen Zorn von Los Angeles, dass das Atmen dort so schwierig ist.

Der indianische Name der Gegend heißt: „Die Stelle, wo der Rauch hängen bleibt.“ Heutzutage sind es keine Indianerfeuer, sondern Millionen von Schornsteinen und Autos, die die Luft der Gegend verfeinern. Oft reibt man sich schon 100 Kilometer vor der Stadt die Augen, und im Sommer liegt das Gebiet um Los Angeles ständig unter einer sichtbaren grauroten Dunstwolke. Zwischen bis zu vierzehnspurigen Autobahnen stehen Unmengen ein- oder zweistöckiger Häuser. Downtown, das Stadtzentrum, liegt darin wie eine kleine Insel im riesigen Meer.

Ich kam gerade zur rechten Zeit. Karmapas Vogelpfleger Joel, der sich so sehr in Hannah verliebt hatte, war vor kurzem bei einem Unfall gestorben. Das ist in der „nahen Familie“ eher ungewöhnlich. Natürlich haben viele meiner Freunde und Schüler Unfälle. Sind karmisch genügend tote chinesische Soldaten oder geklaute Pferde aus dem letzten Leben zu bezahlen, können nicht nur Blechschäden vorkommen. Aber nur bei wenigen ist das persönliche Karma nach der Zuflucht noch so stark, dass es zu schweren körperlichen Verletzungen kommt. Im Fall von Joel hatte es aber besondere Bedingungen gegeben. Karmapa hatte ihm sieben Dinge gesagt, die er unbedingt beachten sollte: mit der Arbeit in einer Bar nördlich von Los Angeles aufhören, nicht mehr betrunken Auto fahren, täglich die „Befreierin“ anrufen, Karmapa in Indien besuchen und einiges mehr, an das ich mich nicht mehr erinnere. Er hielt sich nicht an die Ratschläge, und eines schönen Morgens wickelte er mit viel Promille sein Auto um eine Palme. Rumtek hatte die Nachricht bereits erhalten. Ein tibetischer Lama war vor Ort gewesen, und ich freute mich, ihm auch einige gute Wünsche mitschicken zu können. Jeder mochte Joel, aber wie die meisten Menschen hatte er seine Trips viel zu ernst genommen.

Barbara Pettee kam nach Los Angeles, um mich bei ihren Bekannten einzuführen. Ich hielt einige Vorträge für eine Gruppe reicher Leute, die aber leider wenig Offenheit für ihren Geist hatten. Die Hauptkräfte zogen später nach Seattle. Es war wie so oft mit denjenigen, die in der Gesellschaft gut standen: Jeder wollte berühmt sein, aber niemand wollte zusammenarbeiten. Auch in dieser verchromten Stadt war die Arbeit mit Späthippies und anderen Idealisten am sinnvollsten; sie wollten etwas lernen und weiterkommen. Nachdem wir Freunde geworden waren, folgten das Vertrauen zur Lehre und die kürzeren Haare von selbst.

Ein paar Autostunden westlich der Stadt lebten noch die 60er Jahre. Die verschneiten Berge dort verbargen einige Hanf rauchende Leute. Sie waren begeistert, jetzt dauerhaft wirksame Mittel kennen zu lernen, und hofften sogar, Karmapa später einladen zu können. Hier traf ich zum ersten Mal die großzügige Robin mit ihren netten Kindern. Jedes Mal, wenn sie von meiner Hütte wegfahren wollte, verweigerte ihr Auto den Dienst. Wie so oft in Amerika zerstreute sich die Gruppe, die Verbindungen aber blieben. Die meisten tauchen noch heute zu meinen Vorträgen in unterschiedlichen Ecken des Landes auf.

Robin zog später nach Fallbrook, der Avocado-Hauptstadt der Welt, zwischen San Diego und Los Angeles, etwas abseits von der Küste. Sie öffnete dieses Gebiet für unsere Linie, und die Wochen, die ich bei meinen jährlichen Besuchen dort verbrachte, kamen wohl einem normalen Familienleben am nächsten. In diesem Gebiet hausten einige außergewöhnliche Einzelgänger, wie man sie in Europa selten findet. In früheren Lebenszeiten waren sie sicher die umherziehenden Händler meines Stammes gewesen, während die so gut zusammengeschweißten Europäer meine Soldaten und Gelehrten waren. Feine Verwirklicher und weisheitstragende Frauen gibt es im Westen glücklicherweise überall.

Als eines Tages ein Vortrag ausfiel, fuhren Barbara und ich in die kalifornische Halbwüste. Hier hatte man Karmapa einen alten Hof für Zurückziehungen versprochen, den wir uns erst einmal anschauen wollten. Das letzte großzügige Geschenk war eine Bergspitze in der Wüste gewesen, die man nur mit dem Hubschrauber erreichen konnte. Der Besitzer des Landes am Fuß des Berges war schwierig und schoss auf Besucher.

In Santa Barbara weiter im Norden kamen vorwiegend ältere Leute. Über die Jahre wurde dieser Ort zu einer häufigen Anlaufstelle. Wie groß die Horden auch waren, die mit uns reisten: Wir waren immer willkommen. In Santa Barbara war man gebildet und hatte genügend Zeit für ein Innenleben. Meine Aufgabe aber war hier wie überall in Amerika: Einsgerichtetheit zu lehren und den Geschmack der Menschen für reine Worte auch auf Ergebnisse zu erweitern. Das letztere sollte nicht einfach werden. Die Beeinflussung von „Ojai", Krishnamurtis Hauptzentrum in Kalifornien, war sehr stark. Er hatte seine Leute jahrelang mit den schönsten Worten über das Absolute beglückt, ohne ihnen jedoch Mittel zu geben, es auch erleben zu können. Schon im hohen Alter angekommen, mussten sie sich nun von diesem Wikinger sagen lassen, dass es nicht genug sei, das Ziel nur beschreiben zu können, sondern dass man es auch selber erreichen müsse. Eine schwer verdauliche Botschaft, die ich überall wiederholen musste. Hoffentlich gelang es mir mit genügend Humor.

Kanada

Zurück in New York wartete eine Einladung nach Kanada. Cynthia aus Toronto, seit der zweiten Pilgerfahrt eine nahe Freundin, hatte alles meisterhaft in die Wege geleitet. Es war merkwürdig, in einem Gefängnis einer Gruppe von hauptsächlich Mördern befriedende Meditationen beizubringen. Mein letzter Eindruck von Nordamerika war Jyttes Antiquitätengeschäft in Toronto. Dort sah ich zum ersten Mal und mit Erschütterung, welche Unsummen reiche Menschen ausgeben – und vor allem für was.

Seit mehreren Jahren besuchen wir Kanada wieder jedes Jahr. Polnische Freunde bauten in Edmonton, Vancouver und Montreal Zentren auf.

Es tat gut, die schöne Hannah und so viele Freunde im kraftvollen Zentraleuropa endlich wieder zu sehen. Dennoch war die Zeit in Übersee gut genutzt worden: In dreieinhalb Monaten hatte ich einen neuen und spannenden Weltteil für unsere Linie geöffnet. Von Guatemala bis Alaska meditierten jetzt viele auf Karmapa, und mit so guten Verbindungen würde künftig vieles geschehen können.

Dänemark

Während der letzten Hälfte des Jahres 1979 hatte Tenga Rinpoche Skandinavien und Deutschland bereist; er blieb wieder einige Monate in

Kopenhagen. Sein Mitgefühl war grenzenlos, und wir schickten alle zu ihm, obwohl man mit seinen beiden ehrgeizigen jungen tibetischen Helfern eher aufpassen musste, da sie ohne sein Wissen zu schnell die Wege der großen Welt kennen lernten: Der Mönch zwang in Wien ein Mädchen zur Abtreibung, und der Laie verkaufte Heroin in Kopenhagen. Unter den vielen Lehrern, die wir in Europa einführten, wurde unser Band zu Tenga Rinpoche besonders nah. Er war die liebende, nie „nein"-sagen-könnende Mutter, während der sehr mutige Lopön Tsechu im Bewusstsein der Gruppen eine Vaterrolle übernahm.

Der Herbst 1979 brachte die erste richtige Spaltung innerhalb Karmapas Arbeit. Bis dahin war alles ohne Grenzen abgelaufen, was zunächst eine Quelle der Kraft bedeutete. Die Schüler fühlten sich verbunden, und Wunden aus Jahrhunderten von Kriegen und schlechten Elternhäusern heilten ab. Das war möglich, solange niemand versuchte, eigene Stücke aus Karmapas Kuchen herauszuschneiden. Selbstverständlich würde es immer Unterschiede geben. Gruppen brauchen Lehrer, die ihnen entsprechen. Beispielsweise vermieden alle, Kalu Rinpoches Schüler zu fragen, wer ihre endgültige Zuflucht sei. Sie taten dafür ihr Bestes, um Karmapa zu loben und einzuladen. Alle bemühten sich um eine bestmögliche Schadensbegrenzung, kleisterten Tapeten über Schwierigkeiten, beruhigten oder „entsorgten" unmögliche Leute und hielten allgemein den Deckel drauf. Dann, an einem sonnigen Morgen, fiel dieser Zustand buddhistischer Tugend auseinander. Das würde uns viele gute Gefühle und einige unserer idealistischsten Leute kosten, jedoch nicht diejenigen, die die 60er Jahre bewusst erlebt oder den vollen Segen Karmapas erhalten hatten. Ein Brief der süßen Bernadette aus Port Elisabeth enthielt einen Abdruck der südafrikanischen Vereinspapiere. Obwohl Künzig Shamarpa bekannt gegeben hatte, dass ich für diesen Weltteil zuständig sei, hatte Akong Tulku während eines Besuchs die Anwesenden dort unterschreiben lassen, dass sie Samye Ling untergeordnet seien und auch dorthin Geld schicken müssten. Dies war der genaue Gegensatz zu Karmapas Wunsch, dass kein Zentrum die anderen ausbeuten dürfe und dass alle Kagyüpas unter Rumtek mit ihm selbst und seinen Vertretern zusammenarbeiten sollten.

Wegen Akongs neuem Versuch, Karmapas Arbeit zu übernehmen, teilte sich Europa in drei Gebiete auf. Akong Tulku beherrscht seit damals – jedoch mit wenig Wachstum – die früh entstandenen Zentren in

England, Schottland, Brüssel und Barcelona. Er bezieht sich seit Jahren – meiner Meinung als Däne nach – schon stark landesverräterisch auf die Rotchinesen, die ihm auch für seine Dienste den Titel „Lebender Buddha" verliehen. Sein Rokpa-Verein verbietet den Mitgliedern beispielsweise, an Demonstrationen gegen China teilzunehmen. Seit 1992 war er außerdem maßgeblich daran beteiligt, dem kommunistisch-chinesischen Kandidaten Urgyen Trinle als 17. Karmapa den Weg zu ebnen. Seine Chefs sind Tai Situpa und Thrangu Rinpoche.

Kalu Rinpoche, dessen Zentren heute auch mit den Chinesen zusammenarbeiten, bekam Frankreich (außer der Dordogne, Le Bost und ihren Zweigzentren), Antwerpen und die damalige – eher heilige – Gruppe in Madrid, während Hannahs und mein Gebiet zwischen Rhein und Wladiwostock lag.

Einige Jahre später vermischte sich diese klare Aufteilung der Gebiete, und es entstanden ein Dutzend lebende Zentren in England, Frankreich und den Benelux-Ländern.

Wir luden daraufhin Künzig Shamarpa, Lopön Tsechu und andere politisch denkfähige Lamas der Linie ein. Meine tüchtigen Laienschüler schützten außerdem gegen christliches Wiederaufblühen und sorgten für eine gesunde Festigung der Arbeit. Da uns bei der Teilung die kraftvollsten und am wenigsten verzogenen Menschen zufielen, waren Freude und Wachstum auf unserer Seite. Karmapas Widerwillen gegen eine solche Trennung ließ uns noch einige Zeit versuchen, die Dinge zusammenzuhalten, aber außer in Spanien waren diese europäischen Einflussbereiche seither stehen geblieben.

So beschleunigte Akong Tulkus Machtstreben letztendlich ein notwendiges Vorgehen: Es ist selbstverständlich, dass Germanen, Slawen, Romanen und Kelten je einen eigenen Zugang zu etwas so vielseitigem wie dem Diamantweg finden müssen, dass Rationalisten, Logiker und Empiriker ihren unterschiedlichen Gewohnheiten entsprechend arbeiten müssen. Unser gemeinsamer Fehler war, uns nicht zu begegnen, um das neue Weltbild zusammen festzulegen. Da alle so viel Verantwortung teilten, hätte man das von uns erwarten können, wenn es kein so heikles Gebiet gewesen wäre. Stattdessen wurde den Schülern die Entscheidung überlassen, dem Lehrer zu folgen, der am klarsten „ihren" Karmapa vertrat. So verlangsamten Winter und Frühling 1980 unser Wachstum. **1980**
Zum ersten Mal mussten wir uns gegen Einflüsse aus der eigenen Linie abgrenzen.

Tenga Rinpoche (geb. 1932)

Tenga Rinpoche Karma Tenzin Thrinley Pal Zangpo wird als die dritte Inkarnation der Tenga Tulku Linie angesehen. Er wurde 1932 in Ost-Tibet geboren und erhielt einen großen Teil seiner Ausbildung im Kloster Benchen. Mit 22 Jahren begann er die traditionelle Drei-Jahres-Zurückziehung. 1959 verließ er Tibet, und nach eineinhalb Jahren in Kalimpong kam er nach Rumtek, wo er für siebzehn Jahre lang der Dorje Lopön (Vajra-, Meditationsmeister) war. 1974 begleitete er den Gyalwa Karmapa auf dessen Weltreise und siedelte sich 1976 in Kathmandu an, wo er sein eigenes Kloster baute. Wegen eines längeren Aufenthalts in Dänemark aus medizinischen Gründen in den Jahren 1978/79 wurde er auch im Westen bekannt, wo er bald viele Schüler hatte.

Tenga Rinpoche gilt als Kenner der tantrischen Philosophie und ist sehr bewandert in tibetischer Medizin, Ritualkunst, Lamatänzen und anderem Spezialwissen.

Trungpa Rinpoche (1939-1987)

Der 11. Tulku in der Tschögyam-Trungpa-Linie erhielt seine Ausbildung von hohen Lamas der Kagyü-Schule sowie von Nyingma-Lehrern. Nach seiner Flucht aus Tibet unterrichtete er für einige Jahre an einer Schule für junge Tulkus, bevor er 1963 zum Studium der vergleichenden Religionswissenschaften nach England zog. 1967 übersiedelte er – zusammen mit Akong Rinpoche – nach Schottland. 1970 heiratete er eine Amerikanerin und emigrierte in die USA, wo er die Vajradhatu-Organisation, eine buddhistische Universität, gründete und ein Netzwerk von Zentren aufbaute. Seine Organisation geriet nach seinem Tod aufgrund des Verhaltens seines Dharma-Nachfolgers zeitweise schwer in Verruf.

Trungpa Rinpoche war Autor vieler Bücher und starb an den Spätfolgen eines Autounfalls, den er 1969 nur knapp und schwer verletzt in Schottland überlebt hatte.

Abschied von Karmapa

Das Jahr 1981

- In Polen verhängt gegen Jahresende der neue Parteichef Jaruzelski (er folgt dem zurückgetretenen Kania) das Kriegsrecht mit Verbot von Gewerkschaften und Streiks. Der US-Präsident Reagan beschließt Wirtschaftssanktionen gegen die UdSSR, die er für die Reaktion in Polen verantwortlich macht. Die Bundesrepublik schließt sich den Sanktionen nicht an.
- Der US Präsident Ronald Reagan wird bei einem Revolverattentat schwer verletzt. Seine Administration beendet einen Streik der amerikanischen Fluglotsen durch Entlassung von 12.000 von ihnen und Aufrechterhaltung der Flugsicherheit durch das Militär. Ohne Rücksprache mit den Verbündeten beschließt Reagan den Bau der Neutronenbombe. Wegen seiner konservativen Wirtschafts- und Sozialpolitik gerät er unter öffentlichen Druck und muss die größte Demonstrationswelle in den USA seit dem Vietnamkrieg hinnehmen.
- In die heftigen Bürgerkriegskämpfe im Libanon greift nach Syrien auch Israel ein. Außerdem bombardiert und zerstört es in einem Luftüberfall das noch im Bau befindliche einzige Kernkraftwerk des Irak, wobei einer der französischen Techniker getötet wird.

Das Jahr 1982

- Argentinisch-englischer Krieg. Um von innenpolitischen Schwierigkeiten abzulenken, überfällt Argentinien am 2.4. mit 5.000 Mann (gegen 79 britische Verteidiger) die seit 1833 zu Groß-Britannien gehörenden und so gut wie menschenleeren Falklandinseln (Malwinen), die sie schon länger für sich beanspruchen. Die Reaktion der englischen Premierministerin Margaret Thatcher verblüfft die Welt: Mit einem ebenfalls 5.000 Mann und 36 Kriegsschiffe zählenden Expeditionskorps und erheblichem Materialeinsatz wird die Inselgruppe nach wenigen Wochen bis zum 14.6. zurückerobert. Hintergrund ist, dass der Besitz der Falkland-Inseln an dem Besitz von Anteilen an der

Antarktis maßgebend ist. Die technisch hoch überlegene englische Flotte kann nicht verhindern, dass die mit Luft-Boden-Raketen modern ausgerüstete argentinische Luftwaffe zwei englische Zerstörer, zwei Fregatten und ein Containerschiff versenkt. Der Krieg kostet auf beiden Seiten über 1.000 Menschenleben und dauert etwa drei Monate.

- Israel marschiert in den Libanon ein und belagert Beirut, um die Palästinenser aus der Stadt zu vertreiben, was ihnen nach einigen Monaten auch gelingt

England 1980

Im Mai 1980 landete Karmapa für einen Tag in London. Die anschließende Fahrt nach Amerika sollte seine erste große Reise nach einer Magenkrebs-Operation werden. Die Leute, die auf ihn warteten, kamen fast alle aus unseren Gruppen östlich des Rheins und waren von seinem Segen tief berührt. Auf dem Weg durch die Stadt sagte ich halb im Spaß: „Wenn Karmapa hier ist, müsste es auch einen Regenbogen geben." Als wir um die nächste Ecke bogen, sahen wir ihn. Er wölbte sich breit und strahlend über die Straße, mitten im Herzen Londons.

Karmapa wieder so nah zu sein, war wunderbar, und wie immer in seinem Kraftkreis wurde alles rund. Wir wohnten bei Joe, einem großen und starken Amerikaner, der sehr spaßig war. Er verkaufte wertvolle alte Möbel und wohnte mit seiner Familie in einem prächtigen Haus nahe der Themse, mit riesiger Gartenlaube und eigenem Boot. Joe nahm sich Karmapas Wünsche richtig zu Herzen und hatte alles versucht, um die trägen Engländer anzuspornen. Sein letztes Angebot, ihnen eine verlassene Polizeiwache für ein Zentrum zu kaufen, hatte jedoch wieder nichts bewirkt.

Die Nonnen und Mönche aus Kalu Rinpoches erster dreijähriger Zurückziehung in Europa waren gerade herausgekommen. Neugierig hielt ich nach Zeichen größerer Persönlichkeitsveränderungen, Segenskraft oder Ähnlichem Ausschau. Ich kannte sie ja alle aus der Zeit vor der Zurückziehung. Beispielhaft waren ihre Bescheidenheit und ihr Zusammenhalt, aber ich sah nicht die Rohkraft, die das Ego der Leute knacken konnte. Ich vermisste die „brüllenden Löwen", die die Menschen schützen und ihnen das tiefste Vertrauen geben sollten.

Im oberen Stock des Hauses sprach Karmapa mit den Tibetern über seinen nächsten England-Besuch. Gerade als Joe und ich mit einer Runde Armdrücken fertig waren, kam Lama Chime die Treppe herunter. Er hatte Tränen in den Augen. „Akong Tulku nahm einen ganzen Monat", sagte er, „und ich bekomme Karmapa wieder nur für ein paar Tage." Da Lama Chime häufig versprach, Karmapas Arbeit zu schützen und keine eigenen Zentren zu gründen, beschloss ich aus Mitgefühl, dass er unsere mitteleuropäischen Karmapa-Zentren kennen lernen sollte.

Für unsere Freunde wurde das leider der Anfang vieler Schwierigkeiten, weil Lama Chime die Einladung als ein „göttliches Recht" missverstand. Er machte sich schnell zur Anlaufstelle für unzufriedene Leute, die sich in Reinigungsphasen befanden, und verzögerte auf diese Weise Stufen ihrer Entwicklung. Schwierig war auch, dass er versuchte, die auf Tibetisch gesungenen Meditationen mit anderen Melodien zu unterlegen und Freunde, die bereits fest für Karmapa arbeiteten, für eine Studiengruppe abzuwerben. Das brachte erst endloses Gerede unter den Zentrumsleuten, denen Hannah und ich ja selbst – etwas blauäugig – beigebracht hatten, dass alles Tibetische von vornherein heilig sei. Dann lernten aber die Selbständigen, ihren Augen zu trauen, was ja das Hauptziel von Buddhas Lehre ist, und sie luden Lama Chime nicht mehr ein. Niemand behauptete wegen dieser Angelegenheit, dass er ein schlechter Mensch sei, aber sie verhinderte dennoch jede Zusammenarbeit.

Mahakala – Träger des Schwarzen Mantels, der Hauptschützer unserer Linie

Alle sonnten sich in Karmapas Gegenwart. Dafür wäre ihnen kein Weg zu weit gewesen. Nach einer Kronzeremonie am

Ufer der Themse strahlte Karmapa bei der gemeinsamen Bootsfahrt auf jeden. Als ich am nächsten Tag auf dem Flughafen neben ihm saß, schüttelte sich mein Körper, wie üblich in seiner Nähe. Er schaute mich lange und ernst an, zeigte auf mich und sagte zu den anderen: „Er ist *Mahakala*." Natürlich! Das war es! Plötzlich passte alles zusammen. Auf einmal wurde mir klar, welche Kraft durch mich arbeitet. Die Gewissheit ist seit damals niemals gewichen, erfüllt mich jede Stunde, Tag und Nacht.

USA

Mit meiner Mutter in den USA

Noch im Mai folgten wir Karmapa in die USA. Auch meine liebe Mutter kam mit. Karmapa wohnte in einem schönen Haus im Wald bei Woodstock mit Jamgön Kongtrul Rinpoche und dem kraftvollen damaligen Generalsekretär Rumteks. Hannah und ich konnten natürlich zu Karmapa gehen, wann immer wir wollten, aber die Tibeter hatten ein Sicherheitsnetz um ihn geknüpft, das nach Verfolgungswahn roch. Jedes Mal, wenn wir ein paar Freunde mitnahmen – und sei es nur für einen kurzen Segen –, standen alle Kopf. Karmapas Besuch an der Westküste war noch nicht vorbereitet, also dachte ich: „Lieber woanders nützlich sein, als diese Menschen zur Verzweiflung bringen." Als wir Karmapa dies erzählten, sah er zu unserer Verwunderung keineswegs begeistert aus. Er nahm uns an die Hand und führte uns durch das Haus bis zu einem Dachgarten, der von einem feinen Maschendraht umgeben war. Hier konnte uns niemand stören. Wir mussten versprechen, zu ihm nach Colorado zu kommen. Das sei ganz wichtig. Dann sagte er uns genau, was wir tun sollten. Das war bei jeder Begegnung der Fall gewesen, seit wir 1969 seine Schüler geworden waren. Das Einhalten dieser Richtlinien und sein Segen sind bestimmt der Grund, warum uns alles so gut gelingt.

Sein Abschiedsgeschenk an jenem Tag war eine Begegnung mit seinem Geist. Noch einmal sagte er zu Hannah, dass sie den Rinpoches hel-

Karmapa – König der Yogis

fen und hinter mir stehen solle, und dann – die Zeit schien stillzustehen – schaute er tief in unsere Augen. Als wir ihn verließen, wussten wir kaum, wo wir waren. Uns war aber klar, dass wir wissen würden, was an welchem Ort und zu welchem Zeitpunkt zu tun ist.

Nach einer letzten Kronzeremonie, bei der wir Karmapa im Licht verschmelzen sahen, fuhren wir einen amerikanischen Benzinfresser nach Kalifornien. Es war ein Autotyp, den man kaum voll tanken kann, während der Motor läuft. Ein „Nash Rambler", der aussah wie ein Aquarium und auch ungefähr so schnell war. In Pennsylvania erlebten wir wieder die Kraft der Reliquien, die ich in einer silbernen Dose immer um den Hals trage. Ein Vogel, der entweder zu jung war oder sich der Geschwindigkeit der Einheimischen angepasst hatte, flog vor mein Auto und wurde erfasst. Als ich zurückfuhr, um ihn von der Straße aufzuheben, sah er sehr schlecht aus. Der Hals war gebrochen, und auf der linken Seite bestand er nur noch aus Knochen, ganz ohne Muskeln und Sehnen. Ich hielt die silberne Dose – den Gau –, den mir Karmapa zum Segnen gefüllt hatte, auf den Kopf des Vogels. Damit übertrage ich jedes Jahr sein Kraftfeld an Zehntausende rund um die Welt. Während ich diesmal die Verbindung zum *Buddha des Grenzenlosen Lichtes* schuf, wurde der Körper des Vogels steif, und der Kopf bewegte sich gerade nach oben. Diese Bewegung widersprach den allgemeinen Naturgesetzen, denn es gab keine Muskeln und Sehnen mehr zum Ziehen. Es war ganz deutlich eine zentrale Energie, die die inneren Zentren des Vogels in eine Bahn zwang. Ich stellte ihn ins Gras, klein und steif, und versprach mir selbst, beim Segnen niemals bequem zu werden. Dazu ist die Kraft Karmapas einfach zu kostbar.

In Boulder, Colorado, dem Hauptquartier Trungpa Tulkus, war ein Vortrag geplant, aber ein paar Stunden vorher, als wir schon Denver erreicht hatten, sagten sie das Programm ohne jede Erklärung ab. Sie hatten offenbar entdeckt, wer der Vortragende war. So fuhren wir stattdessen zu einer riesigen Ranch in der Nähe von Creston. Sie lag in zwei Kilometern Höhe und war Karmapa von Maurice Strong, einem bekannten Freund der Dritte-Welt-Länder, geschenkt worden. Mein Vortrag sollte den Bewohnern der Ranches ein gutes Verhältnis zu den Einheimischen verschaffen und ihnen zeigen, dass Buddhas Lehre angewandte Lebensweisheit und nichts Abgehobenes oder Exotisches ist. Leider kam diese Belehrung für sie zu spät. Wie sich in den frühen 90er Jahren deutlich herausstellte, ballte sich dort wenig später unter Leitung von Woodstock in New York ein Sektierertum zusammen, das sehr wenig mit zeitgemäßem Buddhismus zu tun hatte. Situ Rinpoche war da sicher der Drahtzieher.

Wir erreichten den Grand Canyon gerade bei Sonnenuntergang. Das tiefe Flusstal war mit das Phantastischste, was wir jemals gesehen haben. Die hinreißenden Farben der uralten Erdschichten machten einen stärkeren Eindruck als der „neue" und immer graue Himalaya.

Die Zeit schien stillzustehen

In Los Angeles hatte Lama Dorje nach seiner Ankunft das Zentrum Kalu Rinpoches blitzartig wieder verlassen. Aus der reinen Bergluft Sikkims in den schmutzigsten Teil der Stadt gekommen, hatte er geglaubt, augenblicklich sterben zu müssen. Heute leitet er das Zentrum in Santa Fe, das die größte Stupa in Nordamerika hat. Ich hielt dort fast jährlich Vorträge, und es ist eine Freude, ihn ohne Bedenken und als skandallosen Lehrer empfehlen zu können.

In Topanga, nördlich von Los Angeles, hatte es sieben Tage ununterbrochen geregnet. Die ersten sechs Tage ging alles gut, aber dann rutschte die Erde ab. Bei mehreren Häusern fehlte die Hälfte, und der Fahrer eines Greyhound-Busses, der von der Flut erwischt wurde, schaffte es gerade noch, sich auf einen Baum zu retten. Der große Bus verschwand in den Fluten und wurde nicht mehr gefunden.

Wir wohnten bei den Leuten vom Film, mit denen ich im Jahr zuvor das süße Leben der Stadt kennen gelernt hatte. Umgeben von aufstrebenden Schönheiten, flüssigen Proteinen und viel weißem Pulver für die Nasen – nicht für die meine – hatte es in der Zeit vor Aids sehr offene zwischenmenschliche Beziehungen gegeben. Diesmal nahmen wir uns einige Stunden Zeit für einen Besuch in Disneyland. Die Amerikaner sind die Unterhalter schlechthin, vor allem ihre beweglichen Hologramme begeisterten mich. Sie sind „Form und Leerheit untrennbar", so wie die Buddhas in einer Meditation erlebt werden können.

In San Louis Obispo besaßen meine Verwandten ein Stück Land, von dem aus einige Siedlertrecks zum ersten Mal den Stillen Ozean gesehen hatten. Dudley und einige Onkel erinnerten sich mit Freude an den Besuch meiner Eltern einige Jahre zuvor. Sie redeten oft über die in Südjütland und Schleswig gebliebene Sippe und wollten vor allem etwas über Onkel Edward hören, dessen Name mir aber nichts sagte. „Den musst du doch kennen", meinten sie, „der war ein sehr berühmter Seeräuber." Allmählich verstand ich: Unsere hart geprüften Eltern hatten Björn und mir – uns ständigen Krachmachern – so viel von wohlerzogenen Ahnen erzählt, dass wir am Ende glaubten, bei der Geburt vertauscht worden zu sein. Jetzt ging die Rechnung auf: Wir hatten nicht nur Engel im Stammbaum.

In San Francisco fanden viele Veranstaltungen mit Karmapa statt, oft von den merkwürdigsten Typen auf die Beine gestellt. Auf Karmapas Wunsch hin sollte unsere Gruppe in Santa Cruz versuchen, mit Trungpa Tulkus Schülern zusammenzuarbeiten. Wir hatten die Leute und sie das Geld, also sollten wir uns kennen lernen. Ich kann jedoch nicht behaupten, dass so die große Verbrüderung entstand. Für sie war Organisation ein Ziel an sich, etwas grundlegend Gutes, während es für uns eher etwas Begrenzendes ist. Sie sollte auf das Nötigste beschränkt werden und dazu dienen, neue Räume für Wachstum zu erschließen. Zufrieden mit den Vorbereitungen vom Norden bis zum Süden nahmen wir den Greyhound-Bus zurück nach Colorado, wo Karmapa gerade angekommen war. Am Tag der Sonnenwende im Juni sollten wir ihm wieder begegnen.

Das Haupthaus der Dharmadhatu-Organisation in Boulder war wie ausgestorben. Wir erfuhren nur, dass alle auf einem großen Fest ein paar Kilometer außerhalb der Stadt waren. Ein Fahrer nahm uns sofort mit und setzte uns neben einem Feld ab, wo einige recht befremdliche Spiele abliefen. Diener in englischen Khaki-Uniformen mit kurzen Hosen waren überall, während Trungpa Tulku wie ein General aus einem warmen Land aussah, mit Mütze, schwarzen Reitstiefeln, Schräggürtel und

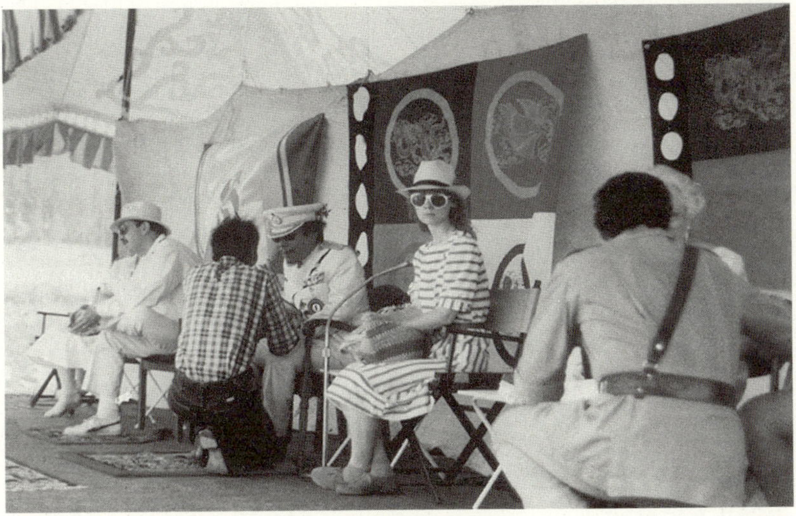

Zu Gast bei „Dharmadhatu"

beige-farbener Uniform bekleidet. Karmapa, Jamgön Kongtrul Rinpoche und einige der Mönche waren sanft in ihren Sitzen eingeschlafen. Die Vorstellung – etwas Japanisches mit lang gezogenen Vokalen, plötzlichen dramatischen Bewegungen und sehr sonderbarer Mimik – sah sich keiner an. Die Gäste standen in kleinen Gruppen herum und schwätzten, so wie es die Amerikaner am liebsten tun. Wir trafen eine Menge Bekannte aus vielen Teilen der Welt, aber wieder fehlten die gewohnte Offenheit und Hingabe. Es schien, als wüsste niemand, was ein Karmapa ist.

In das Zentrum zurückgekehrt, rief Karmapa uns zu sich, was die Leiter des Vereins zu einigen sauren Sprüchen veranlasste. Auf dem Weg die Treppe hoch standen mindestens sechzehn Wachen steif im Anzug herum.

Als wir eintraten, fing Karmapa sofort zu reden an. Es waren sehr wichtige Dinge, die er uns unbedingt sagen wollte. Erst erzählte er von seinen „Kindern", den Linienhaltern, die jetzt das Nest verlassen und seine Arbeit ausführen sollten. Sie seien noch unerfahren, und wir mussten ihm versprechen, auf sie aufzupassen und ihnen zu helfen. Als er das sagte, bekam ich zum ersten Mal ein sehr ungutes Gefühl. Ich sagte: „Das bedeutet aber nicht, dass du aufhören sollst, etwas zu tun." Während er uns anschließend riet, einige Leute innerhalb der Linie zu meiden, tränte sein linkes Auge stark. Es hatte schon am Morgen angefangen, und ein Arzt kam, um es zu untersuchen. Karmapa ging für einen Augenblick hinaus und kam dann wieder. Es war ganz deutlich, dass er nicht wünschte, dass wir gingen. Als es wirklich nichts mehr zu sagen gab, fragten wir wie immer, wann wir wieder zu ihm kommen sollten. Er antwortete: „Kommt nach New York, wenn ihr könnt, und sonst ..." – hier sah er uns in einer Weise an, die wir noch nie gesehen hatten, so als ob er wüsste, dass wir sehr unglücklich werden würden – „... sollt ihr nächstes Jahr am ersten Tag des elften Monats nach Rumtek kommen." Karmapa las meinen Geist, der schon das Bild von einer dritten Pilgerfahrt entwarf, und sagte weiter: „Ihr könnt eure Freunde mitbringen." Hannah vergewisserte sich, dass das Datum mit dem westlichen und nicht mit dem tibetischen Kalender übereinstimmte. Ich sprang auf, plötzlich tief beunruhigt, und rief: „Du musst uns versprechen, dann in Ordnung zu sein." Während er nach links zum Fenster hinausschaute, antwortete er: „Alles wird zum Besten sein. Das verspreche ich euch." Als wir auf halbem Weg die Treppe hinunter waren und den Kopf schon voller Pläne hatten, rief er uns zurück. „Es wäre gut für die Zukunft, wenn ihr und Trungpa Tulku euch in meiner Gegenwart treffen könntet", sagte er. Da dieser vor sechs Uhr angekündigt war, versprachen wir, so lange zu warten. Als er aber um acht Uhr immer noch nicht aufgetaucht war, mussten wir weiter. Es war die letzte Möglichkeit, den Bus noch zu erreichen.

Es tat gut, mit Hannah alleine zu sein, und während der Busfahrt nach New York nahm die Arbeit über den Atlantik Form an. In der großen Stadt kauften wir Kleider für unsere Freunde, die so viel Zeit in die Zentrumsarbeit gaben, dass sie sich oft selbst vergaßen. Das war schon linienüblich geworden, Karmapa hatte damit begonnen. Am lustigsten war es, wenn er Hannah tibetische Röcke schenkte, die ihr immer zu kurz waren, oder mich in Karatehemden steckte.

Abschied von Karmapa

In Mittel- und Osteuropa galt es jetzt, das schnelle Wachstum zu lenken. Da meine Schüler alles andere als kraftlos oder langweilig sind, kamen nun auch ihre Freunde. Die alles befreiende Sicht, dass der Geist an sich Furchtlosigkeit, selbst entstehende Freude und tatkräftige Liebe ist, schenkte riesiges Vertrauen und brachte Reichtum in ihr Leben. Dort, wo die Menschen gut übereinander und über ihre Lehrer redeten, wuchs die Menge der Zuhörer ständig. Die Grundlage für Wachstum ist Freundschaft, und wenn ich die Namen der tollen Frauen und Männer auflisten würde, die zum Besten aller so viel erreichen, würden die nächsten Seiten wie ein Telefonbuch aussehen. Stattdessen rate ich, sie in unseren Zentren kennen zu lernen; sie sprechen die Hauptsprachen, und ich vertraue ihnen voll.

1981 Bei der nächsten Fahrt in die USA im Winter 1981 bauten wir die entstandene Grundlage weiter aus. Wieder arbeitete ich bei Barry, unterrichtete in den Zentren an der Westküste, sprach im Radiosender von Lex und war in Toronto bei Cynthia, diesmal nur für eine Sendung. Dort auf dem Fernsehturm, dem damals höchsten Gebäude der Welt, geschah etwas Einzigartiges. In dieser riesigen Beton-Nadel, die sich mit einer Beule aus Glas und Chrom in den Raum streckt, fand ich einen neuzeitlichen *Terma*, einen „verborgenen Schatz", der ein buddhistisches Kraftfeld trägt. Während mein Bewusstsein mit steigender Verwunderung zuschaute, zogen meine Hände plötzlich ein Stück Papier aus dem Spalt zwischen einem Schrank und der Glaswand der sich drehenden Kugel. Da ich ja täglich viele Menschen bei den Segnungen berühre, achte ich sehr auf Sauberkeit. Obwohl meine Hände jeden Augenblick auf ein verklebtes Hot-Dog-Papier oder ähnliches hätten stoßen können, gruben sie weiter, bis sie einen dreischneidigen Plastikdolch mit einem runden Stiel zu fassen bekamen. Es war deutlich ein Purba, die Form eines uralten Buddhas Tibets, zu dem ich ein starkes Band habe. Der Segen blieb: Als ich diese Geschichte im März 1989 zum ersten Mal aufschrieb – in „Karma Gön" bei Malaga –, brachten mir Hannah und Björn plötzlich einen Kupferpurba. Als ich im April 1991 „Riding the Tiger" verfasste, fragte mich mein Freund Adrian, während ich dieselbe Stelle las, was eigentlich die Bedeutung von *Diamantdolch* sei. Wer sagt da noch, die Buddhas seien etwas Abstraktes oder hielten sich woanders auf?

In der nächsten Woche lernte ich – Hannah war nach Europa zurückgeflogen, um für Shamarpa zu übersetzen – das dekadente New York kennen, den „besseren" Teil der East Side, wo die richtig Reichen wohnen und jeder seinen Psychiater hat. Danach folgte der vollkommene Gegensatz. Niemals sah ich so viele verarmte und heruntergekommene Menschen in einem westlichen Land wie auf der Fahrt mit dem Greyhound-Bus über das weite Amerika. Es herrschten keine dänischen oder schwedischen Verhältnisse. Die Reagan-Jahre waren zwar noch nicht gekommen, als man im Namen der Bürgerfreiheit den Verrückten einfach sagte, sie seien jetzt gesund und dürften nach Hause gehen; so konnte man teure Institutionen schließen. Schon damals gab es jedoch genügend Alkohol-, Drogen- oder anderweitig geistig Geschädigte auf der Straße. Ein großer Teil von ihnen war im Vietnam-Krieg gewesen, und die meisten waren Schwarze. Sie lebten in und um die Busbahnhöfe, und etwas äußere Einflussnahme auf ihr Leben hätte ihnen sicherlich gut getan. Wenige bekamen anscheinend ein wöchentliches Bad.

Die langen, geraden Busstrecken nutzte ich für die Manuskripte und die Post. Das ging damals schneller als heute, wo sich beides blitzschnell stapelt. Obwohl schlecht lesbar, hielten meine Grüße von überall her jahrelang die Verbindung zu den wachsenden Freundesscharen und übermittelten zugleich die wichtigsten Auskünfte.

Heute sieht es anders aus. Fast jede Stunde des kommenden Jahres ist vorausgeplant, und meine großartigen Helfer Caty, Tomek und andere Freunde erledigen mit ihren Computern alles in Sekundenschnelle.

Meine großartigen Helfer Sys, Caty und Tomek

In San Diego wartete Robin in einem weißen Cadillac in ganz ungewöhnlichem Stil. Sie hatte jetzt einen reichen Freund. Yoshiko kam aus Mexiko, und so wurde Südkalifornien wie immer ein wahrer Genuss. Von ganz Amerika spürte man Karmapas Einfluss am deutlichsten in San Francisco. Die meisten hatten ihn zwar als schwer krank erlebt – ein Zustand, den die Amerikaner normalerweise lieber verdrängen. Dass er dennoch unaufhörlich zum Besten aller arbeitete, hatte sie tief unter der Oberfläche berührt und starkes Vertrauen ausgelöst. Sie hatten einen wahren Bodhisattva erlebt.

Zurückblickend ist es erstaunlich, dass Hannah und mich sein körperlicher Zustand nicht beunruhigte. Hier kamen wohl drei Bedingungen zusammen: Erstens stellt mein Wikingergeist bei Menschen, die ich achte, kaum Schwächen fest. Zweitens liegt unser Band zu ihm auf den zeitlosen Ebenen der Wahrheit und Freude, die niemals verschwinden. Ich sah ihn ja bei jeder Kronzeremonie als ein Meer von goldenem Licht. Drittens zeigt ein Karmapa den Menschen immer das, was ihnen am meisten hilft. Wer seine strahlende Freude sehen kann, begegnet dieser. Ist das nicht möglich, wendet Karmapa jedes andere Mittel an, um karmische Bände zu schaffen. Diese entwickeln sich dann über künftige Lebenszeiten hinweg, bis er seine Schüler zu der Erfahrung ihres zeitlosen Geistes bringt. Lag die Offenheit der Wesen auf dem Gebiet von Schmerz und Krankheit, zeigte er eben diese Seite. Sogar wenn Leute voll behangen mit Kameras zu ihm kamen, fand er geeignete Mittel. Er spielte dann mit ihren Geräten oder fotografierte sie, bis sie sich einen Augenblick entspannten. Dann gab er ihnen 100.000 Volt wahren Segen und setzte so Viren in ihre Neurosenprogramme, die ihr Leben dauerhaft veränderten.

... bis sie sich einen Moment entspannten

In Amerika störte mich jedes Mal das fehlende Wachstum. Das Überangebot an geistigen Wegen war nicht der einzige Grund dafür. Als freiheitsliebende Kagyü-Verwirklicher lag es uns nicht, neue Interessierte mit Selbstlob zu begeistern oder mit der Zugehörigkeit zu einer besonderen Gruppe zu ködern. Vor allem war es wirklich gegen unseren guten Stil, sie durch feste Versprechen an uns zu binden. Die Amerikaner fielen viel zu leicht auf die Sektentour herein, und eine solche Schwäche auszunutzen, wäre einfach unfein gewesen. So war es für Tibeter anderer Linien leicht, Karmapas Fußspuren zu folgen und ihre eigenen Gruppen in seinem Fahrwasser aufzubauen. Ein in England lebender Rinpoche, der 1993 durch einen Bestseller bekannt wurde, war darin sehr geschickt. Er hatte leichtes Spiel, weil er sich zugleich als Karmapas naher Verwandter ausgab. Da Westler immer von einer heilen Welt träumen, genügte das, um die allgemeine Unterscheidungsfähigkeit auszuschalten. So ließen sich Karmapas Schüler leicht für Kursangebote anderer Schulen anwerben und vergaßen darüber die Quelle des ursprünglichen Segens.

Wenn Kalifornier zu verkaufstüchtigeren Schulen wechselten, war das ganz in Ordnung. Verloren sie aber ihr Vertrauen oder hörten auf zu meditieren, was schade war, musste man die Rolle ihrer Lehrer dabei betrachten. Kein Zweifel, dass die meisten tibetischen Lamas, die geschickt wurden, in ihrem Denken viel zu eng und hierarchisch waren. Ihnen fehlte das Vertrauen in die Westler, die ja eigentlich ihre Gönner waren. Sich aus Unsicherheit abkapselnd, ließen die Lamas nur selten Hilfe zu und lernten kaum von ihrer neuen Welt. Sie hatten zu wenig Achtung vor der Reife eines vollen Lebens, und nur selten machten sie ihre Ideale zugänglich. Obwohl Karmapa häufig sagte, dass ein halbguter Lehrer besser sei als keiner und dass man während des Lehrens lernen würde, solange man das Band zu ihm hielt: Die heilige Kuh, die bis vor kurzem gute Lehrer daran hinderte, anerkannt zu werden, hatten wir von Kalu Rinpoche. Er bestand auf einer dreijährigen Gruppenzurückziehung mit vollem Zölibat. Höchst selten zieht das die Menschen an, die unsere Schule braucht: starke und selbständige Menschen mit der Fähigkeit, andere zu erwecken und zu schützen. Wäre diese Zurückziehung als eine Möglichkeit unter mehreren angeboten worden, hätte es viel lebendiger aussehen können. Eine Zusammenarbeit zwischen lebenserfahrenen Laienlehrern und denen mit der Mönchs-Nonnen-Ausbildung hätte allen genutzt.

Im Frühling 1981 kam Künzig Shamarpa, der ranghöchste Linienhalter, zum ersten Mal nach Europa. Seine feine Art macht vielen das *Große Siegel* zugänglich, und Karmapa hatte ihn als seinen Stellvertreter geschickt. Erst unterrichtete er drei Wochen in Schottland, wo er nebenher schnell sein Englisch verbesserte. Dann kümmerte sich Hannah um den Rest der Reise, auf der er sich als so ehrlich und geradlinig entpuppte, dass sie oft nicht wusste, wie sie ihn vor den Glaubenswütigen

Künzig Shamar Rinpoche

schützen sollte. Genauso blieb es. Künzig Shamarpa macht bis heute die üblichen politischen Spiele nicht mit und vertraut wie Karmapa und Lopön Tsechu auch hundertprozentig auf Hannah und mich. Wenn weniger erfolgreiche Lamas über uns klagten, hielten diese beiden ihr Band zu uns, was andere kaum schaffen. Sehr erfrischend sind Shamarpas Warnungen an uns Westler vor dem blinden Glauben an Titel und Würdenträger. Wir müssten selbst jeden Lehrer untersuchen und selbständig werden, lautet sein Rat heute mehr denn je.

Dänemark

In Kopenhagen lernten die Leute aus dem Zentrum, die Presse besser einzuschätzen. Ein miesmachendes Intellektuellenblatt hatte ein Interview abgedruckt, das Dutzende verärgerter Kommunisten und Homosexueller zu Künzig Shamarpas Vortrag brachte. Es soll ein einmaliges Erlebnis für ihn gewesen sein. Seine weitere Fahrt durch Europa, zusammen mit Hannah, verlief sehr gut.

Im Jahre 1981 schrieb uns Karmapa öfter als jemals zuvor. Alle anderen Neuigkeiten aus dem Osten machten nur wenig Sinn. Mitunter hörten wir, dass er ganz krank sei, dass nur sein Wille, anderen zu nützen, ihn zusammenhalte. Kurz danach sagten andere, Karmapa habe gerade tagelang und ohne Unterbrechung Einweihungen gegeben und sehe blendend aus. Wir mussten uns darüber nicht so viele Gedanken machen. Karmapa wusste, was er tat, und er hatte uns ja schon vor anderthalb Jahren den Monat und den Tag für das nächste Treffen mitgeteilt.

Jede Stunde brachte ihn uns näher. Niels verschickte Einladungen an unsere Zentren, und am ersten Oktober flogen wir wieder mit 108 Freunden los.

Indien

Indien wurde seinem Ruf gerecht, und so fing die Reise mit allgemeinem Durchfall an. Die Felshöhlen auf dem Bergrücken bei Tsok Pema hatten nichts an Kraft verloren, und die Schilfinseln bewegten sich wieder zu uns hinüber. Auch wir trugen gerne etwas zu den guten Schwingungen der Stelle bei. Wir durchtrennten die Leitungen zu den Lautsprechern, die seit neuestem hinduistischen Lärm über den sonst stillen See verbreiteten. Ich fragte mich ernsthaft und wie so oft, wann wohl die Buddhisten im Osten den Mut entwickeln würden, so etwas selbst zu schaffen.

Pilgerfahrt

Die Gruppe erholte sich ein paar Tage im „Tourist Camp", der wohl besten Unterkunft Delhis zu dieser Zeit. Wir hörten, dass Karmapa im Krankenhaus in Hongkong sei, dass er aber lache und stark und gesund gewirkt habe, als er Rumtek verließ.

Nach dem Besuch des Taj Mahal im Mondlicht – Niels war wieder unser Reiseleiter – sahen wir Sarnath, wo Buddha Shakyamuni die „Vier Edlen Wahrheiten" gelehrt hatte. Ein Professor im Ruhestand, den wir zum Spaß als Fremdenführer angeheuert hatten, vermittelte uns unerwartete Einsichten: Buddha sei als Hindu geboren worden und auch so gestorben. Er hätte mit seinen Freunden lediglich Sarnath auf einer Pilgerfahrt zu einigen Hindu-Heiligtümern besucht.

Dann folgte der Besuch von Rajgir, wo Buddha das Mitgefühl und die Weisheit seiner Schüler erweckte, und wo die Überreste von Nalanda, einer uralten buddhistischen Universität noch zu sehen sind. Da die Wächter das Gatter nicht öffnen wollten, als wir kamen, stürmten unsere 108 großen Nordeuropäer diese Stelle wohl zum ersten Mal wieder seit 1.000 Jahren.

Wir erreichten Bodhgaya bei Vollmond. Wie früher wollten wir das Bewusste Sterben unter Buddhas Erleuchtungsbaum praktizieren. Mittlerweile hatten sie ein hohes Gitter um die Stupa errichtet, was uns wenig störte. Die Erleuchtungswege waren aber offenbar auch bürokratisch geworden: Als wir schon halb in den Reinen Ländern waren, sprang ein Mönch aus irgendeiner südlichen Schule herbei und wollte unsere Erlaubnis sehen, dort sitzen zu dürfen. Er war nervtötend und holte andere Mönche herbei. So hörten wir etwas schneller auf als geplant.

Am nächsten Tag sah das gute Volk in Bodhgaya Ungewöhnliches. Wir hoben den Wassergraben zu Beru Khyentse Rinpoches neuem Kloster aus. Unsere Europäer schafften in vier oder fünf Stunden, wofür dieselbe Anzahl Inder viele Tage oder Wochen gebraucht hätte, je nach Strenge der Aufsicht. Vor allem die Hacken waren ein Vergnügen. Sie waren fast nordeuropäisch schwer und hatten schön lange Stiele. Wie in den warmen Ländern schleppten unsere Frauen die Erde.

Mitten im Hieb brach plötzlich meine Sandale, in meinem Rücken riss etwas, und Hannah kam weinend aus Khyentse Rinpoches Zelt heraus. Sie sagte, dass Karmapa sicher sterben würde. Alle waren erschüttert, und obwohl unsere Schüler jung waren und nicht viel besaßen,

Der Bodhibaum

sammelten sie sofort Geld, damit Hannah und ich nach Hongkong fliegen konnten. Noch bevor wir uns entschieden hatten, ob wir das Geld annehmen konnten, kam die nächste Nachricht: Karmapa war weiter nach Amerika geflogen worden.

Er war irgendwo in einem Krankenhaus. Es war offensichtlich, dass wir ihm nicht nachfahren sollten. Hannah hat immer noch Augenblicke, in denen sie bedauert, ihn nicht wieder gesehen zu haben. Ich weiß aber, dass die Dinge so geschahen, weil er uns fernhalten wollte. Es hätte ansonsten bestimmt meine Arbeit geschwächt. Das Bild, das ich von ihm

Mitten im Hieb

Der goldene, unendlich kraftvolle Buddha

habe und weitergebe, ist das des goldenen Buddhas grenzenloser Kraft, der alles geschehen lässt. Das öffnet unsere Leute mehr als die Vorstellung von einem kranken Heiligen.

Der östliche Himalaya war unser nächstes Ziel. Wir fuhren weiter nach Darjeeling und gingen in Lhawangs Bellevue-Hotel. Wie üblich gab es kein Sikkim-Visum aus Delhi, obwohl die Inder es versprochen hatten, nachdem wir alle 108 Freunde in ihr Büro gestopft hatten. Entweder wollten oder konnten sie nichts tun. Wir hatten jedoch die richtigen Mittel dabei, um es dennoch zu schaffen: Jeder brachte eine Flasche Whisky aus dem Flugzeug mit. Nachdem wir die dortigen Spitzenbeamten eine Woche lang in gehobener Stimmung gehalten hatten, gaben sie uns, was sie eigentlich weder konnten noch durften: eine Einreiseerlaubnis für Sikkim.

Während der Wartezeit kam der Dalai Lama aus Sikkim. Obwohl die Menschen im Osthimalaya nicht besonders zu der Gelugpa-Linie stehen, waren sehr viele zu ihm gekommen. Er hatte auch die Menschen in und um Rumtek gesegnet. Bei unserem Gespräch hielt er meine Meditationskette – die Mala – und sagte: „Die ist kleiner als die, die ich dir im Kopenhagener Flughafen 1973 gesegnet habe." Welches Bewusstsein! Er musste seit der Zeit Tausende von Malas in den Händen gehabt haben.

Beim Dalai Lama in Darjeeling

Sehr beeindruckt antwortete ich: „Die Große ist bei meiner Mutter und passt auf sie auf." Am Tag danach sprach der Dalai Lama zu unserer Gruppe. Alle hatten ihre beste Kleidung angezogen und machten diesmal der tibetischen Sache jede Ehre.

Wir erreichten Rumtek am 1. November 1981, genau wie Karmapa es bestimmt hatte. Viele Pujas wurden abgehalten, vor allem im kleineren, oberen Raum des Tempels. Dort stand eine lebensgroße Statue, eingehüllt in Karmapas Kleider. Sie hielt die geöffneten Hände auf Herzensebene vor die Heiligtümer der Linie. In die eine Handfläche war eine

Rumtek, der Hauptsitz vom 16. Karmapa

gelbe, in die andere eine grüne Scheibe gemalt, die die Kraft sammeln und übertragen sollen. Alle benahmen sich so normal wie irgendwie möglich. Man passte sehr auf, nichts zu tun oder zu sagen, was als ein schlechtes Zeichen hätte ausgelegt werden können. Schlechte Zeichen zeigten sich dann stattdessen in Träumen. Hannah empfing von den Dakinis, ihren Schwestern, einen „Telefonanruf". Von ganz weit her erzählten sie ihr, dass Karmapa seine Arbeit für dieses Leben abgeschlossen habe. In der gleichen Nacht bekam ich die Besitztümer eines Weltenherrschers verliehen, den ich ausführlich im „*Mandala*"-Kapitel meines Buchs über die Grundübungen beschreibe.

Als wir am nächsten Morgen – es war der 5. November – an einer Kronzeremonie von Gyaltsab Rinpoche teilnahmen, kam der junge

Pönlop Rinpoche herein und flüsterte ihm etwas ins Ohr. Im Nu änderte sich die Stimmung im Raum, und wir wussten alle, was geschehen war.

Kurz danach versuchte eine Gruppe junger Mönche vergebens, Karmapas große Statue auf einer Holzplatte die Straße hinunter zu tragen. Endlich gab es eine Aufgabe für uns, und wir trugen die Statue auf unseren Schultern die elf Kilometer vom Kloster bis zum Fluss hinunter. Das war die direkteste Weise, unsere Liebe auszudrücken und Karmapa zu danken.

Als wir über die Brücke gingen, verließ eine Kraft die Statue. Das Gesicht fing an zu bröckeln, Finger fielen ab, und ich hätte sie am liebsten genau an dieser Stelle ins Wasser geworfen. Geblieben war ja nur die leere Form. Die Tibeter, die einen Lastwagen besorgt hatten, waren aber

Auf dem Weg zum Fluss

anderer Meinung. So gaben wir die Statue an sie weiter. Hinterher hörten wir, dass sie sowohl Schwierigkeiten mit den Indern als auch mit dem Fahrzeug bekommen hatten und gezwungen worden waren, die Statue ein paar Kilometer weiter im Fluss abzuladen.

Als wir wieder hinaufkamen, wachte das Kloster auf, aber anders, als man es sich wohl vorstellte. Statt Jammern und Klagen hörte man überall Pujas. Karmapa sollte wieder aus dem körperlosen Klaren-Licht-Zustand herbeigerufen werden. Durch Erweckung der erleuchteten Kraftkreise, die die Freude seines Geistes ausdrücken, sollte er sich schnell zum Besten der Wesen wieder gebären lassen. Tag und Nacht hielten Mönche die Pujas ab, oft verteilt mit einer Gruppe in jede Himmelsrichtung und einer in der Mitte.

Am 9. November, einem sehr klaren Tag, sahen wir einen Hubschrauber auf dem Militärflugplatz auf der anderen Seite des großen Sikkim-Tals landen. Anschließend fuhr eine scheinbar endlose Reihe Autos davon, und ungefähr eine Stunde später kam Karmapas Sarg auf der Ladefläche eines Mercedes-Lastwagens an. Alle vier Linienhalter saßen zusammengedrängt neben dem Fahrer, der große Erik von Schwarzenberg und einige andere starke Männer waren hinten drauf. Sie hatten Karmapas Sarg auf die Ladefläche gehoben. Hannah und ich waren offenbar die einzigen, die Karmapa zu seinem Tod nach Sikkim eingeladen hatte. Abgesehen von unserer Gruppe waren keine anderen Weißen in Rumtek. Da wir seine ersten westlichen Schüler waren, wurde ich gebeten, den Sarg mit ins Kloster zu tragen.

Jamgön Kongtrul Rinpoche bei den Pujas

Im Innenhof blieben wir für einige Minuten stehen, damit ein paar hundert Gurkha-Soldaten etwas unpassend Trompete blasen und in die Luft schießen konnten. Danach trugen wir Karmapa ins Gebäude, wo er im Haupttempel abgesetzt wurde. Erst jetzt war es möglich – Schritt für Schritt und aus mehreren Quellen – seine letzten Tage zu verstehen. Sie waren eines Buddhas würdig.

Als sich die Zeit seines Todes näherte, hatte er sechs bis sieben ernste Krankheiten auf sich gezogen. Er hatte seinen Körper verwandt, um sie umzuformen und dadurch – zumindest für die Menschen in seinem Kraftkreis – viel von ihrer Schädlichkeit entfernt. Bei Chicago, in der Nähe der größten Schlachthäuser der Welt, zeigte er sein zeitloses Beispiel für nicht unterscheidende Liebe. Er hatte den Ärzten erlaubt, ihre Arzneien an ihm zu erproben. Darunter waren auch Schlafmittel in rie-

Das letzte Geleit

sigen Dosen, die überhaupt keine Wirkung bei ihm zeigten. Die ganze Zeit über dachte er an andere. Er kümmerte sich darum, dass es ihnen gut ging, und redete gar nicht von sich selbst.

Am Abend des 5. November 1981, dem Tag der Befreierin, stellten die Ärzte mit Erstaunen fest, dass die Maschinen, an die er angeschlossen war, nicht mehr in Betrieb waren; sie hatten sich von selbst ausgeschaltet. Alle dachten das gleiche: „Er spielt uns einen Streich", und in diesem Augenblick fingen sie wieder zu arbeiten an. Nach fünf Minuten hörten sie endgültig auf. Am nächsten Morgen, als die Krankenpfleger seinen Körper aus dem Bett entfernen wollten, fragten die anwesenden Lamas, ob denn auch wirklich alle Todeszeichen eingetreten seien. Das waren sie nicht: Karmapas Körper war noch immer warm; vor allem sein Herzzentrum war so heiß, dass man es ein gutes Stück vom Körper entfernt spüren konnte. So verbrachte er vier Tage in Meditation im Bett. Als er in Sikkim ankam, war er immer noch warm und ohne Anzeichen von Todesstarre. Ich weiß das, weil ich beim Abschied lange meine Stirn gegen sein Bein drückte.

Karmapas Mandala

Karmapas Körper wurde oben im kleinen Saal in ein Mandala gesetzt, damit alle sein Kraftfeld aufnehmen konnten. Er war von Butterlampen umgeben, und man machte Pujas rund um die Uhr, während die Besucher kamen und gingen. Die nächsten Wochen würde nichts Neues geschehen, und da außerdem unsere Visa abgelaufen waren, nahmen Hannah und ich die Gruppe mit nach Nepal. Dort wollten wir den Segen von Lopön Tsechu entgegennehmen, und Ayang Tulku war bereit, einen Kurs über das Bewusste Sterben zu geben.

Nepal

Indien

Für die Verbrennung Karmapas, die etwa anderthalb Monate später stattfinden sollte, waren die Inder einmal großzügig und öffneten die Grenzen nach Sikkim. Mit einigen Taiwanesen, die wir nach Indien geschmuggelt hatten, kamen wir am 17. Dezember wieder in Rumtek an.

Diesmal waren wir nicht die einzigen Weißen. Hunderte unserer Freunde und zu unserer Überraschung auch viele Amerikaner von der Westküste – meist ältere Leute – waren erschienen. Das Militär hatte Zelte mit Feldbetten und Wolldecken bereitgestellt. Jeder Augenblick wurde voll genutzt. Hannah übersetzte für die Linienhalter. Es tat gut, so vielen von der Größe Karmapas, die wir über die Jahre erlebt hatten, zu erzählen. Er hatte oft gesagt, dass seine 17. Wiedergeburt noch besser werden würde als die jetzige, und unsere Antwort war immer gewesen: „Wenn er so gut wird wie du, genügt uns das."

In einem stillen Augenblick zog mich Barbara Pettee zur Seite und fragte: „Hast du das Papier gesehen, das der Generalsekretär die Vertreter einiger Zentren unterschreiben lässt?" Das hatte ich nicht. Es war eine bemerkenswerte Geschichte, die da Form annahm, bis wir in sein Büro gingen und ihn zur Rede stellten. Während unserer Zeit in Kathmandu war Trungpa Tulku mit einigen seiner Schüler angekommen.

Die fünf Rinpoches

Sie hatten als Erstes dem Generalsekretär, der kein Englisch verstand, 10.000 Dollar in bar geschenkt und ihn dann unterschreiben lassen, dass Boulder und nicht Rumtek bis zur Auffindung des neuen Karmapas das Kagyü-Hauptquartier sein solle. Zuletzt hatten sie die Unterschriften der vier Linienhalter ausgeschnitten und darunter geklebt. Das war ernst. Sie waren zwar eindeutig betrunken gewesen, was viele in Rumtek erschüttert hatte, aber das war keine Entschuldigung. Jetzt galt es wieder, die Linie sauber zu halten. Ich sprang die Treppe zum Büro des Generalsekretärs hoch und verlangte, das Papier zu sehen. Der verehrte Kleinkönig aus Tibet war solches Benehmen nicht gewohnt. Klugerweise hielt er das Papier außerhalb meiner Reichweite und schob es dann ganz schnell wieder in die Schublade. Der Klebestreifen zwischen den Unterschriften war deutlich zu sehen, es war eine echte Fälschung. „Wenn du das jemals rausschickst, kannst du Europa abschreiben!" sagte ich. „Wir folgen Rumtek und wollen nichts mit Boulder zu tun haben." Er war klug genug, es nicht zu veröffentlichen, und fand wohl später selbst heraus, wie sehr er missbraucht worden war. Barbara Pettee, die Mutter des Buddhismus an der Westküste, war an diesem Tag wichtiger als je zuvor. Sie schützte wirklich unsere Linie.

Am 19. Dezember blieben die meisten die Nacht über bei den Pujas. Karmapas Körper war aus dem Mandala herausgeholt worden. Statt während der 45 Tage, die er in dem warmen Raum gesessen hatte, zu verwesen, war er ganz einfach geschrumpft. Er saß jetzt in einem etwa 50

Bei der Verbrennung

Zentimeter hohen Kasten dem Altar gegenüber. Man konnte durch ein Fenster hineinschauen, doch keiner nutzte die Gelegenheit. Wohl wissend, dass ich diese Geschichte später würde erzählen müssen, schaute ich hinein, lange und genau. Ein dünner Schleier hing über seinem Gesicht, das sich kaum verkleinert hatte, während der Rest von seinem ehemals kräftigen Körper kindsgroß war. Nach den „Diamantgesängen der Kagyü-Meister" und einer Meditation auf den 8. Karmapa trug man den Holzkasten hinaus und stellte ihn in eine neu gebaute Stupa. Sie steht auf der Dachterrasse des Klosters zwischen dem baumreichen südlichen Schützerberg Rumteks und den schneebedeckten Bergspitzen jenseits des Sikkim-Tals, die die Grenze nach Tibet bilden.

Tatsächlich hatte Karmapa seinen Körper für eine Aufbewahrung vorbereitet, wie üblich bei den höchsten Lamas Tibets. Unser erster Lehrer Lopön Tsechu nahm an, dass so spätere Schwierigkeiten in der Linie hätten vermieden werden können. Kalu Rinpoche hatte aber darauf bestanden, dass der Körper verbrannt wurde, und die jungen Linienhalter, ohne viel Erfahrung auf dem Gebiet, folgten seinem Rat. Dann wurde ein Flüchtling aus Tibet geholt, ein Mönch, der keine Verbindung zu diesem Karmapa gehabt hatte. Nur einer wie er durfte die Stapel aus trockenem Sandelholz anzünden, die unter der Stupa aufgeschichtet waren. Zehntausend Menschen aus der ganzen Welt hielten den Atem an, als die Flammen sofort mehrere Meter durch die Stupa hoch schlugen. Wir standen mit bester Aussicht über die Schneeberge. Uns gegenüber, hinter der Stupa, waren Lopön Tsechu, Kurt und andere Freunde.

Lopön Tsechu Rinpoche machte mir gegenüber im Juni 1993 in Basel eine wichtige Aussage zu den Geschehnissen und rief später in Schwarzenberg Tomek zu sich, um sie nochmals zu bestätigen. Diese Auskünfte des ersten Lehrers von Hannah und mir sind niemals früher veröffentlicht worden. Da sie so unterschiedlich sind zu den Behauptungen, die Tai Situpa und seine Schüler machten, werden hier Lopön Tsechus Worte genau wiederholt, und ich bitte, sie zu beachten: „Ich hielt mich auf der Nordseite der Stupa auf, in der die Verbrennung stattfand. Rechts von mir stand der Khampa-Lama Namkhai Dorje und links der Khampa-Lama Drunye Ngödrub. Kein anderer Rinpoche oder Linienhalter war in der Nähe. Plötzlich kam uns aus der Öffnung der Stupa eine brennende Kugel entgegen, es war Karmapas Herz. Sie landete vor mir und hörte sofort zu brennen auf. Die anderen wollten sie wieder in das Feuer geben, aber ich sagte, dass das Herz erhalten werden solle, wenn es schon herausgerollt sei und von selbst zu brennen aufgehört habe. Also hob ich es auf einen metallenen Teller, den ich auf die Stupa stellte. Später kamen die Linienhalter und viele Lamas aus der Puja heraus und gingen um die Stupa. Sie sahen das Herz, und Situpa sagte, dass er es haben müsse. Er nahm es mit in sein Zimmer. So geschah es und nicht anders."

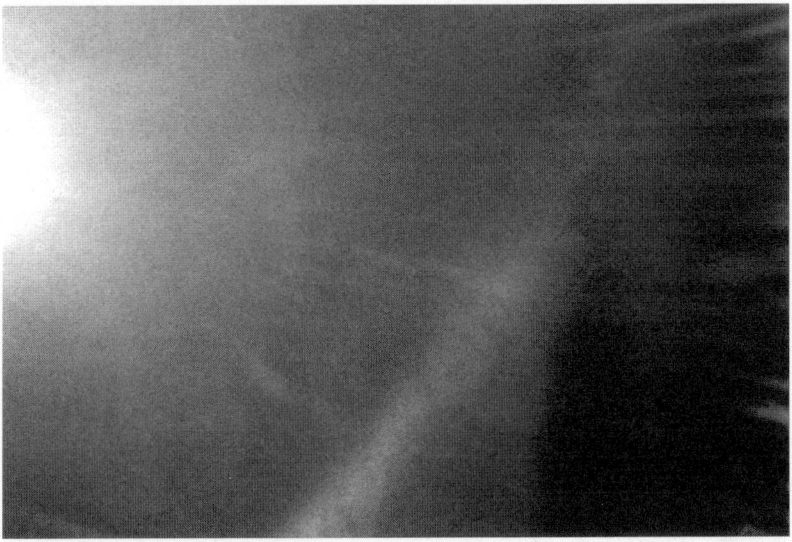

Der Regenbogen um die Sonne

„Ein Regenbogen!"

Plötzlich, während der Verbrennung, entdeckten wir einen riesigen doppelten Regenbogen. Er stand um die Sonne am ansonsten sehr klaren und trockenen Winterhimmel, was auch dort sehr ungewöhnlich ist. Eine Frau aus Hamburg machte Fotos, auf denen mehrere sogar die Umrisse von Karmapas Gesicht in den Strahlen erkennen.

Ein riesiger Adler flog währenddessen am klaren Himmel. Er drehte zwölf große Runden und zog dann Richtung Südwesten. Dies gefiel den Westlern sehr, passte aber nicht zu den Vorstellungen der Tibeter, bei denen der Geier der edelste Vogel ist. In der nächsten Ausgabe der Rumtek-Zeitung wurde das Geschehen deswegen so beschrieben: „Ein Geier, der wie ein Adler aussah, drehte die ganze Zeit Kreise über dem Feuer." Einige Belehrungen sagen, dass Geier Bodhisattvas sind, und es ist wenigstens gefühlsmäßig klug, Gutes über diejenigen zu denken, die wohl am Ende den eigenen Körper verzehren werden. Weise Katholiken sollten Würmern gegenüber eine ähnliche Einstellung entwickeln.

Die Verbrennungs-Stupa

Viele Geschehnisse wurden in einem Film von dem Engländer Marc Elliot festgehalten, der später im Auftrag Dharmadhatus die hellen Köpfe meiner Schüler in Kleinstarbeit herausschneiden musste.

Die Stupa wurde versiegelt, und ein paar Tage später konnte man Situpas Raum betreten, in dem zur allgemeinen Verwunderung Karmapas Herz aufbewahrt wurde. Er wollte es sogar in den westlichen Himalaya mitnehmen. Das passte dem Generalsekretär nicht, und er holte das Herz gegen Tai Situpas Willen zurück. Er stellte es in Karmapas Reliquienraum, wo es jetzt durch eine Stupa geschützt allen zugänglich ist. Damals nahm man das Energiefeld auf, indem man mit dem Scheitel die Mitte des Regals berührte. Der meterweite Abstand machte keinen Unterschied, es war unglaublich stark.

Hannah fand eine Stelle zum Meditieren und war für Stunden verschwunden. Ich selbst wollte für ein einziges Mal in meinem Leben alleine sein. Doch da ich „öffentlicher Besitz" bin, war dies unmöglich. Wie betäubt taumelte ich an den Freunden vorbei, die alle etwas fragen wollten, und antwortete „Ja" und „Nein" in jede Richtung, sicher oft an den verkehrten Stellen. Erst zwischen einigen Lastwagen konnte ich alleine

„Wenn ich Buddha bin, ist er Ananda."v.l.n.r. der König von Nepal, Karmapa und Lopön Tsechu

sein, und da floss das Wasser aus meinen Augen wie nie zuvor. Am härtesten traf mich, dass Karmapa jetzt so klein war. Hier verstand ich die Tiefe unseres ersten Lamas, Lopön Tsechu, der seit seiner Ankunft in Rumtek ständig nasse Augen hatte. Er wusste wirklich, was ein Karmapa ist. Als wir im Frühling 1970 bei ihm in Nepal geblieben waren, hatte Karmapa bei seinem Abschied gesagt: „Wenn ich Buddha bin, ist er Ananda“ (sein liebster Schüler).

Während dieser Tage der größten Empfindsamkeit beging unsere Linie einen politischen Fehler, der uns einige Jahre verfolgen sollte. Zu einer allgemeinen Kagyüpa-Begegnung wurden nur Karma-Kagyü-Lehrer als Redner vor der oft sehr betuchten Zuhörerschaft eingeladen. Dieser Formfehler war sicher der Trauer um Karmapa zuzuschreiben, aber den Vertretern der anderen Schulen gegenüber blieb es schlechter Stil. Sonst war es wie bei einem Familientreffen. Jeder lobte seine eigene Arbeitsweise als richtungsweisend für die Zukunft, Kalu Rinpoche beispielsweise pries seine Mönchszurückziehungen. Mein wichtigstes Anliegen war die 16. Karmapa-Meditation. Durch sie konnte Karmapas Segen überall empfangen und gehalten werden. Ich sagte, dass sie einen ständigen Zugang zu seiner zeitlosen Essenz bringe, egal, ob diese gerade einem Körper innewohne oder nicht. Jetzt sei es an der Zeit, hart und selbständig zu arbeiten, damit wir dem künftigen Karmapa eine größere und reifere Sache in die Hände legen könnten. Dies ist auch tatsächlich an den Stellen geschehen, wo man diese Karmapa-Meditation anbietet und die Bände hält. Die Gruppen, die dagegen steif wurden, Gerüchte säten oder glaubten, klüger zu sein als ihre Lehrer, verschwanden während der folgenden Jahre oder blieben als leere Hüllen zurück. Sie waren sowieso mehr durch ihre Abneigungen als durch Wärme und Freude gezeichnet. Jährlich wächst mein Mitgefühl für die armen Lehrer, die stolze Schüler um sich scharen.

Am 27. Dezember 1981 wurde die versiegelte Stupa geöffnet. Sie war voller Reliquien. Erst holte man die großen und besonderen Teile heraus, die überhaupt nicht verbrannt waren: seine Augen und die Zunge. Sie enthalten die Energie seines Körpers und seiner Rede, während das Herz die Kraft seines Geistes trägt. Man fand Knochenstücke mit Mantrasilben darauf, und am verwunderlichsten war vielleicht, dass sein Sitz während der Verbrennung heil durch das Flammenmeer gekommen war. Der Kraftkreis Höchste Freude, auf dünnem Baumwollstoff gedruckt, war immer noch zu sehen. Nur die Ecken waren angesengt, und in der Mitte war deutlich der Abdruck eines Kinderfußes zu erkennen. Einige sehr ungewöhnliche Dinge waren in den Flammen geschehen. Künzig Shamarpa gab uns als Abschiedsgeschenk etwas von der Asche mit, aus der ich die darin enthaltenen kleinen Goldkugeln, weißen Perlen und Knochensplitter herausnahm. Als ich später in Dänemark die Asche untersuchte, hatte sie sich von selbst wieder mit ähnlichen Reliquien aufgefüllt. Der Kraftkreis reiste also mit, der Segen ging nie verloren. **Dänemark**

Nach Karmapas Tod waren eigentlich alle wie benommen. Einige Monate lief die Arbeit gewohnheitsmäßig weiter, und nur allmählich löste die Freude der noch größeren Verantwortung das taube Gefühl unseres Riesenverlustes ab. Karmapa bedeutete für uns: jeden Wunsch erfüllen, den er geäußert hatte, und zugleich seinem Kraftkreis und der eigenen Weisheit vertrauen. Während der Verbrennung hatte ich die klare Sicht einer Weltkarte gehabt. Darauf zeigten zahlreiche Lichtpunkte die künftigen Zentren der Linie. Dort würden wir Karmapas Arbeit weiterführen.

Im Westen ging es nun um Vertrauen! Unsere Freunde mussten wissen, dass sie noch voll mit Karmapa rechnen konnten. Seine Wahrheits-, Freuden- und Schutzebenen waren so zugänglich wie immer, und die Meditationen würden dieselben Ergebnisse bringen wie vorher.

Wir luden Gyaltsab Rinpoche, den jüngsten der vier Linienhalter, nach Kopenhagen ein. Er war von allen am sichtbarsten getroffen. Jamgön Kongtrul Rinpoche hatte Hannah gebeten, seinen Reiseplan zu machen. Von Kopenhagen aus sollte er nach Norden und Süden reisen. Wir fuhren Gyaltsab Rinpoche und seine beiden bärenhaften Lamas durch die Schneemassen Skandinaviens. Danach übersetzte Hannah auch für ihn in Deutschland, während mich Gabi und Tina begleiteten.

Die Hälfte des Jahres, wenn Hannah woanders beschäftigt ist, sind meine Begleiterinnen unersetzlich. Wenn ihr „Nomadenkarma" verbraucht ist, werden diese begabten Frauen oft Lehrerinnen und unsere nahen Vertreterinnen in den Zentren, in denen sie sich dann niederlassen. Selten nur verliert sich miteinander geteilte Nähe, und aus den gehaltenen Bänden entsteht lebendiger Buddhismus.

In Danzig, die Stadt der klarsten Polen, gab es freudvolle Arbeit. Die Minenarbeiter in Schlesien waren wohl ebenso tapfer. Dankbar für den Geschmack der Freiheit wollten die 2.000 Studenten und Professoren im **Polen** riesigen Hörsaal der Universität mit ihrem Beifall nicht aufhören. Mein Vortrag war die erste öffentliche Versammlung nach der Aufreibung der „Solidarität“ und der Einführung des Kriegsrechts. Tomek, heute meine rechte Hand rund um die Welt, und seine süße Schwester Maggie hatten echten Mut gezeigt. Die Geheimpolizei hatte schon ihre Familie besucht und gesagt, dass sie für alle Äußerungen verantwortlich seien, die ich machen würde. Umgeben von Wasserwerfern und Bereitschaftspolizei in voller Ausrüstung genoss ich es, die Schwächen des Materialismus und Dirigismus bloßzustellen und die Vollkommenheit des freien Geistes zu loben. Der Augenblick der Entscheidung kam, als ich sagte: „Ihr sollt froh sein, dass euer System nichts bringt. So gebt ihr wenig Kraft dort hinein und könnt leichter zu inneren Werten finden.“ Die deutlich erkennbaren Polizisten standen schon halb auf, da sie aber auch Polen waren, dachten sie kurz nach. Den Kopf schüttelnd, setzten sie sich wieder hin. Ich hatte ja Recht.

In dieser Stadt war unsere Verbindung besonders nah zur „Solidarität“, und wir brachten regelmäßig Auskünfte zu beiden Seiten der Grenze. Unsere Wohnung lag unmittelbar gegenüber dem „Solidarität“-Hauptquartier, das von verschlissenen Arbeitern in riesigen schwarzen Mänteln umstellt war. Sie hatten keine Waffen, würden aber das Gebäude mit ihren Körpern schützen. Eine Haupterfahrung meines Lebens bewahrheitete sich übrigens auch in den frühen 90er Jahren in Polen: Die Freunde, die während der Unterdrückung für die Freiheit kämpften, sind heute feste Stützen unserer Arbeit, während die, die sich fügten und vor den jeweiligen Mächtigen kriechend absahnten, auch heute von keinem Nutzen sind. Sie haben uns glücklicherweise in diesen Jahren verlassen.

Danach geriet Zentraleuropa in eine unschöne tibetische Angelegenheit, die wir sehr gerne vermieden hätten. Es war aber unmöglich, keine Stellung zu beziehen. Ich werde hier versuchen, beide Seiten so klar wie möglich darzustellen: Die Ursache der Krise lag in der Gewohnheit mancher Lamas, sogar als Gast in fremden Zentren um deren Unterstützer zu werben. Vielleicht waren das die Spielregeln in Tibet, und man wusste sich dagegen zu wehren, doch im Westen wirkt so etwas schädlich und verwirrend. Während seines letzten Aufenthaltes in Europa hatte Ayang Tulku bereits als Karmapas Gast viele durch diese Eigenschaft enttäuscht. In Ostasien, unter den oft unfassbar reichen Chinesen, ging er damit zu weit. Er zielte offensichtlich darauf, Karmapas Unterstützer zu seinen eigenen zu machen. Die Chinesen der alten Schule meditieren kaum, haben aber eine ausgeprägte Gönnertradition. Schlau wie sie sind, ist für sie Buddha die einträglichste Bank. Fast alle beuten ihre Arbeiter schamlos aus und wollen dennoch durch die großzügige Unterstützung der Klöster gutes Karma erwerben. Sie waren entsetzt, dass ein Lama, der auf Karmapas Empfehlung die Zentren bereiste, so offensichtlich gegen Karmapa arbeitete.

Als Ayang Tulku bei den Chinesen in Los Angeles ankam, wurde er zunächst auf höchster Ebene empfangen. Dann holten ihn aber einige Gerüchte von den Philippinen ein, und nun gab es eine Matratze auf dem Boden, Mahlzeiten aus der Pizzeria und keinen Diener mehr. In New York geschah das gleiche, und auch als er sich die Adressenlisten von Karmapas Gönnern für das Woodstock-Projekt geben ließ, blitzte er bei diesen ab. Ayang Tulku vermutete, dass Künzig Shamarpa seine Versuche vereitelt hatte, und wurde richtig sauer auf ihn. Wie uns Künzig Shamarpa aber später anvertraute, brachte tatsächlich der eher unbemerkt arbeitende Jamgön Kongtrul Rinpoche die Chinesen auf Ayangs Fährte.

Deutschland 1982

Im Sommer 1982 hielt Künzig Shamarpa ein großes Treffen in einem Schloss bei Bonn ab. Ayang Tulku versuchte es mit einer Gegenveranstaltung bei Köln. Als nur wenige kamen, erschien er während einer Einweihung in dem Schloss. Er fühlte sich bei seinem Eintritt nicht genügend gewürdigt und war sehr aufgebracht, als wir in sein Zimmer traten und freundlich fragten, wie seine Fahrt gewesen sei. Die Stilblüten seiner Wortwahl sind nebensächlich, doch der Inhalt seiner Aussage war: Wenn die eifersüchtige Behinderung seiner Arbeit nicht aufhöre, werde er die Verbindungen, die er während seiner drei Jahre als Politiker in der Dharamsala-Regierung aufgebaut habe, gegen uns einsetzen; er werde Karmapa als Oberhaupt aller Kagyüpas absetzen lassen. Das war eine ernste Sache, für die ich unter keinen Umständen zuständig sein wollte. Da wir die uralten Machtintrigen Tibets kaum kannten und es so deutlich „no sex and no money“ in den meistens aus übergewichtigen älteren Herren bestehenden Machtgruppen der Tibeter zu holen gab, wollten wir auch nichts davon wissen. Also sprang ich zu Künzig Shamarpa, und nach einem Bad so starker Gefühle war es ein Erlebnis, in sein leicht ironisches, königliches Kraftfeld einzutreten. Viele erleben dieses als kritisch, was es aber immer seltener ist. Als ich nach

Beschreibung der Lage Ayang Tulku zu ihm brachte, erwartete ich, dass sie einen Weg finden würden. Es war mit uns Kagyüpas ja bisher alles so gut gelaufen.

Was ich damals nicht wusste, ist die Tatsache, dass gerade die am besten ausgebildeten Tibeter Probleme lieber totschweigen, als dass sie sie aus der Welt schaffen. Sie sind auch viel zu sehr Gentlemen, um im Privatleben anderer zu graben oder ihre Schwächen bloßzulegen. In diesem Fall – wie sich später herausstellte – waren die beiden Rinpoches leider nicht über den gewöhnlichen Höflichkeitsaustausch hinausgegangen.

Dänemark

Eines Morgens, während wir in Kims Firma gerade vom nächsten Schwimmbad sprachen, das ich ausheben sollte, kam Kim aus Tibet zurück. Er hatte seine Mutter zu einer der teuren Touristenfahrten eingeladen, die die Chinesen zu dieser Zeit erstmals zuließen. Tibet war einfach die Stelle in ihrem Machtbereich, für die die „weißen Teufel" bereit waren, das meiste Geld auszugeben. Vor seinem Abflug hatte ich ihn gebeten, einen Gau, wie ihn die Tibeter als Reisealtäre verwenden, mitzubringen. Ich wusste, dass es darin ein Zeichen für mich geben würde. Kim vergaß niemals seine Freunde, und ich wollte sofort wissen, was in der handflächengroßen Silberdose mit der tiefroten Riesenkoralle war. Sie enthielt tatsächlich einen Segen und eine Bestätigung, die mich vor Wonne erschauern ließ: Als meine erste unmittelbare Verbindung mit Tibet in diesem Leben fiel mir zusammen mit einer riesigen Langlebenspille die Form unseres Schützers Schwarzer Mantel in die Hand. Die kleine Statue wird in Tibet selten abgebildet. Während andere Schützer oft für mehrere Schulen tätig sind, arbeitet Schwarzer Mantel nur für Karmapa und drückt seine Tatkraft aus. Erst als Buddhas Lehre im Westen ankam und unsere kleine Verwirklicher-Linie sich um die Welt verbreitete, wurde diese Form der bekannteste Schützer. Karmapa nannte mich bei seinem Namen; ich hatte diese riesige Kraft schon immer gekannt. Ich war außer mir vor Freude, dass unter den unzähligen Buddhas Tibets gerade Schwarzer Mantel erschien, gekauft von einem Khampa-Krieger, dem Kim in Lhasa begegnet war. Ein deutlicheres Zeichen konnte es nicht geben. Später wurden in Witten Abdrücke dieser Form für unsere Zentren gemacht. Die ursprüngliche wechselt heute zwischen Schwarzenberg und Kopenhagen.

14. Künzig Shamar Rinpoche Mipham Chökyi Lodrö (geb. 1952)

Shamarpa ist der zweithöchste Lehrer der Karma Kagyü Linie. Er wird historisch auch „Rothut-Karmapa" genannt, da seine Inkarnationslinie seit jeher in engster Verbindung mit derjenigen der Gyalwa Karmapas steht.

Mipham Chökyi Lodrö wurde 1952 in Tibet geboren und als Vierjähriger als Wiedergeburt des 14. Shamarpa anerkannt. Gemeinsam mit dem 16. Karmapa verließ Shamar Rinpoche Tibet und begleitete ihn fortan bis zu seinem Tod 1981. Künzig Shamar Rinpoche erhielt bis 1979 die gesamte Ausbildungen und Übertragung vom 16. Karmapa und führte nach dessen Tod die zahlreichen durch ihn initiierten Projekte weiter. So begründete er das Karmapa International Buddhist Institute (KIBI) in New Delhi mit und leitete es später, an dem sowohl Laien-Buddhisten als auch Mönche ausgebildet werden; außerdem lehrt er weltweit den Diamantweg-Buddhismus in zahlreichen Zentren. Er erkannte 1994 die 17. Inkarnation des Karmapa, Thaye Dorje, an.

Beru Khyentse Rinpoche (geb. 1947)

Beru Khyentse Rinpoche wurde mit acht Jahren vom 16. Karmapa Rigpe Dorje als die Geist-Ausstrahlung des bekannten Lamas Jamyang Khyentse Wangpo (1820-1892) erkannt, einem bekannten Meister der so genannten „Rime"-Bewegung. Vom osttibetischen Kloster Nangchen floh er im Alter von 13 Jahren nach Indien, wo er sein umfangreiches Studium bei hohen Lehrern unterschiedlicher Linien fortsetzte. Dazu gehörten Kalu Rinpoche, der 16. Karmapa, Khunu Rinpoche, die Linienhalter der Sakya- und Nyingma-Traditionen, Sakya Trinzin und Dilgo Khyentse Rinpoche. Seine Studien schloss er mit einer 4-jährigen Zurückziehung ab.

Er gründete buddhistische Klöster und Studienzentren in Indien (unter anderem in Bodhgaya, wo er zweimal dem 17.Karmapa „Hotel" bot), Nepal und Tibet bzw. baute sie wieder auf. Zu den geografischen Schwerpunkten seiner Lehrtätigkeit gehören Südostasien, Australien und Neuseeland. Er ist der Vater der Wiedergeburt des 3. Jamgön Kongtrul Rinpoche.

Dharma Cakra Centre,
Rumtek GANGTOK
Sikkim, INDIA TEL: 363

H. E. SHAMARPA RINPOCHE

Date: 14. 6. 1982

I hereby request Ole Nydahl of Copenhagen, Denmark, the first western disciple of H.H.the Karmapa and the Co-founder and organizer of most European KARMA-KAGYÜ-Centres to do a first lecture-tour of our S.E.Asian, African and American Centres to teach meditation, bring new people to the DHARMA and share his experience of Buddhisme in our daily lives.

I would be grateful if you would help him on his way and organize teachings at universities, with groups of interested people and at our centres.

Shamarpa.

H.E.Shamarpa Rinpoche

Die Firma wächst weltweit

Das Jahr 1983

- Die UdSSR schießt eine koreanische Verkehrsmaschine in ihrem Luftraum ab mit 269 Passagieren, davon 69 US-Bürgern. Der Protest ist eher verhalten, und der Fall wird im Laufe der Folgejahre heruntergespielt, weil Spionagetätigkeit während dieses Fluges nicht nur vermutet werden darf.

Das Jahr 1984

- Indische Truppen stürmen das Heiligtum der aufständischen Sikh, den Goldenen Tempel von Amritsar. Indira Gandhi wird von ihrer Sikh-Leibwache ermordet (als sie gerade Peter Ustinov ein Interview geben will).
- Schlimmste Chemie-Katastophe der Geschichte im indischen Bhopal.
- Der Vertrag über die Rückgabe von Hong Kong an China im Jahre 1997 wird zwischen Großbritannien und China ausgehandelt.

Das Jahr 1985

- Neuer Parteichef KPdSU wird am 11.3. Michail Gorbatschow als Nachfolger des verstorbenen Tschernenko; er ist ein Günstling des vor zwei Jahren verstorbenen Andropow. Gorbatschow lobt Gromyko auf die Position des Staatsoberhauptes hoch und besetzt das Außenministerium mit dem Georgier Schewardnase. Neuer Ministerpräsident der UdSSR wird der Wirtschaftsexperte Ryschkow.
- Die Umweltminister der EG einigen sich auf die stufenweise Einführung von Katalysatoren zur Abgasreinigung bei Kraftfahrzeugen.

USA 1982

Auf die nächste Amerikareise im Herbst 1982 kamen Hannah, meine Mutter, Gabi und Friedel aus Wuppertal mit. Shamarpa gab in Woodstock Belehrungen; anschließend hatten wir neun Tage Zeit, den Überführwagen zur Westküste zu bringen.

Die Tage in Los Angeles waren schlecht für unser bis dahin neutral-freundliches Verhältnis zu Bhagwan Shree Rajneesh. Während wir warme gebrauchte Kleider für die tibetischen Flüchtlinge einpackten, erschien der Guru im Fernsehen in einem langen weißen Gewand und redete gefühlstriefenden Unsinn. Seine wichtigste Behauptung war, alle Religionen seien dasselbe. Man muss nur des Lesens mächtig sein, um festzustellen, dass dies einfach nicht stimmt. Ich hatte immer gedacht, er sei als ehemaliger Professor wenigstens philosophisch auf einer klaren Ebene und brächte ein paar verklemmte Leute dazu, sich mehr zu lieben. Sein Benehmen war aber erstaunlich künstlich und aufgesetzt. Es war schwierig, sich einen stärkeren Gegensatz zu dem einfachen und natürlichen Stil der meisten tibetischen Lamas vorzustellen. Das tat mir Leid, denn die Welt braucht gute Lehrer, und er hatte ja Einfluss auf Tausende.

Auf der reizvollen Küstenstraße von San Louis Obispo nach Santa Cruz hörten wir, dass Bokar Tulku auf dem Weg nach Dänemark sei. Er war ein ausgezeichneter Meditationslehrer, der lange die Zurückziehungen in Rumtek, Sonada und Mirek leitete. Bokar Tulku war von Kim zum ersten Mal in den Westen eingeladen worden. Hannah sollte übersetzen und kehrte zurück nach Dänemark; ich flog zum ersten Mal nach Japan und zu den freien Exilchinesen.

Japan

Cesar und Yoshiko warteten am Flughafen in Tokio. Cesar war nun zweiter Mann – „Minister" – in der mexikanischen Botschaft. Die beiden wohnten mitten in der Stadt. Japan ähnelte einem gut gepflegten Minigarten, und die Menschen benahmen sich wie in einer Kaserne, äußerst genau. Es gab keine weit ausholenden Armbewegungen oder lautes Lachen, keine „Flips"; man erfüllte einfach seine Stellung in der Gesellschaft. Da sie wussten, wie gerne ich Auto fahre, überließen sie mir das Steuer, aber das erforderte etwas Kopfarbeit. Die Japaner fahren links und bemalen am liebsten die halbe Fahrbahn mit Beschränkungen.

Ich hatte vor, endlich „Die Buddhas vom Dach der Welt" ins Dänische zu übersetzen und entgegen allen Vorstellungen die Lehre in Japan in Gang zu bringen. Der Buddhismus in diesem Land ist vor allem politisch und weltlich gefärbt. Die Menschen besuchen die Tempel, um Geld und Macht zu erbitten, oder schließen sich in kleinen extremen Gruppen zusammen. Diese behaupten dann allen Ernstes, dass Buddha nur ein Sutra, nämlich ihres, gelehrt hätte, und dass alle anderen fehlerhaft und ohne Bedeutung seien. Danach ziehen sie sich Roben an und wandern gemeinsam um den Häuserblock: die „geistige Übung der Woche".

Kurz vor meiner Ankunft hatte bereits Kalu Rinpoche Japan besucht. Alle wichtigen buddhistischen Lehrer hatten ihm geschrieben und für sein Kommen gedankt. Im nächsten Satz stand jedoch, dass sie leider keine Zeit hätten, ihn zu treffen, und obwohl der Besuch überall angekündigt worden war, kam keiner zu ihm. So flog Kalu Rinpoche nach drei Wochen wieder nach Indien zurück.

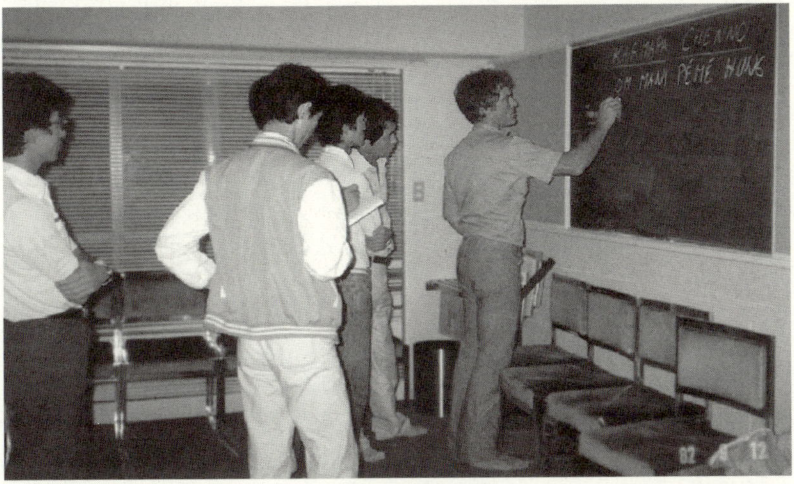

„Unterricht" in Nagoya

Um an Tokios Universitäten unterrichten zu können, bedurfte es eines „Gütestempels" des ansässigen tibetischen Komitees. Dies hätte Monate gedauert, weil es mit Dharamsala abgesprochen werden musste. Stattdessen nahm die gesamte mexikanische Botschaft, in der Cesar arbeitete, Zuflucht. Alle waren froh und überrascht zu sehen, dass es nicht nur Religionen gibt, die offenbart werden, sondern auch solche, die man selbst erfahren kann.

Einige Dutzend Westler kamen zu den Vorträgen, die ich in verschiedenen Tempeln hielt, und mehrere von ihnen nahmen Zuflucht. Bei den Japanern hatte ich nur unter den Damen Erfolg, und das auch nur bei einigen wenigen. Das Bewusstsein in Tokio wurde damals hauptsächlich von Nationalismus, Materialismus und Alkohol beeinflusst. Die kleinen Menschen dort lebten unter einem enormen selbst geschaffenen Druck und hatten nur wenig Zeit noch Kraft für geistige Entwicklung. Heute gibt es ein kleines Diamantweg-Zenrum in Tokio und ich besuche die Freunde regelmäßig.

In Nagoya war es anders. Dort wünschten wenigstens die Mitglieder eines Instituts, etwas zu lernen. Ich musste ihnen jedoch versprechen, sie nicht in Trancezustände oder Meditation zu versetzen. Eigentlich waren sie rührend, sie zeigten mir einen schönen Shinto-Park und schenkten mir einen der Radarwarner, mit dem wir später viel Geld sparten. Akemi, die meine Freundin wurde, lud mich zu ihrer Familie ein – wohl das japanischste Heim, das ich je erlebt habe. Alles war auf kleinstem Raum säuberlich geordnet.

Die Nydahls

Nach Tokio zurückgekehrt, erwartete mich ein Riesenschock: Björn war an der Ostküste Amerikas von einem völlig betrunkenen Polen angefahren und lebensgefährlich verletzt worden. Er hatte 36 Knochenbrüche. Ich war schon beinahe wieder auf dem Weg zurück über den Stillen Ozean, als vier Mos nacheinander klar zeigten, dass Björn unter allen Umständen überleben würde. Am nützlichsten war es, die Buddhas zu bitten, dass er schnell und richtig zusammenwachsen möge. So startete ich eine Pilgerfahrt zu vielen Tempeln im Land.

Japan birgt ein großes kulturelles Erlebnis, vor allem die Städte Kyoto und Nara. Ihre Bauweise erinnert sehr an Bhutan. Cesar und Akemi waren für die öffentlichen Veranstaltungen zuständig, und nachdem das Buch fertig übersetzt war, zeigte mir Yoshiko die Innenstadt Tokios. Eigentlich war die Oberfläche des Landes fehlerfrei bis auf das eine Mal, als ich hinter eine Mauer schaute, wo ungefähr hundert „Gammler" in einer Reihe saßen. Es ging ihnen ausgesprochen schlecht. Wer sich in dieser Gesellschaft außerhalb der Normen bewegt, fällt wirklich tief.

Taiwan

In Taiwan wartete die Gruppe, die wir zu Karmapas Verbrennung von Nepal nach Sikkim geschmuggelt hatten. Vor allem Show Loong (Kleiner Drache) nahm sich meiner an. Sie verwaltete einen Tempel für eine uneheliche Tochter der letzten chinesischen Kaiserin. Diese frühere Generalin im Krieg gegen die Kommunisten und Kung-Fu-Meisterin Kunga Ani war damals eine stattliche, zähe Dame von über achtzig Jahren. Als Kind hatte sie jahrelang mit an den Füßen gebundenen Sandsäcken in einer Grube das Hüpfen üben müssen. Als diese dann eines Tages entfernt wurden, sprang sie meterhoch. Nach der Flucht hatte sie einen großen rotgelben Tempel in Taipei gebaut, dessen Ziegelsteine die Anrufung des roten Aspekts von Liebevolle Augen in tibetischen Buchstaben tragen.

Trotz der geografischen Nähe unterscheiden sich Taiwan und Japan grundlegend voneinander. Während Japan sich bezüglich Humor, Essen, Liebe oder Landschaft trocken anfühlt, ist Taiwan eher ölig.

Ich unterrichtete und wohnte im Tempel; tagsüber kamen die Leute für Segnungen, und am Abend hätten sie das am liebsten fortgesetzt. Sie wünschten sich alle ein langes Leben, gute Geschäfte, Söhne, und dass ihre Kinder die Prüfungen bestehen sollten. Als sie bemerkten, dass das meiste für sie sehr schnell in Erfüllung ging, obwohl ich im Vergleich zu den lebensverneinenden Heiligkeiten ihrer Geschichte so ziemlich das Gegensätzlichste war, kamen immer mehr. Ich sagte ihnen, dass meine Kraft Karmapas Segen sei, aber sie redeten lieber von meinem „Chi", wie sie es nannten, einer Art Lebenskraft, die bei den Chinesen die Dinge geschehen lässt. Wie die Taoisten unterscheiden sie nicht zwischen weltlichen und befreienden Kräften. War die Energie spürbar und half kurzfristig, waren sie zufrieden. Erklärte ich ihnen hingegen die höchste befreiende Einstellung, dass sie sich über die Dinge hinwegsetzen und aus allen Erfahrungen lernen sollten, zweifelten sie wohl an meinem gesunden Menschenverstand. Angenehmes als Segen und Unangenehmes als Reinigung zu sehen, lag ihnen fern. Erfüllten sich jedoch meine Wünsche für sie ganz schnell, entwickelten sie sehr starkes Vertrauen.

Es ist geschichtlich interessant, wie der tibetische Buddhismus nach China kam. Obwohl die Karmapas die chinesischen Kaiser vom 12. bis zum 18. Jahrhundert „menschlicher" machten und diese dafür mit großen Geschenken ihre Arbeit in Tibet unterstützten, blieben die höchsten Belehrungen in China nur unter wenigen Menschen. Die Machthaber wagten nicht, dem allgemeinen Volk den Diamantweg zugänglich zu machen. Sie fürchteten die riesigen Kräfte, die auf diesem Weg entstehen können, und behielten ihn deshalb lieber für sich. Ihren Untertanen ließen sie den Kleinen und den Großen Weg. Den gewöhnlichen

Chinesen erreichte der tibetische Buddhismus erst um die Jahrhundertwende, als das Kaiserreich zerfiel. Damals gab Kongka Rinpoche, ein Schüler des 15. Karmapa, seine Übertragung an Guru Han, Kunga Ani und andere klare Köpfe Chinas weiter. Als die Kommunisten 1949 das Festland endgültig eroberten, flüchteten sie mit Chiang Kai Shek nach Taiwan und gründeten dort Zentren. Anstatt zusammenzuarbeiten, kämpfen sie heute leider gegeneinander um Ansehen. Kunga Ani hat beispielsweise unter den Altchinesen eine schwierige Stellung, weil sie nicht lebenslang Nonne war.

Der Nationalfeiertag Chinas im Oktober, Ten Ten, wie er nach dem Datum (10.10.) heißt, war keine schöne Sache. So ein Schauspiel war meiner Altersgruppe in Westeuropa erspart geblieben. Hier marschierte das lebende „1984" von George Orwell einen Tag lang auf und ab. Auf dem Hauptplatz Taipehs stampften dichte Kolonnen stundenlang an einer Bühne mit dem Sohn von Chiang Kai Shek vorbei. Von Feuerwehrleuten bis hin zu Bäckern war das Volk vertreten. Alle waren um die 160 Zentimeter groß und hatten denselben Gesichtsausdruck. Die Eintönigkeit wurde nur von ein paar Kung-Fu-Auftritten unterbrochen. Die Leute verbogen Eisenrohre oder zersplitterten sich gegenseitig Bretter auf dem Kopf – dann ging der Gleichschritt weiter. Für einen gebildeten Westeuropäern war es nur furchtbar. Eine solche Menschenverachtung war uns bisher nur in den moslemischen Ländern begegnet. Die Chinesen jedoch schienen darauf stolz zu sein. Sogar die aufgeschlossene Show Loong verstand nicht, warum mich das Ganze so befremdete.

Die Einladungen häuften sich, aber die zehn Tage reichten nur für Taipeh. Dennoch konnte ich die ganze Insel besichtigen. Show Loong hatte sofort den anderen erzählt, dass ich einen Tag eher abreisen würde, und einen Bus zu ihrer Familie und Freunden im Süden der Insel gebucht. Innerhalb des hier sehr verknöcherten Buddhismus war sie eine zukunftsweisende Kraft.

China

Für Hongkong blieben zehn Tage Zeit. Die Briefmarken waren billig und wurden nicht wie in Indien wieder abgelöst und erneut verkauft. Von Hongkong wurde bei jedem späteren Besuch kiloweise Post nach Amerika und Europa verschickt, die auch immer ankam.

Ein paar Dutzend jüngere Chinesen besuchten meine Belehrungen. Sie waren froh, etwas für das Leben zu lernen. Es gab aber ständigen

Widerstand aus den Reihen der alten Geldgeber. Sie dachten, dass nur „Alleinschläfer" etwas zu lehren hätten. Langweilige, steife Leute waren der Grund, dass das Zentrum niemals ein Angebot für das – zumindest äußerlich – moderne Hongkong wurde. Von den reisenden Lehrern wurde es als Zwischenstation verwendet, während die Lamas, die dorthin versetzt wurden, bald flüchteten. Der Oberspuk an dieser Stelle war eine Mrs. Wong.

Thailand

In Bangkok segnete ich ein Kloster voll uralter Chinesinnen, Schülerinnen von Kunga Ani. Der ganze Bau fühlte sich unglaublich verstaubt an und lag mitten im Vergnügungsviertel Bangkoks. Ich gab das vorbereitende Bewusste Sterben und hätte auch sehr gerne Belehrungen über den Geist gegeben. Zum ersten Mal in meiner Zeit als Lama war es aber unmöglich, einen Übersetzer aufzutreiben. Die kleinen Damen hatten offenbar nicht das Karma dazu, und das tat mir Leid.

Hannah hatte für Bokar Tulku und den lächelnden Khenpo Dönyö in Skandinavien und Norddeutschland übersetzt. Wir begegneten uns in Heidelberg wieder, wo mit Ramona, Katrin, Christoph, Günther, Stephan und anderen Freunden in den frühen 90er Jahren endlich ein starkes Zentrum entstand. Von da ging die Fahrt durch Deutschland in Kims Zwölfzylinder-Jaguar. Unser nächstes Ziel war die schöne Sys, eine enge Freundin von Kurt, die in der Nähe des Münchner Olympiaparks wohnte.

Deutschland

Sie entwickelte die heutige Form unserer Zusammenarbeit und schuf mit ihrem Genie das Modell der „so wenig wie möglich und so viel wie nötig"-Organisation. Sie plante auch lange meine europäischen Reisen und nutzte ihr viel zu kurzes Leben einmalig. Vom spannenden Schwarzenberg aus, unserem Landzentrum im Alpenvorland, wo sich ständig ein großer Teil meines Herzens befindet, hielt sie unsere Welt zusammen. Schwarzenberg war unser aller Kleinod. Ich bin hier „Resident Lama" und die Stelle war ein Beispiel dafür, was Vertrauen, Freundschaft und Idealismus bewirken können.

Leider wurde einige Jahre später die Stelle wegen einiger stolzer Freunde in ihren Grundprinzipien erschüttert und einige verließen die Diamantweg-Gruppe. Das wäre mit Sys' Vorausschau und ihren Bindungsfähigkeiten sicher nicht geschehen. Nach einigen Jahren der Verarbeitung strahlt unser Schwarzenberg wieder und die Freunde kommen aus allen Himmelsrichtungen für Zurückziehungen, Kurse und Feste.

Bokar Rinpoche mit Kim und Khenpo

Italien Gere aus Bern hatte mich schon lange gebeten, einen Teil der italienischen Alpen bei Domodossola zu besuchen. Er hatte etwas gefunden, was ich unbedingt sehen sollte: ein verlassenes Dorf aus grauen naturbelassenen Steinen im schmalen Andronatal. Wir stapften eine Viertelstunde durch tiefen Schnee die Bergseite hoch, und der Weg lohnte sich: Meine Mos sagten eindeutig, dass wir die Stelle nehmen sollten. Mit schweizerischer Tüchtigkeit gründete er mit einigen Freunden schnell eine Dorfgemeinschaft, und Tenga Rinpoche half später, eine Stupa zu bauen, die man vom Tal aus sehen kann. Das Dorf heißt Bordo und zog vor allem Erziehungskünstler mit Kindern an.

Indien Mittlerweile war die nächste Reise in den Himalaya fällig geworden. Karmapas Stupa in Sikkim wurde eingeweiht. Diese vierte Pilgerfahrt sollte nur einen Monat dauern; fünfundsiebzig Freunde kamen mit. Mit viel Glück erreichten wir Sikkim am 20. Dezember 1982, dem Jahrestag von Karmapas Verbrennung. Wie üblich wohnten wir bei Lama Tsültrim Namgyal und seiner Familie. Eine große neue Stupa oben im gelben Schulgebäude enthielt die wichtigsten Reliquien, die während Karmapas Verbrennung entstanden waren. Fast alle aus der Gruppe hatten dort starke Träume.

Der Abschied des großen Dilgo Khyentse Rinpoche vom 16. Karmapa gehörte einer anderen Welt an: Zwei Riesen des Geistes begegneten sich. Er saß erst stundenlang unbeweglich auf einem Stuhl vor der Stupa, und als er zum Abschied seine Stirn wortlos dagegen lehnte, schien die Zeit stillzustehen.

Die Stupa mit Karmapas Reliquien

Beim letzten Besuch zeigte uns Jamgön Kongtrul Rinpoche eine neue Ausgabe des Magazins „Time", in der geschrieben war, dass Wissenschaftler bei einer großen Begegnung in der Stadt Zion neue „molekularbiologische" Behandlungsmittel gegen Krebs entdeckt hatten. Genau dort war Karmapa vor einem Jahr gestorben. „So arbeiten die höchsten Bodhisattvas", sagte Jamgön Kongtrul Rinpoche. „Sehr wenige mit einem Band zu Karmapa werden an Krebs oder an den anderen Krankheiten, die er auf sich nahm, sterben."

Dielgo Khyentse Rinpoche

Nepal

Nach Darjeeling nahmen wir den Bus über Land nach Nepal. Dort weihte uns Lopön Tsechu Rinpoche in eine wichtige vierköpfige Form der Befreierin ein. Tenga Rinpoche leitete eine ausgedehnte Pilgerfahrt zu den heiligen Stellen des Kathmandutals, und anhand eines dicken Buches erklärte er laufend ihre Kraftfelder. Es fühlte sich ungut an, dass die Mehrzahl der Stellen von Hindus übernommen worden waren, und wir stießen oft auf bewaffnete Soldaten, die nur Hindus einließen. Was für eine Erleichterung, diesmal nur kurz in den warmen Ländern zu sein. Inzwischen stießen uns der Schmutz und das mangelnde Mitgefühl der Menschen kräftig auf. Ihr Benehmen sorgte mit Sicherheit dafür, dass sie das nächste Mal wieder unter ähnlichen Umständen geboren werden. Ihr Verhalten macht verständlich, warum die Bevölkerungszahl der Länder immer fällt, wenn die Lebensumstände sich verbessern, und steigt, wenn alles bergab geht: Sehr wenige schaffen sich die Ursachen für eine gute Wiedergeburt. Eine Gesellschaft kann sich für Anzahl oder Wert der Bürger entscheiden. Beides gleichzeitig bekommt man nicht, und ein würdiges Leben für alle wird ohne eine scharfe Geburtenkontrolle in den armen Ländern niemals gelingen.

Lopön Tsechu Rinpoche

Schweden

In Europa wartete etwas Besonderes. Kalu Rinpoche hatte sich einladen lassen, mitten im kalten schwedischen Winter eine *Rad der Zeit*-Einweihung zu geben. Bei der früheren Einweihung in Paris war die Lautsprecheranlage ausgefallen. So hatten nur die Deutschen etwas verstanden, weil meine Stimme auch ohne technische Unterstützung gut durchdrang. Diesmal, in Stockholm, gab er die tiefsten und geheimsten Belehrungen über dieses Tantra. Es war eine wirkliche Einweihung, und wenn Kalu Rinpoche abends aufhörte, beantwortete ich

Fragen und erklärte den Zuhörern, welche Energien sie gerade empfangen hatten.

1983

Im Frühling 1983 wuchsen die Gruppen in Zentraleuropa. Helmut und Sabine aus dem Hamburger Zentrum brachten die große, rothaarige Edita mit. Sie half bei der Räumung eines Samye-Ling-gesteuerten Zentrums in Berlin, in dem man die an das Kagyüpa-Zentrum geschenkten Statuen unter Verschluss hielt.

Kalu Rinpoche vor Rad der Zeit

Zypern

Nach dem Besuch in Wien und in Norditalien war ich zweimal auf Zypern mit Maria Aliferi, der damals berühmtesten Schauspielerin Griechenlands. Sie hatte drei wöchentliche TV-Shows und verschaffte uns dadurch viele Zuhörer. Obwohl eine Menge Leute kamen, war auf Zypern wenig Boden für Buddhas Lehre. Wie sich später auch auf Malta zeigte, sind die Bewohner kleiner christlicher Inseln, die oft erobert wurden, geistig nicht besonders mutig. Als der Versammlung aufging, dass ich etwas grundsätzlich anderes als Christentum lehrte, fiel plötzlich mehrfach der Name „Makarios", und alle verschwanden. Er war der frühere Erzbischof und die politische Hauptkraft vom griechischen Teil der Insel. Wenn sogar Maria, die alle anbeteten, die Leute nicht halten konnte, muss er eine schlimme Geheimpolizei gehabt haben.

Zypern stand noch immer unter Schock. Täglich kamen alte Frauen in schwarzen Kleidern und fragten, ob ihre Söhne nicht doch irgendwo in einem türkischen Kriegsgefangenenlager überlebt hätten. Ich machte meine Mos damals noch mit Würfeln, und die Antwort lautete leider immer „Nein". Sie waren während des Angriffs 1974 getötet worden, als das türkische Heer 40 Prozent der Insel besetzt hatte.

Mit den vielen Neuen in Europa floss auch ein wenig Geld, vor allem halfen uns Freunde aus Winterthur. Das europäische Netz festigte sich.

Mitten im Wachstum erreichten uns immer öfter die Grüße Kalu Rinpoches. Er erinnerte uns daran, dass wir jetzt bald zu den großen Rinchen-Terdzö-Einweihungen erscheinen sollten, die er den Sommer über in Sonada geben würde. Ein Freund aus Frankreich brachte zusätzlich eine mündliche Einladung von ihm, und als kurz danach noch ein Telegramm von Gyaltsen, seinem Sekretär, ankam, war nichts mehr zu machen: Das traurige und ungesunde Indien rief wieder. Um der geistigen Entfaltung willen würden wir sechs Monate lang bei Monsunregen im Ost-Himalaya absitzen.

Indien

Tatsächlich war es eine sehr große Ehre. Kalu Rinpoche übertrug während dieser Zeit fast 2.000 Einweihungen, die Guru Rinpoche vor über 1.200 Jahren hinterlassen hatte. Dieser so genannte „Rinchen Terdzö" ist einer der größten Schätze des tibetischen Buddhismus.

Kalu Rinpoche gab uns ein geeignetes Zimmer für unsere Arbeit. Es lag zwischen dem Tempel, in dem die Einweihungen stattfanden, und den Häusern der vier Linienhalter, in Verlängerung von Kalu Rinpoches eigenem großen Kloster. Die Einweihungen hätten sehr erstklassig ablaufen können, wenn nur die Hälfte der Anwesenden teilgenommen hätte. Jeden Morgen um sieben Uhr begann Tenga Rinpoche mit den „Lungs". Das sind die rituellen Lesungen der Texte, die den Zugang zu ihrer inneren Bedeutung ermöglichen. Gleichzeitig erhält man damit die Erlaubnis, die Meditationen zu verwenden. Während dies in der einen Hälfte des großen Tempelraumes geschah, bereitete Kalu Rinpoche hinter einem Vorhang die Arbeit des Nachmittags in der anderen Hälfte vor. Von ein Uhr bis etwa sechs Uhr abends fanden dann die Einweihungen statt. Man wiederholte Mantras und wurde am Ende mit den aufgeladenen Gegenständen berührt. Kalu Rinpoche hatte vom 15. Karmapa die Kraftfelder dieser vielen Buddhas erhalten und gab sie nun weiter.

Unser Zuhause in Sonada

600 bis 1.000 Mitglieder der buddhistischen Himalayarassen zwängten sich täglich in den Raum. Nach langem Schieben und Drücken im

Prominente Schüler

Regen blieb das auch der Nase nicht erspart. Wir versuchten, die drei europäischen Sitzreihen in der Mitte freizuhalten. Sie sollten denjenigen einen Platz bieten, die an den Einweihungen teilnehmen oder meditieren wollten. Offenbar kamen die Einheimischen nur wegen des Segens. Sie schwätzten ständig und ließen ihre Kinder heulen, ganz gleich, was auf der „Bühne" geschah. Am schlimmsten war der Geruch, wenn alle plötzlich aufstanden. Diejenigen, die glaubten, der Himalaya sei von einsamen Verwirklichern bewohnt, erfuhren in diesen Monaten etwas Neues, obwohl die wahren Verwirklicher, die auch kamen, oft tief beeindruckend waren. Der Segen war riesig, und wir Westler lernten unsere Ausbildung schätzen und wurden gute Freunde. Fünf von uns erhielten die vollständige Übertragung, und ich hatte drei Kilo Bilder von unseren Freunden dabei, die jeden Segen mitbekamen.

Innerhalb der sechs Monate gab es eine dreiwöchige Unterbrechung, die wir für einen Taiwan-Besuch verwendeten. Alles klappte haargenau auf den Tag: In Hongkong erhielten wir unsere Taiwan-Visa, und ein Gönner bezahlte die Tickets. Im riesigen leeren Flughafen Taipehs wartete unser Übersetzer. Da ich Hannah mitbrachte, waren wir diesmal bei Guru Han und seiner Frau eingeladen. Sie wohnten in einem Reihenhaus für höhere Beamte, mitten in der Stadt. Mrs. Wong aus dem Zentrum wunderte sich, dass schon wieder ein Lehrer geflüchtet war. Ich gab einigen Splittergruppen Belehrungen.

Taiwan

Alle wollen zur Einweihung

Ich hatte mich schon das letzte Mal über Guru Han gefreut. Er vermied jede Politik und war ein selten reifer und ausgeglichener Chinese. Mir gefiel vor allem, wie er das Wachstum seiner Frau förderte und für sie einstand. In der chinesischen Kultur ist es für viele begabte Frauen sehr schwierig, weil sie nicht mit ihren Männern leben, sondern neben ihnen. Beide erfüllen die Erwartungen, die die Gesellschaft und die Rollenmuster an sie stellen, ohne sich jemals dabei richtig zu begegnen. Während die Männer weniger Nähe brauchen oder sich zu Geschäftszeiten ausleben können, gehen die Frauen allmählich kaputt. Wo eine Umarmung und etwas geteiltes Vertrauen Wunder wirken würden, werden sie nur daran gemessen, wie sauber ihre Häuser sind und wie gut die Kinder, vor allem die Jungen, ihre Prüfungen bestehen. Es tat weh, das mit anzusehen. Wie immer arbeitete ich dieser Einstellung so weit entgegen, wie die Kultur es erlaubte. Ich ging auf die Frauen ein und gab ihnen meine Kraft und Anerkennung.

Mit der Frau von Guru Han

Die Taiwaner erinnerten sich noch an die Kraft meines Segens; sie kamen ständig. Wir konnten auch breit arbeiten, da sich die Schüler vom letzten Mal noch nicht selbst zu Gurus ernannt hatten. Das geschah sonst sehr schnell unter den Chinesen und zerstörte gründlich jede Zusammenarbeit. Alles Wachstum ist vorbei, wenn eine Gruppe von zehn Leuten in fünf Grüppchen von je zweien zerfällt, die sich dazu noch streiten.

Als Karmapas Vertreter mussten wir diesmal den Einladungen der ganzen Insel folgen. Ich war mit der Vorstellung gekommen, an ein paar Plätzen in die Tiefe der Lehre zu gehen. Gerade jetzt wäre die Zeit gewesen, einigen Laien mit starken Verbindungen zur Linie Anerkennung und Vertrauen zu geben, wenn wir bloß welche hätten finden können.

Der krönende Abschluss

Lebendiger Buddhismus braucht Menschen mit der Fähigkeit, andere zu begeistern; solche, die während des Lernens schon zu lehren wagen. Nichts ist überzeugender als erfahrene und selbständige Menschen. Sie prägen jede große Entwicklung viel stärker als die nur schulmäßig ausgebildeten Lehrer und sind auch heute die Kraftquellen unserer Zentren rund um die Welt. Bei der ausgeprägten geistigen Verbrauchereinstellung in Taiwan hätte es wohl mehr Zeit erfordert, dort eine größere Anzahl davon zu finden. Die Leute wählten das Seltene und Fremde, wünschten sich Roben und Weihrauch. Die meisten verspürten kein Verlangen nach der Quelle schnellen Vorwärtskommens – die nahe Zusammenarbeit mit Lehrern und Freunden auf den inneren und geheimen Ebenen.

Anstatt auf Talentsuche zu gehen, vertraten wir also Karmapa. Der Aufenthalt war trotzdem nicht langweilig. Die Buddha-Reliquien eines Tempels sahen unseren schwarzen Karmapa-Pillen ganz ähnlich. Bei dem malerischen Sonnen- und Mondsee kauften wir von den Ureinwohnern der Insel die begehrten hellroten Korallenmalas für unsere Freunde. Später weihte ich die erste Diamantweg-Stupa von Taiwan ein. Sie steht heute an der Nordspitze der Insel mit einer herrlichen Aussicht aufs Meer. Da Sun I, unser nächster Vertrauter, mich wirklich rührte, gab ich sogar Teile der Reliquien hinein, die ich von Karmapa selbst bekommen hatte. Es fühlte sich einfach richtig an. Als wir die letzten Fertigteile aus Beton mit dem Kran aufeinander stellten, war allen einen Augenblick lang bewusst, Geschichte gemacht zu haben.

Die letzten Tage in Taipeh verbrachten wir bei einigen Fernsehstars, die wie kleine Feen um uns herumhuschten. Wir wechselten auch das Geld, das ich bekommen hatte. Obwohl die Chinesen üblicherweise nur an Mönche spenden, hatten sich die kleinen roten Umschläge täglich vor mir gestapelt. Die Chinesen besitzen zwar fast keine Verwirklicherübertragung, wissen aber auch, dass der Lehrer, der Frauen hat, besondere Kräfte entwickelt. Ihre Spenden bezahlten unsere gesamte Reise von Europa nach Indien und den Aufenthalt dort. Es reichte sogar noch für einen gebrauchten Motor für unseren Passat. Diese Großzügigkeit wurde schnell bekannt, und seitdem die tibetische Regierung Besuche nach Taiwan nicht mehr als Verrat ächtet, holt eine wachsende Anzahl Rinpoches hier das Geld für ihre Arbeit. Da Hannah und ich sie auf die Fährte des vielen Geldes gebracht haben, ist es uns schon peinlich, dass dies nicht immer im besten Stil geschieht.

Belehrungen in Taipeh

Indien

Wir kamen nach Sonada zurück, als die Einweihungen wieder anfingen. Aber die Stimmung war merklich gesunken. Hannah, die fast täglich mit Jamgön Kongtrul Rinpoche Texte übersetzte, sah, dass ihn irgendetwas sehr störte. Nach und nach erfuhren wir, was es war: Von der Amerikanerin Lea Terhune schlecht beraten, hatten die drei Linienhalter einen Prozess gegen Künzig Shamarpa anstrengen lassen wegen angeblicher Übernahme des „Karmapa International Buddhist Institute“ (KIBI) in Neu Delhi – Karmapas Eigentum. Sie mussten den Prozess natürlich wieder einstellen, als die Papiere ordentlich untersucht wurden, aber es bedeutete eine erste – und ernste – Spaltung auf unserer Führungsebene. Trotz dieser Reinwäsche ließ danach der Rokpa-Verein von Akong Tulku seine Unterstützer unterschreiben, dass Künzig Shamarpa enteignet werden sollte. Nur Jamgön Kongtrul Rinpoche entschuldigte sich später.

Zurück beim Rinchen Terzö

Außerdem gab es Schwierigkeiten mit Ayang Tulku. Er war gerade auf dem Weg von einem Rinpoche zum nächsten und ließ sie unterschreiben, dass Karmapa nicht mehr Vertreter der Kagyüpa-Schulen sein sollte. So blühten alte tibetische Streitigkeiten wieder auf.

Wie schon erwähnt, hatten Hannah und ich uns immer von tibetischer Politik ferngehalten. Es gab dort, wie wir jedem sagten, „weder Geld noch Sex“ zu holen. Vor Jahrhunderten hatten die Tibeter den Chinesen diesen Bereich abgeschaut, und wir Europäer sind viel zu geradlinig, um bei ihren Bedingungen mitzuspielen. In offener Schlacht sind wir dafür umso besser, wie sich später auch bei einem rotchinesischen Karmapa-Kandidaten herausstellte.

Das Verhalten von Ayang betraf aber unseren Verantwortungsbereich, das germanisch-slawische Europa. Hier hatten wir die Zentren gegründet und Ayang Tulku aufgebaut. Wir hatten die Grundlage für seine Arbeit gelegt, indem wir ihn überall lobten und Hannah monatelang mit ihm reiste. Es war eine peinliche Angelegenheit inmitten der Einweihungen, durch die so viele Bewusstseinsebenen geöffnet werden.

Eigentlich hatten wir ohnehin schon genug zu tun. Die Verbindungen zu den Freunden und Zentren zu halten, erforderte viel Zeit. Alles geschah über Briefe. In Europa gab Edita die Auskünfte weiter. Sie war meine rechte Hand, arbeitete schon damals vom Hamburger Zentrum aus und unterrichtet heute selbst. Mehrere meiner deutschen Bücher sind durch ihren Einfluss viel leserlicher. Die Einweihungen wurden auch immer spannender, und wir wollten die „Bezahlung“ dafür an Ort und Stelle erledigen: 100.000 hundertsilbige Reinigungsmantras. Auch dafür braucht man Zeit. Umgeben von so viel Tugend kam jetzt jene unangenehme Geschichte.

Edita aus Hamburg

Unsere Gegenspieler arbeiteten schnell und genau. Ohne zu erwähnen, dass er für eine andere Übertragung arbeitete, ließ sich der europäische Vertreter von Ayang Tulku in Karmapas Zentren einladen und gab dort reihenweise Schützer-Einweihungen. Er ließ Unerfahrene unter Höllendrohungen versprechen, täglich stundenlange und linienfremde Pujas zu machen. Da man ja nur eine begrenzte Zeit am Tag üben kann, verhinderte er dadurch die Meditationen unserer Schule. Es war ein gezielter Versuch, die Zentren zu unterwandern, und viele waren bereits richtig verwirrt. Also ein Fall für mich! Meinem Titel als „Dharma-General“, den mir Karmapa so oft verliehen hatte, alle Ehre machend, gab ich brieflich die Anweisungen, die unsere Gegner in eine Sackgasse locken würden. Dann freute ich mich darauf, bald wieder in Europa die Sache ganz in meine Hand zu nehmen.

Gegen Ende der Einweihungen hatten wir das größte Erlebnis der sechs Monate. Üblicherweise gab Kalu Rinpoche nur einen Tag im Monat von den Einweihungen frei – den Tag der Befreierin. Dann konnte man alles, was anlag, in Darjeeling erledigen. Diesmal bekamen wir aber ganze drei Tage. Das reichte, um nach Rumtek zu fahren. Ich nahm die Bilder unserer Freunde und die Berge von Schützerschnüren, die jeden Tag gesegnet worden waren, mit. Sie sollten zusätzlich eine Nacht vor dem stärksten Segensspender verbringen, den wir kennen – dem Herzen Karmapas.

Es befand sich schon in einer dreißig Zentimeter großen Stupa aus Gold und Silber. Von den Reliquien der Linie umgeben, stand sie hinter einer Glastür neben Karmapas Schwarzer Krone. Trotz der Kraft dieser Stelle konnte ich wegen einer schweren Grippe kaum wach bleiben. Während der Stunden in dem Kraftfeld, dem wir unser Leben gewidmet hatten, musste ich mich ständig kneifen. Das beeinflusste aber keineswegs den Segen: Als wir am nächsten Morgen mit Gyaltsab und Jamgön Kongtrul Rinpoche im Jeep davonfuhren, hing die Stupa mit Karmapas Herz immer noch vor mir im Raum. Wohin ich auch ging und wie ergreifend weitere Einweihungen auch waren, es hat mich nie verlassen. Der Segen vom Herzen des Lehrers ist die letztendliche Kagyüpa-Übertragung. Jenseits aller Worte und Vorstellungen ermöglicht diese Kraft ein sehr schnelles Wachstum.

Karmapas Herzstupa

Kurz vor Künzig Shamarpas Abfahrt, der unter diesen Bedingungen die restlichen Einweihungen nicht mit den anderen gemeinsam nehmen konnte, kam Jamgön Kongtrul Rinpoche auf die Idee, einen Titel für mich zu finden. Bevor die politischen Gegensätze entstanden, war davon nie die Rede gewesen. In den lockeren 70er Jahren war es ausreichend, dass ich außer einem schwierigen Schloss bei Bonn alle Zentren östlich des Rheins aufgebaut hatte. Viele waren sowieso befreundet, und wir luden gemeinsam Lehrer, für die Hannah übersetzte, in unsere Zentren ein. Als wir trotz des Wachstums nicht abhoben und jedem unsere Angebote offen standen, kamen natürlich auch engstirnige Geister in unsere Gruppen. Sie nahmen dann Anstoß an meinem Fahr- und Lebensstil, den vielen Freundinnen und vor allem daran, dass ich mich nie schwach zeige.

Ein hoch klingender Titel würde nicht nur unsere Seite politisch stärken. Es wäre zugleich eine wirksame Abschreckung für eifersüchtige Kleingeister, die meistens von so etwas begeistert sind. Der Titel würde unseren Rinpoches außerdem Zeit sparen und sie davor schützen, sich Beschwerden anhören zu müssen.

Das einfachste wäre gewesen, mich meiner Arbeit entsprechend einfach „Lama" zu nennen, wie Karmapa es getan hatte. Dies war jedoch damals wegen Kalu Rinpoche nicht möglich. Viele seiner Lamas waren zu der Zeit kurz davor, aus ihren Roben zu steigen, und er musste ihnen gegenüber ein Druckmittel behalten. Lama war und blieb für ihn, wer im Zölibat lebte, zumindest nach außen hin. Die Schwierigkeit lag darin, dass es für meine Arbeit keinen tibetischen Begriff gab. Der tibetische Buddhismus dehnte sich zum ersten Mal seit tausend Jahren gebietsmäßig aus und begegnete der Welt. Was ihn jetzt im Westen wachsen ließ, hatten wir selbst geschaffen. Die geleiteten Meditationen in den Landessprachen waren eine Neuschöpfung, und dass ich ausgesuchte Freunde unterrichten ließ, die während des Lehrens lernten, war auch neu. Eine solche „Graswurzelbewegung", die nicht auf eine Rangfolge, sondern auf Freundschaft und die tiefe Hingabe zu Karmapa vertraut, hatte es vorher nicht gegeben. Zunächst versuchte Shamarpa es mit „Kyorpön", „Reisender Lehrer", was aber nur den erhaltenden Teil der Arbeit abdeckte. Erst eines späten Abends, als wir bei der bhutanesischen Königsmutter in ihrer Residenz in Darjeeling saßen, fand er den Titel, der Verantwortung beinhaltet und zugleich Raum für eine ungewöhnliche Arbeitsweise lässt. Mit einem breiten Lächeln sagte er: „Du wirst unser 'Buddhistischer Meister' sein."

Das hatte eine große Bedeutung für die Zukunft. Mit einem Schlag waren unsere starken und lebenserfahrenen Freunde über meine Anerkennung „innerhalb". Unsere Laien- und Verwirklicherarbeit, die auf westlicher Grundlage entstanden war, wurde damit als ein Weg der Linie anerkannt. Vor allem war meine Ernennung zum Mahamudralehrer wichtig. Sie wertete unsere gemeinsame Ebene auf. Es war ein geschichtsträchtiger Augenblick, als ich das Dokument mit Künzig Shamarpas Unterschrift und Jamgön Kongtrul Rinpoches Siegel in der Hand hielt; wir waren jetzt näher zusammen als je zuvor.

An einem der letzten Tage in Sonada wurde der Samen für die späteren Tibetreisen gepflanzt. Jamgön Kongtrul Rinpoche und Hannah übersetzten fast in jeder Mittagspause einige Prophezeiungen des 5. Karmapa Deshin Shegpa (1385-1415). Eines Tages, als ich gerade zu den beiden in den Raum trat, wurde es sehr spannend. Erst wurde der Name eines Tibeters vorausgesagt. Er hatte 1966, während Maos Kulturrevolution, krank vor Angst ein Mittel erfunden, um den riesigen Kupferbuddha in Tsurphu, dem Hauptsitz Karmapas in Tibet, in die Luft zu sprengen. Diese fünfstöckige Statue war vom 2. Karmapa, dem berühmten Karma Pakshi (1206-1283), mit Hilfe der Geschenke des chinesischen Kaisers gebaut worden. Wie die Zerstörung ablief, hatten wir bereits von Jamgön Kongtrul Rinpoche erfahren. Während alle früheren Dynamitladungen nach außen explodiert waren, ohne die Statue zu beschädigen, war nun das Dynamit zwischen Rollbilder und andere gesegnete Sachen unter die Statue gelegt worden. Mit einem riesigen Knall war der Kupferbuddha weit über das Tal verstreut worden. Das Herz des ersten Karmapas, Düsum Tschenpa, war aus der Mitte der Statue heraus gefallen und von Tibetern schnell versteckt worden. Ein kleiner Teil davon ist heute in meinem Gau.

Karma Pakshi, der 2. Karmapa

Eine weitere Vorhersage war, dass es den Kagyüpas zwischen dem 16. und 17. Karmapa so ergehen würde wie den kraftlosen Bienen im Herbst; dass die Maschinen der feindlichen Barbaren aus dem Osten in den Himmel fliegen würden und ein Schützer aus dem Westen käme, wild im Ausdruck, gebräunt und mit Sommersprossen im Gesicht, um beim Wiederaufbau Tsurphus zu helfen. „Ich glaube, das bin ich", kam es etwas unbescheiden aus meinem Mund. Jamgön Kongtrul Rinpoche nickte und antwortete: „Das glauben wir auch." Von da an war es nur eine Frage der Zeit, bis vierzig Leute aus unseren Gruppen in Tibet Steine und Holz schleppten. Erst als das Land nach einigen Aufständen nicht mehr frei zu besuchen war, hörten wir Näheres: Dieser Schützer wäre klein, was ja nicht zu mir passt, die Sommersprossen seien Warzen, und den „Karmapa Papers" zufolge, die 1992 erschienen, war er nach dem Tod des 15. Karmapa im Jahr 1922 in Karma Gön in Osttibet tätig gewesen.

Nach den Einweihungen sollten eine Woche lang Dankzeremonien stattfinden, bei denen Kalu Rinpoche uns gerne dabeigehabt hätte. Eigentlich wünschte er auch, dass wir hinterher eine Pilgerreise für seine Schüler leiteten. Ich konnte aber keine Stunde lang stillsitzen, nachdem die letzte Einweihung gegeben war. Europa brannte. Ich musste nach Hause und alles wieder in den Griff bekommen. Es galt jetzt, Karmapas Gebiet gegen Unterwanderungen abzusichern und seine Zentren und Schüler zu schützen. Als Verantwortliche für seine Arbeit im Westen mussten wir wieder ein paar Herren aufhalten, die versuchten, von Karmapas Kuchen Stücke abzuschneiden. Wir dankten also Kalu Rinpoche aus ganzem Herzen, und er ließ uns gehen.

Beim Abschied der drei übrigen Linienhalter erwarteten wir ein paar Erklärungen zu der anstehenden Aufräumarbeit, damit sie in ihrem Sinne geschehe. Sie bedauerten aber, öffentlich keine Stellung beziehen zu dürfen. Wir fanden das schlapp und sagten, dass das viele Freunde und viel Vertrauen kosten würde. Es sei nicht leicht, einen Lama abzusetzen, den wir eben erst aufgebaut hatten. So verfasste Situpa, den wir seit 1976 in Ladakh kaum gesehen hatten und den man seinem Stil nach kaum wieder erkannte, eine milde Aufforderung, dass die „deutschen Schüler" auf uns hören sollten. Es hatte sich also am tibetischen Stil nichts geändert, und es blieb wie üblich in den warmen Ländern: Der Starke kämpft allein, und wenn er gewonnen hat, lobt ihn jeder.

Deutschland

Als wir in Frankfurt landeten, hatte Mitteleuropa schon einige Aufregungen hinter sich. Man sah es unseren Freunden an, die am Flughafen warteten und sofort von den Auswirkungen der Gerüchte berichteten. Wir machten ihnen die östlichen Feinheiten der Geschichte klar und beschrieben das letzte halbe Jahr im Himalaya. Danach fuhren wir allein zu dem Schloss bei Bonn, wo die Mitglieder des deutschen Vereins warteten. Fast alle waren frühere Schüler, mit denen wir einfach rechneten, obwohl wir uns nur noch selten sahen und ich ab und zu Sonderbares über sie hörte. Ich hatte wie so oft im Leben vergessen, wie Macht und Eifersucht Menschen beeinflussen können, und war erstaunt zu sehen, dass sie in jeder nur möglichen Weise die Stellung unserer Linie im

Voraus geschwächt hatten. Auch wenn es meinem einfachen Geist einleuchtete, die Verwaltungsarbeit den Langweilern zu überlassen, war die Rechnung nicht aufgegangen. Offenbar musste man bei jeder Beschäftigung mit sich selbst zufrieden sein, um anderen nutzen zu können.

Erst hatte ein Starnberger Psychologe einen wenig schmeichelhaften Brief über mich an alle Zentren verschickt. Er wurde sowohl von der Vereinsvorsitzenden als auch von dem Mönch, der das Institut leitete, unterstützt. Dann hatten sie mit der den Bewohnern des Schlosses eigenen Tüchtigkeit genau die Schüler Ayang Tulkus als Beobachter eingeladen, die bei dieser Begegnung unser Thema sein sollten. Hannah und ich standen also einer lautstarken Front des Misstrauens gegenüber, und eigentlich war es unsere eigene Schuld. Wer sonst hatte ihnen beigebracht, dass alles Tibetische fehlerfrei sei? Leider mussten wir hart durchschneiden. Karmapas Wünsche und die zehn Jahre auf der Autobahn ließen keine andere Wahl. Ich knackte die erforderliche Zahl Eier, und wir bekamen das erwünschte Omelett.

Die Vorstandsmitglieder, die nicht verstehen konnten, dass es um die Linie und nicht um uns ging, boten schließlich ihren Rücktritt an, der von Lama Jigmela bei nächster Gelegenheit angenommen wurde. Seitdem passen wir besser auf, welche Lehrer unsere Zentren besuchen. Danach trennten sich von uns als Einzige im deutschsprachigen Gebiet das erwähnte Schloss, Bremen und die alte Gruppe in München, die uns jede Menge schwierige Leute abnahmen. Hamburg und Köln verloren durch die Geschichte mehrere Mitglieder, und viele hörten leider mit der Praxis von Ayang Tulkus erstklassigem Bewussten Sterben auf. Alles in allem kamen wir aber billig davon. In den von Woodstock geführten Zentren Amerikas, die vielleicht mit ihren Angriffen auf Künzig Shamarpa zu beschäftigt waren und diese Auseinandersetzung vermieden, taucht das Problem der klaren Übertragung innerhalb einer Linie noch heute in regelmäßigen Abständen auf.

Die Zentren, die sich damit ins Abseits gestellt hatten, brachten anstatt Wachstum umso mehr Gerüchte. Diese dämpften zwar mitunter die Stimmung einiger, waren aber auch sehr unterhaltsam. Nichts hält so frisch wie ein paar saure Gegner. Sie sind oft die besten Lehrer.

Im Herbst 1983 gab es also gute Gründe, in Europa zu bleiben. Vieles musste noch in die richtigen Bahnen gelenkt werden. Das Gefühl war aber jetzt viel leichter. Mit denjenigen, die uns verließen, waren wir scheinbar einen großen Teil unserer „Pflegefälle“ losgeworden.

Wie es sich gehört, wuchs der Buddhismus durch das ganze Durcheinander. Karmapas Schüler lernten, selbst Stellung zu beziehen und Verantwortung zu übernehmen. Jetzt erwarteten sie weniger, dass Menschen aus fremden Erdteilen ihnen erklärten, was vor der eigenen Nase geschah. So vermieden wir das Sektentum und verbinden seitdem immer besser den demokratisch-kritischen Verstand des Westens mit der Einsicht des Diamantwegs über die Natur des Geistes.

Nachdem sich Karmapas „Firma" so ein paar Kilo hinderliches Fett
1984 abgespeckt hatte, entstand im Winter 1984 erneut eine Gelegenheit, sich der spannenden Möglichkeiten anderer Weltteile anzunehmen.
USA Wieder einmal landeten einige Freunde und ich in New York. Wo kann man besser den Geist mit denen seiner Schüler mischen als auf den langen Strecken über das große Land? Enge Verbindungen über den Atlantik würden auch bereichernd wirken. Die Amerikaner sollten von unserem starken Zusammenhalt lernen und wir von ihrer Wendigkeit. Da sich die Kulturen ähneln, kann vieles sofort übernommen und miteinander geteilt werden. Dies gelingt seit 1991 mit dem neuen Zentrum in San Francisco immer besser.

In Kentucky bei unseren Freunden Bob und Melanie wurden Edita und ich von markerschütternden Schreien geweckt. Melanie stand im Zimmer mit ihrem sechs Wochen alten Kind, das in der Nacht gestorben war. Obwohl der Körper schon ganz kalt war, machte ich die Bewusstseinsübertragung, und alle schauten verdutzt dem ungewöhnlichen Geschehen zu: Ein 50 Zentimeter langer Strang aus festem Schaum kam aus der Nase des Kindes.

Danach verzögerten die Güte amerikanischer Autos und alte karmische Bände die Fahrt. Auf dem Weg nach Kalifornien wollten wir bei den dortigen Gruppen anhalten, aber es erschienen nur wenige zu den Vorträgen. In der Nähe von Santa Rosa in New Mexico brach die Kurbelwelle eines der beiden Autos. Anscheinend hatten sie zuviel Blei in den Stahl gemischt und dadurch das „Ableben" vorangetrieben. Wir schafften es gerade noch, in eine Werkstatt hineinzurollen. Sie lag mitten in der Hochsteppe im strahlenden Sonnenlicht. Während ich die Lässigkeit bewunderte, mit der ein großer, geladener Revolver mitten in der Werkzeugkiste lag, erinnerte ich mich, dass wir auch Meditationsgruppen in diesem Teil des Landes hatten. Sowohl Karmapa als auch

Kalu Rinpoche waren hier gewesen. Mein Adressbuch war wie so oft ein verlässlicher Freund, und kurz darauf hatten wir Lama Dorje am Telefon. Er lud mich ein, in Santa Fe zu unterrichten, und erzählte auch von einer Karmapa-Gruppe in Albuquerque. Sie war von Khenpo Kathar aus Woodstock gegründet worden. Dahin sollte der Wagen sowieso abgeschleppt werden.

Die roten, von Wind und Wetter gezeichneten Berge und der strahlend blaue Himmel waren atemberaubend. Obwohl der Sprung vom harten, dort üblichen „Redneck"-Bewusstsein zur psychologischen Ebene von Buddhas Belehrungen riesig war, hatte sich in Albuquerque eine erste Gruppe entwickelt, die leider mit den Jahren – und das schaffen nur die Amerikaner – dem „Lachkraut" verfiel und zugleich sehr eng und christlich-moralisch wurde. Santa Fe war voller „Gemischt-Geistiger", die sowieso alles besser wussten, aber Lama Dorje war großartig. In Taos dagegen war alles eine Freude. Norbert, ein Freund aus den ersten Tagen in Kiel, wohnte dort. Er besaß eine gut gehende Schreinerei und hatte sich ein traumhaft gelegenes Kuppelhaus aus dreieckigen Holzverschalungen und Glasscheiben auf der weiten Hochebene gebaut. Auf dem Weg dorthin rutschten wir eher durch den Schnee, als dass wir fuhren. Alles war spannend, leuchtend klar und hundekalt.

Das Auto brach trotz neuer Kurbelwelle gleich wieder zusammen. Ich flog also voraus, weil es Veranstaltungen an der Westküste gab. Die Freunde wollten nachkommen. In San Diego holten mich Robin und ihre Kinder in einem riesigen weißen Cadillac am Flughafen ab. Wieder konnte ich viele alte Bände stärken, und die Freunde in Südkalifornien genossen den neuen Schub für die Praxis. Verwirrtheit und Verunsicherung waren dort groß, und ständig gingen neue am Vertrauen nagende Gerüchte über einige Robenträger um. Die Westküste ist bestimmt am besten geeignet für Lehrer, die ihrer Einsicht statt äußeren Regeln folgen.

Die Army-Street-Gruppe in San Francisco war einmalig. Ungefähr dreißig Familien und Paare hatten den Flur einer stillgelegten, aber gut erhaltenen Fabrik gemietet. Alle wohnten Seite an Seite ohne jegliche Abtrennung und waren so Tag und Nacht zu den Freuden der anderen eingeladen. Ein zugkräftiger Mann, der dann gestorben war, hatte sie ein paar Jahre vorher in Hawaii auf diesen Trip gebracht. Es war ein Fall für die Lehrbücher. Hier ging ein Lebensstil unter, der sich von der Hingabe guter Leute nährte, aber keine zeitlose Sicht kannte und gemeinsam mit der Ausstrahlung des Lehrers verblasste. Es wurde verständlich, warum man keine eigenen, lieb gewordenen Vorstellungen übertragen, sondern den Menschen Mittel geben soll, ihre zeitlosen Buddha-Eigenschaften zu erfahren.

Der Freudenzustand der Karmapas

Mount Shasta ist ein schlafender Vulkan hoch im Norden Kaliforniens. Er wird von Indianern und Hippies als sehr heilig empfunden. An seinem Fuß hatte ein russischer Verwirklicher außergewöhnliche tibetische Kunstschätze gesammelt. Unter ihnen ist ein Rollbild, das den Freudenzustand Karmapas zeigt, vereinigt mit der Diamant Dakini. Das Rollbild ist eine große Seltenheit, und die Bilder davon, die der russische Verwirklicher uns schenkte, schmücken viele Zentren überall rund um die Welt.

In Berkeley, einem bunt zusammengewürfelten Teil San Franciscos, reifte kurz danach ein altes Karma heran, und ich stach dabei mitten in ein Wespennest. Eine keineswegs ungewöhnliche Ursache setzte schnell große Wellen in Gang. Wendy, ein fröhliches Mädchen dänischer Abstammung, hatte in der Dharmadhatu-Gruppe in Berkeley die Stellung inne, die sinnvoll „Ambassadeur" (Botschafterin) heißt. Sie lud mich zu einem Vortrag ein und fragte aber nicht im Hauptquartier in Boulder an, sondern folgte den Empfehlungen Karmapas und Künzig Shamarpas sowie ihrem gesunden Menschenverstand. Also rief sie das „Fußvolk" zusammen. Die Szene rührte mich. Umgeben von übergewichtigen

Trungpa Tulku zu Pferd

Bodyguards mit Anzug, Schlips und roten Nasen saßen ein paar hundert Menschen vor mir, die sich jahrelang eine ständige Bevormundung ohne wirkliche Ausbildung hatten gefallen lassen. Viele hatten sich jahrelang mit wenig abgefunden: Durch Alkohol verwirrte Belehrungen, einige Prozessionen für das „Heer“, die „Flotte“ und die „Luftwaffe“ des Dharmadhatu oder japanisches Beschneiden von Büschen ersetzten weitgehend eine wirkliche Ausbildung. Ihre Hauptpraxis bestand darin, ohne viel Anleitung einfach zu sitzen, während ihre Meditationsstunden gezählt wurden, und das machte sie fügsam. Erst nach einer gewissen Anzahl konnten sie zu der nächsten Stufe einer künstlich geschaffenen Leiter weitergehen.

Meiner tibetischen Schulung gemäß fand ich zunächst einige recht schmeichelhafte Worte. Danach folgten die Belehrungen über Weg und Ziel, die alle brauchen. Die folgenden Stunden ging ich wirklich auf die Zuhörer ein und beendete den Vortrag mit klaren Antworten auf oft gestelzte Fragen, einer Karmapa-Meditation und Segnungen, die die Menschen regelrecht in sich aufsogen. Auf dem Weg nach Hause waren Wendy und ich richtig froh. Wir hatten einen Wunsch Karmapas erfüllt.

Die nächsten Tage behielt ich den eingeschlagenen Kurs bei. Wenn mich Dharmadhatu-Leute – an ihrem gezähmten Benehmen leicht erkennbar – fragten, ob sie mir folgen sollten, war der Rat immer derselbe. Sie sollten bei dem bleiben, was sie schon kannten. Ich stellte auch die sexuellen und alkoholischen Schwächen ihrer Führung im bestmöglichen Licht dar. Dennoch gab es Anzeichen eines zukünftigen Streits. Boulder war dabei, meinen Einfluss zu entdecken, und Wendys Freund, einer ihrer obersten Leute, war auch nicht begeistert. Im Restaurant am letzten Abend, bei unserem großen Abschied von Amerika, gärte spürbar etwas.

Dänemark

In Europa übersetzte Hannah für Beru Khyentse Rinpoche. Es war großartig, wieder mit ihr zusammen zu sein. Sie war wie immer erste Schützerin unserer Rinpoches und führte sie erstklassig in den Westen ein. Im März kam Siwaldi, den ich bei Karmapas Kronzeremonie 1974 „zusammengeklappt“ hatte, nach Kopenhagen. Er sagte: „Ole, ich habe soeben von meiner Mutter etwas Geld geerbt. Bevor ich mich tot saufe, will ich wenigstens eine nützliche Sache in meinem Leben machen. Komm eine Woche mit nach Island und starte die Lehre dort. Ich bezahle den Flug.“ Es gelang mir, fünf Tage frei zu bekommen, die sehr ungewöhnlich werden sollten.

Island

Seit der Landung in Island spielte das Wetter verrückt. Das geschieht übrigens häufig, wenn ich Karmapas Kraftkreis und den von Schwarzer Mantel in eine neue Gegend bringe. Jede Viertelstunde wechselte es zwischen Regen, Schnee, Wind, Sonne und Hagel. Die nordischen Götter nahmen zu der neuen höchsten Bewusstseinsebene Stellung, die hier ankam, obwohl Wotan (Odin), ihr oberster Gott, bestimmt einigen Buddhas begegnet war. Er hatte am Brunnen von Mimer für zeitlose Weisheit mit einem Auge bezahlt, und seine Raben Hugin und Mugin beobachteten für ihn die Welt.

Da wir niemanden auf der Insel kannten, zogen wir in das billigste Hotel, das Seemannsheim. Die nächsten Tage lehrte ich für eine Handvoll Leute in der Universität und hängte handgeschriebene Plakate für meine Vorträge in den Geschäften der Stadt selbst auf, ein sonderbares Gefühl. Ich gab Interviews für Zeitungen und für alle, die auch nur die geringste Offenheit für die Sache zeigten, aber überwältigend war es nicht. Die geistige Ebene war nicht die höchste dort oben im Norden.

Dafür hatte ich eines meiner größten Naturerlebnisse überhaupt. Einige Einheimische zeigten uns „ihr“ Island. Wir kämpften uns bei rasendem Gegenwind einen kahlen Eispass hoch. Es war kaum möglich zu stehen, und die Eiskristalle schnitten in unsere Gesichter. Am anderen Ende der Hochebene angekommen, leiteten wir eine vulkanische Schwefelquelle und einen Eiswasserstrom zusammen und lagen stundenlang darin. Währenddessen fegte der Schnee über unsere Gesichter. Weit oben an einer Felswand waren schneefreie Flächen entstanden, die aussahen wie Karmapas Gesicht. Es war atemberaubend.

Eine andere Naturerfahrung war ein bärenstarkes Mädchen in einer Diskothek. Sie wollte mich unbedingt mit nach Hause nehmen. Sie sah „gesund" aus und hatte mich schon über ihrer Schulter. Da sie aber so betrunken war, dass sie mich am nächsten Morgen nicht wieder erkannt hätte, machte ich mich lieber davon.

Richtiger Nutzen für Island entstand erst in der allerletzten Nacht bei den Theosophen. Die Fragen endeten um zwei Uhr morgens, es war eine echte Begegnung. Wir hatten also nicht das Gefühl, nur herumgelaufen zu sein, als wir nach fünf Tagen wieder im Flugzeug saßen.

Deutschland

Der Frühling 1984 brachte das Beste, was ich kenne: Zeit mit unseren unzähligen Freunden. Die meisten hatten die „Ayang-Sache" gut verdaut. Nur die alte Münchner Gruppe, die ihren eigenen Kurs fuhr, wollte ihre Unabhängigkeit beweisen. Also lud sie den Lama Pema Dorje ein, kümmerte sich dann aber nicht um ihn. Anbei seine wenig asiatischhöflichen Abschiedsworte an sie, als er nach Berlin umsiedelte: „Ihr seid stolz wie die Schwäne, jeder versucht seinen Hals höher zu recken als die anderen. Ihr seid wie Pferdeäpfel, glatt außen und innen morsch. Die Gruppe ist wie eine tote Kuh. Man sieht nur einmal hin, um festzustellen, dass sie tot ist." Zentrumsarbeit, die auf Stolz und Widerwillen fußt, führt zu nichts. Erst 1986 entstand um Ulla und Detlev unsere frische neue Gruppe, die heute Karmapa in München vertritt.

Polen

Die Arbeit in Polen bot fast unbegrenzte Möglichkeiten. Da das Land so arm ist, dass die Geldgurus nichts holen konnten, war Buddhismus beinahe das einzige Angebot. Dadurch wurde viel Verwirrung vermieden. Wer sich gegen die Kommunisten auflehnte und nicht vom Katholizismus das Gehirn gewaschen bekommen hatte, zeigte oft ein spannendes Gemisch von Offenheit und Reife. So können die Polen Nützliches entgegennehmen und gleichzeitig störende Einwirkungen ausfiltern. Ein Dutzend meiner starken Schüler sorgt dort immer besser dafür, dass alles eindeutig bleibt.

Wenn ich zehn Tage in Polen bin, nehmen rund fünfhundert Menschen Zuflucht. Die Veranstaltungen hörten jahrelang erst morgens gegen sechs Uhr auf, wenn ich bereits auf den Leuten einschlief, die ich segnete. Um elf Uhr waren sie dann alle wieder da. Ihre unglaubliche Offenheit ermöglichte alles, und oft folgten uns hundert Freunde durchs Land. Ab 1986 besuchten Beate und Manfred aus Schwenningen für einige Jahre die polnischen Zentren. Sie knüpften viele der westlichen Bände, die die natürliche Entwicklung mehrerer Zentren ermöglicht haben. Die Polen, die jetzt im Westen wohnen, haben oft die erfreuliche Fähigkeit zu geben, ohne etwas dafür zu erwarten. Mit solchen Eigenschaften übernehmen sie schnell wichtige Arbeitsbereiche im Leben ihrer Zentren. Ein gutes Beispiel dafür ist Tomek, den wir an dem Tag nach Dänemark holten, als die Polizei in Danzig an seine Tür klopfte.

Empfang in Polen

Beru Khyentse Rinpoche in Polen

Leider fanden wir immer weniger Zeit für das nördliche Skandinavien. Aus diesem Grund hatten wir zwei erwachsene tibetische Lamas nach Oslo und Stockholm eingeladen und entschuldigten uns dann, dass wir ihren klassischen Unterricht nicht stören wollten und deshalb seltener kämen. In Wirklichkeit waren die Entfernungen zu weit, und es gab einfach zu wenig offene Menschen. Auch wenn Hannah und ich wahrscheinlich wieder nordische Gene für unsere Wiedergeburten suchen werden, zieht uns die Arbeit ständig in die Mitte Europas.

Südlich der Alpen fällt die geistige Spannkraft. Das katholische und orthodoxe Südeuropa besitzt wenig Boden für Wachstum. Die Leute sind entweder glatt, abergläubisch, oder wollen alles auf einmal. Wie üblich rund um die Welt fördern auch dort Mitteleuropäer die Entwicklung.

An einem schönen Frühlingstag rief Alex aus Wien an. Er war seit 1976 mein Freund gewesen. Als wir ein Zentrum in Athen aufbauten, war sein Vater dort Handelsberater. In Wien hatten damals alle buddhistischen Gruppen ihre Räume im gleichen Haus. Also wusste jeder, was die anderen machten. Alex ging beim Erzählen fast durch die Decke. Dharmadhatu in Boulder hatte einen Steckbrief von mir an ihre Gruppen geschickt. Er wurde ergänzt durch ein übrigens recht schmeichelhaftes Foto im Jeanshemd und der Meldung, dass es überall aufzuhängen sei und nicht abgehängt werden dürfe. Was ihr „Regent" hier verfasst hatte, war keine Kleinigkeit.

Unter anderen Schmeicheleien behauptete er, ich sei „Rudra", was im Buddhismus der Vorstellung von etwas absolut Bösem am nächsten kommt. Außerdem sei ich humorlos und würde sowohl den Wünschen Buddhas als auch denen von Karmapa zuwiderhandeln. Natürlich hatten die Dharmadhatus schon Grund, sauer zu sein. Wir Dänen können einfach Gestelztes nicht ernst nehmen. Es ist uns unmöglich, Witze zu verkneifen, wenn wir unechter oder sich selbst zu wichtig nehmender Geistigkeit ausgesetzt werden. Ich war aber nicht feindselig gewesen. Die wenigen Male, die sie auf mich gestoßen waren, hatte ich mich fein benommen, wenn auch nicht zu ihrem Vorteil. Als sie zum Beispiel um 1980 herum versuchten, einen Vertreter Trungpa Tulkus in Europa als schon anerkannten Lehrer einzuführen, sicherten sie sich nicht bei uns ab. Natürlich riefen unsere Freunde an und fragten, was sie von dem so fein bestempelten und groß aufgemachten Brief halten sollten, den ihre Organisation über den Vertreter verschickte. Ich antwortete nur wahrheitsgemäß: „Kenne den Mann nicht." Das genügte, und ihr Vorstoß verlief im Sand.

VAJRADHATU

An Association of Buddhist Meditation Centers

11 April 1984

Vajradhatu Canada

P.O. Box 2141 Station M
Halifax, Nova Scotia B3J3B7

Vajradhatu Europe

Wilhelm Rosen Strasse 29
3500 Marburg, West Germany

Major Centers

Karma Dzong
1345 Spruce Street
Boulder, Colorado 80302

Karma Dzong Canada
P.O. Box 2141 Station M
Halifax, Nova Scotia B3J3B7

Karmê-Chöling
Barnet, Vermont 05821

Rocky Mountain Dharma Center
Route 1
Livermore, Colorado 80536

A Non-Profit Corporation

Dear Sangha Members:

At the request of the Vajracarya, I am writing to inform you of a situation that recently took place in the San Francisco and Berkeley Dharmadhatus. It seems that a certain Mr. Ole Nhydahl presented himself at the Dharmadhatus with a letter from H. E. Shamar, Rinpoche, introducing him as an authentic dharma teacher authorized by His Holiness the XVI Karmapa to teach and perform refuge and bodhisattva vows. He randomly teaches students vajrayana meditation techniques, such as a visualization of His Holiness Karmapa, and so on. In addition, he blesses people with a reliquary amulet which he claims holds a single hair from each of the sixteen Karmapas, along with other relics.

According to reports from the Ambassador to San Francisco and other senior students in the Bay Area, Mr. Nhydahl managed to provoke considerable confusion among our students there, and in general to violate the atmosphere of sacredness. According to all reports, his teaching style, more than the content, runs contrary to everything we have been taught and have come to recognize as genuine. Our students' basic perception of his approach is one of self-aggrandizement accompanied by a so-called "spiritual zap" which he seemingly transfers to other people. He talks of "having wonderful powerful experiences that are good for all sentient beings," and he also speaks extensively about his own personal experiences of being benefitted by various yidams. All in all, his presentation of the dharma has been described as a hard-sell approach with little or no humor and a marked absence of ordinariness.

1345 Spruce Street Boulder, Colorado 80302 303-444-0210 Cable: THUNDER Boulder, Co.

11 April 1984
Page 2

The Vajracarya has instructed me to tell you that Mr. Nhydahl is not welcome at any of our centers in the role of a teacher. The Vajracarya feels very strongly that there is some real perversion of the buddhadharma taking place by Mr. Nhydahl, and a definite perversion of His Holiness Karmapa's intentions and wishes. As we know, because of the power of the vajrayana teachings, there are many warnings concerning the breaking of samaya and the possibilities of Rudrahood. There have been instances in the past where students, out of confusion, have misused these precious teachings to create a personal fortress of charlatanism and egohood. This appears to be the case with Mr. Nhydahl.

Therefore, you should be extremely cautious and refuse outright any attempts on his part to teach or otherwise act as a spokesman of our lineage.

The Vajracarya has requested that this letter be posted at your center, along with the enclosed photograph of Mr. Nhydahl.

The Vajracarya sends his blessings for your continued health, prosperity, and success on the path.

Yours in the dharma,

Ösel Tendzin

The Vajra Regent Ösel Tendzin

VROT/dbh
Enclosure

Meine Schüler kochten. Hunderte kräftige Zentraleuropäer, die jeder ein Dutzend „Vajra-Wächter" vor dem Frühstück verspeisen konnten, wären am liebsten ins Flugzeug gestiegen, um Boulder auseinander zu nehmen. Edita hatte aber einen kostengünstigeren Vorschlag: meinen Vortrag von Berkeley, der der Anlass für ihren Angriff war, einfach zu veröffentlichen. Dann konnten die Zuhörer selbst urteilen. Gesagt, getan, und der Vortrag von Berkeley erschien schnell in Form des Buches „Basic Dharma" („Dharmabelehrungen"). In unseren Zentren war es bis zum Erscheinen von „Wie die Dinge sind" in verschiedenen Sprachen erhältlich. Ich selbst wünschte bereits zu der Zeit keine weitere Verbindung mit Dharmadhatu. Ihre Vorgehensweise war ein viel zu deutliches Schwächezeichen. Kleine Hunde bellen, große haben das nicht nötig. Nach meinen vier Jahren als Boxer hatte ich ein sicheres Gefühl für die Belastbarkeit und die Grenzen der Menschen. Etwas warnte mich stark vor weiterer Einmischung, und so wurde Ole ein braver Buddhist, der sich nicht rächt.

Der brave Buddhist

Während einiger Jahre hatten die von Sufis geleiteten gemischt-geistigen Sommerlager in den Alpen gezeigt, wie ergebnisreich längere Kurse sein können. Sie führen Menschen zusammen, geben Lehrern ein Gesicht und bringen Geld für die Veranstalter. Leute aus der alten Münchner Gruppe, die mit Lama Chime aus England verbunden waren, wollten jetzt etwas Ähnliches in Süddeutschland aufziehen. Sie hatten zwei bekannte Lehrer angekündigt, ohne sich ihre Zusage zu sichern. Mit Künzig Shamarpa hatten sie gar nicht geredet. Er kam also auch nicht, und Tenga Rinpoche konnten nur Hannah und ich dazu bewegen, seine Aufgaben in Nepal aufzuschieben. Er hatte überhaupt keine Zeit und auch versprochen, erst noch in Rödby zu lehren. Es war eher freundlich als nützlich, dass wir so die Veranstaltung unserer Widersacher retteten, aber Hannah ist halt nett! Ich schaute auf einen Sprung vorbei, fand jedoch wenig Sinn in der Aufmachung. Die vielen New-Age- und Yoga-Angebote machten alles bhagwanähnlich und unklar, noch dazu wurde offenbar sehr viel getratscht.

Edita, Sys und ich nutzten stattdessen die Tage für eine Blitzfahrt an die Südküste Spaniens. Wir waren von einer feinen Stuttgarter Dame mit dem Versprechen nach Motril eingeladen worden, dass dort reiche Leute unsere Zentren unterstützen wollten. Wie so oft blieb aber gerade dieser Menschenschlag unauffindbar, so besuchten wir lieber die freundlichen tibetischen Gelehrten des dortigen Gelugpa-Zentrums. Während meines Vortrags über das *Große Siegel* hätte man eine Stecknadel fallen hören können. So etwas lernen sie nicht. Die Gelugpas studieren hauptsächlich die Philosophie des „Mittleren Wegs", eine recht kopflastige Angelegenheit. **Spanien**

In Südspanien lebten auch die Eltern eines Kindes, dessen Geschichte später durch die Presse ging. Es soll die Inkarnation Lama Yeshes sein, der in Kalifornien vor einigen Jahren gestorben ist. Die Gegend besaß erstklassige Voraussetzungen für ein Zurückziehungszentrum, und ich machte starke Wünsche für eine Karmapa-Stelle. Tatsächlich kauften zu der Zeit meine späteren Freunde Pedro und Dorrit Gomez das Dorf in der Nähe von Malaga, das jetzt als Zurückziehungsort unser westlicher Pfeiler ist.

Im Herbst 1984 stimmten wieder alle Bedingungen für eine Reise um die Welt. Wir hatten vereinbart, Niels und hundert Freunde im Januar in Kalkutta zu treffen. Sechs von uns flogen zuerst nach New York. Es war schön, Hannah wieder dabei zu haben. Jetzt sollte nachgeholt werden, was wir im Winter vorher aufschieben mussten, unter anderem ein Vortrag in Albany. Dort wurde mir ein Bärenzahn geschenkt, und wir lernten einige Riten der Indianer an ihren heiligen Stellen in einem Wald kennen. Es war reine Naturmystik, voll guten Willens, aber nicht befreiend: viele Erlebnisse, aber nichts über den Erleber selbst. **USA**

Diesmal arbeitete ich nicht bei Barry. Inzwischen konnte ich das Nötigste durch die Vorträge verdienen, und meine wirkliche Aufgabe war es ja, den Menschen einen Zugang zu Karmapa zu vermitteln. Mit zwei Autos „pflügten" wir uns westwärts durch die Schneemassen und sahen zum ersten Mal das schöne Sedona-Tal südlich von Flagstaff. Neu war auch ein Ausflug zu den heiligen Stellen anderer Indianer in der Wüste Arizonas, wo wir unter den riesigen uralten Kakteen meditierten.

In Del Mar, nördlich von San Diego, wohnten Van und Carolyn. Ohne sie hätte ich viel weniger zwischen Mexiko und Vancouver tun können. Sie boten uns ein Zuhause, egal wann, mit wie vielen und wie übermüdet wir auch bei ihnen ankamen. Jedes Mal liehen sie uns ihre Autos für die Tausende von Kilometern. Die Fahrt ging von dort die Westküste hoch mit einigen Veranstaltungen.

In San Francisco unterrichtete ich bei den Theosophen. Ihr Leiter war Joe Miller, ein klassisches Kraftgenie mit weißem Ziegenbart. Ab und zu brach er in lauten Gesang unbekannter Mantras aus. Er führte viele aus der spirituellen Bewegung aus San Francisco bei Sonntagsspaziergängen durch den botanischen Garten und war sehr beliebt.

Zu einem der Vorträge kam Carol. Sie sollte uns die nächsten Jahre auf mehreren Ebenen beeinflussen. Carol hatte das London der 60er Jahre erlebt und war humanistische Professorin. In Nevada City an der Grenze Kaliforniens entschlossen wir uns, meine Bücher bei Paul Clemens in der Blue Dolphin Press auf Englisch herauszugeben. Sie hatten schon so viel Nutzen in anderen europäischen Sprachen gebracht. Carol sollte an meiner Sprache feilen und mich nicht loslassen, bis die Arbeit getan war. Wir besuchten noch unsere Filmfreunde in Los Angeles, bevor das Flugzeug nach Hawaii startete.

Hawaii

Ich unterrichtete zuerst auf Kauai, der ältesten der Inseln. Auf Maui bei Lama Tensing hatten Hannah und ich sehr starke Träume von Karmapa. Vielleicht war das die Stelle, zu der er uns zehn Jahre zuvor hatte schicken wollen. Auf Oahu, wo fast alle Einwohner Hawaiis leben, wohnten wir bei Nancy, meiner Freundin aus Portland. Hier hörte ich mit dem Tabakschnupfen auf. Obwohl ich die „Übertragung" von Karmapa selbst bekommen hatte, war diese Einschränkung jetzt notwendig. Die Amerikaner fragten sich immer, ob meine ständige gute Laune vielleicht von dem Pulver komme, und nicht – wie ich beteuerte – vom Segen der Linie. Das ging nicht. Übrigens, sollte jemand bezweifeln, dass Nikotin gewohnheitsbildend ist, braucht er sich nur das Video anzuschauen, das bei dem darauf folgenden Vortrag aufgenommen wurde: Ich winde mich zwei Stunden lang wie eine Schlange und habe die Hände abwechselnd in der Brusttasche, jetzt leer, und in meinem Gesicht, das ständig einen neuen „Hit" erwartet. An der Klarheit des Vortrags hatte sich dennoch nichts verändert.

In Japan war unsere Gruppe deutlich zu groß, um in den spießigen Rahmen des Landes zu passen. Schon am Flughafen Tokios ging alles schief. Weil wenig Platz für unsere Seesäcke im feinen Toyota der mexikanischen Botschaft war, setzte ich mich auf den Kofferraumdeckel, was bei europäischen Modellen durchaus geht. Dieses war jedoch japanisch, und es entstand sofort eine riesige Delle. Meine Versuche, sie wieder auszubeulen, machten den Schaden nur noch schlimmer. Danach schmuste einer aus der Gruppe etwas zu sichtbar mit einer einheimischen Dame, und ein anderer legte keinen Wert auf die Besichtigung vom „Schloss des alten Kaisers", einem nationalen Heiligtum. Er wollte lieber einkaufen gehen. Damit war das Maß wohl voll. Glücklicherweise hatte ich die Zeit, Yoshikos Mutter auf den Tod vorzubereiten, und bekam ein starkes Band zu ihr. Als Cesar und Yoshiko später in Mexiko wohnten, wo eine größere Bandbreite des Ausdrucks möglich ist, fanden wir wieder zusammen, und seit 1993 halfen sie Mark im neuen Zentrum Tokios.

Japan

Die zu große Gruppe in Japan

Im Gegensatz zu Japan war Korea frisch. Außer den Koreanern, den Khampas Osttibets und einigen Kalmücken Russlands ist mir bisher kein mongolisches Volk begegnet, das sich so unmittelbar ausdrückt. Bei Chinesen und Japanern weiß man selten, was sich unterhalb der glatten Oberfläche verbirgt, und auch die Zentral- und Westtibeter sind sehr unehrlich in ihrem Ausdruck. Sowohl untereinander als auch auf Landesebene laufen endlose Spiele ab. In Korea hingegen schauten uns die Leute in die Augen und zeigten, was sie fühlten, was wirklich erfrischend ist.

Korea

Wir wollten nicht sofort in der Hauptstadt Seoul verschwinden, also nahmen wir den Nachtzug die Küste entlang nach Pusan. Wir verbrachten einige Tage in ihren riesigen Klöstern, die übrigens eher national als buddhistisch geprägt sind. Jahrhundertelang hatten die Japaner, die mit Unbehagen die Ursprünge ihrer eigenen Kultur dort wieder fanden, die mächtigen Gebäude niedergebrannt. Die Koreaner hatten sie bei jeder Befreiung sofort wieder aufgebaut, doch trotz allem waren kaum Meditierende in den schönen Sälen zu sehen.

Das Land zeigte deutlich, wie das Gesetz von Angebot und Nachfrage auch auf geistiger Ebene arbeitet. Nachdem die dicksten Leiden beseitigt sind und wir die wichtigsten Freiheiten erlangt haben, suchen wir Westler Wege zur Selbständigkeit und Entfaltung unserer Kraft. In unfreien Ländern dagegen, in denen es den Leuten schlecht geht, folgen die Menschen lieber äußeren und gefühlsgeladenen Vorbildern. Sie wünschen Erlöser, die für sie leiden, und Götter und Propheten, die ihr Leben steuern.

Vor allem die wachsten Koreaner waren häufig Christen. Scheinbar war es dem dortigen Buddhismus gelungen, so lebensfern, gekünstelt, auserlesen, unzeitgemäß und verknöchert zu werden, dass ihn viele Menschen mit Überschuss einfach aufgaben. Sie suchten jetzt die Lehren der siegreichen Weißen. Überall sah man selbst gebastelte Kleinkirchen. Hier wie auch in Japan war der Buddhismus einfach zu fordernd, hart und männlich geworden, während das Christentum die unterdrückte, weibliche Seite vertrat. Weil die neu angekommene Lehre ihnen erlaubte, schwach zu sein – was die meisten sowieso sind – und Vergebung gewährt, ermöglichte sie das Gefühl einfacher Neuanfänge ohne störende Altlast. Dass wir schon Buddhas sind, die nur ihr innewohnendes Licht finden müssen, ist nicht einleuchtend, wenn man zwanzig Stunden am Tag arbeitet, unterdrückt wird, fünfzehn Kinder ernähren muss und keine Ausbildung hat. Dann braucht man vor allem etwas Handfestes.

Auf den Straßenmärkten kauften wir die billigen, aber gut verarbeiteten Angebote des Landes, meistens Schultertaschen, für die Freunde zu Hause. Man konnte bestimmen, welche falschen Firmenmarken aufgedruckt werden sollten, und wir wählten „Hang ten“. Schwere Wildlederjacken kosteten nur wenige Dollar. Die Hotels hatten ein alt hergebrachtes Heizsystem: Die Luft wurde in Schläuchen durch den Boden geleitet, so dass nachts die Seite des Körpers warm wurde, die unten lag. Das Essen war oft grob und scharf, aber das Frühstück in Form von Sojasuppen, die es am Straßenrand gab, war ein Erlebnis. Dort begegneten wir auch den nun völlig harmlosen Hauptdarstellern der Dramen in unseren Hotels, die – weshalb auch immer – nachts andauernd auf die Türe einschlugen und schrieen.

Taiwan

Jamgön Kongtrul Rinpoche war bereits in Taiwan, und es tat gut, unmittelbar vom Flugzeug aus in eine seiner Einweihungen zu treten. Auch er hatte Spannendes zu berichten, und während der Mahlzeit, bei der wir unsere weltweite Entwicklung besprachen, dankte er uns im Namen Rumteks sehr, dass wir die Sache mit Ayang Tulku so schnell für Europa begradigt hatten.

Mehrere Chinesen, Nonnen und Laien, gingen mir diesmal aus dem Weg. Vor allem diejenigen, die mir am eindringlichsten versprochen hatten, zusammenzuarbeiten und den Suchenden ein echtes Angebot zu geben, hatten der Versuchung nicht widerstehen können. Sie spielten inzwischen selbst Guru, was Gruppen zersplittert. Schlecht ausgebildet und viel zu persönlich wegen fehlender Lebenserfahrung und eigener Unsicherheit, brachten sie ihren Anhängern eher Schaden als Nutzen. Das schlechte Gewissen ließ sie davon springen, wenn sie mich sahen; nur Kunga Ani und Guru Han hatten den Stil gehalten. Letzterer lag mit einem Oberschenkelbruch im Spital und ließ sich mit der zeitlosen Ruhe einer chinesischen Mumie rasieren. Auch er hatte etwas zu verdauen: Die Hälfte seiner Schüler hatte ihn sofort verlassen, als er seinen Unfall hatte. Sie wollten jetzt einem Lehrer mit mehr „Chi“ folgen.

Guru Han

Alles in allem war Taiwan eine peinliche Angelegenheit, und ich entschloss mich, in Zukunft dort weniger zu tun. Mitgefühl und Hingabe sind im Diamantweg unabdingbar, und gebrochene Bände zerstören jede Entwicklung. Da ich so wenig Zeit habe, sollte ich diese besser mit denjenigen verbringen, die etwas lernen wollen, um anderen zu nützen – mit meinen Schülern und Freunden aus der westlichen Welt.

China Auch in Hongkong bestand unsere Arbeit darin, die Leute zusammenzuhalten. Einzelgespräche waren wichtiger als Belehrungen, was kein gutes Zeichen ist. Wenn wir zum Essen eingeladen wurden, mussten wir ein paar Mal das Restaurant wechseln. Die riesigen Glasbehälter voll farbiger Fische standen hier nicht zur Zierde. Es wird erwartet, dass man sich einen davon aussucht, und dieser erscheint dann kurz darauf auf dem Tisch. Es war nicht so schlimm wie mit den Hunden und Ratten später auf dem Festland Chinas, aber für uns war es zuviel. Glücklicherweise gab es immer Stellen in der Nähe, die Braten oder Tofu hatten, und unsere Gastgeber folgten uns, ohne zu klagen.

Thailand Bangkok, die letzte Station vor Indien, war überschwemmt. Wir sahen uns die wichtigsten Tempel an und hörten mit Verwunderung, wie in den Stimmen der Menschen plötzlich die tiefste Hingabe vernehmbar wurde, wenn sie erzählten, wie viel Gold in den Statuen enthalten ist. Das Land hatte bestimmt Vorteil von Buddhas Lehre, aber die tiefe Hingabe, die wir von unseren Tibetern kannten, sahen wir nicht. Das ganze wirkte eher wie das „Etwas-für-Etwas"-Prinzip, das sonst auf der Welt üblich ist. Einfach alles war käuflich.

Indien 1985 Unser Flugzeug landete am ersten Januar 1985 in Kalkutta. Wir schliefen wie üblich im Flughafen auf dem Teppich vor dem Restaurant. Die nahen Hotels waren teuer und nervtötend. In Kalkutta begegneten wir Beru Khyentse Rinpoche. Hannah hatte im Herbst für ihn übersetzt, und die beiden sprachen lange miteinander. Dann kamen unsere hundert Freunde an, entrüsteten sich sofort über die indische Armut, und nach ein paar Stunden im Flughafenchaos flogen wir weiter in den Ost-Himalaya.

Darjeeling war kalt und klar. Da die Behörden in Delhi wieder einmal die Einreise nach Sikkim erschwerten, zahlten wir es ihnen diesmal heim – wir schmuggelten siebzehn Polen ohne Papiere über die Grenze. In Rumtek angekommen, erhielten wir mehrmals täglich Belehrungen. Ein wirkliches Erlebnis. Selbst die Schüler, die erst kurz dabei waren, merkten bald, dass die Tsültrim-Namgyal-Familie und Rumtek unser Zuhause waren.

Danach folgte die klassische Nachtfahrt im Bus nach Kathmandu, wo Beru Khyentse Rinpoche täglich das „Verhalten der Bodhisattvas" im

Beru Khyentse Rinpoche erklärt das „Verhalten der Bodhisattvas"

Vajra-Hotel lehrte. Als er den Kurs mit einem besonders schweren Zitat über den schlechten Einfluss der Frauen auf die Meditation abschloss, machte er ein sehr ernstes Gesicht. Wir mussten uns beherrschen, um nicht laut zu lachen: Wir wussten, dass seine Hochzeit für den nächsten Tag geplant war. Es wurde übrigens eine ungewöhnliche Liebe für den sonst so geregelten Heiratsmarkt Asiens: Als die Schöne den runden Rinpoche sah, ritt sie mit dem flotten Prinzen von Mustang davon. Kurz danach fand sich eine andere Edle gesetzten Gemüts, die ihm die erwünschten Nachkommen sicherte.

Bei dieser Reise lag der Schwerpunkt auf Belehrungen, während wir bei der letzten heilige Stellen besucht hatten. Da die Kultur im Abbau begriffen ist, sollten unsere Freunde ihre noch übrig gebliebenen Seiten kennen lernen. Aufgrund der immer engeren Verbindungen vom Rhein an ostwärts würde sich ihr Wissen schnell in den Zentren verbreiten.

Italien

Im Frühling 1985 gab es eine erste Entwicklung in Norditalien. Obwohl viele die größten Erfüllungen am Mittagstisch erlebten und die begabten Leute mehrerer Städte unter Bergen von „Lachkraut" und „Weißem Pulver" erstarrt waren, entstanden einige gute Freundschaften, vor allem in Brescia. Die Ausdauer einiger weniger ist rührend, und wir halten bis heute ein dünnes Netz von Verbindungen über das leider recht katholisch geschädigte Land.

Schweiz In der Schweiz entwickelte sich die Lehre, dem Land entsprechend, stetig und mit Wurzeln. Dank Annemarie haben wir ein wunderschönes Haus im Herzen von Zürich und kauften einige Jahre später auch das Nachbarhaus hinzu, wodurch wir im gemeinsamen Hinterhof zusammen mit Lopon Chechou Rinpoche eine Granit-Stupa bauen konnten. Markus, unser langjähriger Hausgrafiker, entwickelte von hier das einheitliche Erscheinungsbild des Diamantweg-Buddhismus in der ganzen Welt. Im Jahre 2003 erhielten wir Amden hinzu, eine Zurückziehungsstelle vierzig Minuten von Zürich entfernt. Es ist ein Juwel jenseits der Vorstellung von Schönheit.

Das Zürcher Zentrum

Alle Zentren arbeiten eng und fruchtbar mit den süddeutschen Nachbarzentren zusammen. Da das Land auf dem Wunschzettel fast aller tibetischen Lamas an erster Stelle steht, gab es häufig Besuch. Wichtig war manchmal darauf zu achten, dass die Lamas sich nicht nur eine schöne Zeit machten, sondern auch lehrten.

Dänemark Weil kein tibetischer Lehrer zu finden war, gab ich vom 1. bis 15. Juni 1985 meinen ersten Sommerkurs in Rödby über die Vorbereitenden Übungen. Hundert Teilnehmer, meistens Deutsche und Polen, kamen, und da der Kurs so gut lief, leite ich inzwischen jährlich zwei Dutzend Meditationskurse rund um die Welt, meistens um das Bewusste Sterben zu lehren. Carol kam zu der Zeit aus Kalifornien an, und so begann die englische Übersetzung von „Die Buddhas vom Dach der Welt", die „Entering the Diamond Way" heißen sollte.

Schweiz Später in diesem heißen Sommer gab der Dalai Lama eine große *Rad der Zeit*-Einweihung bei Rikon in der Schweiz. Wir schickten unsere Kagyü-Horden hin, vor allem, um die tibetische Sache zu unterstützen, denn die meisten hatten die Einweihung bereits von Kalu Rinpoche oder Tenga Rinpoche erhalten. Der Einweihung konnte man kaum folgen, die Übersetzung war viel zu abgehoben. Selbst Carol, Professorin in Amerika, kannte die Hälfte der Worte nicht, die der Übersetzer zur Beschreibung des Kraftkreises hervorbrachte.

Wirklich kraftvoll war eine Guru-Rinpoche-Einweihung, die der Dalai Lama zuvor gegeben hatte. Dabei musste er sich fast bei den Anwesenden entschuldigen, die meistens dem Gelugpa-Weg „der Tugend" folgten. Nur wenige von ihnen schätzen den Kulturhelden Guru Rinpoche, weil er so viele Damen hatte.

Frankreich

Nach einer durchfahrenen Nacht empfingen wir Künzig Shamarpa am Pariser Flughafen. Zusammen ging es weiter nach „Vajradhara-Ling", einer Zurückziehungsstelle Kalu Rinpoches in der Normandie. Unser Audi fraß die kleinen Straßen dort mit größtem Vergnügen. Man erkennt noch heute den Baustil der Wikinger an den Bauernhäusern. Die Menschen sind größer und heller als sonst im Land.

Shamarpa gab das Bodhisattva-Versprechen. Ich änderte mein Alkohol-Versprechen von „überhaupt keinen Alkohol", was ich seit 1971 gehalten hatte, auf „keinen berauschten Zustand". Ich versprach mir davon eine Erweiterung meiner sozialen Spannweite, was teilweise zutraf, sonst arbeite ich die ganze Zeit. – Neben den Freudenzuständen, die ich ständig erlebe, ist Alkohol sowieso nur ein Genuss auf der Ebene des Geschmacks. Die chemische Wirkung ist eher verschleiernd und an sich reine Zeitverschwendung.

Ein nahes Band

Vom Nordwesten Frankreichs fuhren Hannah und ich die windige Küstenstraße entlang, wir kannten sie beide aus früheren Fahrten mit unseren Eltern. Hannah blieb bei Künzig Shamarpa in der Dordogne, ich hatte weiter östlich zu tun. In München traf ich nach zwanzig Jahren meine alte Freundin Susanne wieder. Die „interessante Rothaarige" (siehe „Die Buddhas vom Dach der Welt") war nun auch offen für die buddhistische Zuflucht, und wir feierten das Wiedersehen mit einer gemeinsamen Fahrt durch den Süden Deutschlands. Im bayerischen Füssen sollte ich auf Wunsch Tenga Rinpoches die Abendvorträge im Sommercamp halten. Er selbst unterrichtete vormittags, Lama Chime nachmittags. Tenga Rinpoche war wie immer ein Meer von Liebe, aber man konnte schwer behaupten, dass die Kursteilnehmer während der folgenden Wochen viele der milderen buddhistischen Tugenden zeigten. Die Schüler Lama Chimes und die meinen wurden immer saurer aufeinander. Sie waren einfach zu verschieden. Nichts verband meine früheren Krawallmacher und Lama Chimes Bhagwanesen und Blumenkinder. Noch dazu war ich der Meinung, dass Lama Chime die Arbeit Karmapas verwässerte, und er fand, dass ich verbissen und humorlos sei. Die Planung oblag der alten Gruppe aus München, die immer noch Ayang Tulkus Vertreter einlud. Es ist also nicht schwer, sich vorzustellen, welche Reinigungen die eine heile Welt suchenden Buddhisten Deutschlands hier durchmachten. Jäh aus ihren rosigen geistigen Wolken heruntergeholt, mussten sie sich entscheiden, worauf sie vertrauen wollten.

Deutschland

Frankreich

Ich holte Hannah in der Dordogne ab, wo sie abwechselnd übersetzte und bei den Franzosen meine Arbeit als „Dharma-General" erklärte. Karmapa hatte diesen Titel so regelmäßig verwendet, weil das genau die Arbeit war, die er von mir erwartete. Wer sonst würde mit den Egos, die die Wege versperrten, so schnell fertig werden?

Holland

Hannahs Ticket lag in Amsterdam bereit. Sie wurde schon in Malaysia erwartet, wo Gyaltsab Rinpoches Programm von ihr abhing. Ich stieg gerade ins Auto, als ihr Flugzeug über den Parkplatz flog. Niedrig, schwer und mit riesigem Lärm bewegte es sich langsam über unsere Köpfe hinweg, und ich wusste, dass sie in guten Händen war. Schwarzer Mantel reiste mit ihr.

Dänemark

Während der nächsten Jahre, als eine neue und tödliche Krankheit aus Afrika die Welt verunsicherte, wurde Maia mein wichtigster „Leibwächter". Ihre Eltern hatten schon zu unseren ersten Freunden und

Mit Maia unterwegs

Schülern gehört, als Hannah und ich die Lehre nach Europa brachten. Wir kannten uns aus den Drogentagen der 60er Jahre, und sie und ihre beiden Töchter waren früher in unser Haus nach Südschweden gekommen. Ihr Hof lag auf der Strecke von Deutschland nach Kopenhagen, und Maia war oft alleine, wenn ich vorbeikam. Sie erinnerte sich schon damals an jedes Wort, das ich sagte. So war sie für mich das unverdorbene Dänemark geworden, während ich ihr die große, weite Welt brachte. Als ich ihr einmal eine kleine Statue von Schwarzer Mantel in die Hand legte, spürten wir beide, dass sie sich bewegte. Maia war erwachsen geworden, hatte einen netten Sohn und in der Zwischenzeit viel erlebt. Durch ihre Nähe konnte ich einen unverarbeiteten Zeitraum meines Lebens nochmals und ohne die damals allabendlichen Schlägereien durchleben.

Im Herbst 1985 zogen Maia und Carl ins Kopenhagener Zentrum. Sie räumten auf und beendeten den Klatsch einiger Unzufriedener. Seitdem wieder regelmäßig meditiert wird, geht es aufwärts, und die Mannschaft Kopenhagens ist heute toll. Im Juni 1990 konnten wir sogar noch die Nachbarvilla dazukaufen, ein Wunsch Karmapas von 1977. Sind

Hannah und ich nicht zu erreichen, kann man dort, bei Gabi in Wuppertal oder bei Caty den letzten Stand der Dinge erfahren.

Vor der nächsten Amerikafahrt gab Mitteleuropa ein gutes Bild ab. Schwarzenberg war im Aufbau, und durch die Reife und die gute Zusammenarbeit wuchsen die Gruppen in Süddeutschland ständig. Österreich hatte inzwischen vier Zentren, Polen war begeistert, und in Norddeutschland zeigte sich der Einfluss von Wuppertal und Hamburg in einer Reihe von Nachbarzentren. Frankfurt und Kassel waren zwar noch weiße Flecken auf der Landkarte, und es gab immer ein paar ungesunde Entwicklungen zu bereinigen, aber jeder zwischen Oslo und Brescia verbrachte Tag war ein wirkliches Geschenk. Leben und Lehre bereicherten sich in einer Weise, die in der Zukunft rund um die Welt Schule machte. Die Landkarte schrumpfte ständig, mit gebrauchten Autos in der 200-PS-Klasse und Sys als Planerin meiner Reisen wurde jede Stunde besser als je genutzt. Nie zuvor war soviel los wie in diesem Dezember, bevor wir wieder nach Amerika aufbrachen.

USA Es wurde Maias Jungfernfahrt ins große Land. Mit jugendlicher Unbekümmertheit, im Wohlfahrtsstaat Dänemark aufgewachsen, hatte sie sich einfach das Geld von der Bank geliehen. Maxi aus Graz und Deborah aus Hamburg flogen mit, ebenso Wolfgang und Burkhard. Ulla und Gabi wollten später dazustoßen.

Roland

New York brachte die wichtige Begegnung mit Roland, ein naher Freund von Maxi. Sein Gesicht prägte sich mir dauerhaft ein und ich gab ihm meinen Zufluchtsnamen. Sein späterer Aufbau der „Rolo"-Boutiquen, aus dem Nichts heraus, zeigt, dass der amerikanische Traum noch lebt. Er wohnt heute im neuen Zentrum von San Francisco und schafft es, in unzähligen Bereichen und meistens unbemerkt seinen heilsamen Einfluss auszuüben.

New York war schon sehr kalt. Wir wohnten im Zentrum auf der Westseite Manhattans, ein gemütskranker Ort, an dem ich nun zum letzten Mal für viele Jahre lehren würde. Bei jedem Besuch war es dasselbe: Ich stand fast Kopf, um den Leuten etwas frische Stimmung zu bringen, und dennoch machten sie sofort „Kirche" und verpönten jede Freude. Obwohl einzelne aus der Gruppe in Ordnung waren: Gemeinsam waren sie unausstehlich. Diesmal sollte ich hier eine wahre Freveltat begehen.

Ich brauchte für die Belehrung wie immer einen Platz, von dem aus ich die meisten sehen konnte. Also setzte ich mich auf das einzige höhere Kissen, was offenbar auch Khenpo Kathar benutzte. Sonst lehre ich von Thronen, und kein Schild oder Regenbogenschimmer wies darauf hin, dass dieses Kissen ein Gegenstand der Verehrung geworden war. Ich erinnere mich heute nicht an das Schaudern, das durch die „Rechtgläubigen" gegangen sein musste, sehr wohl aber an das allgemeine Gefühl. Ich musste die Leute noch stärker als üblich „ziehen", um sie mit einem nur einigermaßen guten Gefühl nach Hause zu schicken. Dies wünschte ich ihnen aus tiefstem Herzen, denn New York ist keine leichte Stadt. Die wenigsten Frauen wagen es, abends die U-Bahn zu benutzen, und mit dem Auto braucht man oft eine halbe Stunde, um einen Parkplatz – gewöhnlich im Parkverbot – zu finden. Dann begegnet man den Bums, Junkies, Hustlers, und anderen Reizen der amerikanischen Großstädte, von den „drive-by-shooting"- und wirklichen Verbrechen ganz zu schweigen.

Wieder hatte die Überführfirma das richtige Auto, einen großen Jeep. Bei Albuquerque, auf zwei Dritteln des Weges, bat ich Maxi, mich ein Stück fahren zu lassen. Während sie noch erklärte, dass sie nicht müde und ich die Nacht zuvor durchgefahren sei, war plötzlich Glatteis auf der Straße, und das Auto fuhr stilvoll in den Graben auf drei Lichtmasten zu. Unsere tiefe körperliche Vertrautheit rettete die Lage. Noch auf dem Weg den Hang hinunter zog sie sich zur Seite und ließ mich ans Steuer. Ich lenkte uns um die Pfähle herum, legte den Allradgang ein, und bald waren wir wieder auf der Straße. Als kurz danach die Sonne in einem Meer aus klarem Licht aufging, packten wir die Sachen um, die durch den Innenraum verstreut worden waren. Die Straße war so spiegelglatt, dass man sich am Auto festhalten musste.

Die Bergkette von Taos war niemals großartiger gewesen, der tiefe Schnee schillerte im starken Sonnenlicht in allen Regenbogenfarben, oft wirkte er ganz orange. Maxi und ich gaben Norbert je hundert Dollar zum Kauf eines Grundstückes und besitzen so heute ein Stück Steppe von zwanzig mal siebzig Metern in über zweitausend Metern Höhe. Das

Unsere 20 x 70 Meter USA

Wasser ist nur zwei Kilometer weit entfernt und befindet sich in achthundert Metern Tiefe. Wir wünschen uns beide das breiteste Band zu Amerika und wollen dort später eine Zurückziehungshütte bauen. Die Stelle hat eine atemberaubende Aussicht über eine riesige Hochsteppe und die heiligsten Berge einiger Indianer.

In Phoenix wartete bereits ein Paket, die erste Auflage meines Buches „Entering the Diamond Way". Es erschien gerade zur richtigen Zeit, und so konnte ich es während der Reise mehrmals in Rundfunk und Fernsehen vorstellen. Jetzt hatten auch die englischsprachigen Länder einen frischen Zugang zur Lehre und zu Karmapa.

Diesmal liehen uns Van und Carolyn ihren VW-Bus. Das nächste Ziel war San Francisco. Gabi und Ulla kamen eingeflogen und fuhren die letzten spannenden Wochen mit.

So, wie es in Amerika oft ist, hatte sich das, was „in" war, schon wieder geändert. Jedes Mal ging es aber darum, den so oft „Guru"-geschädigten Leuten in der Bay Area Vertrauen und Richtung zu geben.

Vor unserer Weiterreise flog Maia nach Hause. Sie vermisste ihren Sohn, und mich mit so vielen anderen zu teilen, war auch nicht einfach für sie. Die letzten zehn Tage besprachen wir weitere Bücher mit Paul Clemens; außerdem besuchten wir Mount Shasta, den allerheiligsten Berg irgendeines Indianerstammes. Es ist merkwürdig, dass heilige Berge – wie auch der Kailash in Tibet – oft gar keine „Berge" in unserem

Sinne sind, also nichts Hartes aus Stein, auf denen das Klettern Spaß macht. Häufig sind es höher gelegene Landstücke, die stehen geblieben sind, während die Umgebung durch Abnutzung verschwand. Im Fall von Mount Shasta ist es ein Haufen vulkanischer Asche.

Zu Weihnachten fuhren wir bis kurz vor die kanadische Grenze nach Seattle. Meiner Freundin Ann ging es gut. Sie hatte einen Vortrag im großen Sakya-Zentrum organisiert, einer ehemaligen Kirche, die die dort wohnhaften Tibeter „umgesegnet" hatten. An beiden Abenden kamen, für amerikanische Verhältnisse, gute Gruppen zusammen, die sich glücklicherweise nicht von einer tibetischen Sittenwächterin abschrecken ließen. Sie erzählte ihnen wiederholt, was in diesem Raum erlaubt war und was nicht. Trotz der großen Offenheit wollte aber niemand die Verantwortung für eine Gruppe übernehmen. Wir konnten also nur die Anschriften der Zentren weiter südlich geben und eine Buchliste empfehlen.

Ein großes Erlebnis war eine Begegnung mit Dabshan Rinpoche am ersten Weihnachtsmorgen. Stark gebaut und im Anzug, mit Familie und westlichen Schülern um sich herum, wirkte sein Kraftfeld ausgewogen. Das Gefühl von seiner Hand blieb lange auf meinem Kopf, und er wollte viel über unsere Arbeit erfahren. Er ist tatsächlich Sakya Trinzin Rinpoche, das Oberhaupt der Sakya-Schule. Die tibetische Regierung, eher in Politik als in Vertiefung geschult, schaffte es schon vor Jahren, die Halter anderer Linien zu verwechseln. Obwohl die Anerkennung umstrittener Lehrer sowohl für die Nyingmapas als auch für die Kagyüpas in den frühen 90er Jahren schon eine Steigerung war, gab es in der Geschichte oft ähnliche Fälle von Verwechslung. Wenn so etwas bekannt wird, sagen die Behörden nur: Entschuldigung, aber jetzt ist es zu spät, um das zu ändern.

Nach Los Angeles löste sich der Nebel auf, der mich tausende Kilometer seit der kanadischen Grenze fast blind hatte fahren lassen. Die weißen Hügel strahlten in einem überirdischen Mondlicht, und ich fing ganz unvermittelt an, über meine Mutter zu reden. Ich erzählte, dass sie mich noch immer „kleiner Ole" nannte und wie wunderbar sie sei. Später bei Van und Carolyn, ich lag bereits im Bett, rief Maia aus Kopenhagen an: „Deine Mutter wurde heute Vormittag um halb zehn von einem Lastwagen in Lyngby angefahren. Die Polizei war eben hier und sagte, dass sie tot sei." Sie erzählte auch, dass ein Regenbogen um die Sonne erschienen sei, als es geschah, und dass der Himmel danach ganz strahlend wurde.

Es war ein Schock und eine Erleichterung zugleich. Ein großer Verlust für uns, aber auch großes Glück für sie.

Meine Mutter wurde 83 Jahre alt, ohne krank zu werden. Außerdem hatte sie ein starkes Band zu Karmapa. Ihr größter Wunsch während der letzten Jahre war, anderen nie zur Last zu fallen. Da der Tod augenblicklich eintrat, hatte sie auch nicht gelitten.

Meine wunderbaren Eltern

Ich rief Hannah in Taiwan an, die gerade einen bewaffneten Räuber aus dem Haus gescheucht hatte, indem sie ihn auf Dänisch beschimpfte. Sie hielt wirklich den Familienstil. Als sie hörte, dass meine Mutter gestorben war, wollte sie sofort nach Hause fliegen. Das hätte aber Rinpoches Programm gestoppt, was nicht nötig war. Hannah ist sowieso immer bei mir, wo ich auch bin. Ich ehrte meine Mutter in San Diego abends durch einen Vortrag in ihrem Namen. Obwohl meine Stimme oft etwas belegt war – ich hatte sie unendlich lieb –, hielt ich den Faden. Van und Carolyn buchten den günstigsten Rückflug. In Kopenhagen bereitete Björn währenddessen die Verbrennung vor.

Früh am Morgen, es waren etwa achtundsechzig Stunden nach ihrem Tod, wachte ich in unserem Zimmer in Kopenhagen auf. Was ich erlebte, war kein Traum: Meine Mutter war bei mir, lebendig und in jeder Einzelheit klar zu erkennen. Sie war nah an meiner rechten Seite. Vor uns erschien Karmapa, so groß wie ein Haus. Er war durchsichtig, goldbraun und saß auf einem Stuhl. Lächelnd warf er seine schwarzen Pillen auf uns, die zu Regenbögen wurden, wenn sie uns berührten. Eine traf mit großer Kraft meinen linken Fuß. Währenddessen bewegte sich meine Mutter wie ein Taucher, der immer mehr Ballast abwirft, nach oben und verschwand. Nie im Leben war ich dankbarer. Alles war den Belehrungen Buddhas gemäß geschehen, alles passte. Ihr Bewusstsein war nach drei Tagen ohne Körper aufgewacht und zu mir gekommen. Hier begegnete sie Karmapas Kraftkreis und war direkt in sein Reines Land geführt worden. Dasselbe war mit meinem mutigen Vater geschehen, der 1976 durch eine Gehirnblutung gestorben war. Ich konnte ihm eine der Karmapa-Mutterpillen in den Mund geben, die es damals noch gab. Später in meinen Meditationen erschien er immer als eine Säule von Licht. Beim nächsten Besuch in Rumtek hatte Karmapa mich plötzlich gefragt: „Wo ist dein Vater jetzt?“ Ohne zu zögern antwortete ich: „Im Reinen Bereich der höchsten Freude.“ Karmapa schaute kurz nach oben und sagte dann: „Das stimmt.“ Auch hier traf mich eine Welle von grenzenlosem Glück.

Dänemark

Viele kamen zur Beisetzung, und Björn und ich versprachen, was unsere Mutter am allerliebsten gehört hätte: mehr von unserer geschäftigen Zeit zusammen zu verbringen.

Hannah, Björn und Ole Nydahl

Österreich

1986

Maia hatte schnell ein paar Veranstaltungen im Zentrum auf die Beine gestellt, und nach Besuchen in Wien und Graz war ich kurz nach Neujahr 1986 wieder an der Westküste Amerikas. Dort hatten Gabi, Ulla und Deborah die Stellung gehalten. Die erste Tibetfahrt war inzwischen geplant, und ich flog weiter nach Hawaii, wo unsere Freundin Kiffer wartete. Sie zeigte mir Seiten der Natur, von denen ich nichts geahnt hatte. Bei Sonnenaufgang auf Maui leuchtete der größte Vulkankrater der Welt mit unglaublichen Farben und Formen. Kiffer hatte auch einen Vortrag auf Big Island vorbereitet. Auf dieser Insel gibt es ein kilometerbreites, ungefähr dreihundert Meter tiefes Loch voll siedend heißer, sich bewegender Lava. In jährlichen Abständen schießt sie hoch, wälzt sich die Bergseite hinunter ins Meer und vergrößert so die Insel. Der Grund war pechschwarz und roch uralt. Ich opferte die ganze Kraft des Kraters an Schwarzer Mantel. Noch heute ist der kurze Eindruck von damals lebendig.

Hawaii

Am letzten Tag, als ich gerade dabei war, die größte Welle „bodysurfen“ zu wollen, „glitt ich sie runter“, wie es in der Fachsprache heißt. Ich hörte ein paar unschöne Geräusche im Genick, als ich meinen Kopf in den Sand setzte. Ich hatte nur Zeit für das Krankenhaus oder einen ordentlichen Abschied von Kiffer. So musste ich einfach darauf hoffen, dass nichts gebrochen war. Es ist bestimmt der Erbmasse meiner Wikingervorfahren zu verdanken, dass alles hielt.

Bokar Rinpoche (1940-2004)

Bokar Rinpoche wurde 1940 in West-Tibet, nahe des Heiligen Bergs Kailash, in einer Nomadenfamilie geboren. Der 16. Karmapa erkannte ihn in jungen Jahren als Wiedergeburt des vormaligen Bokar Tulkus, Karma Sherab Ösel, an. Nach einigen Jahren im Kloster seines Vorgängers setzte er seine Studien am Hauptsitz der Karmapas in Tibet, Tsurphu, fort. Nach seiner Flucht aus Tibet im Jahre 1959 wurde er enger Schüler von Kalu Rinpoche. Unter dessen spiritueller Leitung absolvierte er zwei traditionelle Drei-Jahres-Zurückziehungen: Eines in der Tradition der Shangpa Kagyü – einer der acht ursprünglichen Praxislinien Tibets, welche in der Kagyü-Linie überliefert wurden – und eines nach den Vorgaben der Karma Kagyü-Linie – der Haupttradition. Im indischen Mirik (West-Bengalen), an einer Stelle, wo im 10. Jahrhundert der *Mahasiddha* Maitripa gewirkt hatte, gründete Bokar Rinpoche Mitte der 1980er Jahre ein Retreatzentrum. 1990 erregte er Aufsehen durch Tests, die Wissenschaftler der amerikanischen Elite-Universität mit dem meditierenden Lama durchführten. Auch im Westen wurde darüber berichtet. Bis zu seinem Tod im August 2004 war er in der Nachfolge von Kalu Rinpoche Linienhalter der Shangpa-Kagyü-Linie.

Dabsang Rinpoche (...-1992)

Der Tulku Dilyak Dabsang Rinpoche war der Abt des Klosters Dilyak in Ost-Tibet. Er galt als eine Ausstrahlung von Gampopa und starb 1992 infolge von Komplikationen bei einer Herzoperation in Hongkong.

Geheime Reise durch Osttibet

Das Jahr 1986

Der schwedische Reformpolitiker und Regierungschef Olof Palme wird auf offener Straße erschossen.

Reaktorkatastrophe von Tschernobyl.

China

In Hongkong sollte unser Abenteuer beginnen. Hannah und Kurt warteten schon. Wir wohnten wie die Könige bei einem deutschen Paar. Ich unterrichtete ihre Freunde und eine chinesische Gruppe, leider ohne sie auf Dauer zusammenbringen zu können. Pedro und Ilse kamen später nach, während Jacek nach Rotchina weiterfliegen musste. Er hatte einen polnischen Pass, und vermeidbare Kommunisten wollten sie auf der Insel nicht haben.

Pedros großer Geist zeigte sich bei den Einkäufen für die Reise. Er hatte die Leerheit des Geldes verstanden und verwendete es dementsprechend frei. Beim Kauf einer Videokamera handelte er die haiähnlichen Verkäufer auf einen so niedrigen Preis herunter, dass sie schon beleidigt waren. Mit der Videokamera nahm er später vierzig unbezahlbare Filmstunden in Tibet auf. Bei der gleichen Gelegenheit hatte Pedro noch ein wirklich gutes ostdeutsches Fernglas für nur 100 Dollar gekauft. Auch Kurt war Fachmann. Er hatte Kleidung aus einem Alpensportgeschäft in der Nähe von Schwarzenberg mitgebracht, die uns bei extremen Minusgraden wärmen sollte. Zum Glück für die anderen aus der Gruppe bestimmte nicht Hannahs und meine Sparsamkeit ihre Ausrüstung für die Fahrt. Dennoch trug ich den ganzen Weg meine ausgemusterten Armeekleider. Da ich die teuren Sachen schonen wollte, ließ ich sie während der Reise tief unten in meinem Reisesack verpackt.

Pedro flog voraus. Er wollte Jacek finden und ihm weiterhelfen. Wir anderen nahmen ein lautes Schnellboot von Hongkong aus, um damit so weit wie möglich in das Landesinnere Chinas vorzustoßen. Den Fluss aufwärts fuhren wir alle Antennen aus: Wir wollten die Schwingung des Landes erfassen, dessen Volk unser geliebtes Tibet zerstört hatte. Es war wichtig zu wissen, wie diese Menschen waren und lebten.

Die heruntergekommenen Fabriken, offenen Müllhalden und kaputten Häuser – die beste Beschreibung ist „lieblos" – waren ohne Wärme oder Freude, grau und zusammengestückelt. Der Unterschied zu Hongkong war überdeutlich: Dort saß man herum oder bewegte sich langsam, während hier alles im Laufschritt geschah. Männer wie Frauen trugen die grüne oder blaue Mao-Einheitsuniform; wir nannten sie bald wieder die „Zwillinge" wie schon 1968 in Nepal. Dass eine Milliarde Menschen ein solches Ameisenkarma haben sollten, war kaum vorstellbar.

Das Boot legte in Guangchu (Kanton) an, einer Stadt, die von den Engländern erbaut worden war. Wir wurden direkt in ein Hotel gefahren, wo die Bedienung versuchte, alle Fremden im Haus festzuhalten, damit sie sich die Stadt nicht anschauten. Wir ließen uns das allerdings nicht gefallen.

Ein paar Stunden auf dem Markt und im Zentrum der Stadt waren uns lehrreich: Die Einwohner glotzten bloß, und keiner wagte es, Verbindung aufzunehmen. In der Schule lernten sie immer noch, dass wir „weiße Teufel" seien. Alles wirkte arm, grau, eng und unfrei. Die große und freie sozialistische Bruderschaft war offenbar misslungen, und die Entfremdung, unter der wir im Kapitalismus hätten leiden sollen, war hier bestimmt nicht abgeschafft.

Der Bus nach Guilin fuhr bald durch die Drachenzahnberge. Sie sahen wie die Kulissen einer chinesischen Kunstschule aus: Hohe, spitze Berge ragten direkt von einer flachen Ebene aus in die Luft. Sogar die verknitterten Bäume waren genau wie auf den alten Bildern. Die Berge waren durch einen früheren Meeresboden als Lava hochgepresst und dann im Wasser gehärtet worden. Als sich vor einer dreiviertel Million Jahren das Gebiet durch den Druck der indischen Erdmassen gegen Eurasien hob, entstanden die Drachenzähne.

Guilin war erstaunlich lebendig. Die Stadt lag in einer „ökonomisch halbbefreiten" Zone. Es war den Menschen erlaubt, sich gegenseitig etwas auszubeuten. Das hielt sie in Form. Wenige trugen Uniform, mehrere lächelten sogar, und einige waren fast sexy. Viele Einheimische wollten die Landeswährung in Touristengeld wechseln, damit sie die besseren Waren in den Devisenläden kaufen konnten.

Nach einem Tag in volkseigenen Bussen erreichten wir die nächste Stadt. Die Menschen waren hier so widerwillig wie die kalte, nasse Einöde, in der sie lebten. Dies war – wie viele China beschreiben – der Grund, warum so wenig Reisende zurückkehren wollen. Sich in der Macht solcher Menschen zu befinden, muss furchtbar sein. Eine Zeitlang schubste ich die Leute herum. Ich wollte sehen, ob ihre verbitterten Gesichter noch saurer werden konnten, aber dann mussten wir an die Weiterfahrt denken. Das war jedoch nicht so leicht. Rotchina hatte nur einmal im Jahr Urlaub, fünf Tage an Chinesisch Neujahr im Januar oder Februar. Daher reisten alle zu dieser Zeit, falls sie die notwendige Erlaubnis bekamen.

Eine Frau in Uniform, der die blauen Augen der „weißen Teufel" sichtlich gefielen, verschaffte uns Stehplätze in einem Zug, der weiter nach Chengdu fuhr. Die Fünfmillionenstadt liegt nur ein paar hundert Kilometer von den Bergen Osttibets entfernt; jeder Quadratzentimeter auf dem Weg dorthin wird landwirtschaftlich genutzt, was schon übertrieben wirkte. Auch die Hunde und Ratten in ihren Käfigen vor den Gaststätten waren unheimlich, sie würden bald mit einem Apfel im Mund auf dem Teller erscheinen. Wir wünschten uns oft eine gute Zange zum Aufbrechen der Käfige.

Chengdu war, grau und trostlos. Die Luft ließ Mexico City oder Athen wie Kurorte erscheinen. Millionen kleiner Kohleöfen, die den Brennstoff nur halb nutzten, machten die Atmung fast unmöglich, die Hälfte der Bevölkerung trug weiße Gaze-Schutzmasken vor Mund und Nase. Zudem war die Stadt staubig, unfreundlich und nasskalt – wirklich kein Ort zum Verweilen.

Als wir in das größte Touristenhotel eintraten – ein riesiger gelber Kasten, vor dem 1989 zur Zeit des Aufstands auf dem Tianmen-Platz Hunderte getötet wurden – kamen Pedro und Jacek gerade die Treppen herunter. Sie waren einen schnelleren Weg gefahren und hatten schon Bilder eines nicht zerstörten Buddha etwas weiter flussabwärts gemacht. Zudem kannten sie die örtlichen Wechselkurse für ausländische Währung und wussten, wo man essen konnte, ohne krank zu werden. Das Hotel war uns mit neun Dollar pro Raum und Nacht für ein so armes Land entschieden zu teuer; auf dem Weg zu einem billigeren Angebot landeten wir vorerst in einer unterirdischen Kaffeestube. Dort waren zu unserem großen Erstaunen richtig lebendige und moderne Menschen.

Nach nur drei Tagen in Rotchina standen uns schon Mund und Augen offen, wenn wir wachen Menschen begegneten.

Ein paar hundert Meter weiter lag das billigere Hotel, dessen einziger Raum wie ein Dampfbad war: das Warmwasserrohr war geplatzt. Die Nacht dort, ein zweifelhaftes Essen im Zug oder die vielen chinesischen Soldaten, die ich in früheren Leben aufgestapelt hatte, waren offenbar zuviel. Hannah und ich wachten morgens mit hohem Fieber auf. Als wir zum feinen Hotel wankten, um unsere trockenen Kleider zu holen, sah Pedro sofort, wie es uns ging. Er und Jacek räumten ihre Betten und wollten selbst auf dem Boden schlafen. Ich schickte Kurt, Ilse und Burkhard mit einem der letzten Flüge voraus, bevor Geschäfte und Behörden an Tibetisch Neujahr schlossen. Sie sollten alles in Lhasa vorbereiten, und ich wünschte nicht, dass sie sich um unseren Zustand kümmerten.

Diese Erfahrung als Segen und als das freie Spiel des Geistes anzusehen, war nicht leicht. Wir waren niemals zuvor so krank gewesen. Pedro und Jacek waren rührend, während wir zehn Tage mit 40 bis 41 Grad Fieber und gewaltigen Kopfschmerzen unsere karmischen Schulden in China abschwitzten. Die Unterhaltung wechselte zwischen privatkapitalistischen Kung-Fu-Filmen aus Hongkong und den spannenden Träumen, die hohes Fieber erzeugt. Draußen verschlechterten die Chinesen die Luft noch durch das kiloweise Abbrennen von Feuerwerk. Sie hörten Tag und Nacht nicht auf.

Tibet Rechtzeitig zum erstmöglichen Flug beschlossen Hannah und ich, lieber in Tibet als in China sterben zu wollen. Die Fortsetzung des Himalaya in Osttibet macht einen großen Bogen nach Norden, und Pedro machte auf dem Flug die ersten verbotenen Aufnahmen für unseren Videofilm „Geheime Reise durch Osttibet". Die Landebahn lag in einer braunen Steinwüste, und die ersten Tibeter, denen wir begegneten, sahen klein und verschlissen aus, waren aber warm gekleidet. Sie trugen dreieckige rote und grüne Neujahrsflaggen ohne buddhistische Zeichen, womit sie offenbar wieder ihre Häuser schmücken durften. Während wir darauf warteten, dass die Busfahrer sich bequemten, hundert Meter zu fahren, um uns am Flugzeug abzuholen, spürten wir ein weiteres Mal, wie gleichgültig und sinnlos den Chinesen die Welt anscheinend war. Sie kamen erst, als wir ihnen Prügel androhten.

Der Schotterweg nach Lhasa wand sich einen Fluss entlang, mit einem Pinkelstopp, der furchtbar stank. Ich fragte mich, was man wohl

Der Potala - Palast des Dalai Lama

essen muss, um solch einen Geruch hervorzubringen. Wenige Tage danach bekam ich die Antwort: Es waren die übel riechenden grünen Zwiebeln, die aus einem Tal im Norden stammen.

Lhasa war viel kleiner als man denkt. Einige Verwaltungsgebäude und eine breite Straße mit ein paar Ampeln zierten den Weg. Stieg man aus dem niedrigen Bus, dessen Fenster einen davon abhielten, nach oben zu schauen, stand man schon unterhalb des riesigen, strahlenden Potala – dem Palast der Dalai Lama. So zerstört und arm Tibet auch war, nach China war es eine Weide der inneren Freiheit. Schön war Lhasa nur, bis sich die Chinesen 1993 an der Welt für die nicht in China stattfindende Olympiade im Jahr 2000 rächten und die kulturträchtige Altstadt Lhasas einfach plattwalzten.

Wir wohnten im Banakshol-Hotel an der „Glückstraße", einer der wenigen tibetischen Gasthöfe, der für Fremde nicht verboten war. Sie waren ständig überfüllt, während die meisten chinesischen Hotels leer standen. Da sie die Sprachen nicht kannten, konnten die Westler ihre politische Einstellung nur auf diese Weise ausdrücken, und täglich hörte man jemanden, der über seine Reisepläne erzählte, sagen: „Tibet sicher, aber niemals wieder China." Irgendwie konnten die Rotchinesen andere Menschen nicht gut behandeln. Ihre Gefühle lagen zwischen Beleidigtsein und Eifersucht mit gelegentlichen Orgien von Schadenfreude. Regelmäßig erinnerten wir uns an chinesische Freunde in der freien Welt und hofften, nicht zu rassistisch zu werden.

Vor dem Jokhang

Bei der ersten Runde um den Jokhang, den Stadtkern Lhasas, und seine wichtigsten Tempel geschah etwas, das Pedro volle vierzig Minuten seiner kostbaren Videozeit wert war. Am Haupteingang des riesigen runden Baus scharten sich Tibeter um mich. Sie waren vom kraftvollen Schlag, mit langen Gesichtern und roten Neujahrsschnüren in den Haaren: Krieger der Khampastämme Osttibets. Nur sie hatten wirklich gegen die Chinesen gekämpft, und sie waren die einzigen im Land, die wie richtige Männer wirkten. Völlig mitgenommen von der zeitlosen Bekanntheit des Geschehens – all das klare Licht und die Menschen, die sich in Zeitlupe verbeugten und ihre Opferungen machten – bemerkte ich, dass auf der nahen Ebene auch etwas geschah. Ich wurde gründlich gemustert. Es ging aber weder um Pass noch um Geld. Die Schwingungen waren ganz anders. Plötzlich stieß der Krieger vor mir seinen Kopf fast in meinen Bauch, und ohne nachzudenken, segnete ich ihn. Dann kamen sie von überall her. Immer noch halbkrank, wurde ich die nächsten paar Stunden von Tausenden um den Jokhang getrieben, die alle gesegnet werden wollten. Wie auch im Westen verwendete ich die runde Silberdose mit Karmapas Reliquien, die er selbst zu diesem Zweck gefüllt hatte. Bei jedem späteren Halt in Tibet geschah das Gleiche, und den Chinesen fielen fast die Augen aus dem Kopf. Ein tibetischer Rinpoche wäre nicht lange in Freiheit geblieben, was sollten sie aber mit einem Westler anfangen?

Der „Lowo"

Die Vollmondnacht Februar 1986, zwei Wochen nach Neujahr, wurde tibetische Geschichte. Schon nachmittags summte die Stadt vor gestauter Energie, während die Chinesen die Zugangswege zum Stadtzentrum mit Bussen und Militärautos absperrten. Es war deutlich, dass nur geladene Gäste zur Zeremonie am Abend erwünscht waren, also luden wir uns selbst ein. Seit sechsundzwanzig Jahren sollte der erste „Mönlam Chenmo" stattfinden, was übersetzt „Großes Gebet" heißt. Wir sprangen über einige Jeeps an den Soldaten vorbei, ohne dass sie uns stoppen konnten, und täuschten die Polizei, indem wir uns sofort auf dem offenen Platz hinter dem Jokhang verstreuten. Dann verschwanden wir unter den paar hundert Auserwählten, die vor dem Gebäude standen. In grellem Scheinwerferlicht befestigte eine Gruppe Mönche und Laien große schwarze Tafeln mit vielfarbigen Ausschmückungen aus Butter auf einem hohen Gerüst. Sie stellen Opferungen für die Buddhas dar, und die Lage war rührend und peinlich zugleich. Auch wenn wenig Gefühlsentfaltung vor den laufenden Kameras der Chinesen möglich war, hatten die Tibeter wenigstens eine kleine Freiheit zurückgewonnen. Etwa zweihundert Mönche aus den drei großen Gelugpa-Klöstern beteten gleichzeitig. Früher zählte man 20.000, und dennoch wirkte es so, als wären es viel mehr. Der Panchen Lama war anwesend, und obwohl wir ihn jetzt aus nächster Nähe sahen, konnten wir uns keine endgültige Meinung über ihn bilden. Einerseits sah er Karmapa sehr ähnlich, andererseits spürte ich kein richtiges Kraftfeld. Vielleicht lag es auch an den harten Folterungen der Chinesen, die er erlebt hatte. Er war genauso wenig offiziell geprüft worden wie auch der spätere chinesische Karmapa-Kandidat Urgyen Trinley und der nachfolgende Panchen Lama, die beide in den 90er Jahren durch die chinesischen Kommunisten eingesetzt worden waren.

Die Tibeter waren todunglücklich über das Verhalten des Panchen Lama, was wir gut verstanden. Als wir ihn das erste Mal sahen, gab er gerade Tausenden zusammengequetschter Zuhörer den Rat, sich häufiger zu waschen und nicht zu klauen, da jetzt viele Touristen in ihr Land kommen würden. Alle waren entsetzt, dass er zu nah mit den Besatzern des Landes zusammenarbeitete, und vor allem stieß sein ständiges und wiederholtes Lob der Chinesen heftig auf. Obwohl die Tibeter aus Gewohnheit dem Dalai Lama für alles Gute in ihrem Leben danken: Hätte der Panchen Lama nicht aus dem Zentrum der Macht heraus – er war zu einem der dreizehn Vizepräsidenten Chinas aufgestiegen – kräftig die Hebel gezogen, wäre aus ihren neuen Freiheiten sicher nicht viel geworden. Die unterdrückten Völker der Welt schätzen ihre tragischen Helden viel mehr als die Taktiker, die dafür sorgen, dass ihr Leben überhaupt auszuhalten ist. Die Vorstellung, dass ein künftiger Karmapa-Kandidat einmal in diese Verräterrolle gepresst werden könnte, verschaffte uns schon damals eine Gänsehaut und war ein Grund dafür, dass Hannah und ich uns 1992 in die tibetische Politik einmischten. Einen Tag vor seinem Tod in Shigatse im Januar 1989 drückte der Panchen Lama seine wirkliche Meinung aus. Er sagte, dass die Chinesen sein Land und auch sein Volk zerstört hätten. Es würde spannend sein, welche Beurteilung sich in den nächsten Jahren über ihn durchsetzen würde.

Sobald das Auto mit dem Panchen Lama weggefahren war, öffnete das Militär die Schleusen. Jetzt ging es los: Tausende Tibeter kamen unter den Bussen hervor gekrochen, viele mit zerrissenen Kleidern und voller Öl. Sie drückten sich gegenseitig an die Hausmauern, der riesige Platz füllte sich schnell. Alle wollten einfach nur hinein. Viele waren monatelang gereist, um an dem „Großen Gebet" teilzunehmen. Leute fielen rechts und links um, sobald sie nicht mehr von dem Druck der Umgebenden aufrecht gehalten wurden; bestimmt starben mehrere. Ein paar Sirenen heulten auf, aber niemand nahm sich der Liegenden an, die jetzt hoffentlich auf dem Weg in die Reinen Länder waren.

Lhasa lernte man in wenigen Tagen kennen. Die Stelle, die wir wirklich besuchen wollten, war Tsurphu, der Hauptsitz der Karmapas. Er liegt nur 70 Kilometer nordwestlich der Stadt, aber dorthin zu gelangen, wurde ein Riesenzirkus. Als der unmögliche Fahrer endlich verkatert ankam – mehrere Stunden zu spät – und ihm das Starten des Lasters gelang, war er so klug, einen Mann mit einer Menge Holz unmittelbar vor einem chinesischen Kontrollposten aufzulesen. Westlern war das

Die Ruinen von Tsurphu

Reisen außerhalb der genehmigten Gruppen nicht erlaubt, und so sollten wir den Wagen verlassen. Wir fotografierten die Chinesen und drohten ihnen eine halbe Stunde lang, uns über sie zu beschweren. So wagten sie nicht mehr, den Fahrer zu bestrafen, und gaben ihm seine Papiere zurück. Wir konnten also weiterfahren, wurden jedoch noch zweimal vom Militär gestoppt und mussten auch ein paar Kilometer um einen Kontrollposten herumlaufen.

Nach 40 Kilometern bogen wir an einem besonders gezackten Berg vom geteerten Hauptweg nach Golmund im Norden ab. Ein steiniger Pfad führt das Tal hinunter, an dessen Ende Tsurphu liegt. Einige Kilometer vor dem Kloster gab der Fahrer einfach auf. Sein Stil hatte sich seit dem Morgen keineswegs verbessert, und nun fand er, dass es zu eisig sei. Wir schleppten also unser Gepäck weiter, während das Holz später auf Yakochsen nachkommen sollte. Langweilig war es nicht. Wir befanden uns in 4,2 Kilometern Höhe, in strahlendem Vollmondlicht. Einschließlich eines Reifenwechsels hatte die Fahrt zwölf Stunden gedauert.

Das Gebiet ist magisch und unwirklich. Schwer beladen stolperten wir den Pfad entlang, den die wichtigsten Lehrer unserer Linie seit 1150 benutzt hatten. Nach einer letzten Anhöhe waren wir von zerstörten Mauern umgeben. Sie erinnerten mich an Bilder von dem ausgebombten Hamburg nach dem Krieg.

Der Eingang eines dürftigen Neubaus war durch eine einzige Gaslampe erhellt. Im Inneren wartete ein Dutzend älterer Lamas mit vielen Fragen. Nach Tsampa und Tee führten sie mich nach oben in ihr bestes Zimmer, in dem nur Jamgön Kongtrul Rinpoche bisher geschlafen hatte. Als ich Hannah aufforderte, mitzukommen, machten sie große Augen und wurden ganz unglücklich, da sie sahen, dass unsere Schlafsäcke zusammengefügt waren. Schließlich waren sie ja Mönche. Um ihre Geistesruhe zu retten, trennten wir die Schlafsäcke und legten auch die Matratzen auseinander, was sie sichtbar erleichterte.

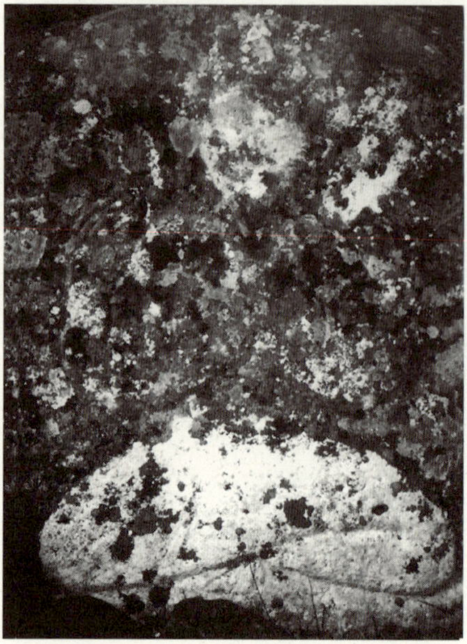

Diese berühmte Liebevolle Augen-Abbildung entstand von selbst auf einem Fels bei Tsurphu. Während der Zerstörung wurde sie unkenntlich. Seit das Kloster erneut aufgebaut wird, tritt sie wieder hervor.

Es war schwer, in der dünnen Luft zu schlafen. Außerdem war die Energie der Stelle gewaltig. Ich glitt durch Träume, die mehrere Lebenszeiten umfassten. Während der Morgendämmerung, als ich mich plötzlich umdrehte, bekam ich einen besonderen Segen: Ich sah direkt in das blau-schwarze Hundegesicht des Landschützers Shing Kyong, der auf Tsurphu aufpasste, und der für Shamarpa und Tenga Rinpoche sehr wichtig war.

Nach dem Verschenken von unzähligen eingeschweißten Papersafe-Bildern Karmapas, der Lehrer der Linie und von *Schwarzer Mantel* nahmen wir den Lastwagen zurück nach Lhasa. Von dort aus wollten wir eine Fahrt planen, die vorher noch kein Weißer geschafft hatte: einen Monat zu den heiligen Stellen der Karmapas im verbotenen Osttibet.

Um Mitternacht, der Mond war fast voll, stiegen wir auf einen offenen Lastwagen, und die geheime Reise begann. Ein Dutzend Khampas drängte sich schon mit Gepäck auf der ungeschützten Ladefläche. Da die chinesischen Kontrollposten nachts unbesetzt waren, mussten wir durchfahren; der erste Halt würde erst am nächsten Morgen sein. In einem Flussbett, in dem die Büsche den Wagen versteckten, mischten die Leute Gerstenmehl und Tee, Tsampa genannt, was wir dann mit Proteinpulver und Vitaminen anreicherten. Das verband das Vorhandene mit dem Gesunden.

Schwarzer Mantel-Felsen bei Tsurphu

Mich verwunderte die fehlende Höflichkeit der mitfahrenden Khampas, aber allmählich verstand ich, warum. Während der Neujahrsfestlichkeiten in Lhasa hatten sie mehrmals Burkhard, der über zwei Meter groß und sehr stark war, zum Armdrücken eingeladen. Sie hatten den höflichen Riesen besiegt, bevor er überhaupt merkte, dass sie anfangen wollten. So etwas darf niemals geschehen, denn alle Mitglieder einer Gruppe oder Rasse werden nach dem ersten Kontakt beurteilt. Also lag es an mir, die Ehre des weißen Mannes zu retten, was in diesem Fall nicht so leicht war. Den Sieger einfach auf eine Runde Armdrücken einzuladen war nicht möglich, da ich ja Lama bin. Nach einigen Tagen fand sich aber eine Gelegenheit: Als sie einmal trainierten, sagte ich: „Das haben wir doch zu Hause als Kinder gespielt! Kann ich mal mitmachen?“ Schnell drückte ich den Arm des Stärksten dreimal herunter und sagte dann: „Ja, das ist wirklich genau dasselbe. Wie spaßig!“ Von diesem Moment an brauchten wir nicht mehr zu drängeln, um auf der Ladefläche Platz zu bekommen. Wir waren jetzt auf einer Ebene anerkannt, die jeder verstand.

Der erste längere Halt war Bowo oder auch Bomi, ein größeres Dorf an der Grenze zwischen dem nordöstlichen Himalaya und dem Hochland Zentraltibets. Hier treffen die uralten Hügel der Juraperiode auf die jüngsten und höchsten Faltberge der Welt. Der Unterschied der sechzig Millionen Jahre ist überdeutlich, man reist wochenlang entlang einer klar sichtbaren Linie durch die Landschaft.

Unser Fahrer täuschte eine Motorpanne vor, um einige Tage bei seiner Familie bleiben zu können, und lud uns auf seinen Hof im Dorf ein. Es war großartig, wieder in einer offenen Dachscheune zu schlafen. Wir überblickten von dort aus einen Großteil des Tales, während der Schnee leise fiel. Man hatte uns einen Platz im Haus angeboten, aber bei den Sherpas und Tibetern ist alles dunkel und voller säurehaltigem Rauch. Nur ein Haus hatte Ofen und Schornstein. Hannah und ich hatten seit langem wieder Zeit zu meditieren und konnten uns sogar noch die Gegend ansehen. Es war wie Urlaub. Erst abends kamen die Leute, um gesegnet zu werden.

Abends kamen die Leute für Segen

Das Gebiet war fast vollständig zerstört. Die Chinesen hatten große Mengen uralter Nadelbäume gefällt, aber keine neuen gepflanzt. Die umher liegenden Stämme waren oft so dick, dass man nicht über sie hinwegschauen konnte. Da die Holzfäller keine Maschinen hatten, um die untersten und dicksten Stücke wegzuschaffen, blieben sie einfach liegen und verfaulten.

Bis zu diesem Zeitpunkt war das ständige Rütteln des Lastwagens das Schwierigste an der Fahrt gewesen. Jetzt wurde es auch noch kalt, und wir gaben Hannah und Ilse die wärmsten Sachen. Östlich von Bhutan, wo der Himalaya eine Schleife über Norden nach Süden dreht, gab es keine Möglichkeit mehr, auf friedlichen 4.000 Metern Höhe zu bleiben. Die hohen Pässe waren unvermeidbar. Die gute Laune von Pedro und Kurt riss niemals ab. Auf dem letzten Pass vor Chamdo sprang Kurt mehrmals von der Ladefläche. Wenn der Fahrer vor Müdigkeit zusammensackte, bot er ihm an, das Steuer zu übernehmen. So spornte er ihn immer wieder an, doch noch ein paar Kilometer zu fahren. Wir mussten einfach vermeiden, im Schneesturm am Pass hängen zu bleiben. Auf diese Weise starben regelmäßig ein paar Reisende.

Die Lastwagen sind übrigens die unbesungenen Helden der armen Länder. So wie Indien an einem Tag zusammenbrechen würde, wenn die „Tata"-Lastwagen – mit Mercedes-Lizenz gebaut – verschwinden würden, so hält eine historische Konstruktion China in Gang: ein vierzylindriger, seitenventilierter Benzinmotor, mit den Zündkerzen in Reihe auf dem flachen Zylinderkopf stehend. Der Motor war erstmals 1934 vom deutschen Opel-Werk gebaut worden, im Krieg hatten ihn die Russen gestohlen, und jetzt hatten ihn die Chinesen übernommen. Diese Lastwagen, ständig überfüllt, bringen die Leute überall hin – tagsüber diejenigen mit Erlaubnis, nachts diejenigen ohne. In Tibet wurden die Lastwagen von den Chinesen hauptsächlich eingesetzt, um das gestohlene

Ein platter Reifen mehr

Holz aus Tibet herauszubringen. Wir sahen nur einen einzigen Bus auf der Strecke, und der nahm niemanden mit. Die Menschen sollten sich ja nicht gegenseitig besuchen und ihre Unzufriedenheiten vergleichen. Damals waren Autos nur den Parteispitzen erlaubt, und die schienen die Berge nicht zu mögen.

Nachdem die Chinesen im Winter 1951 das östliche und spannendste Drittel des Landes besetzt hatten, machten sie Chamdo zur neuen Hauptstadt des heute sehr beschnittenen Osttibet. Bei der Ankunft um fünf Uhr früh versteckten wir uns schnell hinter unserem Gepäck vor der Polizei. Als es aufhellte, wurden die Spuren der damaligen Bombenangriffe deutlich.

Von Chamdo aus wollten wir die Weiterfahrt nach Karma Gön planen, der zweitwichtigsten Meditationsstelle unserer Linie. Der erste Karmapa, Düsum Khyenpa (1110-1193), hatte sie noch vor dem Bau von Tsurphu gegründet. Bisher hatte noch kein Weißer diese Stelle besucht.

Während wir nach einem geeigneten Lastwagen Ausschau hielten, entdeckte uns die Polizei. Sie wollte uns so schnell wie möglich aus der Stadt haben. Wir gaben als unser Reiseziel den Ort an, von dem wir gerade gekommen waren, denn die Chinesen schicken einen immer zum letzten Ort zurück. Da wir sehr bestimmt waren und dennoch freundlich blieben, gewannen wir so einen Tag. Eigentlich schien der Polizeichef, der sogar Tibetisch sprach, hinter der glatt gebügelten Mao-Uniform ein ziemlich guter Kerl zu sein.

Am nächsten Morgen kletterten wir schnell auf einen Lastwagen. Auf einer Ladung Teeballen sitzend, fuhren wir durch ein wunderschönes Bergtal in Richtung Norden. Die Straße führte einen Fluss entlang, und der Fahrer stoppte mehrmals, um eine Stange in die Erde zu stecken. So wollte er feststellen, ob sie das Gewicht des Lastwagens tragen könnte. Zum Fluss hinunter waren es oft ein paar hundert Meter freier Fall, und die Straße war schlimmer als alles, was es weiter westlich gegeben hatte. Sicher stürzte hier die Hälfte der Lastwagen in den Sommermonaten hinunter, während wir selbst dank Karmapas Schutz und der gefrorenen Erde gut durchkamen.

Die Natur war reinste Freude. Bisher war vor allem Kurt sehr begeistert gewesen, wenn die Berge ihn an seine heimischen Alpen erinnerten. Jetzt wurde er von Pedro übertönt, der die Blumen seiner Kindheit,

Nach einer kalten Nacht

die er in der Nähe von Salamanca in Spanien verbracht hatte, wieder fand. In den Dörfern auf dem Weg segnete ich vom Lastwagen aus und verteilte die letzten aufgeladenen Schnüre des „Chig She Kün Dröl", einer wichtigen Einweihungsserie des 9. Karmapa, die Tenga Rinpoche im letzten Herbst in Deutschland gegeben hatte.

Spät am Nachmittag endete der Schotterweg, und wieder verbrachten wir die Nacht in einer Scheune. Am nächsten Morgen sollten wir Pferde für die Weiterreise bekommen. Es dauerte erstaunlich lange, und als mein Pferd endlich gebracht wurde, konnte sogar ich als Pferdeunkundiger sehen, dass die Steigbügel fehlten: Der Lama sollte geführt werden und durfte nicht selbst reiten. Das dauerte gerade so lange, bis uns hinter der nächsten Ecke keiner mehr sehen konnte. Dann bekam der Junge, der die Zügel hielt, einen Segen, und ich ritt davon, ohne Halt für die Füße. Abgesehen davon, dass mein Sitzteil ziemlich litt, ging es gut. Hannah, Kurt, Pedro und ich erreichten die Schlafstelle im Galopp, während die anderen es lieber ruhig angingen.

Karma Tschü war der Rastplatz Karmapas auf dem Weg nach Karma Gön gewesen. Dort wohnten Schüler Karmapas, wie ich sie gerne sehe, selbständige und starke Menschen. Sie leiteten den Wiederaufbau des Klosters von dem riesigen dreieckigen Flussbett aus, das von weiten grauen Bergen umgeben ist. Erfinderisch hatten sie aus groben Balken und den dortigen Granitsteinen ein Gebäude aufgestellt, das wie eine alte Westernburg aussah. Wir redeten bis tief in die Nacht hinein; ihr

Kurt testet ein Pferd

Kenntnisstand war erstaunlich. Sie wussten zum Beispiel, wo in der weiten Welt sich mehrere unserer Lehrer befanden und welche allgemeinen Ziele sie verfolgten.

Da wir ihnen von den schönen Autobahnen des Westens erzählt hatten, gaben sie Kurt und mir zwei wirklich schnelle Pferde. Nachdem wir sie gefügig geritten und zwei lahmere Pferde Jacek und Burkhard abgeworfen hatten, folgten wir einem Fluss durch völlig unberührte Landschaften. Die Menschen vom Pferd aus zu segnen, fühlte sich seltsam, aber zutiefst vertraut an. Am frühen Nachmittag, nachdem wir die Pferde über das Eis eines Flusses hatten ziehen müssen, kamen wir an. Vor uns tauchte Karma Gön mit seinen nur teilweise zerstörten Holzgebäuden auf.

Ankunft in Karma Gön

Die Menschen standen in Reihen davor. Sie erwarteten uns bereits, obwohl wir nicht wussten, weshalb. Vor dem Haupteingang des Klosters verbeugten wir uns und gingen hinein. Es war wunderbar, die vielen alten Rollbilder und kleineren Statuen zu sehen, die sie vor

Karma Gön

Maos roten Banden hatten retten können. Sie befanden sich jetzt wieder in einer passenden Umgebung; außerdem war der Hauptbuddha des Tempels neu aufgebaut worden. Wir freuten uns über die Tüchtigkeit der Leute umso mehr, da Karma Gön – nach Tsurphu – Karmapas wichtigste Stelle war.

Während der Wiederaufbau Tsurphus vor allem einem kleinen Kerl zu verdanken ist, den ich wegen seiner flotten Vorderzähne – er hatte keine anderen – den „Biber" nannte, ruhte hier die Arbeit auf drei starken Männern. Sie hatten Schwingungen, die man fast mit den Händen greifen konnte. Während der wenigen Stunden dort führten sie uns zu den wichtigsten Stellen. Der halbmondförmige Fels, den Gampopa, Schüler von Milarepa und Lehrer des ersten Karmapa, vorausgesagt hatte, berührte uns weniger; aber eine halbzerstörte Stupa, die über einen

Ein sehr alter Altar

Der Biber

Zahn des 2. Karmapa gebaut worden war, fühlte sich fast lebendig an. Die Einheimischen legen den Kopf dagegen, wenn sie Zahnschmerzen haben. Ich segnete viele, und wir übergaben fast den ganzen Rest der Geschenke. Die in Plastik eingeschweißten Bilder aus Schwarzenberg brachten wieder besondere Freude; östlich von Lhasa schmückten danach tausende von Fotos die Altäre. Karmapa, Künzig Shamarpa, *Rote Weisheit* und *Schwarzer Mantel* waren nun häufiger zu sehen als in der Zeit, bevor die Chinesen kamen. Die Gastgeber schenkten uns dafür Teile von Hut, Hemd und Schuhen der ersten drei Karmapas. Zwei Tage später wollten sie ihre neue große Buddhastatue einweihen, und der Rest der Reliquien sollte in ihrem Herz versiegelt werden.

Die Rückreise wollten wir bei Vollmond in einem Stück durchreiten. Alles ging gut, bis es in Karma Tschü dunkel wurde und kein Mond erschien. Die Leute rieten uns, zu bleiben. Wir hätten besser auf die erfahrenen Eingeborenen gehört: Zwanzig Minuten später wurde es auf einmal stockfinster, und unsere romantischen Erwartungen, dass Pferde nachts sehen können, erfüllten sich keineswegs. Es herrschte ein völliges Durcheinander. Hannah folgte Kurt auf einem falschen Pfad nach unten, und als sie abstieg, um leichter wenden zu können, lief der Gaul einfach davon. Kurts Pferd wurde noch verrückter. Es galoppierte die Kluft weiter hinunter, stürzte und verfehlte Kurt nur um wenige Zentimeter. Mein Hauptwunsch in Karma Gön, dass die Arbeit niemals langweilig werden möge, war offensichtlich gehört worden. Während dieser Dramen hatten alle die Kraft unserer Schützer gespürt, und niemand hatte gedacht, dass etwas schief gehen könne.

Nur ein paar Minuten entfernt warteten die Menschen bereits vor ihren Häusern. Sie hatten bestimmt mit Verwunderung alles gehört, doch jetzt wollten sie gesegnet werden und mit uns handeln. Während wir um das Feuer saßen und ich die 16. Karmapa-Meditation auf Tibetisch lehrte, tauchten sowohl die verlorenen Pferde als auch die Rucksäcke wieder auf. Nur das, was wir aus der Gegend hatten, blieb in der Nacht zurück: eine Pfanne aus dem Blech einer Öltonne und das getrocknete Bein eines Yaks, das Pedro in mehrere leckere Koteletts verwandelt hatte.

Khampas

Am nächsten Abend kam der Teelastwagen nicht, und was noch schlimmer war: Kurt auch nicht. Er war mit dem schnellsten Pferd vorausgeritten, um etwas Spaß zu haben, und hätte eigentlich vor uns ankommen müssen. Die Leute waren nervös, und gerade als mein *Mo* sagte, dass Kurt in Ordnung sei und bald erscheinen würde, ritt er auf einem schweißtriefenden Pferd daher. Er hatte sich in einem anderen Tal verirrt.

„Mo" – das Erwecken der zeitlosen Einsichtsnatur des Geistes

Die Tibeter waren immer begeistert, wenn ich meine Meditationskette in die Hände nahm und ein *Mo* machte. Die meisten wussten aber offensichtlich nicht, was dabei geschieht. Sie dachten, dass man dadurch Dinge verändern könne, was der Kluge jedoch lieber den Buddhas überlässt. Bei einem *Mo* erweckt der tiefe Wunsch, anderen zu nutzen, die zeitlose Einsichtsebene des Geistes. Jenseits von Zeit und Raum „weiß" man einfach, was zu welchem Zeitpunkt in der Zukunft vorliegen wird. Wie alles andere im Diamantweg wird auch diese Fähigkeit vom Lehrer übertragen.

Die Verspätung des Lastwagens schenkte uns kostbare Zeit für Meditation und Briefeschreiben. Wir besuchten auch ein alterndes Verwirklicherpaar, das den Rest seines Lebens in Zurückziehung verbringen wollte. Es war rührend und auch fahrlässig – sie hatten fast ungeschult angefangen. Glücklicherweise sind Kagyü-Texte leicht verständlich. Wir mussten kämpfen, um den Raum nicht mit ihren einzigen Besitztümern beschenkt zu verlassen.

Schließlich kam ein leerer Lastwagen. Da der Weg auf unserer Seite des Tals in der Zwischenzeit abgerutscht war, ging die Reise nun über den Fluss. Der Fahrer bestand darauf, dass wir über die uralte Brücke vorausgingen. Er wollte es dann mit Vollgas versuchen. Bei weniger Geschwindigkeit wäre das Fahrzeug einfach durch die morschen Bretter des wakkeligen Gestells gebrochen.

Die letzten Wochen hatten wir in Gebieten verbracht, in denen die Menschen noch nie zuvor ein weißes Gesicht gesehen hatten. Außer bei den Segnungen war es befreiend, wie wenig sie das Bedürfnis hatten, uns anzustarren. Auch hier zeigten die Tibeter mehr Stil als die anderen Bewohner der Dritten Welt. Im Dorf jenseits des Flusses wuchsen dafür uns Westlern Stielaugen: Maße und Verhältnisse der Häuser zueinander waren so vollkommen und ihr Einklang mit der Landschaft so gelungen, dass es sich wie ein lebendiges Ganzes anfühlte.

Zu unserem Erstaunen verkehrte zwischen Chamdo und Derge gelegentlich ein Bus. Eigentlich durften keine Tickets an Ausländer verkauft werden, doch für die begehrte Touristenwährung wagten sie es trotzdem. Es war eine reine Wonne, einmal sitzend reisen zu können, mit einem Dach über dem Kopf und nicht halb liegend im Schnee auf einer offenen Ladefläche. Das Mädchen neben mir war die Schande der Familie. Sie hatte sich in einen Chinesen verliebt, was sonst fast nie vorkommt. Davor saß ein besonders erotisch eingestellter mongolischer Junge, der den Mädchen im Bus eindeutige Zeichen machte. Ich musste ihn alle fünf Minuten kräftig in den Sitz drücken, weil er lärmte und die schöne Aussicht versperrte. Er wurde aber erst still, als eine kräftige Khampa-Frau sagte: „Mal schauen, was der Kleine bringt", und ihm in die Unterhose griff.

Auch die Nomaden mit den runden Filz-Zelten waren spannend, ihre unbekümmerten freien Schwingungen taten gut. Sie waren viel offener als die sonst frischen sesshaften Khampas; sie mussten nicht ständig auf die Nachbarn achten. Bei den Nomaden gab es noch immer die großen rotbraunen Hunde, die in Zentraltibet in die Fleischtöpfe der Chinesen wandern. Nur bei Karmapas zerstörter Sommerresidenz – eine halbe Stunde von Tsurphu entfernt – hatte sich ein einziger gestörter Vertreter dieser Rasse unmöglich laut aufgeführt. Obwohl sie zweifellos mutig waren, war das Leben dieser Hunde elend. Ihre Ernährung war weitgehend wie die ihrer Artgenossen in Nepal.

Die Tibeter erzählen die Geschichte eines großen Liebhabers, der viele Mädchen der Nomadenstämme beglückte. Wenn die Wachhunde eines Lagers ihn angreifen wollten, hockte er sich schnell hin, als würde er ein Geschäft verrichten. Während sie dann nach der erwarteten Mahlzeit suchten, sprang er zu der nächsten Schönen ins Zelt.

Die Soldaten an der Brücke vor Derge schliefen. Im Nu mit unseren Seesäcken vom Bus springend, versteckten wir uns in der Kälte zwischen Baumstämmen, bis das erste Licht in einem Haus anging. Es war die Essstelle eines „tibetisierten" Chinesen, der tatsächlich ganz nett war. Er hatte sogar eine Weltkarte an der Wand hängen, auf der China große Teile von Russland und das ganze Himalayagebiet abdeckte. Es störte ihn aber keineswegs zu hören, dass das Grenzen waren, von denen der Rest der Welt nichts wusste.

Derge hatte besonders während der Besatzung gelitten. Das Tal war wie geschaffen dafür, ein paar Jagdbomber durchzuschicken. Schon im Winter 1950/51 war die kleine Stadt das wichtigste Angriffsziel der Chinesen gewesen. Von den vielen Erklärungen, warum China gerade zu dieser Zeit Tibet angriff, halte ich eine einfache für sehr wahrscheinlich: Einige unzufriedene Generäle hielten sich damals näher bei Peking auf, als es Mao gefiel. Bevor sie ihm gefährlich werden konnten, schickte er sie nach Tibet. Schon damals hatte das Befreiungsheer des Volkes das Gebiet bis zu dem Fluss erobert, den wir gerade überquert hatten. Auf diese Weise besetzten sie das beste Drittel Tibets – voller Bodenschätze und mit den stärksten und freiesten Frauen und Männern. Nur ein wichtiger Kulturbau in der Stadt war unbeschädigt geblieben und durfte sogar benutzt werden, obwohl anscheinend nur unter strenger Aufsicht. Die sonst so selbstsicheren Arbeiter drehten fast durch, als Hannah und ich in das Gebäude wollten. Es war „Bakhang", die berühmte Druckerei Derges.

Unser Hotelwirt in Derge war zweifelsohne ein Spitzel, er verhielt sich peinlich untertänig. Eine solche Stellung gewähren die Chinesen keinem Tibeter wegen Tüchtigkeit, sondern nur, wenn man ihnen aus der Hand frisst. Der Wirt beteuerte zwar ständig seine vaterländische Haltung und klagte über die Besatzer, aber die Tibeter, die zum Handeln oder Unterhalten zu uns kamen, wurden mausestill, sobald er auftauchte. Als Pedro ein Jahr später alleine nach Derge reiste, kannte ihn der Wirt nicht mehr. Der Befehl zur „Offenheit gegenüber Westlern" war anscheinend abgelaufen. Hunderte von Freunden wurden zum Osterkurs im Wuppertaler Zentrum erwartet, also mussten wir weiter. Der berüchtigtste aller Pässe, ein 5,6 Kilometer hoher Bergkamm nahe Kantze, lag noch vor uns. Hier waren vor kurzem vier Reisende auf einem Laster erfroren. Doch diesmal merkten wir kaum die Höhe und sprangen auf dem Pass herum. Wir konnten die Freiheit unserer Atemwege feiern, und außerdem war die Aussicht einmalig. Auf der weiteren Strecke brannten sich zwei Eindrücke besonders fest ein: der sichtbare Reichtum der Berge an Bodenschätzen und die chinesischen Goldgräber, die dicht nebeneinander im Fluss standen und offenbar fündig wurden. Der Boden war so locker, dass die riesigen Mengen unglaublich feinen Staubs, die von den Vorderrädern des Lastwagens aufgeworfen wurden, sogar das Führerhaus bedeckten. Wie ein Riesenschlauch blieb die Staubwolke dann einfach unbeweglich in der Luft stehen, und das kilometerweit.

Wir lagen auf der Ladefläche und deckten mit unseren Körpern Pedros Videokamera und alles andere, was beschädigt werden konnte, ab. Plötzlich sprangen Hannah und ich auf. Durch die Staubwolken hindurch hatten wir eine Mauerfestung erahnt, die wir einfach kannten. Kurz darauf erfuhren wir, dass sie zu Atub Tsang am Goldfluss gehörte, wo sich der 16. Karmapa 1924 hatte wiedergebären lassen.

Als wir in Kantse von der Ladefläche sprangen, landeten wir fast auf einigen alten Lamas. Sie lebten in einem Kloster, das Kalu Rinpoche unterstand, und wollten Neuigkeiten über die höchsten Rinpoches erfahren. Glücklicherweise hatten wir noch einige Bilder zu verschenken.

Wir aßen in einem der unangenehmen Gasthäuser, ein stolzes Ergebnis der neuen Verhältnisse in Tibet. Die Türen zum Essraum mussten immer offen stehen, sogar bei schlechtem Wetter. Der Zugwind sollte die Leute daran hindern, froh und nicht werktätig herumzusitzen. Als ich ein paar Tibeter auf dem Weg zu den höher gelegenen ausgebombten Ruinen Kantses segnete, hielt uns ein hoch ausgezeichneter Offizier mit seinem Motorrad an. Das viele Blech an den Schultern und seine eingeführte Honda waren ein sicheres Zeichen, dass er ganz oben in der Rangordnung stand. In sehr gutem Tibetisch verlangte er, dass wir uns sofort auf der Polizeiwache melden sollten. Dort würden wir vielleicht die Erlaubnis erhalten, uns die Ruinen der Stadt anzusehen. Mit Freude sah ich einige Dutzend Tibeter näher kommen. Endlich gab es die lang ersehnte Möglichkeit, für sie eine Lanze zu brechen. Übertrieben herzlich klopfte ich dem Herrn mehrmals kumpelhaft auf die Schulter und sagte sehr laut: „Weißt du was? Das tun wir nicht. Wir sind viel mehr an den Tempeln interessiert als an deiner Polizeiwache. Wenn wir alles gesehen haben, kannst du uns unten bei den Bussen besuchen, wenn du willst." Die Tibeter schluckten, und der Offizier jagte rasend mit Vollgas davon. Weder er noch seine Kollegen erschienen wieder.

Auch in Kantse war nur ein Tempel verschont geblieben, ein schöner alter Sakya-Tempel mit vielen Schützerstatuen. Diese Stadt ermöglichte es mir auch, endlich meine Hingabe für Guru Rinpoche auszudrükken. Weil er um das Jahr 750 den Diamantweg nach Tibet brachte, so wie wir jetzt die Lehre in den Westen bringen, bat ich oft um seinen Segen. Seine Abbildungen waren viel aufregender als die Statuen und Wandgemälde, die nun wieder in vielen Teilen des Landes zu sehen sind. Obwohl sie höchst tugendhafte Rinpoches und Mönche aus der Gelugpaschule darstellen: Ihnen fehlt einfach Guru Rinpoches Kraft. Was mich auf der Fahrt am meisten gestört hatte, war das fast völlige Fehlen äußerer Zeichen seines Einflusses. Es waren kaum Stupas und Bilder von ihm erhalten geblieben, obwohl Guru Rinpoche unter den Kulturhelden der Welt schon einzigartig ist. Während Pedro, Kurt und ich je eine halbmetergroße Tonstatue von ihm durch die stockdunkle Nacht trugen – wir hatten sie heimlich in einem Hinterhof gekauft –, hatte ich vor Freude Tränen in den Augen. In Keksdosen fast unbeschädigt außer Landes gebracht, stehen sie heute in Kopenhagen, Schwarzenberg und im Frankfurter Zentrum.

Weiter Richtung Osten überquerten wir die erste Ketten-Hängebrücke Tibets über einen recht breiten Fluss. Sie war vor sechshundert Jahren von dem großen Verwirklicher Tangtong Gyalpo gebaut worden, dessen fruchtbarer Geist auch die Anrufung für *Liebevolle Augen* hervorgebracht hat, die auf Tibetisch in unseren Zentren gesungen wurde. Nachdem wir an einer riesigen weißen Stupa vom *Rad der Zeit* vorbeigekommen waren, hing links von der Straße noch lange eine einzige Wolke am tiefblauen Himmel. Sie sah aus wie ein blutroter Dorje. Pedro filmte etwas, das nach chinesischen Raketenbasen aussah, und bald darauf sahen wir Männer in der Landschaft. Sie arbeiteten hart mit Hacke und Schaufel,

Guru Rinpoche – einzigartig unter den Kulturhelden der Welt

während Soldaten Gewehre auf sie gerichtet hielten. Das ganze Gebiet war offensichtlich ein Gefangenenlager, und auch die letzte tibetische Stadt, in der wir anhielten, bestand fast ausschließlich aus Männern. Pedros Video von der Reise schließt mit den Segnungen, die ich den Menschen dort gab.

Auf dem Pass, der zum Fluss und nach China herunterführt, warfen die Mitfahrenden im Bus Mengen kleiner bunter Zettel aus den Fenstern. Mit Pferden bedruckt, die Juwelen auf dem Rücken tragen, sollten sie eine Opferung sein, um Tibet zu schützen. Man spürte sehr deutlich, dass hier die eigentliche Grenze zwischen Tibet und China verlief.

China

Der billigste Flug von Chengdu ging nach Kanton, wo unser Boot damals angelegt hatte. Von dort nahmen wir Busse Richtung Süden durch die neuesten Wirtschaftszonen, in denen inzwischen fast alles erlaubt war. Kinderarbeit, fehlende Sicherheitsvorschriften, Ausbeutung und anderes lockte haufenweise Kapitalisten aus Hongkong in das große Mutterland. Wie eh und je in Asien beurteilten die Menschen einander nach dem, was sie besaßen – Mao musste sich in seinem Grab gewunden haben. Wir erreichten Hongkong über einen neuen Grenzübergang, an dem man sich wie im Käfig vorkam, aber glücklicherweise taugte die Technik nicht. Die Röntgengeräte „übersahen“ sowohl die tibetischen Gegenstände, die wir am Körper versteckten, als auch die vielen Rüstungsstücke, die im Gepäck lagen. Sie stammen von dem tibetischen Nationalhelden Ling Gesar; ich hatte sie in den Trümmern Tsurphus aufgelesen. Er hatte Tibet freigehalten, indem er die moslemischen Heere einfrieren ließ. Ling Gesar besaß viele weitere magische Kräfte. Die flachen, verrosteten, durch Lederbänder zusammengehaltenen Eisenflächen tragen seinen Energiekreis und schützen die meisten unserer Zentren rund um die Welt.

In Hongkong verfasste Kalu Rinpoche einen Brief mit der Aufforderung, dass die Europäer unter meiner Führung arbeiten sollten. Nach ein paar Tagen in reinem Luxus bei Karin und Hans flog Hannah zu Shamarpa nach Nepal. Während der nächsten Monate sollte sie für uns beide an einer wichtigen Einweihungsreihe teilnehmen und ihm helfen. Wir anderen konnten es kaum erwarten, nach Europa zurückzukommen.

Es war großartig, wieder auf den schnellen Straßen Europas zu sein, und die Säle wurden von Vortrag zu Vortrag voller. Den Überblick über die vielen Anschriften zu behalten, wurde ständig schwieriger. Von Norden bis Süden folgten unsere Zentren den alten Nomadengewohnheiten: Sie zogen oft in immer größere Wohnungen um.

USA
Dänemark

Nach einem fleißigen Mai in Kalifornien brachte der Sommer 1986 einen schönen Kurs mit Tenga Rinpoche. Wie immer übersetzte Hannah, und ich unterrichtete an den Abenden. Dies war üblich geworden und bewährte sich jedes Mal aufs Neue. Aus dem Austausch während der oft knisternden Abende wählte mein polnischer Vertrauensmann Wojtek einige Fragen für das Buch „108 Fragen an den Verwirklicher“, das hoffentlich bald auch auf Deutsch erscheint.

Deutschland

Nach Rödby trennten sich unsere Wege wieder. Hannah reiste zu Shamarpa in die Dordogne, Tenga Rinpoche und ich fuhren in das schwierige Schloss bei Bonn. Es enttäuschte uns nicht: Auch diesmal entstand eine Gerüchteküche. Wieder brachte der Ort die schlechtesten Eigenschaften der Menschen hervor, doch die Zeit passte genau. Die unangenehmen, aber notwendigen Erfahrungen ließen viele schnell heranreifen, und ich verstand besser die kräftige Wortwahl in Kalu Rinpoches Brief. Viele Mitteleuropäer entwickelten hier endlich die notwendige Empfindsamkeit für gebrochene Bände, das tödliche Gift für den Diamantweg. Während tiefes Vertrauen eine schnelle Entwicklung aller erleuchteten Eigenschaften erlaubt, ist nichts zerstörerischer – auch für ihre Verbreiter – als feindliche Gerüchte über die Lehrer anderer Leute.

In meinen Belehrungen war ich selten auf diesen Bereich eingegangen. Ich hatte gehofft, dass es nie notwendig werden würde. Ich fand die Belehrungen dazu geschmacklos und hatte die auftauchenden Störfälle bis dahin von Mal zu Mal gelöst, ohne all die hochtrabenden Worte und Höllenverheißungen der Texte einzusetzen. Mit einem selbst geladenen Übersetzer aus England wurden die alten Belehrungen aber plötzlich ganz zeitgemäß. Er hätte gerne selbst gelehrt, wollte sich aber nicht bitten lassen, und Tenga Rinpoche hatte wie üblich die Abende mir überlassen. Das war die natürliche Fortsetzung seiner Arbeit. Der Übersetzer Edward verband sich erst mit den Mönchen im Schloss, die auch nichts durchführen konnten, und versuchte zuletzt, Druck auf Künzig Shamarpa in der Dordogne auszuüben, was aber nicht gelang. Dieser rief sofort zurück und bezeichnete den Übersetzer mehrmals als „such a bad man“.

All das wurde halböffentlich ausgetragen und schmerzte vor allem die „Heile-Welt-Süchtigen“, aber ich tat nichts, um den Vorgang zu beschleunigen. Es sollte eine gründliche Impfung für die Zukunft sein, lang und peinlich. Wenn die Menschen ihren Erfahrungen nicht trauten, wären meine fünfzehn Jahre auf der Autobahn sowieso verschwendet gewesen. Und es ging! Den süßen Wahn abschüttelnd, dass man im geistigen Leben nicht wählen und denken muss, erwachte der deutsche Riese. Wie es sich in den frühen 90er Jahren zeigte, in denen unsere Linie unter schweren Druck von Rotchinesen und Blättern wie dem „Stern" kam, schlief er seither auch nicht wieder ein. Viele Zeitungen hatten den von den Chinesen eingesetzten Kandidaten fälschlicherweise als den 17. Karmapa dargestellt.

Polen

Noch bevor Tenga Rinpoches Kurs zu Ende war, fuhren wir in den Osten. Da man auf den Straßen Osteuropas sowieso nur selten schnell fahren kann, füllten Maia und ich einen VW-Bus mit Freunden. In Krakau warteten 500 Leute in einem großen Zelt. Ein Kurs mit Tai Situpa war gerade vorbei, und nach dem sehr auf Stil bedachten Besuch erwarteten die Polen jetzt das Erlebnis unbegrenzter Kraft und die vollkommen offenen Nächte, in denen wir immer unsere Geister mischten.

In Warschau wurden wir wenige Tage später von den erregten Stimmen unserer Freunde geweckt. Ihnen war gerade aufgefallen, dass sie pleite waren. Das Geld für den Aufbau des Zentrums Kuchary – sieben Hektar Land westlich von Warschau, das ich ein Jahr vorher für 300 Euro gekauft hatte – war für die Reisekosten der Rinpoches ausgegeben

Kuchary, beim Kauf 1985

worden. Die Polen hatten zwar versucht, mit gutem rotem Wollstoff für Mönchsroben, der zu der Zeit in den meist leeren Staatsgeschäften aufgetaucht war, zu bezahlen. Aber Akong Tulku aus „Samye Ling" hatte nicht nachgelassen. Obwohl es kein Geheimnis sein konnte, wie schwierig es für dieses Ostland war, Westgeld zu beschaffen, nahm er den Stoff dankend an und forderte die Dollars noch zusätzlich.

Kuchary ist übrigens ein wunderbarer Ort, ein inzwischen völlig neu aufgebauter Herrensitz in einem schönen Park. Mit dem großen Misek als Leiter und Verbindung zu vielen tatkräftigen Leuten im Osten und Westen ergänzt das Zentrum die anderen spannenden Zurückziehungsstellen in Europa. Nach Warschau kamen auch in Danzig, einer anderen tapferen Stadt Polens, Hunderte zu den Vorträgen. Friedel unterrichtete sehr gut, und Claude gab Ratschläge aus der chinesischen Medizin. Obwohl der erstere später eine große Familie gründete und der zweite zu teuer und zu chinesisch beeinflusst wurde, waren sie die ersten Vorboten der vielen „jungen Löwen", die ich heute zum Lehren um die Welt schicke.

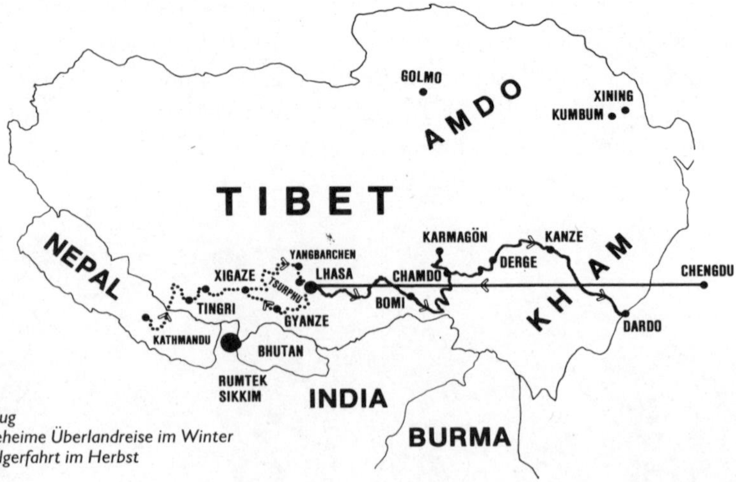

Geheime Reise in Tibet 1986

14. Dalai Lama Tenzin Gyamtso (geb. 1935)

Der Titel „Dalai Lama" wurde im 16. Jahrhundert vom mongolischen Herrscher Althan Khan verliehen. Er ehrte damit einen prominenten Lama der Gelugpa-Linie, den er zu sich eingeladen hatte. Seit der Zeit einer späteren Wiedergeburt, dem 5. Dalai Lama Lobsang Gyamtso (1617-1682), von einem mongolischen Eroberer als formelles Staatsoberhaupt eingesetzt, gelten die Dalai Lamas als Könige Tibets. Tatsächlich aber übten nur der 5. sowie der 13. Dalai Lama viel Macht aus. Die anderen starben jung, überließen das Regieren anderen oder mussten, wie der 14. Dalai Lama, das Land verlassen.

Der gegenwärtige Dalai Lama, Tenzin Gyamtso, wurde 1935 im äußersten Nordosten Tibets geboren, mit fünf Jahren nach Lhasa gebracht und dort inthronisiert. Bereits mit 15 Jahren wurde ihm das Amt des Staatsoberhaupts übertragen. Bald darauf marschierten chinesische Truppen in Tibet ein. Nach einem erfolglosen Aufstand der Tibeter gegen die chinesische Besatzung floh er im Frühjahr 1959 nach Indien. Im nordindischen Dharamsala etablierte er die tibetische Exilregierung. Auf vielen Reisen vertritt er seitdem die Interessen der Tibeter, lehrt Buddhismus und engagiert sich im Dialog der Religionen. 1989 wurde ihm der Friedensnobelpreis verliehen.

Oft wird behauptet, der Dalai Lama sei das geistige und weltliche Oberhaupt Tibets. Das entspricht nicht der Wirklichkeit: Im Tibetischen Buddhismus gibt es vier voneinander unabhängige große Traditionen (Nyingma, Sakya, Kagyü und Gelug) sowie Dutzende Unterschulen, die jeweils ihre eigenen Linienhalter haben. Weltliche Macht übt der 14. Dalai Lama nicht mehr aus: Sein Land wird von China regiert; die Führung der Exilregierung hat formell Premierminister Samdhong Rinpoche inne. Er ist auch nicht das Oberhaupt seiner Linie. Der höchste Lama in der Gelugpa-Tradition ist der Ganden Tripa Rinpoche. Unbestreitbar dagegen ist, dass der Dalai Lama aufgrund seiner Verdienste um die Bewahrung der tibetischen Kultur und um das Ansehen des Buddhismus weltweit viel Respekt genießt.

Eine Fehlauslegung verursacht viel Gutes

Das Jahr 1987

- Die Welt gerät über die Entwicklung in der UdSSR erst in Erstaunen, dann mehr und mehr in Euphorie. Michail Gorbatschow hat mit „Glasnost" und „Perestroika" begonnen, die Sowjetunion radikal zu reformieren.
- In den von Israel besetzten Gebieten Palästinas beginnen die Palästinenser am 9.12. mit der „Intifada", ihrem Aufstand gegen Israel.

1986

Obwohl ich den sprudelnden Westen immer weniger gerne verlasse, war es im Herbst 1986 soweit, unsere Auslegung von der Vorhersage des fünften Karmapa, dass ich der Schützer von Tsurphu sei, in die Tat umzusetzen. Der als sommersprossig beschriebene Schützer aus dem fernen Westen und seine Freunde sollten beim Wiederaufbau von Karmapas Kloster helfen.

Wenn sich auch nach den neuen Quellenhinweisen in der Arbeit „The Karmapa Papers" (1992) herausstellte, dass der Schützer bereits 1922/24 in Karma Gön tätig gewesen war, verursachte die falsch gedeutete Prophezeiung viel Gutes.

Obwohl die Chinesen inzwischen viel Geld wollten, schaffte es Niels, die Reisekosten nach Tibet für jeden unter 2.000 Dollar zu halten. Ungefähr vierzig Freunde konnten sich das leisten und packten Spaten und Arbeitshandschuhe für einen harten Monat hinter dem Himalaya ein. Wir starteten Anfang September.

Nepal

Alle unsere Abneigungen verfestigten sich. Sowohl die Chinesen als auch die Nepalesen taten sich durch furchtbare Planung und noch schlechteren Willen hervor. Die Straße vor der nepalesisch-tibetischen Grenze war abgerutscht, und so mussten wir acht Kilometer lang schmale Pfade zwischen Trägern, Rindern und Ziegenherden emporklettern. Die Einheimischen sahen verwundert, mit welcher Selbstverständlichkeit die Starken in der Gruppe die Rucksäcke der Schwächeren auf sich luden. Nach einer ziemlich nachlässigen Kontrolle der Chinesen schliefen wir die erste Nacht in der Grenzstadt Khodari. Man gab uns zwei Blechbaracken, wohl um unseren schlechten Einfluss auf das werktätige tibetische Volk zu verhindern. Da die Welt sich aber gerne verführen lässt, kamen diese erst recht und meditierten sogar mit uns.

Am nächsten Morgen wechselten wir das Touristengeld und stellten fest, dass die Minibusse und Sauerstoffmasken, die Niels von Europa aus bestellt hatte, an eine höher bietende amerikanische Reisegruppe vergeben worden waren. Dies konnte uns viel Geld sparen. Da mein Mo sagte, dass die gesamte Gruppe die Höhen ohne zusätzlichen Sauerstoff überleben würde, mieteten wir nur einen Bus. Der Fahrer war Tibeter, und die Strecke nach Lhasa würde pro Mann nur 20 Dollar kosten. Wie so oft wurde dies durch Hannahs Zähigkeit und ihr gutes Tibetisch möglich.

Tibet über Land

Es ist ein sicherer Rat, Tibet von der Straße aus kennen zu lernen. Dafür gab es in den nächsten Tagen genügend Zeit: Bei manchen Bergsteigungen ging es oft nur im Schneckentempo voran. Schon am ersten Nachmittag krochen wir stundenlang eine schmale Schlucht empor. Während die Pflanzenwelt allmählich von subtropischem Regenwald zu arktischer Wüste wechselte, näherten wir uns Nyelam, das so oft erwähnte Dorf, in dem Milarepa gelebt hatte.

Unser dunkles Hotel hatte zwar weder Flöhe noch Läuse, doch alle wachten mit drückenden Höhenkopfschmerzen auf. Acht Kilometer weiter auf der Hochebene lag Milarepas Haupthöhle. Die Gelugpas des kleinen Nachbarklosters ließen offenbar nicht ihren begabtesten Mönch die Stelle betreuen. Er lief uns ständig zwischen den Füßen herum und wollte einfach nicht verstehen, was diese Höhle für Karmapas Schüler bedeutet. Schließlich stellte ich ihn in einer Ecke ab, so dass wir uns vertiefen und in Ruhe über das Tal schauen konnten. Dort hatte Milarepa vor knapp 1.000 Jahren Leute und Sitten kommen und gehen sehen. Nur wenige sichtbare Veränderungen waren seit seiner Zeit geschehen.

In der Milarepahöhle

Der nächste Halt war auf der Nordstrecke zwischen Nyelam und Shigatse. Wir bekamen eine lange L-förmige Baracke zum Schlafen, deren Schlüssel aber unauffindbar war. Alle schauten höflich zur Seite, während ich mit meinem deutschen Militärdolch die Schlösser aufbrach, ohne dabei die Schneide zu beschädigen. Dieser Dolch ist übrigens in seiner echten Ausführung – mit angeschraubtem, nicht angegossenem Griff – ein wirklich erstklassiges Werkzeug für nur etwa 25 Euro. Ich habe ihn meistens mit dabei, und bei den Tibetern ist er ein sehr beliebtes Geschenk.

Shigatse war spannend; der Stadtkern war tibetisch geblieben. Die Familie, der das Hotel gehörte, hatte einen schönen Altar, und es gab keinen Zweifel, wo sie standen. Sie machten nicht einmal Schwierigkeiten, als plötzlich Hunderte Tibeter das Hotel stürmten, um meinen Segen zu bekommen.

Unsere Gruppe ekelte die öffentliche Gehirnwäsche: In den Städten des chinesischen Machtbereiches wurde man um sechs Uhr morgens von riesigen Lautsprechern geweckt und dann den ganzen Tag über mit moralischer und langweiliger Propaganda und eintönigen sozialistischen Gesängen berieselt. Auf dem Berg unter dem zerstörten Königsschloss sah man deutlich die drei Quellen der örtlichen Verunreinigung. Ich dachte daran, wie lange sich wohl Westler so etwas gefallen lassen würden. Es gibt ja so viele Unfälle, die solchen Geräten zustoßen können.

Da mehrere schon die Höhenkrankheit mit ständigen Kopfschmerzen oder Herzklopfen hatten, wollten wir schnell weiter. Nachdem wir eine Imbissstation geleert hatten, in der sie wohl aus Versehen die Mahlzeiten fast appetitlich anboten, stiegen wir wieder in den Bus. Die Reise wurde immer mehr zur Mutprobe, und meine Schüler bestanden sie. Beinahe die gesamte Strecke lag in vier Kilometern Höhe. Um an dichtere Luft zu kommen, hätte man ein tiefes Loch in die Erde graben müssen. Auf einem endlosen, 5,3 Kilometer hohen Pass wurde eine sechzigjährige Frau ohnmächtig, unsere einzige Touristin. Als Kind hatte sie Tuberkulose gehabt, weshalb ihre Lungen steifer waren. Ich führte sie durch bewusste und unbewusste Zustände hindurch, wie im Sterbeprozess, was ihr nicht nur auf dem Pass weiterhalf. Es setzte so viel Überschuss bei ihr frei, so dass sie sich in Lhasa sofort in einen netten holländischen Arzt verliebte.

Die Reiseleitung

Das chinesische Touristenbüro war offensichtlich für Fehlauskünfte und Verbote zuständig, dafür hatten aber unsere geheimen tibetischen Verbindungen sehr gut gearbeitet. Im überfüllten Lhasa erwarteten uns Sönam und andere Freunde, die wir von der ersten Reise aus dem Bernaschol-Hotel in der „Glücksstraße" (Happiness Road) kannten. Sie hatten hier ohne Aufpreis Zimmer für die vierzig Leute aus unserer Gruppe freigehalten.

Die nächsten Tage widmeten wir Lhasa. Als Reiseleiter besuchten wir jetzt viele Orte, für die wir das letzte Mal keine Zeit gehabt hatten. Im Inneren des Jokhang fühlte ich nicht die große Kraft, aber dennoch

Der Wiederaufbau macht Fortschritte

betete ich ständig, dass man für Aids und andere Virusarten schnell Gegenmittel finden möge, die sich auch die warmen Länder leisten könnten.

Die Tibeter hatten alle furchtbare Geschichten zu erzählen, das Überleben vieler ist ohne den Begriff Segen unerklärlich. Die Frauen einiger höher gestellter Khampas, die nicht getötet oder in Arbeitslagern verhungert waren, hatten jahrelang in Schweineställen leben müssen – bei derselben Ernährung wie die Tiere. Dass sie dabei den guten Stil nicht verloren haben, zeigt die Kraft des menschlichen Geistes.

Innerhalb weniger Tage hatten wir zwei Lastwagen für die Strecke nach Tsurphu besorgt. Wir fuhren so früh morgens ab, dass die Chinesen ihre Kontrollposten noch nicht besetzt hatten. Wie sich bei der Ankunft herausstellte, war der Wiederaufbau Tsurphus während der letzten acht Monate gut vorangekommen. Noch bevor die Schlafsäcke ausgerollt waren, hingen wir schon auf den Gerüsten. Dies war der Ort, um zäh zu werden. In einer Höhe von 4,6 Kilometern seine Kopfschmerzen zu vergessen und dabei körperlich hart zu arbeiten, ist eine gute Übung.

Die Tibeter bauen ohne Wasserwaage und andere Hilfsmittel, die wir für unersetzlich halten. Es war einfach erstaunlich, was einige ältere, recht alkoholisierte Herren ausrichten konnten, anscheinend nur aus dem Gedächtnis. Obwohl ein paar Architekten in unserer Gruppe wa-

Ganz unten in der Arbeitspyramide ...

ren, wollten wir die Einheimischen nicht durch unbekannte Bauweisen verwirren. Also nahmen die hoch ausgebildeten Gäste den Platz ganz unten in der Arbeitspyramide ein und schleppten einen Monat lang die Steine und das Holz, woraus die Mauern entstanden. In den ersten Tagen, als die Arbeit noch sehr schwierig war, hätten wir beinahe wie die Asiaten „zwei Mann pro Schaufel" eingesetzt. Hierbei zieht der eine an einem Seil, das am Blatt der Schaufel befestigt ist, während der andere diese in die Erde steckt. Das war jedoch zu lächerlich für unseren westlichen Geschmack. Wir wechselten uns lieber öfters ab oder verwendeten die kleinen Militärspaten, die ich in Polen und den USA eingekauft hatte. Wir verschenkten Mengen von Werkzeug. In Ostberlin hatten

... schleppten wir Steine und Holz

wir bei jedem Besuch spottbillige Hämmer, Sägen und Stemmeisen mit dem Geld des damaligen Zwangsumtauschs gekauft, was den Vopos überhaupt nicht gefiel.

In Lhasa begegneten wir Yongdu aus Hawaii. Lang, dünn und idealistisch eingestellt, war er seit 1971 unser Freund gewesen. Er war nach Tibet geschickt worden, um „schwarz" eine Menge Geld für einen Rinpoche in Nepal zu tauschen. Ihm gefiel die Gefahr dabei aber keineswegs, also nahmen Hannah und ich ihm die Aufgabe ab. Wir hatten sowieso sehr viele Sachen aus dem Land zu schmuggeln. Unser Gespräch war der Anfang der „Tsurphu Foundation", die den Hauptsitz der Karmapas in Tibet wieder aufbaut. Bis sich die Chinesen 1992 mit einem politischen Karmapa-Kandidaten so kräftig einmischten, war es gut, die Stelle zu unterstützen.

Als wir zwei Wochen später in Lhasa einen Teil der Gruppe zurückschickten, fielen uns fast die Augen aus dem Kopf. Die „Glücksstraße" entlang wandernd, sahen wir zwei Gestalten, die nur Bokar Tulku und sein rundlicher Freund und Helfer Khenpo Dönyo sein konnten. Bokar Rinpoche war der Erbe von Kalu Rinpoches Arbeit und einer der besten Meditationslehrer überhaupt. Er war lange klug genug gewesen, sich aus jeglicher Politik herauszuhalten. Die beiden hatten gerade ihre Noma-

Die Leute kamen, um Bilder zu bekommen

denstämme in Nordtibet besucht; Bokar Rinpoches Mutter und ein Lastwagen voller Schüler waren ihnen von dort gefolgt. So konnten wir jetzt gemeinsam nach Tsurphu zurückfahren. Dummhöflich lehnten wir den mehrmals angebotenen Platz im Führerhaus ihres Lastwagens ab, damit die Mutter und andere Ältere Platz finden konnten, und verschafften uns so eine furchtbare Fahrt. Als die einzigen dünn Gekleideten waren wir Regen und Schnee voll ausgesetzt.

Bokar Tulku schenkte Tsurphu Goldstaub und Geld, das er gerade bei den Nomaden bekommen hatte. So arm waren sie offensichtlich nicht, es war tatsächlich mehr, als unsere ganze Gruppe hatte hinterlassen können. Er gab auch eine Einweihung auf den 2. Karmapa, wobei er Hannah und mich lobte, bis wir wirklich verlegen wurden. Er war ja immerhin ein Verwirklicher ersten Ranges. So kam das Ende meines Werdegangs als unbekannter Steine- und Holzschlepper. Für entspannende Arbeit gab es jetzt keine Zeit mehr. Die Leute kamen rund um die Uhr, um Bilder von Karmapa und Schwarzer Mantel zu bekommen. Sie wollten Segnungen oder Mos und stapelten Päckchen der berühmten Ringsel vor mir, kleine grauweiße Pillen, die spontan durch das Kraftfeld um das große Siegesbanner herum entstehen. Das Kloster erhielt vor einigen Jahren die Erlaubnis, dieses wieder aufzubauen. Die Pillen werden für sehr heilig gehalten: Sie sind die verdichtete Liebesenergie erleuchteter Wesen. Vielleicht noch kostbarer waren die bis zu handtellergroßen Stücke gegossenen Kupfers, die ich seltener bekam. Sie stammen von der fast fünf Stockwerke hohen Karma Pakshi Statue. Ein winziges Stück davon in eine Statue gelegt genügt, um diese aufzuladen. Es ist ein gutes Gefühl, die Pillen und die Kupferstücke mit ihren dazugehörenden Kraftkreisen rund um die Welt zu verbreiten. Sie sind heute kaum noch zu bekommen.

Vom steilen Berg hinter dem Kloster sah man deutlich, wie gut die Leute gearbeitet hatten. Ein Drittel der Häuser war schon wieder überdacht. Vor allem freute sich eine alte Nonne, die – obwohl fast blind – am besten von allen die kleinen Perlen finden konnte. Sie hatte während der letzten Jahre in den Bergen gelebt und war so Zeugin der Ereignisse geworden. Hier ist in groben Zügen wiedergegeben, was sie erzählte:

„Anfang 1966 waren chinesische Beamte nach Tsurphu gekommen, um die Statuen zu zählen. Drei Wochen danach erschienen Lastwagen, die alle Gegenstände aus Edelmetall, die sie finden konnten, nach China brachten. Dann folgte die zweite Stufe: Achtzehn Monate lang wurde

Lhasas Unterschicht jedes Wochenende hinausgefahren und mit den Gewehren der Chinesen im Rücken gezwungen, die Bauten abzureißen. Da wohl kein Volk mehr als einen gewissen Prozentsatz an Helden aufweisen kann, gehorchten sie. Den einheimischen Bauern und Nomaden war danach verboten worden, in diesem Teil des Tales zu wohnen."

Die Zeugin

Die durchgreifende Zerstörung dieser Gebäude, die so weit abseits aller Behausungen lagen, hatte einen besonderen Grund: Die Chinesen waren besonders sauer auf Karmapa. Die meisten seiner Schüler waren Khampas, geborene Krieger, und geschützt durch seinen Kraftkreis hatten sie unter den chinesischen Soldaten gut aufgeräumt. Mit so unterlegenen Waffen wie Schwertern und Vorderladern hatten sie ihnen große Verluste zugefügt. Den Chinesen gefiel es auch nicht, dass Karmapa als einziger der wirklich großen Lehrer sein Gefolge und alle Reliquien mit sich genommen hatte. Würdevoll und wohl geplant verließ er Tibet inmitten der Angriffe. Seine genauen Voraussagen über die Zerstörung Tibets hatte er mehrere Jahre zuvor in ein Volkslied umgesetzt, in dem er auch den besten Fluchtweg südöstlich über Bhutan beschrieb. So hatte er rechtzeitig seinen Schülern die Flucht ermöglicht, während die meisten, die nach Süden und Westen flohen, getötet wurden oder in chinesischen Lagern landeten.

In Lhasa kauften wir den Freunden zu Hause ulkige Kleinigkeiten, wie sie der Sozialismus herstellt: Das Beste waren Holzkämme und Seidendrucke mit Wünschen für ein langes Leben. Sie sollen vom Panchen Lama selbst gesegnet worden sein. Es war jedes Mal ein Riesenspaß, mit den Chinesen in den Staatsläden zu handeln. Gewöhnlich läuft das immer nach demselben Muster ab: Wenn man sich ihrem Bereich nähert, halten sie erst die Nase hoch, um zu zeigen, dass man unerwünscht ist. Dann bewegen sie sich so weit wie möglich von der Ware weg, die man kaufen will. Wenn man sie eine gebührende Zeitlang durch ständige Aufmerksamkeit und viel Lächeln geehrt hat, versuchen sie, eines ihrer vielen beschädigten Stücke loszuwerden. Ist man endlich bei dem angekommen, was man will, wollen sie plötzlich kein Kleingeld herausrücken, und man muss zuerst auf die Straße gehen und wechseln.

Dieser Vorgang bringt eine wirksame Verbrauchsbegrenzung, fördert das Selbstbewusstsein der Verkäufer und lässt sich durchführen, wenn es keine anderen Möglichkeiten gibt. Da wir aber ständig so in Eile waren, musste ich den Vorgang abkürzen, was durchaus möglich war: Man springt einfach über die Schranke und nimmt sich, was man haben möchte. Dann erfolgt die Bedienung erstaunlich schnell und ganz von selbst. Ist man wenig erbaut über die Grimassen und Unmutsbezeugungen, die die Verkäufer machen, streckt man ihnen zuletzt die Hand hin. Die meisten Männer fallen darauf rein. Das große Endspiel ist, sie mit Verwunderung beim Auf- und Niederhüpfen anzuschauen, während man ihnen gerade die Hand zerquetscht. Dies ist auch die Stufe des Vorgangs, auf der sie für ihre freundliche Hilfe gelobt werden können. Die oft noch unzufriedeneren Damen erfreut zum Abschied am besten ein breites erotisches Grinsen. Hat man dabei die Einstellung, schwächer Gestellten in Zukunft eine bessere Behandlung zu sichern und die Verteiler der Besitztümer von schlechtem Karma zu reinigen, ist das sogar noch buddhistisch. Man darf nur nicht richtig sauer sein oder den Vorgang zu sehr genießen!

Leider war es unmöglich, einen tibetischen Fahrer für den Rückweg nach Nepal zu finden. So mussten wir einen der missmutigen Chinesen ertragen. Er saß ganz alleine und wünschte überhaupt keine Verbindung mit den „weißen Teufeln".

Segnungen in Shigatse

In Shigatse parkte der Fahrer an einem chinesischen Gasthaus, aber da wir einfach im Bus sitzen blieben, musste er zu dem tibetischen Hotel fahren, das wir schon vom Hinweg her kannten. Wir sorgten dafür,

Ein Hauch der früheren Größe

dass er dort gut behandelt wurde. Er konnte das wirklich gebrauchen. Da er von Zigaretten und bitterem Tee lebte, würde er sich mit seinem ganzen Zorn sowieso schnell selbst vernichten.

Den nächsten Morgen verbrachten wir im Tashi-Lhuenpo-Kloster, dem Hauptsitz der Panchen Lamas. Von den riesigen Gebäuden war nur die südliche Hälfte zerstört worden. Die wenigen Mönche, die dort leben durften, waren noch dazu mit chinesischen Spionen versetzt. Als wir mit ihnen redeten, war ein Hauch früherer Größe spürbar.

In Gyantse, unserem nächsten Halt, stand die schönste Stupa, die wir jemals gesehen hatten; sie war riesengroß. Wie auch Tashi Lhuenpo war sie dem Panchen Lama unterstellt und war wahrscheinlich deswegen der Zerstörung entgangen. Ihre vielen Räume, auf mehrere Stockwerke verteilt, sind von außen her zugänglich. Jeder einzelne enthält eine erstklassig gearbeitete Statue und Rollbilder mit einer friedvollen, schützenden oder vereinigten *Buddhaform*. Als Ausdruck des erleuchteten Geistes erwecken sie sehr schnell die innewohnende Buddhanatur der Wesen.

Irgendetwas mussten Hannah und die Freunde weiter oben im Gebäude falsch gemacht haben. Plötzlich sperrte einer der Mönche sie einfach ein und ließ sie erst nach einer Weile wieder heraus. Überhaupt hatten fast alle ein ungutes Erlebnis in Gyantse, und die häufigste Störung der Menschen war immer der Zorn.

Tingri, wo wir vor der Grenze übernachteten, ist eine gebrochene Stadt. Dort hatte früher der Meister Padampa Sangye gelehrt. Man sah zwar keine Zeichen von Kämpfen und Bomben wie in Osttibet, alles war fast museumsähnlich wohlerhalten und betont tibetisch. Die Bevölkerung hatte aber wie üblich den fehlenden Mut mit ihrem Innenleben bezahlt. Sie hatte ihre Würde verloren, und viele Kinder bettelten. Das war ganz bestimmt im Sinne der Chinesen: „Mustertibeter" zum Vorzeigen – ein beklemmendes Beispiel. Die Menschen sprachen aber immer noch tibetisch, was sie in Nyelam, Milarepas Dorf, schon nicht mehr wagten oder konnten. Vielleicht würden einige von ihnen später dadurch wieder zu ihrer Selbstachtung finden können.

Die schönste Stupa – Hannahs „Gefängnis"

Die chinesische Grenze war leicht zu überqueren. Die Zöllner hatten mittlerweile schwarze Maouniformen, aber sie waren jung und leicht zu foppen. Wir trugen einfach die Sachen, die wir ihnen nicht zeigen wollten, um den Zoll herum. Als wir die acht Kilometer abgerutschte Erde wieder den Berg hinunter gelaufen waren, wartete ein Bus mit einer Warnung von Niels: Die eigentliche Gefahr sei erst der nepalesische Zoll. Wir sollten alle Schmuggelware am Körper tragen. Die erste Gruppe war um viele Wertsachen von Bokar Tulku erleichtert worden, die sie wegen der Hitze voreilig wieder in ihr Gepäck zurückgelegt hatten. Normalerweise wird man ja nicht nach Geld und Silber von dem Land durchsucht, in das man einreisen will. Mit Lopön Tsechus Hilfe hatte Niels glücklicherweise einen Großteil des beschlagnahmten Guts wieder freibekommen. Vor allem die silbernen Opferungsgegenstände würden mehrere Lamas erfreuen.

Zurück in Kathmandu, nahmen sich Lopön Tsechu und Tenga Rinpoche unserer rührend an. Dann ging die Reise weiter nach Osten, jetzt mit zwanzig Mann. Dieses Mal hatten wir richtige Sikkim-Visa, sogar für zehn Tage Rumtek. Da viele Tibeter 1959 mit Karmapa aus

Nepal

Indien

Beim herzlichen Abschied von Rumtek mit Lama Tsültrim Namgyal

Tsurphu hierher geflohen waren, hörten sie gern vom Aufbau ihres alten Zuhauses. Sie wollten kein Geld für unseren Aufenthalt annehmen und behandelten uns noch zuvorkommender als sonst.

Inmitten so vieler guter Laune beschloss ich, dass die „Freudvollen und Furchtlosen", wie ich berechtigterweise meine Schüler zunehmend nenne, noch eine hautnahe Prüfung zu bestehen hatten. Sie sollten jetzt mehr über die Lebensbedingungen in großen Teilen der Welt lernen. Eine erstklassige Möglichkeit dazu bot eine Fahrt in die Stadt Kalimpong, für die wir keine Erlaubnis hatten, und weiter über Darjeeling ins indische Tiefland. Der Aufstand der Gurkhas für ihre Völkerrechte lief schon damals auf vollen Touren. Täglich wurden bis zu einem Dutzend Häuser abgebrannt und zwei bis drei Mann auf beiden Seiten getötet. Die indischen Soldaten erlitten ihre Hauptverluste beim Entfernen der Bäume, die die Nepalesen über die Straße fällten. Sie wurden von Heckenschützen getroffen. Die Einheimischen starben meistens, wenn die Polizei in die tobenden Mengen schoss.

Dass sich die Gurkhas beschwerten, war verständlich. Sie waren immer der unterste Mann auf dem Totempfahl und pflückten den Tee, den andere tranken. Es war aber auch nicht leicht, dafür eine Lösung zu finden. Die Erklärungen der Verantwortlichen hörten sich wie fast überall auf der Welt an, wo Rassen sich begegnen. Völker, die früher ihren Fähigkeiten gemäß Kulturen entwickelten, in denen sie sich geborgen fühlten, wollten jetzt unter der Berieselung von Reklame und Fernsehen alle dasselbe wie der weiße Mann. Es hieß: Wenn der Staat eine Höhere Schule in ihrem Gebiet im Himalaya aufbaute, waren zuerst achtzig Prozent Nepalesen und nur zwanzig Prozent Bengalen eingeschrieben – übrigens mit die klügsten Inder. Drei Jahre später aber war das Verhältnis umgekehrt, und wenn man nach einigen weiteren Jahren überhaupt

Darjeeling

noch Gurkhas auf der Schule sah, hielten sie sicher Besen in den Händen. Dann klagten sie wieder, die Regierung startete an einem anderen Ort eine nepalesische Hochschule, und alles fing von vorne an.

Darjeeling war eine Stadt im Belagerungszustand, das wurde Hannah und Niels deutlich, als sie den Polizeichef besuchten. Während sie mit ihm über die Weiterfahrt der Gruppe sprachen, kamen die kommunistischen Gurkhas vom Süden, und die nationalistischen Gurkhas strömten von den Hügeln in der Nähe herunter. „Shoot to kill" war der ständige Befehl des Polizeichefs, wenn die Feldtelefone über ihren Vormarsch Auskunft gaben.

Wir genossen zwei sonnige Tage auf der Dachterrasse des Bellevue-Hotels, oberhalb des ganzen Durcheinanders. Ich arbeitete wie immer an meinen Manuskripten, und die Freunde machten sich mit den Bergen von Nepal, Sikkim und Bhutan vertraut, die im Spätherbst von dort aus so klar zu sehen sind.

Leider konnten wir nicht zum „Fest" bleiben. Wir mussten in zwei Tagen Kathmandu erreichen, sonst würden unsere Tickets nach Europa verfallen. Die Gurkhas hatten ein Fahrverbot auf allen Straßen angeordnet, und da seit Tagen keine Busse mehr fuhren, mussten wir auf eine Evakuierung bestehen. Es wurde ein Riesenzirkus, der alles übertraf, was wir bisher an indischer Planung erlebt hatten. Der vom Militär beschlagnahmte Bus für Ausländer füllte sich plötzlich mit den laut schreienden Familien der lokalen Gesellschaftsspitzen. Sich in den mit Eisenstangen abgesicherten vorderen Teil pressend, erwarteten sie offensichtlich, dass wir sie durch unsere Nähe schützten. Nach unserem stilvollen Einstieg drückten sich noch siebzehn Soldaten in den kleinen 30-Sitzer hinein. Da mehrere Busse während der letzten Woche angezündet worden waren, bat ich ein paar unserer starken Männer, oben auf dem Gepäckträger mitzufahren. Mit Pleueln, Eisenrohren und anderen Überzeugungsmitteln bewaffnet, konnten wir sowohl die Bustür als auch unsere Rucksäcke schützen.

Es ging richtig indisch weiter. Bereits sechs Kilometer hinter Darjeeling brach der Bus zusammen. Dies kostete uns die einzige Möglichkeit durchzukommen. Während am Bus gebastelt wurde, riefen die Gurkhas aus den vorbeifahrenden Jeeps, dass man uns weiter unten erwarten würde.

Es war viel los. Vom Pass bei Ghoom aus sah man etwa ein Dutzend brennende Häuser, und als wir Kalu Rinpoches Stadt, Sonada, erreichten, war die Straße von zweihundert betrunkenen Nepalesen blockiert. Zuerst versuchten sie, den Fahrer zu töten. Er war von den Indern zur Fahrt gezwungen worden, und die Soldaten sollten vor allem ihn schützen. Schon beim ersten Angriff bekam er eine tiefe Wunde an der Stirn. Während die reichen Inder im abgesicherten Teil des Busses vor Angst schrieen, gelang es Hannah, tapfer wie immer, die Tür so weit zu öffnen, dass der Fahrer in den Wagen hereinkommen konnte. Hier verkroch er sich unter dem Rock einer groß gewachsenen dänischen Frau und zitterte vor Angst. Die nächste Angriffswelle war ein Steinhagel, der die Scheinwerfer und mehrere Fenster des Busses zerstörte. Währenddessen machten die siebzehn großen, gesund aussehenden Soldaten mit riesigen Schnurrbärten ihrem Heer jede Ehre. Sie schlichen sich mit ihren meterlangen Gewehren samt Munition aus dem Bus und machten sich jetzt so klein wie möglich auf der linken Seite des Fahrzeugs, die nicht angegriffen wurde. In meinem ganzen Leben habe ich kaum etwas so Peinliches und Feiges gesehen. Ich rief ihnen zu, wenigstens in die Luft zu schießen, um die Angreifer einzuschüchtern. Sie wagten jedoch überhaupt nichts und waren wie gelähmt.

Einen bestimmten Gurkha hätte ich mir sehr gerne selbst vorgenommen. Es juckte mich in den Fingern. Er war der Größte von allen, hatte das längste Messer und schrie die ganze Zeit laut, während er sich auf die

Die Stupas vor Kalu Rinpoches Kloster in Sonada

Brust klopfte. Mit dem Aufbau meiner ganzen Meditationskraft konnte ich ihn aus der Entfernung gerade noch daran hindern, die Reifen zu zerstechen. Wäre das geschehen, hätten wir nie rechtzeitig Kathmandu erreicht. Jetzt stand nicht mehr geistiges Reifen im Vordergrund, sondern die Rettung der Gruppe und des Gepäcks. Niemand war bis dahin von Glassplittern oder Steinen verwundet worden, aber jetzt schleppten die Nepalis Benzin an und wollten den Bus anzünden. Ich rief zu Hannah hinunter, dass niemand den Bus verlassen dürfe, und versprach denen, die das Dach erklettern wollten, einen heißen Empfang. Es herrschte ein totales Durcheinander, und die Lage spitzte sich zu. Schließlich kam einem Einheimischen der Einfall, den Bus rückwärts aus der Stadt bis vor Kalu Rinpoches Stupa zu fahren. Hier ließen sie den Druck aus den Bremsen und verschwanden.

Nach ein paar Stunden kam dann Verstärkung: mehrere Jeeps und etwa hundert vollständig bewaffnete Soldaten. Sie marschierten mutig durch das jetzt menschenleere Sonada. Endlich sahen wir auch die Macht der glorreichen indischen Armee: Ein paar Nepalesen vor Kurseong, die zu langsam eine Baumwurzel von der Straße entfernten, wurden getreten und mit Gewehrkolben geschlagen, bis wir hinliefen und es beendeten. Die Peinlichkeiten nahmen überhaupt kein Ende. Ob in Uniform oder nicht, jeder schaffte es, sich völlig unmöglich zu verhalten.

Nach zwei harten Nächten, eine in Siliguri ohne Moskitonetze, die andere im Bus durch Nepal, war es schön, am nächsten Morgen ins Flugzeug nach Europa steigen zu können. Wir sehnten uns sehr heftig nach Leuten, die nicht derartig ihr Gesicht verlieren.

Mit Dorrit und Pedro in Karma Gön

In diesem Herbst machten Dorrit und Pedro an Karmapa und seine Schüler ein riesiges Geschenk: einen Bergrücken östlich von Malaga mit einem verlassenen Dorf darauf, wie geschaffen für ein Zentrum, das Hannah und ich leiten sollten. Seit ihrer Zuflucht bei mir war das Vertrauen von Dorrit und Pedro unerschütterlich, was sich hier sehr lohnte. Wir verschoben alle Verabredungen, um gemeinsam nach Südspanien zu fahren. Auf der kurvenreichen Strecke dorthin verschliss ich freudvoll das halbe Reifenprofil eines roten BMW. Am Südrand der Pyrenäen übernachteten wir in einem kleinen Hotel. Am nächsten Morgen, als Pedro und Dorrit uns anboten, dass wir das Zentrum im Süden gemeinsam besitzen sollten, schauten wir zum Fenster hinaus. Der Umriss der Berge vor uns war genau wie derjenige in Osttibet, der 900 Jahre zuvor Gampopa, Lehrer des ersten Karmapa, beflügelt hatte, seine berühmte Krone über einen Schuh Milarepas zu bauen. Es war offensichtlich die richtige Stelle für ein solches Versprechen.

Spanien

Pedros Familie lebte in Madrid; wir wohnten bei seiner Schwester, die wie er eine Energiebombe und ein totaler Schatz ist. Danach ging es Richtung Süden durch die kastilische Hochebene, bis wir schließlich unser Gebiet, einen östlichen Bergkamm unterhalb eines alten Beobachtungsturms, erreichten. Nach der Hauptstelle in Osttibet nannte ich das Zentrum „Karma Gön“. Karmapa hatte diesen Namen bereits einem Zentrum in den Pyrenäen gegeben, das sich dann aufgelöst hatte; nun wollte ich seine Wünsche ehren.

Das Dorf bestand damals aus zwei Reihen verfallener Bauernhäuser am Ende einer Berghöhe. Von dort aus hat man einen offenen Blick so-

Ein großes Geschenk – Karma Gön 1986

wohl auf das Mittelmeer im Süden als auch auf die „Löwenpforte" im Norden, von wo wir gekommen waren. Über diesen Bergpass waren jahrtausendelang viele Völker, von den Phöniziern bis zu den Vandalen, gezogen. Schon im Frühling 1989 war „Karma Gön" so ausgebaut, dass ich dort zweihundertfünfzig Leuten das Bewusste Sterben beibringen konnte; mittlerweile gebe ich jedes Jahr an Pfingsten in „Karma Gön" einen Kurs. Wer glaubt, eine Handvoll Idealisten könne heute keinen Einfluss auf die Welt ausüben, braucht sich nur die Entwicklung dort anzuschauen.

Eine Rad der Zeit-Stupa in Kham

Viele halfen und helfen beim Aufbau von „Karma Gön", und Pedro hält ein waches Auge auf alles. Zurzeit ist ein wichtiges buddhistisches Übersetzungsprojekt dort im Aufbau, dessen Einfluss der genauen Übertragung sehr nutzen wird. Voraussichtlich werden die ersten Verwirklicher-Höhlen Europas dort entstehen, und Buddhas Kanjur (gesammelte Belehrungen) wird übersetzt werden. Eine dreizehn Meter hohe *Rad der Zeit*-Stupa wurde 1994 eingeweiht, und nach der ersten Segnung des Gebiets bat Tenga Rinpoche Lopön Tsechu und mich, die Arbeit zu übernehmen. Sie soll – zusammen mit einer gleichartigen Stupa in Griechenland – Europa bestmöglich gegen den Einfluss der Moslems schützen.

Portugal

Nach dem Besuch von Gibraltar segnete ich einige Häuser deutscher Freunde in Portugal, die sich mit „Karma Gön" verbinden wollten. Der Weg nach Norden, die kurvigen Kleinstraßen Portugals entlang, kostete uns den Rest des Reifenprofils. Die spanische Grenze überquerten wir nahe Salamanca, wo Pedro aufgewachsen ist. In seinem Dorf hatte er als Bauernkind jede nur denkbare Armut erlebt. Als Elfjähriger an die Hochburg des spanischen Konservatismus, das „Escorial", gekommen, durchlebte er eine harte Mönchsausbildung. Seine Lehrfächer der folgenden zehn Jahre umfassten alles von Selbstgeißelung bis hin zur scholastischen Philosophie. Wenig Segen oder Sinn findend, lief er nicht davon, sondern erreichte durch seine Briefe, dass der Vatikan ihn freigab. Das war das erste Mal, dass sich jemand in dieser Weise von der Kirche lossagte. Nach der harten spanischen Militärausbildung zog ihn der Wunsch nach hellen Nächten glücklicherweise nach Dänemark. Zweimal wurde er von der Fremdenpolizei ausgewiesen, um beim dritten Mal der schönen Dorrit im Flugzeug nach Mallorca zu begegnen. Jetzt haben sie zwei feine Söhne. Pedro und Dorrit waren in unser Kopenhagener Zentrum gekommen, und als während meines Segens alles zu Licht wurde, waren sie überzeugt.

USA 1987

Im Januar 1987 flogen Hannah und ich mit Pedro und Freunden aus Raidwangen nach San Francisco. Rundfunk und Fernsehen gaben eine breite Berührungsfläche, mitunter mit ungewöhnlichen Bevölkerungsschichten. In einem Programm für Minderheiten bestanden sie darauf, dass Dänen nicht weiß wären, sondern aus dem Kaukasus kämen, aber wenigstens behauptete niemand, dass Buddha schwarz gewesen sei, wie einige Jahre später in Los Angeles. In einem offensichtlich unzerstörbaren Volvo Kombi fuhren wir zu siebt samt Gepäck durch die so anziehende südwestliche Ecke der USA. Zu meiner Schande muss ich gestehen, uns hier einen Platz unter unzähligen im Graben verschafft zu haben. Während ich über die Einheimischen witzelte, die in den Schneedünen parkten, tat ich genau dasselbe. Die Straße war einfach zu eisig für meine Geschwindigkeit.

Es wurde immer klarer, warum Karmapa auf häufige Amerikareisen bestanden hatte. Unsere Gruppen in diesem großen Land bekamen oft nur einen Lama-Besuch im Jahr, meistens von Khenpo Khatar aus Woodstock. Da ich sie als einziger ermächtigte, selbst und in der eigenen Sprache Meditationen anzuleiten, war es verständlich, dass so viel weniger geschehen war als in Zentral- und Osteuropa. Das Ziel Buddhas sind voll entwickelte Menschen, und wenn die Leute nicht selbständig werden, wächst auch nach außen nichts.

Tatsächlich gab es mehrere Engpässe. Die Unterschiede in der Wahrnehmung zwischen Ost und West, die viele gern als bereichernd angesehen hätten, verursachten häufig Schwierigkeiten. Außer in Portland und Santa Fe gab es wohl überall und in allen Linien Ärger. Die Tibeter störte an den Westlern deren flippige Oberflächlichkeit, ihre ungeordneten Familienverhältnisse und dass sie häufig die kostbaren und bis dahin geheim gehaltenen Übertragungen mit seltsamen Formen der Geistigkeit vermischten. Andererseits traten auch mehrere Lamas, die in den Westen kamen, kräftig in den Fettnapf. Das Schlimmste war wohl, dass sich ihre Schüler oft ungeschützt oder zweitklassig fühlten, selbst wenn sie ganz nah mit ihnen arbeiteten oder sie auf den Reisen begleiteten. Aussagen, dass sie den Westen nicht mochten und nur auf Drängen ihrer eigenen Lehrer gekommen seien, ließen auch keine Herzen schmelzen. Üblicherweise wurden solche Worte eher zum Selbstschutz ausgesprochen. Aufgrund häufiger Prügelstrafen in ihrer Kindheit wollten die Lamas beweisen, dass sie immer noch gute Mönche und der Verführung des „weichen Lebens" nicht erlegen waren. Was aber sollten dabei ihre Förderer denken, die ihre kostbare Zeit und teures Geld mit der Absicht verwendeten, Gutes für sie zu tun?

Letztlich mussten selbst die am freundlichsten gesonnenen Beobachter eine allgemeine Neigung der Lamas feststellen, Machtgebiete abzustecken. Zu oft hatte dies nicht den Zweck, die Lehre oder die Schüler vor Verwirrung zu schützen – was nötig und wichtig ist –, sondern zielte auf Macht oder Dienstleistungen, was weniger annehmbar war. In solchen Fällen galt es, gelegentlich kräftig durchzulüften; Karmapa erwartete das von mir. Dadurch ließ sich vermeiden, dass die wertvollen Selbständigen uns verließen; es war jedoch sicherlich kein Weg, um sich bei den eingenisteten Kreisen viele Freunde zu schaffen. Obwohl es nur ein einziges Mal einen offenen Angriff auf mich gegeben hatte – den Brief der Dharmadhatu-Organisation –, war ich dennoch ein ständiger

Bürokratenschreck. Dass man geistiges Wachstum an Humor und gesundem Menschenverstand misst, wurde nicht gern gesehen. Es mehrt die Arbeit und engt den Raum für Machtspielchen spürbar ein.

Kim, unser dänischer Geldzauberer und Freund, lud uns in die Glückspiel-Stadt Reno ein. Seit 1971 in Sonada hatten wir immer eine enge Verbindung gehalten, und ich hatte Dutzende von Schwimmbädern für ihn von Hand ausgegraben. Er und sein Bruder Bo unterstützten die Arbeit in Kopenhagen, San Francisco und wo immer sie es konnten.

Kim wollte uns etwas ganz Außergewöhnliches zeigen, eine Riesenshow mit 500 Tanzmädchen, die aber gerade an diesem Abend entweder frei hatten oder erkältet waren. Stattdessen gab es ein paar wirklich lustige Kabarettaufführungen. Die Amerikaner sind erstklassige Unterhalter. Später gewann ich 100 Dollar an einem Spieltisch, hörte aber sofort auf, als ich die Kraft verspürte, die anderen zu beeinflussen. Obwohl unsere Zentren alle Geld brauchen: Es fühlte sich einfach nicht richtig an.

Im April und Mai 1987 erfüllte sich ein alter Wunsch. Lopön Tsechu, der Hauptschützer des Buddhismus in Nepal, hatte ein paar Monate Zeit für uns gefunden. Er war so wichtig im Himalaya, dass der bhutanesische König ihn in seinem Pass zehn Jahre jünger machte, als er wirklich war. Dadurch konnte es sich die Regierung besser erlauben, ihn so hart arbeiten zu lassen. Er würde das sicher auch noch lange schaffen: Obwohl er damals siebzig war, zeigten die medizinischen Untersuchungen in Kopenhagen die Werte eines Vierzigjährigen.

Seine Bedingung für den Besuch war, dass wir beide, Hannah und ich, mit ihm reisen sollten. Außer in Schweden, Norwegen und Griechenland, für die es diesmal keine Zeit gab, segnete er Karmapas Hauptzentren in Mitteleuropa. Es war einfach eine Freude. Viele Freunde kannten ihn inzwischen aus Nepal oder durch mein Buch „Die Buddhas vom Dach der Welt" und hatten großes Vertrauen zu ihm. Er verfolgte die Gründung und den Aufbau der westlichen Kagyü-Linie seit den späten sechziger Jahren und wusste, dass alles nach Karmapas Wunsch lief. Er behandelte uns alle wie ein liebevoller Vater.

Bei den Antworten auf die Fragen, die Hannah übersetzte, traf Lopön Tsechu genau die Bedürfnisse der Menschen, und abends gab er

Der liebevolle Vater

eine Stunde Belehrungen oder eine Einweihung. Dann ließ er mich weiterlehren. Ich beendete meine Abende jetzt meist gegen ein oder zwei Uhr nachts. Wir waren zwar weder alt noch bürgerlich geworden, doch die langen Nächte mit den Freunden waren nun einfach weniger notwendig. Jenseits allgemeiner Bewusstseinsebenen und Ausdauer hatten wir schon tiefstes gemeinsames Vertrauen aufgebaut. Unser Kraftfeld stand unerschütterlich, und wir handelten von selbst übereinstimmend und wie Karmapa es gewünscht hatte.

Buddhas Lehre, vermittelt durch einen ausgeruhten, frischen Lehrer, ist einfach stilvoller. Jahrelang war ich vor Müdigkeit fast vom Thron gefallen. Obwohl die Übertragung bei den Vorträgen so stark ist, dass alles andere eher nebensächlich wirkt: Ein mit dem Schlaf kämpfender Lehrer ist nicht gerade das, was neue Leute erwarten. Am schlimmsten und richtig peinlich wurde es, wenn ich vor laufenden Aufnahmegeräten dieselben Meditationsstufen mehrmals oder in verschiedenen Sprachen wiederholte. Obwohl mein einziger Wunsch war, alles für alle zu tun, schaffte es sogar mein Wikingerkörper nicht, rund um die Uhr zu arbeiten.

Lopön Tsechu mochte Rödby, Wuppertal, Graz und die Freunde in Brescia sehr. Die sonderbaren Verhältnisse in Polen damals verstand er sofort. Er hatte selbst noch merkwürdigere Sachen erlebt, kannte von seinen Reisen sowohl die russische als auch die mongolische Bürokratie.

Mit Lopön Tsechu

Und die Behörden in Nepal und Indien schlugen sowieso fast alles. Nach Wochen mit über 200 Stundenkilometern durch Europa in unserem alten BMW verabschiedeten wir Lopön Tsechu Ende Mai an der holländischen Grenze. Nach der hektischen Zeit sollte er nun auch etwas Urlaub haben.

Mustang und Bhutan

Wieder war es Zeit für eine Pilgerfahrt in den Himalaya. Wir landeten mit etwa fünfzig Freunden in Kathmandu, und meine Mos, die diesmal für Tibet sehr schlecht gewesen waren, hatten nur die Spitze des Eisbergs gezeigt. Ganze Berghänge waren aufgrund von Abholzung abgerutscht, sowohl auf der tibetischen Seite als auch dort, wo wir schon im letzten Jahr hatten klettern müssen. Ein paar Träger stürzten hier jeden Tag in den Tod. **Nepal**

Auf dieser Strecke waren übrigens Marion, Annette und Christian aus Wuppertal Zeugen eines Wunders gewesen, von dem sie erst später erzählten: Ein mannshoher Felsen hatte sich oberhalb der Straße losgerissen und war direkt auf ihren Bus zugerollt. Sie riefen im Schock unseren Schützer Schwarzer Mantel an; der Brocken änderte entgegen der Naturgesetze plötzlich seine Richtung und hinterließ eine Bahn gebrochener Bäume den Berg hinunter.

Trotz aller Hindernisse wollten die Raidwangener aus unserer Gruppe unbedingt nach Tibet. Wir mochten aber nicht allen zumuten, tagelang in irgendeinem Dorf auf nicht erscheinende Laster zu warten. Außerdem waren mehrere schon in Tibet gewesen, und die meisten waren vor allem gekommen, um mit uns zusammen zu sein. Im Hinterkopf hatte ich eine besondere Hoffnung, von der ich aber nur Hannah erzählt hatte: Möglicherweise konnten wir auf dieser Fahrt wirkliches Neuland betreten. Nach Tenga Rinpoches Mos würde die Gruppe, die nach Tibet wollte, die Fahrt überleben, und so gaben wir ihr die Geldspenden und Geschenke für Tsurphu mit, die damals so sehr gebraucht wurden und der Hauptgrund für uns gewesen wären, dorthin zu fahren. Jetzt konnten wir uns einen alten Wunsch erfüllen. Mit etwas Glück würden wir Mustang zwischen der Touristen- und der Regenzeit erreichen.

Wir mieteten einen Bus nach Pokhara, wohnten im Hotel bei der Landebahn, und schon am nächsten Tag bekamen wir einen überfüllten Flug für die Hälfte von uns. In den armen Ländern ist nichts stilvoll, und

Tomek musste für wenige Plätze richtig kämpfen. Jeden Tag um zehn Uhr morgens entstehen in diesem Gebiet Hitzewinde, weshalb nach dieser Zeit kein Starten und Landen mehr möglich ist. Nie zuvor hatten wir einen solchen Flug erlebt. In der kristallklaren Luft schienen die kilometerhohen Schneeberge so nah, dass man glaubte, sie berühren zu können. Hinter ihnen lag das Hochland Mustang, eigentlich ein Stück Tibet. Die Gurkhas hatten es im 18. Jahrhundert Nepal einverleibt, weshalb die Chinesen es nicht hatten zerstören können.

Mustang

Der Pilot war tüchtig. Trotz starker Windböen schaffte er es beim zweiten Anlauf, auf der schmalen Bahn vor der Hauptstadt Jomsom zu landen. Wie immer in tibetisch besiedelten Gebieten war uns alles sofort vertraut. Die fünf Grundfarben, die überall verwendet wurden, strahlten klar in der dünnen Luft. Die Häuser hatten flache Dächer, und überall lagen mit Mantras beschriebene Steine. Völlig unpassend wirkten die vielen nepalesischen Soldaten, sie gehörten wirklich nicht in dieses Stück Zentraltibet. Am nächsten Morgen bestellten wir einige Pferde für den nachkommenden Teil der Gruppe. Wir hofften, dass diese besser sein würden als das, welches wir bekommen hatten. Es war so verrückt, dass wir es noch vor der Zahlung zurückgaben. Stattdessen verteilten wir das Gepäck nach der Stärke der Leute. Die Strecke am Fluss entlang in der schneidenden Sonne war nicht leicht. Bald verfluchten unsere Freunde jede Zigarette, die sie jemals geraucht hatten, und jedes Gramm Fett, das sie zuviel auf den Rippen hatten. Es war eine echte Willensprobe. Ein hoch gebildeter Freund aus Passau, schon damals im Anfangsstadium

Die Kraftprobe

einer unheilbaren Krankheit, schnaufte wie eine Lokomotive, gewann wegen seiner Durchhaltekraft jedoch bald die Achtung aller.

Hinter einem reißenden Bergbach liegt das malerische Dorf Kagbeni. Man durfte nicht näher an die tibetische Grenze herankommen, und so übernachteten wir hier. Die Zeit war zu knapp, um mit so vielen weiter nördlich zu wandern. Auch wegen Lopön Tsechus und Topgalas Einladung wollten wir uns an die Landesvorschriften halten, aber es hätte schon Spaß gemacht, die tibetischen Khampa-Stämme dort oben zu besuchen. Früher zumindest hatten sie von da aus oft die Chinesen in Tibet angegriffen. Jeder war sein eigener König. Bereits 1968 hatten Hannah und ich uns überlegt, etwas Medizin zu erlernen, um den Khampas dort zu helfen. Wie üblich in gesetzlosen Gebieten herrschte aber vor allem große Verwirrung. Sie hatten zum Beispiel aus Versehen ein paar Hippies getötet, die sie für Spitzel hielten. Ihr Anführer, der Khampa-General Wangchuk, war Anfang der 70er Jahre vor den Gurkhas von Tal zu Tal geflohen, bis kurz vor die indische Grenze, wo ihn bereits ein hoher militärischer Rang erwartet hätte. In Indien sind Khampas sehr wohl angesehen, sie bilden die Fallschirmjägertruppen und die fünfte Kolonne während die Söhne des Landes die gesünderen Jobs bevorzugen. Als der General und seine Truppe es fast geschafft hatten, wurden sie von Hubschraubern aus zusammengeschossen. Das haben viele den Nepalesen nicht verzeihen können, aber die chinesischen Auftraggeber waren bestimmt zufrieden.

Wäscheschau

Der nächste Tag zeigte uns mehr von Kagbeni. Es war spannend und traurig zugleich. Auf den ersten Blick schien das Stadtbild noch erhalten. Auch hier waren wir überall von Mantrasteinen und Stupas umgeben, doch bei näherem Hinsehen war der Zustand der Heiligtümer verheerend. Niemand hielt sie instand, und ein Großteil würde bald zu Trümmern verfallen. Wie so oft störte es mich, dass so wenige „traditionelle" Buddhisten Karma als Möglichkeit verstehen. Wie die meisten Menschen mit geringer Vorstellungskraft fügen sie sich den Geschehnissen als „Schicksal“, was es keineswegs ist. Das Wissen über Ursache und Wirkung verpflichtet uns tatsächlich, auch auf lange Sicht die bestmögliche Welt zu schaffen, aber viel zu viele nehmen Karma als eine Entschuldigung, um sich brav mit allem abzufinden.

Anstatt vor einer oberflächlichen Welt aufzugeben, die innere Ruhe und gutes Benehmen als Schwäche auslegt, hätten die Mustangis ihre tiefe Kultur mit einfachen Mitteln erhalten können. Ein guter Anfang wäre es, ihren Kindern die eigene Sprache beizubringen. Das Erhalten ihrer Heiligtümer und das Begrenzen ihres Alkoholverbrauchs würde sie auch davor schützen, ein weiteres entwurzeltes Volk irgendwo im Himalaya zu werden. Dass es gerade Buddhas Erleuchtungstag war, an dem wir den Verfall entdeckten, ließ alles noch viel greller erscheinen.

Wir nahmen fünf oder sechs Träger von der Wassermühle mit und boten ihnen mehr, als sie dort verdienen konnten, aber immer noch unter einem Dollar pro Mann und Tag. Man sollte die Lohnebene einer Gegend nicht sprengen. Dann führte der Pfad einen endlosen Hang empor. Unser Tagesziel war ein Sakya-Kloster, das größte der Gegend. Es war der letzte Halt vor Tjume-Djasa – die Hindus nennen es Mukhtinath –, die Stelle, „wo Erde, Stein und Wasser brennen“, einer der ältesten heiligen Orte des Himalaya. Unfassbare Landschaften liegen am

Ein Pfad führte einen endlosen Hang empor

Weg, viel abwechslungsreicher als das eintönige Zentraltibet. Als wir eine Abkürzung den Berg hoch zu dem einmalig angelegten Kloster nahmen, gab es einen ganz besonderen Segen: Beim Klettern gerieten wir in einen Rundgang einheimischer Frauen hinein. Viele von ihnen waren ein gutes Gemisch von schön, wild und stattlich, und sie trugen die

Schön, wild und stattlich ...

Weisheitstexte des Diamantwegs. Der Leiter des Klosters war offenbar ein guter Verwirklicher, der die Möglichkeiten seiner Leute erwecken konnte. Während die Anrufungen noch weiterliefen, teilten wir schon unsere Erfahrungen beim Verbreiten von Buddhas Lehre in Ost und West mit ihm.

Als wir abends endlich im Wirtshaus des Klosters saßen, kam der Rest der Gruppe an. Sie hatten einen noch härteren Eilmarsch hinter sich als wir, und vor allem Tomek hatte Unbeschreibliches geleistet: Er hatte erst die Behörden des Flughafens bearbeitet, die Starterlaubnis zu geben, und dann den Piloten, damit er flog. Nach der Landung hatten sie die Pferde und Träger gefunden, die wir für sie bestellt hatten, und einen Schnellweg genommen.

Erfahrungsaustausch

Tomek war dabei mehrmals den Berg hinauf- und hinuntergelaufen, um allen behilflich zu sein. So ist er einfach. Jetzt brauchten sie ein paar starke Männer. Einige Frauen waren noch unterwegs, und eine davon hatte schlimmen Durchfall.

Die neu Angekommenen hatten die besten Schlafplätze verdient. Da Hannah und ich noch dazu die Kraftkreise der Stelle in unseren Träumen erfassen wollten, suchten wir uns ein Strohdach einige Minuten davon entfernt. Pilger schliefen dort, wenn sie in größeren Gruppen kamen. Hier wurde es aber weder privat, noch gab es viel Möglichkeit für das Beobachten der Träume. Schon im Morgengrauen weckten uns einige Kinder, die süß, aber beharrlich fragten: „Warum schlaft ihr, es ist doch hell?" Wir erklärten ihnen, dass weiße Menschen auch nachts arbeiten und deswegen morgens schlafen mussten, aber sie waren unerbittlich. Es war wie im Zoo. So wie in Tibet blieben sie einfach stehen und schauten uns beim Umkleiden, Wasserlassen und allem anderen zu. Währenddessen nahmen sie zu allen Vorgängen sachlich und ein bisschen altklug Stellung.

Tags darauf kam der frische Verwirklicher-Lama als Führer mit, er kannte die heilige Stelle ausgezeichnet. Der Pfad verlief über einen offenen Bergrücken, wo sich Licht und Wolken ständig abwechseln. An einem störenden Polizeiposten schrieben wir uns wieder einmal als Donald Duck, Josef Stalin, Popeye und andere Berühmtheiten ein. Ein wohl ausgebildeter Offizier zu Pferd war etwas klebrig. Zur Freude seiner Kollegen forderte er uns heraus. Er sagte, dass wir aus der reichen Welt die Pflicht hätten, den Armen mehr Geld zu schicken. Ihre Gesichter wurden merklich länger, als ich ihnen riet, erst ihre Bevölkerung zu begrenzen. Solange sie so viele Kinder bekämen, würde Geld heute nur mehr Hunger für später bedeuten. Offensichtlich hatten sie bisher die wirklichen Zusammenhänge nicht erkannt.

Nach dem Posten wurden der hohe Pass zum Manang-Gebiet und die „Brennenden Wasser" sichtbar. Sie liegen in einem tiefgrünen Pappelhain rechts vom Weg. Einige von uns, von den Bergen berauscht, waren schon ein paar Abende vorher hingegangen, aber jetzt hatten wir einen Fachmann, durch den die Stelle Leben bekam. Der Lama zeigte, wo die hinduistischen Gurkha-Behörden die Buddhisten zuerst gezwungen hatten, ihre „Mani-Mauern" abzureißen. Das sind die berühmten Steinwälle des Himalaya mit eingemeißelten Mantras. Danach hatten sie ihnen verboten, ihre Bauten zu erneuern, selbst wenn sie auseinander fielen. Am schlimmsten war vielleicht, dass sie ein Kuckucksei mitten ins buddhistische Nest gelegt hatten: einen Hindutempel im Kathmandu-Stil, der wirklich nicht dorthin gehörte. Die besonderen Kennzeichen der Stelle – der Stein, die Erde und das Wasser, wo das brennende Gas hoch drängt – waren aber immer noch fest in buddhistischer Hand. Sie befanden sich unter dem Altar eines uralten *Liebevolle Augen*-Tempels, rechts vom Eingang. Der Karma-Spiegel – eine Stelle im Fels weit oben – wird je nach den Eigenschaften derjenigen, die hoch schauen, trüb oder strahlend. Er empfing uns leuchtend. An einer Stelle konnte man sogar die Erdgeister murmeln hören. Nur der Guru-Rinpoche-Tempel war neu aufgebaut. Vor einigen Jahren war er während eines Sturms völlig eingestürzt. Der obere Stock und das Dach waren dabei genau um die Statuen herum gefallen, ohne sie zu beschädigen. Das beeindruckte sogar die Hindus; sie gaben die Erlaubnis, wieder einen einfachen Bau zu errichten, um die offenbar so heiligen Figuren zu schützen.

Die Stelle, wo „Erde, Stein und Wasser brennt"

Der nächste Tag war dem Sport gewidmet, sowohl für die Klugen als auch für die weniger Klugen. Erstere standen früh auf, nahmen ordentliche Ausrüstung und Verpflegung mit und gingen dann in angemessenem Tempo den Berg hoch. Einige andere Freunde, Tomek und ich entdeckten erst mittags, dass wir tatsächlich etwas freie Zeit hatten. Dann sollte aber auch etwas geschehen. Wir wollten den fünfeinhalb Kilometer hohen Pass im Dauerlauf erreichen. Es war so selten bei unserer Arbeit, dass auch die Tagesstunden dem Körper eine Gelegenheit boten, den eigenen Leistungsstand zu erkennen. Die Frau in dem kleinen Teehaus mit dem guten Ausblick, der ich beim Aufstieg in wenigen Worten die Karmapa-Meditation beibrachte, hatte nie etwas Ähnliches gesehen.

„Erst wart ihr hier zusammen, dann seid ihr ganz schnell den Berg hoch gelaufen, dann kamen einige von euch herunter, und jetzt seid ihr wieder hier!“, sagte sie erstaunt, als Tomek und ich abends vorbeigetaumelt kamen. Wir waren gelaufen, bis wir umfielen, und sobald wir wieder atmen konnten, weiter gerannt, bis wir bei den Eiswänden der Berge anlangten, in fünf Kilometern Höhe. Nicht wissend, wann es dunkel werden würde, liefen wir den Berg sofort wieder hinunter, während unsere Freunde der ersten Gruppe später und stilvoller ankamen. Auch sie hatten eine schöne Zeit gehabt.

Am nächsten Tag kehrten wir zurück nach Jomsom, der Hauptstadt Mustangs. Wir waren bei der Sippe von Lopön Tsechus wichtigstem Helfer eingeladen. Er war Buddhist, hatte aber den Hindunamen Krishna, was in den kulturell gemischten Gebieten des Himalaya vorkommen kann. Als wir nachmittags das Haus betraten, warteten einige sehr ungewöhnliche Leute auf uns. Normalerweise kann ich recht leicht die Anhänger der verschiedenen Schulen unterscheiden, die Merkmale sind im Osten wie im Westen gleich: Die Gelugpas wirken oft wie Internatsschüler, die Sakyapas – vor allem die Damen – willensstark, wir Kagyüpas – wenigstens meine Schüler – kernig, und die Nyingmapas wirken oft so, als bestünden sie aus Teilen, die nicht ganz zusammenpassen. Diese hier waren aber jenseits des allgemeinen „buddhistischen Bereichs“. Manche hatten große Köpfe und sehr kleine Körper, bei anderen war es umgekehrt. Der Leiter war lang, dünn und hatte den schmalsten Kopf, den ich jemals gesehen hatte.

Sie waren jedoch nicht gekommen, um bewundert zu werden. Lopön Tsechu hatte sie gebeten, uns einen großen Dienst zu erweisen, und wir folgten ihnen sofort über Stock und Stein, die erhöhten Lehmpfade zwischen den Feldern entlang. Nach etwa einer Stunde Wanderung, meistens bergauf und an unglaublichen Berghängen vorbei, erreichten wir ein Dorf unter einem graublauen Eisberg. Ein halbes Dutzend Menschen brachte verschiedene Schlüssel aus unterschiedlichen Richtungen, und als die Tür schließlich geöffnet war, folgten wir ihnen in einen Tempel.

Wegen des blendenden Lichts draußen wirkte der Raum zuerst dunkel. Er hatte noch dazu eine sonderbare Schwingung. Es dauerte eine Weile, festzustellen, dass wir in einem Bön-Tempel waren, bei Schamanen zu Gast. Während wir – plötzlich hellwach – Ähnlichkeiten und Unterschiede zum Buddhismus erkannten, öffneten diese mit Schlüsseln, die wiederum von mehreren anderen Männern getragen wurden, einen kräftigen Lederkasten. Jetzt wurde es spannend. In Dutzende von dünnen Seidentüchern gehüllt kamen die Gegenstände zum Vorschein, für die Karmapa auf seiner Reise von Tibet nach Bodhgaya 1956 einen großen Umweg gemacht hatte. Schon 1970 hatte er uns gesagt, dass wir sie unbedingt sehen müssten: Es war die denkbar erlesenste Sammlung von Guru-Rinpoche-Reliquien. Der Schatz stammte aus der Zeit vor 746, als dieser hohe Lama sich fünf Jahre in Tibet aufhielt und die Lehre dort verbreitete. Die Sammlung hatte den Namen „Kuternga“ und bestand vor allem aus Statuen, die Guru Rinpoche selbst gemacht hatte. Des Weiteren waren seine Schuhe dort zu sehen und eine Weste, die er als Dreizehnjähriger getragen hatte, sowie Kleidungsstücke, auf denen weibliche Buddhas getanzt hatten. Wir legten jedes Stück auf den Kopf und dachten dabei, dass sie jetzt in unsere Herzen fielen und mit uns verschmolzen. Mit viel Glück erreichten wir gerade Jomsom, als es halsbrecherisch dunkel wurde.

Vom nächsten Tag an wurde nicht mehr geflogen: Die Monsunwolken ballten sich schon am Horizont zusammen. Der Pilot wagte aber noch zwei Landungen, wodurch unsere ganze Gruppe aus Jomsom herauskam. Sonst hätten wir Männer fünf Tage durch Blutegel und Dauerregen wandern müssen. Wir fuhren mit dem Bus von Pokhara nach Kathmandu, das sich jetzt wie eine Großstadt anfühlte. Wieder im schönen Vajra-Hotel angekommen, planten wir die nächsten Wochen. Es war immer noch möglich, die Freunde zu Fuß nach Tibet mitzunehmen. Zwar stürzte auf den Pässen fast täglich ein Träger ab – oft betrunken –, aber wir würden weniger beladen sein als sie, und mein *Mo* sah gut für uns aus. Der Weg zu Gebieten, die die Wartezeiten auf Laster und Busse wert waren, würde aber viele Tage dauern, und seit dem Erdrutsch fuhr kaum jemand.

Unser wirklicher Wunsch war eine Fahrt nach Bhutan, eigentlich eine Unmöglichkeit. Die Behörden lassen jährlich nur 2.000 Besucher ins Land, und Touristen müssen 200 Euro pro Tag bezahlen, bei voller Verpflegung. So war es jahrelang gewesen. Sie wollten damit die Zerstörung ihrer Kultur verhindern, die in Nepal seit zwanzig Jahren voranschritt. Außerdem erlaubten sie keine Gruppen mit über fünfzehn Personen. Lopön Tsechu aber war ein mächtiger Mann. Schon in Europa hatte er den Wunsch gehabt, uns einreisen zu lassen. Seine kostbaren

Ferien in den Niederlanden um eine Woche verkürzend, war er nach Bhutan voraus geflogen, um uns zu helfen. Zur selben Zeit wurden Heiratspläne geschmiedet. Vier seiner Nichten sollten jetzt den König Bhutans förmlich heiraten, nachdem sie schon ihre Fruchtbarkeit bewiesen hatten.

Unsere Papiere sollten in Kalkutta im Bhutan House ausgestellt werden. Für den Weg dorthin vertraten Niels und ich die Reisearten unterschiedlicher Weltanschauungen: Niels sagte: „Fliegt nach Kalkutta. Es kostet nur 70 Dollar, und ihr habt es hart genug gehabt. Seid ein bisschen gut zu euch selbst.“ Ich dagegen machte den Vorschlag: „Was euch nicht umbringt, macht euch stark. Ihr sollt die Erfahrung von überfüllten Nachtbussen nach Siliguri und weiter nach Kalkutta bekommen. Die senkrechten eisernen Sitze und der fehlende Schlaf werden euch neue Seiten eures Geistes zeigen. Außerdem spart ihr 55 Dollar, die ihr dann zum Einkaufen verwenden oder in Bhutan als Opferung geben könnt.“ Achtundzwanzig Leute folgten der harten Schule. Die sieben, die flogen, waren in einem teuren Hotel am Flughafen beschwindelt worden und gesellten sich schnell wieder zur Hauptgruppe bei der Heilsarmee in der Sutter Street.

Indien

Kalkutta bot vielseitige Erfahrungen. Hier starben jeden Tag Menschen in den Straßen. Anfang der 70er Jahre, als wir wegen der Visa regelmäßig aus dem Himalaya in die Stadt fuhren, hatte man es viel schwerer, ein Zimmer zu bekommen. Das Land wurde bis vor wenigen Jahren ständig steifer und bürokratischer, und so hatten immer weniger Leute Lust, nach Indien zu fahren.

In einem Stockwerk des Bhutan House wussten sie von nichts. Im anderen zeigte sich wieder der Nutzen meiner Mos: Weil Fernsprecher in diesen Teilen Asiens nichts taugen, verschafften sie uns die nötigen Auskünfte. Auch finanziell hatten wir großes Glück: Sie bedauerten sehr, dass das teure Flugzeug, das wir hätten nehmen sollen, gerade überholt wurde. Stattdessen schickten sie Busse nach Baghdogra bei Siliguri. Es hätte nicht besser kommen können. Jetzt konnten wir die Berge während der Fahrt sehen und gleichzeitig viel Geld sparen. Zwei gute Busse warteten am Himalayarand; zwar keine deutschen, sondern japanische, aber ganz neue. Nach der erstaunlich langen Strecke, bei der man den Vorbergen des Himalaya nach Osten folgt, rollten wir durch die „Ehrenpforte“ nach Puntsoling ein. Diese Stadt ist Bhutans Fenster zur Welt.

Bhutan

Zwei Hotels hatten Platz. Als alle Zimmer verteilt waren und wir gerade zu einem Guru-Rinpoche-Tempel gehen wollten, fing uns eine Gruppe alter tibetischer Freunde ab. Sie hatten alle nur eine Frage: „Wann sehen wir ihn?" Wie so oft mussten wir antworten, dass es bestimmt bald soweit sein würde, dass Karmapas Aussagen über seine nächste Wiedergeburt geschichtlich immer eindeutig seien, und dass die Linienhalter bestimmt ihre Gründe hätten, es bis dahin geheim zu halten. Wie üblich wollten viele nicht glauben, dass wir nicht mehr wussten, aber tatsächlich dachten wir selten darüber nach. Es gab viel zu tun, um so vielen Schülern wie möglich eine Verbindung zu Karmapa zu vermitteln, so dass wir uns lieber würden überraschen lassen. Dass es ohne chinesischen Einfluss zum richtigen Zeitpunkt in Eintracht geschehen würde, war für uns damals selbstverständlich.

Am nächsten Morgen, während die Freunde die Busse beluden, sprangen wir zum Tempel, in dem die stehende Guru-Rinpoche-Statue wirklich sehr eindrucksvoll ist. Dann ging es weiter. Die geteerte Straße schlängelt sich am „Guesthouse" und dem „Rest-House" vorbei, in dem wir 1970 erst Staatsgäste gewesen waren und später eine spannende Nacht in Karmapas Nähe verbracht hatten, in der er regelrecht geleuchtet hatte. Dann folgten die grünen Berge mit denselben Polizeiposten wie das letzte Mal. Als wir abends Thimpu erreichten, die Hauptstadt Bhutans, waren unsere Freunde ungewöhnlich still. Die fruchtbaren Berge, so verschieden von den klaren trockenen Wüsten Mustangs, hatten sie stark beeindruckt. Auch verdauten noch mehrere die Sterbenden in den Straßen Kalkuttas.

Jeder konnte zwischen einem teuren, einem halbteuren und einem billigen Hotel wählen, und schon am selben Abend erfuhren wir, wem wir auch zu verdanken hatten, dass wir uns jetzt im Paradies befanden. Neben Lopön Tsechu hatte Topgala geholfen, der Sekretär Rumteks, und sogar der junge König selbst. Er hatte mein Buch „Entering the Diamond Way" gelesen, und offenbar gefiel es ihm. Obwohl ein Touristik-Minister sich ärgerte, dass er kein Geld bekam: Wir waren als „Kagyüpas" in Bhutan und nicht als Geldquelle.

Während der nächsten Tage taten wir das, wofür wir gekommen waren. Zu Fuß die Berge hoch, besuchten wir viele Stellen der Kraft. Einige besonders stark aufgeladene Höhlen, die Hannah und ich vom letzten Besuch immer noch spürten, waren leider nicht mehr zugänglich.

Die Regierung versuchte verstärkt, Ausländer von den heiligsten Stellen fernzuhalten. Das war schade und verständlich zugleich. Der Qualm Zigaretten rauchender Touristen war vielleicht nicht Buddhas erste Wahl an Räucherwerk, aber die Buddhas und Bodhisattvas sind keine Herrschaften, die das eine mögen und das andere nicht. Für sie ist alles rein, und sie sind glücklich, wenn die Menschen überhaupt einen Zugang zu ihrer eigenen Buddhanatur bekommen. „Möge ich das Bett sein, wenn die Menschen müde sind", schreibt Tenga Rinpoche in einem Gedicht.

In Thimpu sah man immer noch weiße Gesichter. Vor allem Entwicklungshelfer aus Deutschland und der Schweiz leisteten hier gute Arbeit. Dorthin, wo wir jetzt wollten, kamen sie aber selten. Der Weg nach Ost-Bhutan war erst wenige Jahre zuvor geöffnet worden. Er war anderthalbspurig gebaut, so dass man anhalten musste, wenn einem jemand entgegenkam. Unser Ziel war der erste Aufenthaltsort Karmapas nach seiner Flucht aus Tibet 1959. Er lag im Bhumtang, dem heiligsten und verborgensten Teil des Landes.

Unsere Busse krochen die zahllosen Kurven entlang. Als das Land überschaubarer wurde, gab es eine großartige, weite Aussicht in alle Richtungen. Fast jeden Kilometer mussten wir anhalten, während Arbeiter einen Erdrutsch entfernten: Es war gerade Monsunzeit, obwohl es selten an der Stelle regnete, wo wir gerade fuhren. Später beim Laufen sollte es anders werden.

Ich konnte kaum die Augen von den Arbeitern abwenden. In einer Gegend mit nur wenig Gewalt waren sie schon außerordentlich. Sie waren vom Stamm der Naga, die in regelmäßigen Abständen Tausende von Bangladeshis töteten, wenn der Überbevölkerungsdruck Ost-Pakistans sie in die Vorberge des Ost-Himalaya trieb. Es war sonderbar, in Augen und Gesichter zu blicken, die nicht auf Nähe oder Gefühlsäußerungen eingehen, sondern einfach schauen. Ich wusste, dass sie ihre Schildkröten Bein für Bein verkauften, während das Tier noch lebte, und oft Menschen in der Erwartung vergifteten, ihr gutes Karma aufzufangen. Die Bhutanesen wollten eine gute Lösung für sie finden, damit sie nicht im Land hängen blieben und die Schwierigkeiten bereiteten, die reiche und humanistische Teile der Welt heute nicht bewältigen können: Massen von unausgebildeten und kinderreichen Einwanderern mit unterdrückten Frauen, die kommen, um gut zu leben. Stattdessen landen sie in den Ghettos, werden wurzellos und verlieren, was sie in ihrem früheren Umfeld noch an Würde besaßen.

Wir wohnten in einem der Schlösser der königlichen Familie und in Gasthäusern. Die schönen Hochebenen und Kulturschätze Ost-Bhutans waren höchst beeindruckend. Es hatte sich vieles geändert seit dem ersten Reisetag, an dem unsere Freunde eine in den bhutanesischen Farben geschmückte Tankstelle gestürmt hatten, in der Annahme, es sei ein Tempel. Es war ungefähr so belustigend, wie wenn die Einheimischen Verbeugungen vor den Hubschraubern der Weißen machen im Glauben, es seien Götter. Wir hatten schon viel Unglaubliches auf den täglichen Fahrten und Wanderungen gesehen. Dennoch gab es Erfahrungen, auf die uns nichts hätte vorbereiten können, zum Beispiel der Besuch der Gebäude, die nur Karmapa unterstanden. Sie waren zwar weniger reich ausgestattet als die großen nationalen Heiligtümer, aber das war Nebensache. Ob Tourist oder Buddhist, jeder spürte die stärkste Verbindung zu ihm. Als wir in den Räumen umhergingen und ich später an seinem Bett eine Meditation leitete, hatten nur wenige trockene Augen. Karmapas Kraft war so nah, als wäre er selbst im Raum.

Punakha, die wärmere Hauptstadt des Landes im Winterhalbjahr, zeichnete sich durch uralte Gebäude aus ganz schweren Holzbalken aus. Hier begegneten wir Lopön Tsechu und beinahe auch dem König, dem wir alle sehr gerne gedankt hätten. Danach verbrachten wir einen Nachmittag bei Je Khenpo, dem höchsten Lama Bhutans. Er wohnte in dem

Je Khenpo

riesigen Regierungspalast und hatte gesetzlich dieselbe Macht wie der König, nur eben auf geistiger Ebene. Die Menschen warteten oft jahrelang auf ein Treffen mit ihm. Wieder war es Lopön Tsechus Einfluss, der den Besuch ermöglichte. Die fast ständigen Verschiebungen seiner Gesichtsmuskeln zeigten seine Bedeutung. Wie auch Karmapa war er Sammelpunkt für mächtige geistige Kräfte. Er sprach mit einfachen und verständlichen Worten über *Liebevolle Augen*, über Vertrauen zur Liebe und Kraft des Raums. Als die Zeit für Fotos kam, klatschte er schnell, und drei Mönche trugen einen silbernen Teller herein, auf dem ein frisch geputztes Gebiss lag. Er setzte es ein, lächelte für die Aufnahmen, dann wurde es wieder hinausgetragen.

Vor dem Sitz der bhutanesischen Regierung

Unsere Gruppe hatte ein letztes Frühstück bei Topga Rinpoche und seiner kostbaren Frau Achi Deki. Sie war eine Prinzessin, machte aber selbst das Essen für uns. Dann fuhren die Busse westwärts zum Paro-Tal mit dem berühmten „Tigernest", wo Guru Rinpoche sich als *Diamantener Hängebauch* gezeigt hatte. Schwarzrot, zornig und auf einer schwangeren Tigerin stehend, wird diese unglaublich kraftvolle Form des 2. Karmapa verkörpert, Karma Pakshi. Im Gegensatz zu anderen heiligen Stellen in Bhutan erreichten wir diese ohne Regen. Auch wenn wir sonst durchnässt und halb erfroren angekommen waren: Jeder Besuch war es vollkommen wert gewesen.

Der Pfad nach „Taktsang", wie diese Stelle heißt, war atemberaubend, und Hannah und ich fanden den Ort noch spannender als beim letzten Mal. Wünsche an aufgeladenen Stellen setzen sich in künftigen Leben fort, und ich hielt alle meine Schüler sehr im Geist.

Zurück in Indien, wollten wir sofort nach Nepal. Wegen eines Streiks stand alles zehn Stunden in dem unmöglichen Grenzort Kakabhita still. Erst als Tomek das Militär rief, bekamen wir einen Bus nach Kathmandu. Unsere Raidwangener waren gerade aus Tibet zurückgekehrt. Obwohl

Indien

Nepal

Diamantener Hängebauch

Das Tigernest

sie tagelang auf Fahrgelegenheit gewartet hatten, war ihnen alles gelungen, was sie wollten. Sie hatten viel gelernt, auch über sich selbst, und freuten sich wie wir alle, diese Erfahrungen mit den Freunden zu teilen.

Am letzten Tag ehrten mich ein paar weiß gekleidete Verwirklicher. Sie waren im Jahr 1969 Zeugen unserer ersten Begegnung mit Karmapa gewesen. Beim Abstieg der sehr steilen – und geländerlosen – hinteren Steintreppe des Tempels war Karmapa damals mit einem breiten Lächeln und seinen über 100 Kilogramm einfach und völlig unerwartet auf meinen Rücken gesprungen. Meine Knie schlackerten zweimal, dann trug ich ihn den ganzen Weg hinunter. Vorher hatte er, auch aus heiterem Himmel, schnell meine Hand in den Rachen eines großen Steinlöwens gesteckt und dabei mein Gesicht genau angeschaut. Die Geschichte war inzwischen bekannt geworden, es gab keinen ähnlichen Fall. Das Fest, das die flotten weißgekleideten Verwirklicher uns gaben, sollte Karmapas Vertrauen in Hannah und mich feiern.

Topga Rinpoche (1943-1997)

Der aus einer adligen Familie stammende Topga Yulgyal Rinpoche war ein Neffe des 16. Karmapa Rigpe Dorje. Bereits mit 16 Jahren wurde er in Tsurphu als „Vajra-Meister" eingesetzt. Im Jahre 1959 flüchtete er mit dem 16.Karmapa via Bhutan nach Sikkim. Ende der 60er Jahre heiratete er eine bhutanesische Prinzessin. Seit 1988 war er der Generalsekretär des „Karmapa Charitable Trust", der die Verantwortung für die Angelegenheiten des Klosters Rumtek innehatte. Rinpoche wurde als außergewöhnlich gelehrt geschätzt und war sehr bewandert in Geschichte. Topga Rinpoche lehrte buddhistische Philosophie, buddhistische Erkenntnislehre und tibetische Sprache am KIBI in Neu Delhi. Er starb am 19.09.1997 eben dort.

Die Welt wird immer kleiner

Das Jahr 1988

- Das Ende des Kommunismus beginnt in Ungarn, wo alle politisch wichtigen Posten von Reformpolitikern übernommen werden.
- Der immer blutiger gewordene Erste Golfkrieg (seit 1980; nach dem Indochina-Krieg einer der längsten und blutigsten lokalen Kriege des 20. Jhdt.) zwischen dem Irak und dem Iran wird im August mit einem Waffenstillstand de facto unentschieden beendet.
- 8.8.: Mit einem Waffenstillstand zwischen den angolanischen Befreiungsarmeen, Kuba und Südafrika kommt der 13jährige Bürgerkrieg in Angola zunächst zu einem Stillstand. Er flammt aber wenig später wieder auf.

Dänemark

Unser dänisch-deutsches Zurückziehungszentrum in Rödby war gut gewachsen; hundertdreißig Freunde kamen zu einem vierzehntägigen Kurs über die Grundübungen des Diamantwegs. Danach leitete ich

USA

den gleichen Kurs bei San Francisco und lud dazu Sys, Irmtraut und Christiane aus Europa ein. Die Bände über den Atlantik sollten gestärkt werden, und sie hatten es wirklich verdient, nicht immer selbst die Wirte zu sein. Roland, Kiffer und viele andere warteten.

Malasegnung in Rödby

Sie hatten kurz hinter den Felsen zum Stillen Ozean verlassene Militärbaracken gemietet, mit einem unglaublichen Blick auf San Francisco und die Golden Gate Bridge. Dort sind auch die Kanonenstellungen, die die Japaner während des Zweiten Weltkriegs fernhalten sollten. Sofort in die Übungen eintauchend, bestimmten während des Kurses die Europäerinnen das Tempo und zogen die eher gesprächigen Kalifornier mit. Ich genoss es sehr, genügend Zeit für Manuskripte, Post und nahe Freunde zu haben.

Zur selben Zeit übersetzte Hannah in Frankfurt für Jamgön Kongtrul Rinpoche. Es war sein erster Besuch seit zehn Jahren, der von Juli bis Dezember dauerte. Zusammen bereisten die beiden die Zentren vom Norden bis zum Süden. Jamgön Kongtrul Rinpoche war der erste Linienhalter, der sich genau ansah, wie unsere Gruppen arbeiten. Außer Lopön Tsechu und Tenga Rinpoche hatte das keiner der Tibeter vorher getan.

Polen

Der dritte Kurs über die Vorbereitenden Übungen in diesem Sommer fand in Polen statt. Nach fünfzig Kaliforniern, die eigentlich lieber ihre Erfahrungen besprochen hätten, übten zwei Wochen lang über fünfhundert meiner Schüler einsgerichtet und hart. Es war „zum Abheben", wie alles, was wir in der früheren kommunistischen Welt machten. Kuchary hatte sich bereits bei meinem letzten Besuch in Polen hervorgetan. Der große Hof verbindet seit damals immer mehr die Kräfte des Landes; anderthalb Autostunden nordwestlich von Warschau liegt er als Treffpunkt für Mittel- und Osteuropa genau richtig.

Eines Tages wollten auch die Nachbarn etwas von dem aufgebauten Kraftfeld. Vor dem trostlosen Betonkasten eines Landhandels, den die Regierung geschmackvollerweise neben der Einfahrt des früheren Herrensitzes aufgestellt hatte, kam eine Gruppe alkoholisierter Bauern auf mich zu. Sie wollten schon lange den Lama sehen und hatten auch ihren Wunschzettel dabei. „Wenn du ein heiliger Mann bist", sagten sie, „willst du uns dann nicht bitte ein paar Tage trockenes Wetter verschaffen? Es hat seit zwei Monaten täglich geregnet, und unsere Ernte verfault." „Ich werde sehen, was ich tun kann", antwortete ich. Das sagten meine Lehrer ja auch

„Ich werd' sehen, was ich tun kann"

Jamgön Kongtrul Rinpoche

immer. Dann machte ich starke Wünsche. Es folgten drei Tage Sonnenschein und Wind, und schon am zweiten Tag kamen dreißig Einheimische mit ihren Familien, um Zuflucht zu nehmen. Nur wenige Kilometer davon entfernt regnete es, wie im restlichen Polen, ohne Unterlass weiter. Wir kehrten zurück nach Dänemark, und kurz danach kamen Jamgön Kongtrul Rinpoche und Hannah.

Dänemark

Es folgte eine Zeit des Verlustes. Kim, unser naher Freund und Partner, nahm sich das Leben. Mitarbeiter mit wenig Geschick hatten seine Firma in Dänemark heruntergewirtschaftet, während er sie mit seinem Bruder Bo in Amerika aufbaute. Als er nach Hause kam, fehlte ihm nach Jahren ständiger Arbeit einfach die Kraft. Es geschah, während Jamgön Kongtrul Rinpoche und wir im Land waren und Bokar Tulku, sein Hauptlehrer, Frankreich bereiste. Bei unserer letzten Begegnung lag schon etwas in der Luft; Hannah hatte Kim eine handgeschriebene Meditation geschenkt, und ich gab ihm einen längeren Segen mit Karmapas Reliquien als je zuvor. Eigentlich hätte ich bei seiner Verbrennung sprechen sollen, aber das ging leider nicht.

Österreich

Der erste von einem Westler geleitete Kurs über das Bewusste Sterben wurde von den Österreichern vorbereitet. Hundertdreißig Freunde warteten bei Graz, dort, wo für mich Europa aufhört. Am letzten Tag vor seiner Abreise nach Asien hatte mir Tenga Rinpoche die Lehrbefugnis für diese wichtige Übertragung gegeben. Die Meditation war kaum verschieden von der, die der Bewusstes-Sterben-Meister Ayang Tulku uns schon 1972 gelehrt hatte, und danach hatte auch Künzig Shamarpa mich gebeten, sie an alle weiterzugeben, die es wünschten.

Da ich niemals Zeit für Vorbereitungen habe, fingen wir einfach an. Maias scharfe Augen sollten mir beim Finden der äußeren Zeichen helfen, die durch die tief greifende Übung entstehen. Bei diesem ersten

Kurs hatten alle die Zeichen innerhalb von acht Tagen, ein wirklicher Grund zur Freude: Wenn sie ihre Bände hielten, würden sie nach dem Tod unmittelbar in die Reinen Länder gehen. Die körperlichen Veränderungen beeindruckten die Freunde am meisten: die Öffnung auf dem Kopf und das Blut. Noch bedeutender waren aber ihr inneres Wachstum und vor allem ihr ständig zunehmendes Vertrauen. Der Tod verlor hier seine Hauzähne. Sogar jemand so Kritisches wie die einmalige Caty aus Hamburg sagte, dass es nach dem Bewussten Sterben keinen Weg zurück zum Materialismus gäbe. Die Kraft vom Buddha des Grenzenlosen Lichtes und unsere Hingabe waren auf einen Schlag zusammengekommen – ein großes Erlebnis für alle.

Künzig Shamarpa

Hannah kam kurz nach Österreich, während Jamgön Kongtrul Rinpoche sich in Bhutan einen neuen Pass holte. In Wien erfüllten mir meine Freunde einen alten Wunsch – einen Fallschirmsprung. Die 35 Sekunden freien Falls waren eine reine Wonne, vergleichbar nur mit der Erfahrung auf einem sehr schnellen Motorrad. Die Landung war nicht mehr so spannend. Hannah sagte, sie habe mich selten so überschwänglich gesehen. So ein Sprung bietet dem Verwirklicher die Möglichkeit, sein Verständnis von der Leerheit zu überprüfen, und sogar ein viel kürzerer Bungee-Sprung mit meinen Hamburger Schülern einige Jahre später war wie eine gemeinsame Einweihung.

Maias scharfe Augen helfen

Buddha des grenzenlosen Lichtes

Auf Malta geschah nicht viel. Sie hätten sicher gerne die Erleuchtung als ein Geschenk angenommen, waren sich aber nicht sicher, ob sie dafür arbeiten wollten. Eines Nachmittags fühlte ich plötzlich einen starken Drang, mich hinzulegen. Das mache ich tagsüber normalerweise nicht grundlos. Noch bevor mein Rücken das Kissen berührte, erlebte ich eine Reihe sehr starker Gefühle. Breit wie ein Panzer sah ich mich durch Kims Haus gehen, dabei alles zur Seite werfend, was im Weg stand. Einen Augenblick hielt ich einen großen runden Spiegel in den Händen und dachte schon an das Geräusch, wenn er zersplittern würde, stellte ihn dann aber an die Wand. Schließlich nahm ich Kim mit auf einen Flug zu einem Ort großen Glücks.

Als das Tagesbewusstsein wieder einsetzte, hatte ich etwas Blut auf dem Scheitel und wusste, dass etwas sehr Gutes geschehen war. In diesem Augenblick rief Maia aus Kopenhagen an. Sie hatte die ergänzende Hälfte der Geschichte. Als sie ein paar Stunden zuvor gedöst hatte, war sie durch das starke Gefühl aufgewacht, dass Kim durch die geschlossene Tür in ihr Zimmer kam. Sie wusste, dass sein Geist mich suchte, und sagte ihm sofort, dass ich auf Malta sei. Da wir früher gemeinsam dort gewesen waren, konnte sie ihm ein gutes Bild vermitteln, und dann verschwand er.

Der Diamantweg lehrt, dass der Geist zwischen einem Tod und der folgenden Wiedergeburt nicht mehr als sieben Wochen als ungebundene Bewusstseinsenergie verbringt. Ich fühle mich immer unwohl, nicht logisch erklärbare Belehrungen weiterzugeben, und vermenschliche sie gern mit etwas entwaffnender Psychologie. Jedes Mal, wenn ich sie jedoch prüfen konnte, passte die Lehre Buddhas aufs Wort. Es waren genau neunundvierzig Tage nach Kims Tod, und keiner von uns hatte daran gedacht. Da Selbstmord den Geist sogar schwerer belastet als Mord, hatte ich nun zum ersten Mal Ruhe, wenn ich an ihn dachte.

Anfang September musste Hannah wieder in den Osten. Kalu Rinpoche wünschte ihre Nähe in Bodhgaya in Nordindien, Buddhas Erleuchtungsstelle. Er brauchte ihre Hilfe bei der Übersetzung von vierzig sehr inhaltsschweren tibetischen Texten, genannt „Der Schatz des Wissens", eines der fünf Hauptwerke des ersten Jamgön Kongtrul Rinpoche. Nach einer ihrer häufigen Geheimfahrten als Botin zwischen den Linienhaltern tauchte Hannah dort völlig in die Arbeit ein. Zu der Zeit wohnte Kalu Rinpoche mit fünfundzwanzig bis dreißig seiner engsten Schüler in Beru Khyentse Rinpoches neu erbautem Kloster. Die meisten von ihnen hatten die dreijährige Mönchszurückziehung zweimal gemacht, aber da wenige Indien auf Dauer aushalten können, schrumpfte ihre Zahl bald auf unter zehn. Hannahs Kräfte wurden nun halbjährlich von Shamarpa im KIBI gebraucht. Wir hofften, dass andere die Arbeit fortsetzen würden. Das war Kalu Rinpoches letzter Wunsch, und die Texte sind wirklich wichtig.

Die Erleuchtungsstupa in Bodhgaya

Das ursprüngliche Übersetzerteam

Deutschland 1987

Weihnachten 1987 gab es ein großes Fest mit viel Schnee in Schwarzenberg. Danach gruben wir bis Neujahr den Keller des Wuppertaler Zentrums aus. Ich unterrichtete am Abend, und mit jedem Container, der weggefahren wurde, entstand neuer Raum für Karmapas Arbeit.

Das Wuppertaler Zentrum

USA

Nach Neujahr flogen wir sofort nach New York. Diesmal waren wir zu fünft, und Tomek hatte es so geplant, dass wir Jamgön Kongtrul Rinpoche am Flughafen treffen konnten. Vor dem Gebäude fand die bekannte Hackordnung einen lauten Ausdruck. Die schlechte Laune eines Polizisten übertrug sich von oben nach unten durch eine südamerikanische Familie von zehn Personen und endete damit, dass ein Hund einen kräftigen Tritt bekam.

Auf dem Weg mit Jamgön Kongtrul Rinpoche in die First Class Lounge von Swissair wechselte der Ausdruck unserer Gruppe von Erstaunen zu tiefster Verlegenheit. Sogar ich wurde still, was nur selten geschieht. Es war eine peinliche Begegnung mit alten Bekannten. Die Leiter des früher fast lebendigen New Yorker Zentrums, das ich selbst mit aufgebaut hatte, hatten sich auf unfassbare Weise verändert. Nachdem sie unter den Einfluss des Dharmadhatu-Zentrums gekommen waren, hatte Steifheit die übrig gebliebene Freude verdrängt. Sie bedauerten, mich nicht einladen zu können, weil ich bei der letzten Belehrung auf dem Kissen des Khenpo gesessen hatte. Jamgön Kongtrul Rinpoche war sichtlich erleichtert, ein bisschen mit uns spaßen zu können. Er wollte wissen, wie alles in Europa lief. Dort hatte er eine tiefe Verbindung zu den Menschen bekommen. Sogar als wir bereits in der Tür standen, rief er uns noch ein paar Mal zurück. Er wäre bestimmt gerne mitgefahren.

Es war eine riesige Erleichterung, als Lisa, Tasso und eine Handvoll flotter Freunde unser eigenes Diamantweg-Zentrum dort gründen konnten.

Abends zeigte uns Lisa in New York das World Trade Center, das damals höchste Bauwerk der Welt, das auf der Südspitze von Manhattan stand. Im Erdgeschoss hingen viele „Gammler" herum, einige von ihnen in schlechtem Zustand. Als wir in der eiskalten Nacht nach oben wollten, um die Stadt zu überblicken, wurde ich angehalten. Ich sähe aus wie ein Typ, der mit dem Fallschirm hinunter springen würde, sagten sie. Maia und Lisa verließen kurz danach etwas bleich eine Toilette. Sie hatten sich an zwei schwarzen Mädchen vorbeikämpfen müssen, jede mit einer Spritze im Arm.

Lisas Wohnung war so klein, dass wir das billigste Angebot nahmen, ein örtliches Stundenhotel mit Spiegeln überall. Ohne viel über Porno zu wissen, war die Einsamkeit und Selbstbesessenheit dieses ganzen Trips überdeutlich. Den Partner sieht man ja auf jeden Fall. So viele Spiegel stellt man sicher nur auf, um sich selbst zu sehen. Bei 30 Grad minus fuhren wir die üblichen sechzehn Stunden nach Lexington in Kentucky. Maia fuhr zum ersten Mal Auto, alle anderen waren zu müde. Da es ein Automatik-Modell war, erklärte ich ihr kurz die Pedale und schlief dann ein, voll Vertrauen in die direkte Übertragung und in unsere Schützer. Nachdem Bob und Melanie westlich nach Albuquerque gezogen waren, geschah in Lexington nicht mehr viel.

Die Weiterfahrt nach St. Louis wurde besonders spannend, es herrschte Schneesturm auf dem ganzen Weg. Trotz Rundfunkwarnungen, zu Hause zu bleiben, wartete ein Vortrag am selben Abend, bei dem zwei Dutzend Leute Zuflucht nahmen. Einige Stunden hinter

UBERSICHT über OLEs Terminplan Frühjahr/Sommer 1988

MÄRZ		
4. 3.	Ankunft in Frankfurt 7.35 *129 Air India Weiterfahrt nach Hamburg	
5. 3. -15. 3.	DÄNEMARK und SCHWEDEN	0045-1-292711
16.3.	Hamburg	040-389 5613
17.3.	Wuppertal	0202-590373
18.3.	Freiburg	07633-81762
19./20.3.	SCHWEIZ, Seminar in Rünenberg	
21./22.3.	Villingen	07721-55870
23.3.	Schwarzenberg	08366-897
24./25.3.	~~Neckartenzlingen~~ Nürtingen	07022-41404
26./27.3.	WOCHENENDKURS in Heidelberg	06221-410495
28./29.3.	Würzburg	0931-75641
30.3.	Nidda	06402-6105
31.3.	Frankfurt	[illegible]
APRIL		
1.-4.4.	OSTERKURS in Wuppertal	0202-590373
5.4.	D - Mitte Köln, falls Flug nicht zu früh	
6.-13.4.	SPANIEN, Flug ab ~~Frankfurt~~ Hannover	
14./15.4.	D - Mitte Hannover	
16./17.4.	VEREINSTREFFEN in Kamalasila	02256-7168
18.-22.4.	Buchtage	
23.4.	15.00-18.00 Seminar beim FRANKFURTER RING abends Vortrag in Mühltal	06151-145205
24.4.-2.5.	POLEN , Seminar in Krakow	
MAI		
3./4.5.	~~D - Süd~~ Ungarn - Tschechoslowakei	
5.5.-10.5.	ÖSTERREICH	0043-222-8285434
11.-15.5.	ITALIEN	0039-3053-782
16.-18.5.	SCHWEIZ	0041-31-256621
19./20.5.	D - Mitte	
21./22./23.5.	PFINGSTKURS in Hamburg	040-389 5613
24.5.	~~D - Nord~~ Familienfest	
JUNI		
25.5.-9.6.	DÄNEMARK mit Flug nach Griechenland	
10.-20.6.	RUSSLAND von Helsinki aus	
20.-30.6.	D - Nord	
JULI		
1.-15.7.	RODBY - Ngöndro-Kurs	0045-39-16097
16.-24.7.	D - Nord/Mitte/Süd	
24.-28.7.	DDR und BERLIN	
29.7.-9.8.	POLEN , PHOWA - KURS	
AUGUST		
10.-26.8.	USA - PHOWA - KURS	
27.8.-1.9.	D - Mitte/Süd	
SEPTEMBER		
2.-11.9.	ÖSTERREICH - Ngöndro-Kurs	
12.-25.9.	D - Süd/Nord	
26.9.-10.10.	SPANIEN	D=Deutschland
OKTOBER		
	SCHWEIZ , Seminar in der Berghütte u.a...	

Viele Grüße Sys - 08366-897 - Änderungen vorbehalten...

Nach der Amerrika- und Indienreise: Ein Ausblick auf 1988

der Stadt am großen Missouri-Fluss geschah ein echtes Wunder. Sieben unbescholtene, nüchterne und wohl angesehene „Buddhis“ in unserem Kleinbus können das bezeugen. Maia fuhr inzwischen fröhlich 150 km/h, während 85 km/h die amerikanische Höchstgeschwindigkeit ist. Als wir an einer Ausfahrt abbogen, konnte sie auf der glatten Straße nicht bremsen. Also steuerten wir geradewegs auf den rechten Eisenträger eines der riesigen grünen Schilder zu, die sogar die Wirbelstürme des mittleren Westens aushalten. Sie sind vier bis fünf Meter groß, so schwer wie Eisenbahnschienen und auf Betonsockeln in der Erde mit vier Bolzen fest verankert. Als wir den Eisenträger schon mitten im Auto stehen sahen und uns auf das unschöne Geräusch von zerquetschendem Metall und splitterndem Glas eingestellt hatten, schwang die Säule elegant zur Seite, und wir fuhren ohne jede Berührung mitten hindurch. Erst hier erwischte ich die Handbremse unter dem Gepäck und brachte das Auto zum Stehen.

Als wir zurückschauten, sahen alle die schwarzen Reifenspuren im Schnee, und zwischen ihnen stand einer der Eisenpfeiler des Schildes! Fünf Minuten vorher hatten wir die eingeschweißten Bilder von *Weißer Schirm* und *Schwarzer Mantel* an der Autodecke befestigt. Mein Erleben war, dass eine riesige Hand das Hindernis direkt vor uns wegfegte und dann wieder hinsetzte. Bevor irgendwelche Behörden erscheinen konnten, fuhr ich weiter. Beim nächsten Halt war keine einzige Schramme zu sehen, obwohl das Blech des japanischen Autos der Qualität ähnelte, aus dem man die Deckel für Milchflaschen macht.

Der große Erik aus Schwarzenberg stieß in Albuquerque zu uns, wo Bob und Melanie gute Arbeit leisteten. Mehreren alten Bekannten ging es weniger gut. Wie in so vielen der Woodstock-gesteuerten Zentren hatten die alten Mitglieder kräftige Ausbrüche der fürchterlichsten aller Amerikaner-Krankheiten: Puritanismus.

Van und Carolyn liehen uns wieder ihren VW-Bus, und ich hielt Vorträge entlang der Westküste. Zwischendurch fanden wir drei Tage Zeit für „Practical Buddhism“, ein neues Büchlein. Die Vorträge in San Francisco wurden diesmal auf Video aufgenommen. Überhaupt unterstützen Bücher, Hefte, Kassetten und Videos meine Arbeit immer mehr. Sie enthalten Sichtweise, Weg und Ziel, und sollen jede Erfahrung des Tages zum Teil unseres Wachstums machen. Nichts ist heutzutage wichtiger. Beispielsweise enthält dieses Buch die Sicht des Großen Siegels eines nüchternen dänischen Lamas. Die Auflösung steifer Vorstellungen, die durch seinen Überblick und sein häufiges Herumtreten auf den gängigen Tabus entsteht, schneidet die Wurzel der Verwirrung durch. Besteht eine karmische Verbindung, gibt es keinen schnelleren Weg zu geistiger Gesundheit.

Die häufigen Besuche in Amerika hatten sich gelohnt, es gab jetzt fast überall volle Säle. Auch ohne Werbung hatten wir eine Basis bekommen. Den damaligen Steckbrief von Dharmadhatu hatten viele als ein Gütesiegel betrachtet, während andere den frischen europäischen Verwirklicher-Stil als nützlich für ihren Alltag erlebten.

Schließlich stieß auch Paul aus Schwarzenberg zu unserer Gruppe. Bis meine dänische Art ihm zu forsch wurde und er andere Lehrer fand, war er lange einer meiner „jungen Löwen" und bereiste wie ein paar Dutzend andere nahe Schüler schon länger unsere Zentren rund um die Welt.

Hawaii

Nach dem Besuch drei weiterer Zentren in Nordkalifornien flogen wir westlich nach Maui. Auch auf den schönen Inseln Hawaiis hatten die jährlichen Besuche dauerhafte Verbindungen geschaffen. Mehrere Leute dort gehörten schon zur Familie und meditierten auf Karmapa.

Indien

Nachdem wir den meisten Einladungen gefolgt waren, flog unsere Gruppe nach Europa zurück. Maia blieb noch zwei Wochen. Tomek, Paul und ich setzten die Fahrt via Seoul, Hongkong und Bangkok nach Kalkutta fort. Dort warteten Hannah und ein deutsch-rumänisches Architektenpaar aus Hamburg, frühere Schüler von mir, die ich wegen deutlichen Aufsteigerdrangs schnell an unsere tibetischen Lehrer weitervermittelt hatte. Da sich keiner so richtig um sie kümmerte und sie wegen ihres Geldes niemand bremste, wurden sie durch ihren Snobismus leider zunehmend ein Beispiel dafür, wie sich Osten und Westen nicht begegnen dürfen.

Ich überließ den anderen die Erfahrung, Tickets in Indien zu kaufen. Dann verbrachten wir für zweihundert Kilometer gute siebenundzwanzig Stunden im indischen Zug. In Siliguri wartete das jährliche Theater: kein Sikkim-Visum, obwohl Hannah mehrere Monate zuvor in Delhi eine persönliche Zusage bekommen hatte. Der Bürgerkrieg, der 1986 zur Steinigung unseres Busses und der frühen Reife unserer Freunde geführt hatte, war noch in vollem Gange. Täglich starben Menschen auf beiden Seiten, und abends brannten Häuser an den Berghängen.

Obwohl die Behörden nicht wünschten, dass wir Westler ihren Bürgerkrieg sahen, besorgten Freunde mit Einfluss per Anruf die Erlaubnis im Sikkim House. So nahmen wir den ersten Bus nach Gangtok – Taxis fuhren schon seit Wochen nicht mehr.

In Rumtek hatten wir starke Träume wie immer. Wir bemerkten eine gewisse Käuflichkeit bei mehreren der Laien, die um das Kloster wohnten. Wir vergaßen oft, wie wirtschaftlich abhängig sie von ihren Gönnern waren. In den Räumen, in denen wir Shamarpa und den anderen Linienhaltern begegneten – Situpa war wie üblich seit 1976 nicht da –, hörte man besonders deutlich Gewehrfeuer. An der Brücke zwischen Sikkim und Indien jagten die Gurkhas gerade einige Benzinlastwagen in die Luft. Das war das Ende des Straßenverkehrs in diesem Teil des Himalaya. Der dadurch nötige und erstaunlich billige Hubschrauberflug wurde eine schöne Erfahrung. Zum ersten Mal sahen wir die Berge, in denen wir jahrelang gewohnt hatten, von oben.

In Bodhgaya verbrachten wir zwei Tage bei Kalu Rinpoche. Bokar Tulku hatte zusammen mit einigen Lamas aus Rumtek vor kurzem eine Gruppe Wissenschaftler der Stanford-Universität in Erstaunen versetzt. Der Dalai Lama hatte sie nach Rumtek geschickt, um „echte Verwirklicher" zu beobachten, und jetzt mussten sie erklären, was ihre Geräte alles aufgezeichnet hatten. Am wenigsten nachvollziehbar war, dass bei der „*Tumo*-Praxis" die Hauttemperatur selbst unverändert bleibt. Die Ausstrahlung, die sogar Schnee schmelzen kann und auch unter kältesten Bedingungen das Leben erhält, zeigt sich erst zweieinhalb Zentimeter vom Körper entfernt und strahlt von dort aus. Als wir Rinpoche lobten, sagte er: „Ich habe nur ständig zu Karmapa gebetet."

Nepal

In Kathmandu hielten Lopön Tsechu und Tenga Rinpoche das Kraftfeld. Ich lehrte vor allem für die Westler im Vajra-Hotel und in Thrangu Rinpoches Kloster. Er selbst gab gerade die Kagyü-Ngagdzö-Einweihung, den Schatz der Diamantweg-Übertragung. Dies war die letzte Möglichkeit für die nächsten Jahre. Da sich Nepal von China kaufen ließ und die Tibet-freundlichen Westler auswies, würde es lange dauern, bevor man wieder so viele klare Köpfe im Lande versammeln konnte.

Ein Besuch bei dem vergnüglichen Khenpo Tsultrim Gyamtso, der bei Karmapas Europareise 1977 dabei gewesen war, klärte die Luft. Seine Schüler hatten jahrelang den ersten Preis gehalten, was Gerüchte über andere Lehrer betraf, offenbar zur Entspannung vom vielen Studieren. Da die Geschichten oft eher boshaft als spaßig waren, sahen wir mit

Freude, wie haushoch er über all dem stand. Nach dem Essen nahm er uns mit auf das Dach seiner Schule nahe Bodhnath. Er erzählte, welcher Lama gerade was baute, und von oben gesehen war die Gegend noch beeindruckender, als wenn man zwischen den Tempeln umherging.

Ein Mönch in Taiwan erklärte später, dass die Hälfte des Geldes für die Bauarbeiten von seiner Insel käme und dass ein Großteil eigentlich an Karmapa geschenkt worden sei. Auch die Lamas anderer Linien hatten inzwischen entdeckt, wie berühmt Karmapa unter den Chinesen war, und benutzten dann fröhlich seinen Namen bei ihren Sammlungen.

Kurz danach fand in der Nähe leider ein großes Hindu-Treffen an einem ihrer wichtigsten Heiligtümer, wo wenig Wachstum war, statt. Obwohl die Rinpoches die vielen buddhistischen Neubauten kaum mit Mönchen würden auffüllen können, wurden die Teilnehmer darauf eifersüchtig. Gleichzeitig machten auch die Chinesen wieder gegen die Tibeter Druck, und so verbot die Regierung Nepals den Weiterbau der Tempel. Noch lange blieb es unklar, ob und wann die Arbeit fertig gestellt werden konnte.

Deutschland

Hannah blieb noch für kurze Zeit in Neu Delhi, um den Linienhaltern zu helfen. Der Empfang, den mir siebzig Freunde morgens um sechs Uhr in Frankfurt am Flughafen bereiteten, war rührend. Die vielen Jahre auf der Autobahn waren keine Verschwendung gewesen, wir hatten die beste Familie überhaupt. Auf der anschließenden Fahrt wurde ein Vortrag in Freiburg die Basis zu meinem Buch „Mahamudra".

Polen

Im Mai fand dann ein allgemein-geistiger Kongress in Krakau mit einem Dutzend bekannter Lehrer statt, der Hannah und mir ein doppeltes Programm ermöglichte. Tagsüber liefen die Veranstaltungen im großen Kulturverein, danach wurden wir abgeholt, und von Mitternacht bis sechs oder sieben Uhr morgens hockten fünfhundert Schüler dicht gedrängt in einem Pavillon etwas außerhalb der Stadt.

Die Stelle hatte Vorgeschichte. Wir hatten den Keller des Gebäudes heimlich verwendet, als die Gewerkschaft „Solidarität" 1981 aufgerieben wurde. Es hatte eine Explosion von Gefühlen gegeben, als ich den Polen beim Bodhisattva-Gelübde riet, gegen die Unterdrückung zu kämpfen, aber dabei keinen persönlichen Groll zu hegen.

Wie so oft wohnten wir in Krakau bei unseren Freunden Hannah und Krzysztof in der Altstadt. Die Straßen waren voller Stoßtruppen der Polizei, die wie Schweinchen aussahen. Sie konnten aber die uralten Freiheiten einer europäischen Universität nicht eindämmen. Die polnische Begegnung mit dem New Age war spannend zu beobachten. Es war wie das Verhalten des unbestechlichen Kindes gegenüber „des Kaisers neuen Kleidern": Erst prüften sie höflich und nachdenklich, ob es eine grundlegende und folgerichtige Anschauung gäbe. Dann wollten sie etwas über die Mittel und deren Wirkungsweise hören, und als sie dabei kein klares Ziel finden konnten, wurde alles den zu erwartenden Verfallserscheinungen des Spätkapitalismus zugerechnet. Bedrückt, aber immer noch höflich, gingen sie davon. Philosophisch gesehen spannten sie das Pferd vor den Wagen und nicht umgekehrt.

Während ich so gut wie möglich die Auftritte von ein paar Schamanen und Indianern rettete, indem ich ihre Erklärungen abrundete, freute ich mich immer mehr über die europäische Logik, die wenigstens folgerichtig ist. Nach einer letzten jüdisch-christlich geleiteten „geistigen" Begegnung auf der Wawelburg hatten wir unseren Teil für gegenseitiges Verständnis getan und konnten fröhlich verschwinden. Theisten und Buddhisten müssen sich nicht zu sehr vermischen.

Tschechoslowakei

Ungarn

Dann folgte der Besuch in Südpolen. An mehreren Stellen waren die Dörfer der Tatra-Berge noch ungebrochenes Mittelalter. Josef aus Budapest holte uns ab, und wir fuhren südlich durch die damalige Tschechoslowakei. In den Klauen eines besonders sturen Kommunismus war alles abwechselnd langweilig und grau. Kurz nach der ungarischen Grenze stand ein Haus mit einer Stupa. Wir waren in diesem Land nicht die ersten, die einen lebenden Buddhismus verbreiteten: Alexander Körös, ein Ungar und offiziell anerkannter Bodhisattva, hatte vor hundert Jahren Tibet besucht.

Obwohl die Deutschen bis zum letzten Mann gekämpft hatten in der Hoffnung auf eine weitere kriegsentscheidende Erfindung ihrer Forscher: die Altstadt Budapests sah aus, als hätten sie die Habsburger gerade erst verlassen. Während der 50er Jahre, in denen die Menschen dem Kommunismus noch trauen konnten, hatten sie den Stadtkern nach den alten Plänen wieder aufgebaut, so wie die Polen in Warschau und Danzig. Die Mitglieder des Studentenbundes, bei denen wir wohnten, beobachteten uns in den vier wichtigen Tagen kritisch. Sie wollten unter keinen Umständen einem gehemmten oder langweiligen Lehrer aufsitzen. Dann waren sie sich sicher, dass wir alle Ebenen des Lebens beherrschten, und dreißig Leute nahmen Zuflucht. Unter ihnen waren mehrere sehr stark, und der Anfang fühlte sich viel versprechend an.

Zurück in Dänemark erfuhren wir, dass unsere erste geplante Russlandfahrt seit 1968 nicht möglich war. Die Visa wurden offensichtlich verzögert, wenn man wie wir im Zelt wohnen wollte, anstatt ihre teuren Hotels zu bezahlen. Da wir aber nicht warten konnten – die Programme in Schweden und Finnland waren schon ausgemacht –, stiegen Hannah, Maia, Pedro und ich in einen 735er BMW und rasten durch die atemberaubenden „Weißen Nächte" in den Norden. Nichts ist ergreifender als die Wochen des skandinavischen Sommers, in denen es niemals dunkel wird; sogar die Dickhäutigsten können das erleben. **Dänemark**

Anschließend fuhren wir auf Pedros Einladung hin vier Tage in unser Zentrum bei Malaga, und Ende des Monats flog Hannah nach Ostasien. Sie sollte für Jamgön Kongtrul Rinpoche in Malaysia übersetzen. **Spanien**

Die Reisen gingen unermüdlich weiter. Nach zwei Wochen Kurs über die Vorbereitenden Übungen in Rödby wartete mein bis dahin größter Kurs über das Bewusste Sterben mit vierhundert Polen und hundertfünfzig Westeuropäern in Kuchary. Bescheiden wie wir sind, besetzten die Dänen sofort die ersten Reihen und bekamen sehr schnell das Zeichen. Dann verteilte ich sie um der guten Schwingung willen in dem großen Zelt, und die Deutschen rückten nach. Erst nachdem alle Ellenbogen-Kapitalisten ein schönes Loch im Kopf hatten, saßen unsere höflichen Wirte vorne. Der erste Kurs in Graz hatte eine Woche gedauert, aber **Polen**

Über 500 Leute beim Phowa in Polen

diesen musste ich nach fünf Tagen beenden: Alle hatten das Zeichen, und einige waren dabei, zu viele Löcher zu bekommen. Vor dem großen Fest der letzten Nacht spürte ich die Kraft des Langlebensgebets, das Sabine aus Hamburg für mich verfasst hatte. Ich stand wie unter Strom, als auf einmal das ganze Zelt aufsprang und es auf Polnisch sang.

USA 1988

Am 10. August 1988 landeten wir in San Francisco. Der erste Kurs über das Bewusste Sterben in Amerika stand bevor, und unter den vierzehn Europäern befand sich unsere erste richtige Gruppe aus Frankfurt, einer schwierigen Stadt für Geistiges. Die Fahrt ging ohne Hast vom Flughafen zu den Militärbaracken auf Point Bonita. Es war wichtig, regelmäßig einen starken Segen in das Land zu bringen, und alles lief sehr gut. Obendrein geschah das, was mich am meisten erfreute: Amerikaner und Europäer wurden Freunde. Selbst der gesündeste Lehrer muss sich der eigenen Vergänglichkeit bewusst sein, vor allem wenn er es vorzieht, mit über 220 km/h zu reisen. Auf dem Motorrad kann man seinen Schützern so sehr viel Arbeit aufhalsen. Mir war immer bewusst, dass der Mut und die Selbständigkeit, die meine Schüler entwickeln, auf Dauer wenig wert sind, wenn sie nicht auch unabhängig von mir über die Grenzen hinweg Freunde werden. Trotz gelegentlicher amerikanischer Klagen, dass ich jetzt von europäischen Mitreisenden so abgeschirmt wurde (das war nicht nur wegen einer neuen Krankheit wichtig), wurden die Bände langsam aber stetig tiefer. Freiheit und Sicherheit haben durch die nahe politische Zusammenarbeit über den Atlantik gewonnen, und auch der Buddhismus konnte daraus Nutzen ziehen. Erst wenn sich die Menschen kennen lernen, ergänzen sich ihre Kräfte.

In den reinen Ländern

Maia und die Gruppe kehrten nach Europa zurück, während Tomek und ich weiter nach Manila flogen. Nach siebzehn Stunden, siebzehn Bieren, vier Filmen und über hundert – leserlichen – Briefen und Karten landeten Tomek und ich auf den Philippinen. Die schöne Hannah wartete mit einem traumhaften Mercedes samt Fahrer, von dem wir zu dem prächtigen Haus einer Chinesin bei Manila gefahren und neben Jamgön Kongtrul Rinpoche an den Tisch gesetzt wurden. Dieser tropische Abend war frei, und wir tauschten die Neuigkeiten der wachsenden Kagyü-Welt aus. Erst jetzt waren die Chinesen auf Ayang Tulkus Verhalten aufmerksam geworden – mit der Hilfe von Jamgön Kongtrul Rinpoche. Als der Linienhalter, der am meisten mit Karmapa gereist war, kannte er dessen Wünsche sehr gut, und unsere Arbeit ergänzte sich einfach vollkommen, auch ohne Absprache. Das bewirkt Karmapas Kraftfeld, nicht nur auf der Ebene der Planung: Die Belehrungen, die Hannah für die Rinpoches übersetzt, tauchen oft von selbst in meinen Vorträgen auf. Die Verbindung arbeitet eben, ob man darauf achtet oder nicht.

In Manila lebte die am wenigsten verstaubte exilchinesische Gemeinde Asiens, der wir bis dahin begegnet waren. Ich hielt ein paar Vorträge auf den Inseln, unter anderem in einem Jugendgefängnis und bei der Drogenpolizei. Wie in anderen warmen Ländern Asiens haben offensichtlich nur die Reichen das Bedürfnis nach einer übergeordneten Sicht der Welt. Für die allgemeine Bevölkerung – wenn nicht moslemisch besessen – ist alles gut und kommt von irgendeinem Gott. Sie können jedes philosophische oder religiöse Kamel seitwärts schlucken, was vor allem die Katholiken zur Verzweiflung bringt. Diese hätten sie liebend gern zum Glauben an wenigstens ein paar Dogmen geführt.

Ein Tagesausflug durch das Land und ein Museumsbesuch waren sehr lehrreich. Zu den bleibenden Bestandteilen der Landeskultur hatte der Katholizismus offenbar die Sünde und das Leid beigesteuert. Hunderte von Bildern und Statuen gefolterter Heiliger sorgten für Stimmung und Gemütlichkeit, während die Japaner die Bevölkerung einfach während des Zweiten Weltkrieges abgeschlachtet hatten. Amerikas Beitrag bestand aus Coca Cola und einer Demokratie, die die Menschen nicht verstehen konnten.

Ein Nachmittag auf Subic Bay, dem damals größten Militärstützpunkt Amerikas in Übersee, war beeindruckend; die Maschinerie war gut geschmiert. Dort brachten wir Jamgön Kongtrul Rinpoche das Schwimmen bei. Es dauerte nicht lange, er musste nur einmal zusehen. Als Tomek eines Tages von der großen Einkaufsstraße Manilas abkam, geriet er in etwas Ungewohntes: Der Hass der Slumbewohner gegen die

Bessergestellten schlug ihm voll entgegen. Keine fünfzig Meter von den großen Geschäften entfernt strömten sie schreiend auf ihn zu und wollten ihn angreifen.

Auf der Rückfahrt mussten Tomek und ich vierundzwanzig Stunden in Amman, der Hauptstadt Jordaniens, verbringen. Wir bestaunten die unzähligen Weisen, wie sich Araber gegenseitig klein machen können.

Österreich

Dann landeten wir Anfang September in Wien; viele fuhren mit nach Graz zu einem Kurs über die Grundübungen.

Kurz danach erwachte wieder die Verbindung zu Russland. Michael aus Kiel hatte zäh die Verbindung mit den Ländern hinter dem „Eisernen Vorhang" gehalten. Er hatte alles vorbereitet, und so durchkreuzten

Finnland

Hannah und ich wieder Schweden und Finnland in dem großen BMW. Wir hatten neun Tage Zeit, bis der Dalai Lama mit seiner halben Regierung für vier wichtige Tage in unserem Kopenhagener Zentrum erwartet wurde.

Finnland war gepflegt, kalt und ungeistig wie immer; Russland aber

Russland

war eine Welt für sich. Die Grenzbehörde in Uniform – die Geheimpolizei war von anderem Kaliber – bestand fast nur aus jungen Männern. Sie wirkten verlegen und schläfrig, das heilige Feuer des Sozialismus war schon lang erloschen. Der Weg durch die siebzig Kilometer entvölkerte Schutzzone des Landes danach war ein Trip. Sie geht bis Wiborg, einer alten finnisch-schwedischen Hafenstadt, in der wir uns auf die Schwingungen des riesigen Landes einstellen konnten; seit 1968 hatten wir nur den Flughafen Moskaus gesehen. Was ich spürte, war ein Dauerschock. Er war viel ausgeprägter als in China, wo die Einwohner niemals europäische Erwartungen an die menschliche Natur gestellt haben. Am stärksten war eine dumpfe, unterbewusste Sehnsucht nach etwas Jenseitigem spürbar. Grobe Nachlässigkeit im Umgang mit der äußeren Welt war an den überall verstreuten Müllhaufen leicht erkennbar, und wir wurden mehrmals von Leuten gestoppt, die zu fast jedem Kurs Rubel loswerden wollten.

Vor Leningrad schliefen wir einige Stunden im Auto. Ohne es zu wissen, hatten wir vor dem einzigen Hotel, in dem Ausländer wohnen durften, gehalten. Als die Schilder mit der Aufforderung zur Anmeldung am Morgen zu sehen waren, fuhren wir sofort in die Stadt. Wir wollten alle Verbindungen geknüpft haben, bevor die Behörden uns beschatten konnten.

Unter den Großstädten, die wir besuchten, besaß Leningrad mit Abstand die schlechtesten Straßen; sie hätten sogar einen Osttürken in Verzweiflung gestürzt. Über eine Million Menschen waren hier während des Zweiten Weltkrieges verhungert, und die Polizei Stalins hatte eine ähnliche Zahl getötet, üblicherweise die Klügsten.

Wir riefen unsere Verbindungsleute an und parkten in der Nähe des Winterpalastes, von dem 1917 die kommunistische Revolution ausgegangen war. Während Millionen Bilder und Bücher den Aufstand der gesunden Arbeiterklasse gegen die entarteten Unterdrücker darstellen, hörten wir eine neue Seite: Die Matrosen, die die Regierung des menschlich sehr wertvollen Zaren aus dem weißen Riesengebäude verscheucht hatten, wollten vor allem zu einer Kompanie betrunkener weiblicher Soldaten, die sie aus den Fenstern zu sich riefen!

Wir wollten gerade die Autotür schließen, als uns zwei gesunde Jungen auf Englisch fragten, ob wir Geld wechseln wollten. „Ihr könnt ja reden", sagte ich, „kommt mit!" So kaperten wir sie für die nächsten fünf Tage.

Ich lehrte vormittags, nachmittags und abends in den Privatwohnungen verschiedener Gruppen. Wie üblich wollten die wichtigsten Leute nicht zusammenarbeiten, so dass ich mehrere Sachen wiederholen musste. An keinem Ort früher waren wir einer solchen Mischung von Großzügigkeit und Misstrauen unter gewöhnlichen Menschen begegnet. Siebzig Jahre mit Spitzeln, Arbeitslagern und unzähligen Hinrichtungen hatten viele Gebildete zu Eigenbrötlern gemacht. Dennoch wurde jeder Augenblick genutzt, und die Russen waren so uneingeschränkt dabei wie die Polen. Noch dazu nahmen sie alles auf Band auf, was später sehr nützlich werden sollte.

Estland

Wir stellten ein Zelt auf, das die Polizei beobachten konnte, und fuhren dann verbotenerweise nach Tallin, der Hauptstadt Estlands. Einschließlich einer Mahlzeit fuhr ich die Strecke in weniger als drei Stunden, was mir später wenige glaubten. Die Bewohner des kleinen Landes waren so verschlossen und geistig unwach wie die Finnen, nur viel ärmer. Sie sprachen auch fast dieselbe Sprache. Natürlich sollten die baltischen Staaten frei sein, aber das Bild ist nicht so einfach, wie es dargestellt wird. Da die Esten praktisch begabter sind als die Russen, wollen sie ihre Einkünfte nicht mit ihnen teilen.

Es dauerte lange, den Professor zu finden, dessen sonst einfache Anschrift wir dabei hatten: Da unsere „Geldwechsler" auf Russisch nach dem Weg fragten, schickten die Leute uns ständig in die entgegengesetzte Richtung. Sogar Krankenwagen blieben aus, wenn man auf Russisch nach ihnen rief. „Wir haben die Russen nicht gebeten zu kommen", sagten die Esten. Der Professor und seine beiden Freunde vereinigten zur Vollkommenheit das Unmögliche des Nationalismus und des Traditionalismus. Ihr Buddhismus war nicht viel besser. Er stammte aus schlecht übersetzten Büchern, meistens von nicht-meditierenden Christen geschrieben, sowie von Besuchen in den burjatischen Gelugpa-Klöstern Sibiriens, wobei sie kaum mit den wenigen Mönchen sprechen konnten, die irgendwie Stalin überlebt hatten und selten eine Übertragung besaßen. Da sie lieber diskutieren als meditieren wollten, konnten wir sowieso nur wenig für sie tun. Die dritte Quelle ihres Wissens, ein mongolisch aussehendes Kloster im Norden Leningrads, war von dem Tibetforscher Roerich erbaut worden. Es hatte den Krieg überlebt, aber die Kommunisten verwendeten jetzt freundlicherweise das Gebäude für Tierversuche. Wir waren dort schon zweimal von Kittelträgern empfangen worden und fuhren jeden Tag auf dem Weg in die Stadt an dem stattlichen Gebäude vorbei.

Unsere Begegnungen mit den Behörden bis dahin waren übrigens durch die unmöglichen Geschwindigkeitsbegrenzungen entstanden: 60 oder 90 Stundenkilometer. Irgendein Menschenfeind hatte den Einheimischen Radaranlagen verkauft, und wir hatten keinen der Warner mitgenommen, die sich jedes Jahr und weltweit so gut auszahlen. Sie verdienten also einige Mark und einen Segen. Als die Buße einmal fünf Euro überstieg, sagten wir „Nein!", woraufhin sie lange Zettel schrieben, die wir dann an der Grenze vorzeigen sollten. Zusätzlich zu ihren Schwierigkeiten mit europäischen Geschwindigkeiten hatte die Polizei auch am eigenen Selbstbild zu knabbern. Zu dieser Zeit hatten ein paar klare Köpfe einmal richtig nachgezählt und konnten beweisen, dass Stalin und seine Behörden fünfzig Millionen Menschen in den Tod getrieben hatten. Sogar in Russland war es schwierig, so breite Schultern zu finden, die dieses Erbe tragen konnten.

Russland

Die Ausreise wurde hektisch. Wir hatten noch abends den Leningrader Freunden genügend Tonbänder und Bücher zum Übersetzen hinterlassen und sogar schon unser Gepäck durch den russischen Zoll geschleust, als Hannah plötzlich bleich wurde: Unsere Pässe fehlten! Wir hatten sie zuletzt im Hotel in Tallin verwendet. Dort waren die Leute so sauer gewesen, dass wir uns mit Erleichterung davonmachten, ohne noch einmal mit ihnen zu reden. Die Pässe und andere Papiere mussten noch dort sein. Zu unserer geringen Verwunderung erwiesen sich die im Raum herumstehenden kräftigen Herren plötzlich als Geheimpolizisten, und sogar als fähige. Sie riefen ein Büro im nahen Wiborg an, wo sie bereits alles wussten: Die Pässe seien schon zum Leningrader Flughafen weitergeschickt worden. Es war zwar unmöglich, hinzufahren und noch vor Grenzschließung um Mitternacht zurückzukommen; aber wenn das nicht gelingen sollte, würde der Kopenhagener Empfang für den Dalai Lama platzen. Zunächst sahen wir noch die Kraft des russischen Volkes: Eine Handvoll Arbeiter hob das hintere Teil des schweren Autos im Nu wieder auf die Rampe, von der es wegen meines zu schnellen Zurücksetzens abgekommen war. Der Flughafen lag auf der anderen Seite der Stadt und musste ein Staatsgeheimnis gewesen sein. Keine Schilder führten hin, und niemand wusste, wo er sich befand. Doch der große alte BMW schaffte es. Ein letzter – und bleibender – Eindruck von Russland war die hemmungslose Freude eines Mannes, als ein Militärbus und ein Polizeijeep aufeinander fuhren. Er sprang aus seinem Auto und hüpfte herum, außer sich vor Freude.

Dänemark

Wir fuhren nachts am Hotel des Dalai Lama in Helsinki vorbei, und nach den Weiten Schwedens erreichten wir Helsingör nördlich von Kopenhagen drei Stunden, bevor der Dalai Lama mit seiner halben Regierung ankam. Unsere Freunde aus dem Zentrum hatten den großen Besuch bestens vorbereitet. Auch die dänische Regierung – sonst so überängstlich wie andere, wenn es um China geht – hatte sich aufgemacht. Sie hatte wohl entdeckt, dass man an China nur Geld verlieren konnte, und ließ Regierungsvertreter an den Veranstaltungen teilnehmen. Das war eine deutlichere Stellungnahme für Tibets Freiheit als je zuvor. Aus dem Vortrag des Dalai Lama, hochintellektuell mit „Berührungspunkte zwischen westlicher Wissenschaft und tibetischem Buddhismus" angekündigt, wurde genau das, was die Menschen brauchten: die Einsicht eines liebevollen und weisen Mannes, warum Zorn zu vermeiden ist. Als ein etwas zugeknöpfter Herr am Ende darum bat, auch etwas zum angekündigten Thema zu hören, antwortete der Dalai Lama entwaffnend: „Darüber weiß ich leider nichts."

Meine kräftigen Schüler schützten Haus und Gäste rund um die Uhr, und bei der letzten Veranstaltung, den Belehrungen im Zentrum, kam genau die Anzahl Personen, für die Platz war. Ich war ungewöhnlich gerührt, als ich dem Dalai Lama im Namen Karmapas dankte und ihn wieder einlud. Unsere Sache wurde während dieser Tage ein gutes Stück erwachsener. Das passte auch sehr gut zur staatlichen Anerkennung des Buddhismus als Religion, die der tüchtige Mönch Tendar in Dänemark inzwischen durchgesetzt hatte. Unser Freund Johannes Aagaard, Leiter des Christlichen Dialogzentrums in Aarhus, das die Sekten unter die Lupe nimmt, hatte uns dabei sehr unterstützt, aber damals den Moslems und Hindus nicht das Einverständnis gegeben. Ich konnte jetzt behördenmäßig trauen und bestatten.

Spanien

Im November musste Hannah wieder nach Bodhgaya zu Kalu Rinpoches Übersetzungsgruppe: Es machte ihr zwar keinen Spaß, sie hatte es ihm aber versprochen. Nach erstaunlichem Wachstum in fast allen Zentren östlich des Rheins – ich blieb jetzt öfter auf den Rat von Sys hin zwei Tage an einer Stelle – feierten wir Weihnachten mit Pedros Familie in Karma Gön. Auf dem Bergrücken nahe Malaga hatten Pedros

Karma Gön by night

Großzügigkeit und die Arbeit naher Freunde eine gut gebaute Dorfhälfte entstehen lassen, und wir wollten auch die zweite Hälfte: Bei Besuchen von Kauflustigen für die Hütten, die wir uns noch nicht hatten leisten können, versprach Björn, nackt oder in rotes Tuch gehüllt auf die Dorfstraße zu springen und eine Knochentrompete zu blasen. Maias Manuskriptseiten stapelten sich, während Don und ich mit richtig schweren Vorschlaghämmern ein paar morsche Häuser zertrümmerten, die wir gerade hatten kaufen können.

Ende 1988 flogen wir zum dritten Mal in diesem Jahr nach Amerika. USA
Wie üblich war dies der Beginn unserer jährlichen Weltreise.

In New York wartete ein Brief, dessen Inhalt das Vertrauen Amerikas zum Buddhismus sehr erschüttern sollte; er wurde zugleich ein wichtiger Anlass für dieses Buch. Der Brief enthielt peinlichste halbseitige Artikel der wichtigsten Zeitungen Amerikas über den Regenten Ösel Tendzin der Dharmadhatu-Organisation, dessen Lehrer Trungpa Tulku vor einigen Jahren an Leberversagen gestorben war. Tendzin hätte seit 1985 wissentlich Aids an seine meist männlichen Partner weitergegeben. Eine Mutter aus Colorado, deren Sohn angesteckt worden war, hatte es an die Öffentlichkeit gebracht. Es war eine üble Geschichte, und unsere Linie wurde mit hineingezogen. Obwohl der so straff geleitete Verein sich über die Jahre hinweg dem Einfluss Rumteks entzogen und einen riesigen eigenen Machtapparat aufgebaut hatte, wurde er mehrmals als der Karma-Kagyü-Schule angehörend erwähnt. Dies hatten wir wirklich nicht verdient, und sobald Lisa und Tomek uns zwei Überführungsautos besorgt hatten, ging die Fahrt nach Norden durch die schöne Winterlandschaft. Es gab Wichtiges mit Jamgön Kongtrul Rinpoche im Woodstock-Kloster zu bereden; wie im letzten Winter sollten wir uns an der Ostküste begegnen. Aus Sorge über den Skandal war Jamgön Kongtrul Rinpoche so krank geworden, dass wir nicht in sein Zimmer stürzen wollten. Als er am nächsten Tag darauf mit uns einen Kriegsrat abhalten wollte, zeigte er sich über die Vorgänge völlig verzweifelt und sagte: „Wir, die Linienhalter, haben Ösel Tendzin mehrmals gebeten, zurückzutreten. Aber er lehnte das ab. Stattdessen fuhr er zu Kalu Rinpoche und ließ sich einen unterstützenden Brief schreiben. Wir hoffen, dass seine Organisation ihn zum Rücktritt zwingen kann, bevor Karmapas Arbeit noch mehr Schaden nimmt. Selbst haben wir aber keine Mittel. Er ist wirklich 'beyond Dharma'."

Nach einer viel tugendhafteren und staubigeren Belehrung als in Europa, ganz und gar der freudlosen Stimmung des Klosters entsprechend, hatten wir genug. Punkt zwölf Uhr hielten wir quer über der verschneiten Autobahn nördlich von New York an. Während ein paar Flaschen Sekt von Auto zu Auto wanderten, feierten wir Neujahr 1989. 1989

Die Menschenmassen füllten bei unserer Ankunft in New York noch den Times Square und verwunderten unsere Gruppe sehr, denn es war mehr Polizei als in den Ostblockstaaten unterwegs.

Ich hielt zum ersten Mal seit Jahren wieder einen Vortrag auf der Baca-Grande-Ranch in Colorado. Nur wenige Stunden von Boulder entfernt, überlagerte der Schmerz der Dharmadhatu-Anhänger das auch sonst nicht besonders frische Gefühl auf dem großen Landstück. Niemals war es klarer als dort, dass wir durchsichtig bleiben müssen – ohne ungesunde Machtapparate und gekünsteltes Verhalten.

Los Angeles war großartig, modern und verwirrt wie immer. Zwei Gruppen von Freunden, die hätten zusammenarbeiten sollen, schafften es stattdessen, zwei Programme für denselben Abend in unterschiedlichen Stadtteilen anzusagen. Dies schwächte meine Wirkung, aber im Laufe des Vortrags kam dennoch eine schöne Bande aus den fröhlichen Vor-Aids-Jahren in der Stadt zusammen. Die Gewässer waren noch aufgewühlt nach dem wochenlangen Besuch Kalu Rinpoches, und ich musste wiederholt die Eigenart tibetischer Sitten erklären. Mehrere fanden es rassistisch, dass er schon wieder einen tibetischen Lehrer auf Kosten eines westlichen aufgebaut hatte, der sogar zwei seiner dreijährigen Zurückziehungen abgesessen hatte. Seine Unterstützung des Regenten Tendzin konnten die Menschen auch schwer verkraften, und ich wäre zur Verbesserung der Stimmung gerne länger geblieben. Wegen der Verabredungen die Westküste entlang musste es aber bei einer Kassettenaufnahme bleiben, die sie vervielfältigen wollten. Jahre der Arbeit in den USA hingen in der Luft, und die besten Leute überall schüttelten ungläubig die Köpfe.

Mehr als je zuvor hatte Amerika jetzt unser zentraleuropäisches Beispiel nötig. Das Land brauchte reife Gruppen, die zusammenarbeiten konnten und fähig waren, selbst Verantwortung zu übernehmen. Umfassende dogmenfreie Belehrungen, zeitgemäße Meditationen in der Muttersprache und Besuche von Lehrern mit Lebenserfahrung waren wichtig. Hierarchische Systeme haben im demokratischen Westen keinen Platz, sie ziehen nur blutlose Mitläufer an. Diese erwarten dann, alles gesagt zu bekommen, und werden gegenseitig eifersüchtig auf die Nähe zum Lehrer. Andererseits wird Demokratie in täglichen Kleinentscheidungen leicht zu mühseligem Kaffeeklatsch, aber alle werden stark durch das offene Modell, das ich „Meritokratie“ nenne. Dass man je nach Menge und Reinheit der eingebrachten Energie auf den Gebieten entscheiden kann, die man beherrscht, fördert Entwicklung und Zusammenarbeit.

Die Zeichen, ob Zentren gut oder schlecht laufen, sind übrigens leicht zu erkennen und immer gleich. Wenn die Menschen unabhängig und klar werden, mit Überschuss für andere und einer fröhlichen, weiten Einstellung zum Sex und zum Leben, ist das sehr gut. Sehr schlecht sind ein unklares Gefühl, saure Gerüchte und ein ständiges „sich auf Würdenträger berufen", statt selbst zu denken. Der Diamantweg ist für geistig Weitergekommene, und man sollte das wissen, ohne deswegen stolz zu werden.

Nur wer sich zu benehmen weiß, für andere Überschuss hat und es schafft, die Sachen wenig persönlich zu nehmen, wird von diesem Weg Vorteil haben. Da sich die Eigenschaften durch eine nahe Verbindung zum Lehrer am besten festigen, ist das Vertrauen wichtig, dass er diese Eigenschaften auch besitzt. Heute, mit vielen tausend Schülern und einer linienschützenden Stellung rund um die Welt, messe ich Lehrer des Diamantwegs so: Wenn die Langweiler und Moralisten gegen sie und die Spannenden ihre Freunde sind, liegen sie richtig. Buddha wollte uns nicht zu Schäfchen machen, sondern unsere Kraft freisetzen. Wie soll man anderen Glück bringen, wenn man es bei sich selbst nicht schafft?

Hawaii

Wir verließen die Westküste für Veranstaltungen auf Hawaii. Diesmal waren die Stunden am Strand dem englischen Buch über die Grundübungen gewidmet. Auf der ältesten der Inseln, Kauai, mussten die Buddhas wieder etwas leisten: Tomek und ich wurden gleichzeitig von der Unterströmung auf Secret Beach weggezogen, wo kurz danach ein tibetischer Lama ertrank. Während Tomek erst auf die Felsen und dann auf den Strand geworfen wurde, entdeckte er zu seiner Freude, dass nach dem Bewussten Sterben jede Todesangst verschwunden ist. Weiter draußen in den Wellen dachte ich: „Ole, du Dummkopf. Jetzt schon wieder!", und wurde von einem Surfbrett

Mit Dechen und Jason auf Maui

gerettet. Zwei Jahre vorher war ich mit Peter, heute in München, der sein Leben für mich eingesetzt hatte, dort auf die Felsen geworfen worden. Ein paar Minuten danach war ich wieder in den Wellen, aber Maia stand lange unter Schock. Sie hatte mich schon sterben sehen.

Auf dieser schönen Insel beschloss ich auch, Ösel Tendzins Aids-Geschichte über Gabi stufenweise nach Europa weiterzuleiten. So konnten wir den Nachrichtenstrom selbst steuern und dabei unserer Linie den Rücken freihalten. Mein *Mo* gab zu dieser Vorgehensweise die beste Antwort überhaupt. Die Unruhe, die innerhalb der Kagyüpas entstehen würde, wäre sowieso auf der Seite unserer Gegner und „Friede-Freude-Eierkuchen"-Buddhisten, die so wenig mein Fall sind. Sie mussten ständig wachgerüttelt werden, um überhaupt ein bisschen selbständig zu denken und ihren Augen zu trauen.

Nach Zurückziehungen und Vorträgen auf drei Hawaii-Inseln kehrten unsere Freunde nach Deutschland und Dänemark zurück. Tomek

Indien

und ich flogen am 2. Februar 1989 über Tokio nach Bangkok und Kalkutta. Aber Hannah war nicht da! Mit dem bitteren indischen Tee klärten wir unsere Köpfe, und als meine Mos sagten, dass Hannah nicht in Bodhgaya, nicht im Zug und auch nicht irgendwo anders wäre, stand sie auf einmal vor uns, frisch und gesund. Es hatte irgendeinen Streik auf dem Weg gegeben. Wir nahmen den überfüllten Zug nach Gaya und anschließend das Taxi nach Bodhgaya, wo Hannah Kalu Rinpoche und seinen Übersetzern half. Die wild wechselnden Stromstärken in Indien hatten vor kurzem Kalu Rinpoches Computer zerstört, und nun spuckte Hannahs kleiner Drucker die wichtigen Texte aus. Nur wenige von der ursprünglichen Gruppe waren dieses Jahr wiedergekommen, obwohl er sie von ganzem Herzen darum gebeten hatte und aus eigener Tasche die Verpflegung und falls notwendig sogar den Flug bezahlte. Fast alle hatten die dreijährige Zurückziehung der Mönche schon zweimal gemacht; wir kannten uns seit Jahren. Da es nur wenige Begegnungen gab und wir recht unterschiedliche Ansichten haben über die Art, die Lehre im Westen zu verbreiten, herrschte eine gewisse Spannung.

Für seine sechsundachtzig Jahre ging es Kalu Rinpoche gut. Es war viel zu lange her gewesen, dass wir uns gesehen hatten. Seine Erinnerungen an unsere Fahrten durch Europa vor fünfzehn Jahren waren haarscharf, und vor allem lachte er über den Zen-Meister im „Haus der Stille", der seine Schüler geschlagen hatte. Wir berichteten von unserer Arbeit rund um die Welt und über die Zentren, die ich damals, als die Chinesen noch keinen Karmapa-Kandidaten als Geisel hielten, sofort unter Karmapa stellte. Ich erklärte, wie ich die Wogen in Los Angeles geglättet hatte, und dankte ihm wieder für seinen unterstützenden Brief von 1986. Er hatte ihn in Hongkong geschrieben, als wir gerade von der Winterfahrt durch Tibet zurückgekehrt waren. Seine Worte behoben Unklarheiten, die durch einen eifersüchtigen französischen Übersetzer und eine offenbar in mich verliebte weiß gekleidete Dame entstanden waren. In dem Schloss nahe Bonn hatten sie 1984 den Eindruck entstehen lassen, dass Kalu Rinpoche meine Arbeit nicht gefiel. Voller Freundschaft und Anerkennung hatte dieser Brief bestätigt, dass sein Segen hinter Hannahs und meiner Arbeit stand. Er hatte die Leute in Mitteleuropa gebeten, unter meiner Leitung zu praktizieren.

Außer drei Vorträgen an der Stupa wollte ich jeden Augenblick verwenden, um langfristig so vielen Menschen wie möglich zu nutzen. Die Zeit war gekommen, das zu schreiben, was nur wir konnten: die Geschichte unserer Linie im Westen – also dieses Buch. So wollte ich der Wiederholung von Fehlern vorbeugen und das hervorheben, was Frische und Entwicklung bringt. Lieb wie immer lud mich Rinpoche ein, mit seinen Übersetzern zu wohnen und auf seine Rechnung zu essen, und Beru Khyentse Rinpoches Diener ließen Tomek und andere zugereiste Freunde billig im Kloster wohnen.

Tagsüber sparte Kalu Rinpoche seine Kräfte, indem er im Bett ruhte. Seine Leute sagten, er wolle einfach so lange leben, bis er die Übersetzung des wichtigen Werks beendet sah. Jetzt lobte er nicht mehr bei jeder Gelegenheit den Mönchsstand und die dreijährigen Zurückziehungen; gepriesen wurde jetzt die Weisheit dieser Bücher. Kurz bevor wir Bodhgaya verließen, um bei einer Begegnung der Linienhalter in Rumtek dabei zu sein, machte Kalu Rinpoche uns vieles leichter. Bei seiner letzten öffentlichen Rede – er hielt noch eine allerletzte für einige nahe Schüler in Sonada einen Monat später – entfernte er die Ursachen für Jahre verlegenen Schweigens. Seine Worte erleichterten zutiefst die vielen, die gerne die Welt so gesehen hätten wie er, dabei aber nicht fähig waren, die eigene Erfahrung zu verleugnen. Indem er seine früher so hoch gelobten „Drei-Jahre-Lamas" auf die allgemein menschliche Ebene herabsetzte, auf der die meisten sie sowieso erlebten, durften nun seine Mönche ihren Fähigkeiten gemäß mit unseren Verwirklichern und Laien zusammenarbeiten. Keiner musste jetzt von vornherein besser sein, was so lange eine Verständigung verhindert hatte. Man war jetzt, was man tat, und nicht, was man trug.

Vor zweihundert Westlern, die gekommen waren, um ihn im Meditationsraum des Klosters zu hören, gab Kalu Rinpoche zuerst einen seiner meisterhaften Überblicke über die Lehre Buddhas. Dann sagte er wörtlich, mit deutlichem Schmerz und unter Erröten seiner Übersetzer: „Es ist eine Anzahl von Drei-Jahres-Zurückziehungszentren gegründet worden, und die Zurückziehungen haben stattgefunden. Doch außer für einige Wenige hat diese Aktivität nicht die wirkliche Frucht gebracht. Die Zurückziehungszentren haben nicht die Früchte getragen, die wir erwartet oder erhofft haben. Der Grund dafür ist, dass die Leute sehr schnell in die Zurückziehung gegangen sind, ohne die Lehre wirklich verstanden zu haben. Während der Zurückziehung waren sie nicht wirklich in der Lage, effektiv zu meditieren. Diese Meditationsweise führt vielleicht zur Buddhaschaft, vielleicht auch nicht. Es ist sehr schwierig zu sagen. Deswegen habe ich zu diesem Zeitpunkt das Übersetzungskomitee gegründet. Es übersetzt den Text „Der Schatz des Wissens" in verschiedene Sprachen. Ich hoffe, dass durch diese Übersetzung jeder den Text in der eigenen Sprache lesen kann. Denjenigen, die eine dreijährige Zurückziehung planen, wird er für das Verständnis der Lehre äußerst hilfreich sein – nicht nur vor, sondern auch nach der Zurückziehung. Er wird ein äußerst nützliches Mittel für das Lehren des Buddhismus sein."

Durch seine Erlaubnis, der eigenen Einsicht zu trauen, entwaffnete Kalu Rinpoche zugleich die schrecklichsten aller Buddhisten, die so genannten „Groupies". Diese waren meist snobistische und in Punkto Liebe unterversorgte Damen oder unzufriedene Mönche, die oft das Umfeld hoher Lehrer beherrschen wollten. Sie spielten sich nach Möglichkeit auf und beklagten sich dabei gerne über diejenigen, die die tatsächliche Arbeit in den Zentren machen. Viele der störendsten Gerüchte waren entstanden, wenn sie im Namen ihrer Lehrer Kleinpolitik betrieben, wobei diese oft nichts davon wussten. Diese Art von Verwirrung verschwand übrigens schnell, als wir – sonderbarerweise erst nach fast zwanzig Jahren – auf den Reichtum unserer westlichen Erfahrung zurückgriffen. Durchsichtigkeit setzt eben die meiste Kraft frei. Dass Kalu Rinpoche jetzt weniger Hackordnung ermöglichte, war wichtig. Wenn seine Lamas dazu bereit wären, könnte nun auch in seinen Zentren ein frischer Wind wehen.

Kalu Rinpoches Verständnis von dem Aids-Skandal bleibt bis heute ungeklärt. Aufgrund eines Mos im Jahre 1981 hatten ihn eigentlich alle für einen Fachmann auf diesem Gebiet gehalten. Damals, als der Virus noch nicht gefunden worden war, hatte er vor unseren Augen feststellen können, dass die Krankheit mit einem Baum in Afrika in Verbindung stand. Hätte er sich mehr Zeit genommen, wäre er vielleicht auch auf die Affen gekommen, die darin wohnen und die Krankheit tragen. Vielleicht glaubte Kalu Rinpoche aber, dass es nur um die damit verbundenen Hautkrankheiten ginge. Als ihn im Februar eine tibetische Edelfrau mit Wunden von gerade entfernten Gesichtswarzen besuchte, sagte er im Spaß, dass sie aussähe, als habe sie mit dem „Regenten" geschlafen.

Diese Unwissenheit verwunderte vor allem die Anfänger. Sie hören ja schon beim ersten Vortrag, dass der *Wahrheitszustand* allesdurchdringend ist, und halten üblicherweise ihre Lehrer für erleuchtet. Ob das der Fall ist oder nicht: Einsicht verpflichtet und darf niemals gegen die Wünsche der Betroffenen eingesetzt werden. Wer mit erreichten Fähigkeiten andere bespitzelt, macht einen ernsthaften Fehler. Man soll den Menschen auf der Ebene begegnen, auf der sie eine Verbindung einzugehen wünschen, und ihnen von dort aus so gut wie möglich helfen. Die Menschen zu entkleiden oder sie therapiemäßig durchzugraben verstärkt bei gesunden Leuten nur ihren Glauben an ein „Ich" und andere Trips. Die buddhistische Vorgehensweise ist, sich immer mehr den Erleber selbst, den überpersönlichen Raum und die *Klarheit* des Geistes zu vergegenwärtigen. Es kann kein Endziel sein, die rostigen Eisenketten unschöner Vorstellungen bloß durch die Goldketten der schönen auszutauschen. Die glatte, alles mit süßen Worten belegende Selbstzufriedenheit, die so entsteht, hindert den Geist ebenso wie leidvolle Zustände, und man entdeckt vielleicht erst beim Tod, dass man auf einer falschen Spur fuhr. Der tüchtige Lehrer geht deswegen leicht über die Begrenzungen der Schüler hinweg und vermittelt stattdessen immer wieder den Zugang zu ihrem inneren Reichtum. Es ist sinnvoll, die bedingten Gefühle nicht ernst zu nehmen. Sie kommen und gehen ja sowieso die ganze Zeit.

Erleuchtung ist weniger eine Frage davon, ob schlechte Gedanken abgebaut werden und gute sich anhäufen. Dies geschieht von selbst, wenn man nur bewusster lebt. Das Wichtige ist, dass man die inneren

Zustände nicht mehr beurteilt. Man sollte sie als Klarheit des Geistes und sein freies Spiel erleben, während man unsentimental und mühelos das macht, was im Leben möglich ist. So wird die unbedingte und zeitlose Freude des Erlebers alles immer stärker durchstrahlen, und man erreicht die Ebenen des Großen Siegels. Dort passt alles so, wie es ist, und es ist möglich, fehlerfrei zum Besten aller zu handeln.

Liebevolle Augen

Kalu Rinpoche stand also im Mittelpunkt dieser beiden Wochen in Bodhgaya. Währenddessen kam auch Khenpo Tsültrim Gyamtso mit vielen seiner Schüler aus Kathmandu zu Besuch. Sie wurden von fast unglaublichen Unfallreihen verfolgt, was man bei Kagyüpas sonst nicht findet. Hannah und das Übersetzerteam gingen oft zu ihm und anderen Khenpos in der Gegend, um Erklärungen für die Texte einzuholen, bekamen aber selten Unterstützung. Kalu Rinpoches Arbeit, weil eher von Meditierenden als von Gelehrten ausgeführt, genoss nicht ihr Vertrauen.

Während Tomek jeden Morgen sechshundert bis siebenhundert Verbeugungen an Buddhas Erleuchtungsstupa machte, fastete ich mir das ganze Amerikafett vom Körper und schrieb achtzehn Stunden am Tag. Hannah und ich genossen es sehr, wieder zusammen zu sein. Nachdem das englische Buch über die Vorbereitenden Übungen am 13. Februar beendet war, begann ich sofort mit diesem gediegenen Werk. Die Nacht zuvor hatte ich einen – sogar für eine so heilige Stelle – ungewöhnlich kraftvollen Traum: Ich ging in einer Schneelandschaft zwischen schwarzen Schlittenspuren einen Weg hinunter. Vor mir lag ein fast ovaler Holzkasten, in alten, kaputten Brokat gehüllt. Als ich den gewölbten Deckel aufklappte, hielt ich eine leuchtende, goldene Statue von Liebevolle Augen in den Händen, dessen Strahlkraft mich völlig blendete. Die Statue war etwa dreißig Zentimeter groß, und ich fühlte riesige Freude, weil sie so stilrein war: mit trapezförmigem, nicht rundem Gesicht und allen vier Armen nahe am Körper. Mit der Statue an die Brust gedrückt, sprang ich den Berg zu meiner Linken hoch und wusste dabei nur eines: „Ich muss ihn retten, bevor die Leute aus dem Museum ihn fangen!“ In einem Meer von Wonne aufwachend, war mir klar: Liebevolle Augen wollte nützlich sein. Ich trug nun seinen Segen, unsere Arbeit von den kulturellen Einschränkungen zu befreien, die den Westen vom Diamantweg fernhalten. Dieser Segen, die Freude an unserem breiten Wachstum und die ständige Notwendigkeit, frisch und durchsichtig zu bleiben – das hält noch heute meine Nase in der Spur. Aus einem solchen Reichtum heraus stört es kaum, die Einflüsse öfter abschneiden zu müssen, die der Arbeit die Freude und Echtheit rauben. Wenn mitunter die Politik mehr der Erhaltung als der Ausdehnung dienen muss und wie 1992 sogar hohe Tulkus sich als pro-chinesisch entlarven, muss man einfach den Vergleich mit der Geschichte anderer Schulen und Religionen ziehen und sich erinnern, dass Buddhist – und sogar Rinpoche – nicht Buddha bedeutet.

Der äußere Rahmen der folgenden Wochen war wieder Khyentse Rinpoches Kloster in Bodhgaya. Für indische Verhältnisse war es ein Juwel höchster Güte: Sie hatten so viel Zement für die Wände verwendet, dass die Bemalung nicht abfiel. Auf einem Balkon im dritten Stock boten ein paar Arbeitstische die wohl kostbarste Seltenheit Indiens: genügend Ruhe, um ungestört arbeiten zu können. Wir schrieben bis zur Dämmerung und liefen dann nach Hannahs Gewohnheit die paar Kilometer zur großen Stupa Buddhas hin und zurück, um in Form zu bleiben. Nur unterbrochen von den üblichen Stromausfällen ging danach die Arbeit weiter bis zum frühen Morgen. Ein Tonbandgerät sammelte wichtige Träume, und nach wenigen Stunden Schlaf hatte mein Unterbewusstsein auch schon das nächste Kapitel ausgearbeitet. Da ich niemals zurückdenke – dafür gibt es keine Zeit –, war es wie eine völlige Neuverkabelung. Sich an soviel Altes zu erinnern, stellte alle Geistesgewohnheiten auf den Kopf, aber es ging. Hannah half oft, und unsere vollgestempelten Pässe und Reisepläne seit 1972 ergaben das Skelett des Buches. Als die Erinnerungen immer stärker durch mein vernarbtes Hirngewebe drangen, standen mir jede Menge Einzelheiten zur Verfügung. Nun ging es darum, das Bedeutendste für andere herauszufiltern.

Der edle Tomek verließ Bodhgaya mit Bergen unseres gemeinsamen Gepäcks. Von riesigen Menschenmengen wurde er in Gaya in den Zug nach Kalkutta statt nach Delhi gedrängt.

Nach einem magischen Vollmond fuhren die Übersetzer von Kalu Rinpoche und Bokar Rinpoche mit dem Bus Richtung Siliguri. Die Übersetzer des Khenpos hatten noch einige sehr ernste Unfälle, wobei einige fast starben. Hannah und ich fuhren über die Berge nach Rumtek.

Seit Karmapas Tod brachte unser Erscheinen großen Aufruhr unter den Tibetern. Sie erwarteten jedes Mal, wir würden den neuen Karmapa vorstellen, was ja am Ende auch geschehen ist. Wir unterstützten zwar gerne die gemeinsamen Bestrebungen der Tibeter, wie das Hotel in Rumtek, aber diesmal hatten wir keine Zeit, um die täglich fünf aufeinander folgenden Frühstücke absitzen zu können, die die Freunde uns in den Raum brachten. Sie wollten uns dadurch entweder für spendende Unterstützer danken oder auf das Bedürfnis nach solchen aufmerksam machen, und sie brachten oft ganze Familien mit. Stattdessen zogen wir zur unbestechlichen Sippe Lama Tsültrim Namgyals, die auch etwas von Arbeitsruhe verstand, und meine Manuskriptseiten stapelten sich weiter.

Rumtek

Vor der Weiterfahrt schrieb uns Topga Rinpoche einen nützlichen Brief. Er war Generalsekretär Rumteks geworden, nachdem der alte gestorben war, und von Karmapa eingesetzt als Leiter des „Karmapa Charitable Trust", der die Linie zwischen Karmapas Wiedergeburten leitete. Später lehrte er den 17. Karmapa Thaye Dorje die tibetische Sprache und Philosophie.

Er wurde unser naher Freund. Jamgön Kongtrul Rinpoche und er waren sehr enttäuscht, weil ein hoch angesehener und gelehrter früherer Abt Rumteks angefangen hatte, „eigene" Zentren in Hongkong und Malaysia aufzubauen. Obwohl man so die Kagyüpa-Arbeit vor Ort ernsthaft splittert und frühere Freunde und Unterstützer gegeneinander kehrt, taten es immer mehr unserer Rinpoches, sicher aus unterschiedlichen Gründen. Von Jamgön Kongtrul Rinpoches „Rigpe Dorje Verein" hörten Hannah und ich zum Beispiel auch erst Näheres, nachdem er gestorben war. Als dem Generalsekretär Topga Rinpoche bestätigt wurde, dass Deutschland ähnliche Schwierigkeiten mit Lama Chime hatte, schrieb er an unsere Zentren, sie sollten hinter uns stehen.

Durch diesen Brief wurde es endlich auch den „guten" Buddhisten möglich, eindeutig Stellung zu beziehen. Man musste sich nicht mehr mit schwierigen Lehrern abplagen, sondern konnte ihnen unter ihresgleichen alles Gute wünschen. Karmapas Schüler – und vor allem die, die durch Hannah und mich zu ihm finden – sind meistens frische Typen und haben Spaß am Aufbau. Andere Gruppen sind unzufrieden oder von Verwirrung geprägt. Nach Topgalas Zeilen musste keiner mehr krampfhaft versuchen, mit allzu Wesensfremden zusammenzuarbeiten. Jeder war nun frei, mit seinen Freunden den Weg zu gehen.

Es lag noch anderes in Rumtek an: die Klärung unseres Verhältnisses zu anderen buddhistischen Schulen und zu weiteren Linien innerhalb der Kagyü-Übertragung. Wegen Karmapas Kraft vertraten wir Karma Kagyüpas jahrelang den lebendigen tibetischen Buddhismus rund um die Welt, so wie wir es heute in Nord- und Südamerika und zwischen Rhein und Wladiwostok tun. In einer solchen Lage ist man gerne großzügig, und unsere Zentren luden fröhlich andere tibetische Lehrer ein. Das nutzte leider niemandem. Selbst frühere Freunde sahen uns nach kurzer Zeit in der Elternrolle, wofür wir uns schlecht eignen, und wurden sauer, wenn wir ihnen nicht alles geben konnten. Noch dazu waren sie oft zu unreif, um verschiedene Wege unbewertet im Raum stehen zu lassen. Sie versuchten daher zwanghaft, eigene Lehrer aufzuwerten, indem sie andere herabsetzten oder Gerüchte verbreiteten. Untersuchte man den Lauf der Geschichten, so wurden sie von den Lehrern eher geduldet als in die Welt gesetzt, und oft wussten sie nichts davon. Dennoch war es an der Zeit, nur noch diejenigen einzuladen, die Karmapas Arbeit unterstützten.

Obwohl für Anhänger einer heilen Welt schmerzhaft, sind solche Trennungen notwendig und nützlich. Das Ziel der Arbeit ist ja geistige Entwicklung und die Beherrschung unseres Lebens. Stark und unabhängig, wie meine Schüler werden, mussten sie den äußeren Rahmen – nicht jedoch unsere Übertragung – demokratischer und westlicher gestalten. Das war unvermeidbar und auch gut so. In sich gefestigte Lehrer fühlen sich außerdem wohler, wenn die Schüler nicht aus missverstandener Hingabe versuchen, sich besonders oder tibetisch zu verhalten. Tatsächlich schätzen sie unsere reifen westlichen Fähigkeiten und unsere Entschlusskraft.

In Sikkim löste sich zugleich eine heikle Sache auf, und das glücklicherweise ganz von selbst. Sogyal Tulku, ein hochbegabter Lehrer der Nyingma-Übertragung aus England, hatte mehrmals die Polen gebeten, zu ihnen eingeladen zu werden. Das brachte uns in eine schwierige Lage. Einerseits wollte ich keinem im Weg stehen, andererseits berief er sich so sehr auf die tibetische „ausgedehnte Sippe“, dass die Leute nach seinen Besuchen fast glaubten, Karmapa sei sein Vater und Kalu Rinpoche seine Mutter. Diese Anschauung hat übrigens auch erfrischende Seiten, beispielsweise erklärt sie alle Männer, die die Gunst derselben Frau genießen, kurzerhand zu Brüdern. Sogyal Tulku war noch dazu stark von Trungpa Tulku beeinflusst und verwendete die Begriffe anders als wir, was unsere Freunde verwirrte. Zum Beispiel bezeichnete der Begriff „Mahamudra" bei ihm nur den Weg, während er bei uns Grundlage, Weg und Ziel mit einschließt. Ich hatte immer versucht, diese Angelegenheit hinauszuschieben, ohne bevormundend zu sein, und nun kam ein polnischer Mönch zu mir und sagte: „Wir fragten Dilgo Khyentse Rinpoche wegen Sogyal Tulku, und er antwortete: 'Er ist sehr jung, und wir wissen nicht, was er tut.'" Von da an war die Frage vom Tisch.

Die zehn Tage mit Shamarpa und Jamgön Kongtrul Rinpoche, die hauptsächlich Karmapas Arbeit fortführten, waren also zukunftsweisend. Auch wurde Hannahs Übersetzungsarbeit für das nächste Jahr festgelegt. Als wir wieder einmal bei Topga Rinpoche saßen, kam Künzig Shamarpa mit einem toten Vogel in den Raum. Er war klein und steif. „Jetzt tust du es ja auch", sagten wir, doch er antwortete: „Nicht so. Ein Vogel im Käfig ist eine Ausstrahlung Karmapas, und er bringt den anderen das Meditieren bei!"

Um Gyaltsab Rinpoches neues Bauland in einem schönen und unberührten Teil des Landes zu besichtigen, fuhren wir ein paar Stunden über Stock und Stein. Das Land liegt abseits von Nepalesen, Indern und Touristen, aber leider nicht fern von Politik. Es war ihm von einer sehr reichen und schwierigen sikkimesischen Sippe geschenkt worden, auch als Schachzug gegen Rumtek und Topga Rinpoche. Dieser war auf Karmapas Geheiß treu geblieben und wollte eine von Tai Situpa in ihrer Familie gefundene Wiedergeburt nicht anerkennen.

Auf dem Weg zurück, den inzwischen erstaunlich übervölkerten Osthimalaya hinunter, hatten wir noch eine wichtige Sache zu erledigen: Kalu Rinpoche hatte uns eindringlich gebeten, ihn vor Europa noch einmal zu besuchen. Er hielt sich bei Siliguri auf, wo sich seine tapferen Mönche aus Sonada wieder inmitten einer riesigen Bauarbeit befanden. Diesmal ging es um eine vollständig ausgeschmückte Stupa, 33 Meter hoch. Nur Kalu Rinpoche konnte auf die Idee kommen, einen so riesigen Ausdruck der allen Wesen innewohnenden Erleuchtung an einer verqualmten Straße im leidenden, übervölkerten und lärmenden Nordindien zu bauen. Der Nutzen für die Menschen würde in künftigen Leben bestimmt größer als in diesem sein.

Gyaltsen und den Mönchen ging es gut; ihre Arbeit war vorzüglich. Als wir die Stufen zu Kalu Rinpoches Raum hochsprangen, erinnerte ich mich, wie viel Ausdauer und Einsgerichtetheit wir von diesem alten Kämpfer erlernt hatten. Diese Zähigkeit, verbunden mit der Hingabe einer Handvoll Schüler, hatte seine Arbeit so weitreichend gemacht.

Zeitloses Gesicht

Kalu Rinpoche war kahl geschoren, und sein zeitloses Gesicht sah überirdisch aus. Leider ging es ihm nicht gut. Da viele Einheimische im Raum saßen, waren Worte nicht das Wichtigste. Hannah versprach, bei seinen Übersetzungsarbeiten nach Möglichkeit zu helfen, und ich erzählte von meinen letzten Plänen für die Vergrößerung von Karmapas Arbeit. Dann wünschten wir ihm alles Gute und empfingen seinen Segen. Wir alle waren uns bewusst, dass es vielleicht die letzte Begegnung in diesem Leben war. Als wir im Zug nach Bodhgaya saßen, waren wir froh, dass wir seinen letzten Wunsch an uns erfüllt hatten.

Im überfüllten Bahnhofscafé von Patna zeigte sich wieder Karmapas grenzenloser Kraftkreis. Unsere überstempelten Pässe sehend, in denen wir eine Seite für weitere Vermerke frei radierten, fragte ein angenehmer und gebildeter Inder am Tisch nebenan, ob wir Ole und Hannah aus Dänemark kennen würden. Das taten wir, aber wir erkannten ihn auch nicht wieder. Er war der Ingenieur, dem ich vor achtzehn Jahren bei einer flüchtigen Begegnung das Mantra „Karmapa Tschenno" gegeben hatte. Es war ihm seit dieser Zeit sehr gut gegangen, und er war inzwischen erfolgreicher Politiker geworden. Jetzt schenkten wir ihm noch das Heftchen mit der 16. Karmapa-Meditation, die zum Mantra gehört. Vielleicht würde er ja Präsident sein, wenn wir ihm das nächste Mal begegneten ...

Bodhgaya bot wieder eine feine Gelegenheit, um mit Shamarpa und Lama Jigmela über Europa zu reden. Nach vielen Jahren unter berühmten und reichen, aber meist schwierigen Leuten entdeckten sie gerade das Fußvolk. Es gefiel ihnen, dass unsere Gruppen lebensferne Exotik vermieden und wir einen Erleuchtungsweg aufgebaut hatten, der sich in allen Lebenslagen unmittelbar auf Karmapa bezieht.

In Delhi angekommen, pflegte Hannah unsere tibetischen Verbindungen vom „Tourist Camp". Den letzten Abend lud uns Künzig Shamarpa zu einem einmaligen Essen ein. Das von ihm geleitete KIBI in Neu Delhi wuchs mit dem Geld der Exilchinesen jetzt sehr schnell heran.

Deutschland

In Frankfurt kamen wir mit einigen Stunden Verspätung an. Ich war tief berührt: Hundert Freunde warteten am Flughafen. Wir stiegen in den oberen Stock für eine Meditation und für Segen.

Nach zehn Tagen mit glühendem Fernsprecher und überfüllten Kursen in Dänemark und Wuppertal ging die Fahrt wieder in die weite Welt. Mit Eva aus München und Tomek flogen wir über Paris nach Caracas, Venezuela. Tomek reiste mit dem Pass eines dänischen Freundes – mit Glatze –, weil damals keine Personen aus dem Ostblock einreisen durften. Im besten Stil der warmen Länder hatte man unsere Ankunft um einen Tag zu spät berechnet. Wir warteten also ein paar Stunden im Flughafen und nahmen dann im Morgengrauen ein Taxi in die Stadt. Der runde, schwarze Fahrer war immer noch im Schock: „Sie erschossen ein paar tausend Leute", sagte er, „ihr könnt die Einschusslöcher in den Mauern noch sehen. Eines Morgens, als die Leute in den Barrios" – hier zeigte er auf die Slums an den Berghängen – „aufwachten, waren alle Preise verdoppelt worden. Sie sahen, dass sie genug Geld hatten, um zur Arbeit zu fahren, aber keins mehr für die Rückfahrt. So schlugen sie sich zuerst mit den Busfahrern." Als die Menschenwelle das Stadtzentrum erreicht hatte, musste sie völlig durchgedreht sein. Die Dinge, für die sie oft jahrelang gespart hatten, waren plötzlich unbezahlbar. Also beschlossen sie, sich selbst zu bedienen. Was sich die Polizei dabei vorstellte oder welche Befehle sie bekommen hatte, ist wohl nicht geklärt. Vielleicht handelten sie aus einer Art gesellschaftlicher Gerechtigkeit heraus: Sie ließen die Besitzer eines Radio oder Fernsehers laufen, erschossen aber dafür diejenigen mit zwei Geräten.

Venezuela

So etwas hatte es nie zuvor in der Geschichte des Landes gegeben, das sich seiner Nähe zur europäischen Kultur rühmt. Obwohl die Wirtschaft wegen der üblichen Überbevölkerung katholischer Länder nicht gesunden und später kaputtgehen würde: Wenn die Regierung vertrauenserweckend gewirtschaftet hätte, wäre keine Krise entstanden. Das Doppelte der Staatsverschuldung, die den Preissprung verursachte, lag auf privaten Konten der Bürger des Landes – nur eben in Florida.

Eine Frau aus dem Zentrum in Caracas hatte einige meiner Bücher schon vor Jahren ins Spanische übersetzt. Wir waren hier wirklich im letzten Augenblick angekommen: Das Zentrum war in Auflösung begriffen. Der Khenpo aus Woodstock hatte sich mit einigen sehr zornigen Äußerungen von Lateinamerika losgesagt. Riesige Kultursprünge in der Vermittlung des Stoffs, viel zu seltene Lehrerbesuche und gänzlich fehlende Ermunterungen zur Eigenverantwortung hatten Buddhas lebensnahe Ratschläge zu etwas sehr Abgehobenem gemacht. Es war wie immer und überall: Wer das Fremdartige an den Belehrungen betont, erntet nach außen hin ergebene Schüler, die aber wenig wissen und sehr verunsichert sind. Ihre geistige Nahrung sind die vergangenen und künftigen Besuche ihrer Lehrer, und so wird niemand selbständig. Unter diesen Umständen war es ein paar bereits erwähnten Lamas aus Neapel und England mit marktgerechteren Belehrungen nicht schwer gefallen, mehrere aus der Gruppe für sich zu gewinnen.

In vier Tagen stand alles wieder. Belehrungen und Meditationen fast rund um die Uhr ließen die Schar der Zuhörer stündlich anwachsen. Mit aufgerollten Ärmeln segnete ich die Leute bis zum frühen Morgen und kehrte dabei ständig zu den Hauptbelehrungen zurück, die in den warmen Ländern so wichtig sind. Alles wurde auf Band oder Video aufgenommen, und so hatten sie Stoff zum Weiterarbeiten. Obwohl weder bezüglich Durchhaltevermögen noch Entscheidungskraft mit Europa vergleichbar, sollten sie die Möglichkeit haben: Wir versprachen, beim nächsten Besuch dort einen Kurs über das Bewusste Sterben zu geben.

Der Nachtbus brachte uns nach Merida, zu einem Vortrag an der „Universität der Anden". Die Fragen der Zuhörer waren gut, und ich gab einem Dutzend von ihnen Zuflucht. Mehrere waren Schüler der bereits erwähnten Lamas, und wieder konnte ich nur staunen, dass diese Lehrer ihre Schüler mit so tief greifenden Mitteln wie dem Großen Siegel – sie nannten ihre Ausgabe davon „Dzogchen" – bekannt machten, ohne den grundlegenden Schutz mitzugeben. Jetzt konnten sie sich im Kraftfeld von Schwarzer Mantel weiterentwickeln.

Kolumbien

Der nächste Bus brachte uns durch grüne Berge nach Cucuta, einem berüchtigten Verbrechernest in Kolumbien. Das Hauptgebäude der Stadt ist ein riesiges Gefängnis, und schon am Passschalter stahlen sie einem das Gepäck. Auf dem Busbahnhof versuchten mehrere breitschultrige Herren, sich mit unseren Koffern in alle Richtungen davonzumachen, was ich aber verhinderte. Ein Reisebüro mitten in der Halle verkaufte Tickets für nicht vorhandene Busse, aber nicht an Tomek. Unsere jahrelange Erfahrung unter Hundehändlern in den warmen Ländern zahlte sich vollkommen aus. Abgesehen von der Gewalt gab es hier offenbar nichts, was wir nicht schon aus dem Osten kannten.

Wir schrieben ein Dutzend Briefe, bis der Bus abfuhr. Die Fahrt durch die Nacht wurde unvergesslich. Die Landschaft erinnerte oft an Südschweden, und der Himmel war smaragdgrün und so leuchtend, dass wir nur Teile des Films „Indiana Jones“ mitbekamen, der auf Video im Bus gezeigt wurde. In der Hauptstadt Bogotá in zweieinhalb Kilometern Höhe wartete Adriana, eine klassische Schönheit, mit Eduardo und anderen vom Zentrum. Auch hier war die Arbeit im Abstieg begriffen. Khenpo Kathar aus Woodstock war während der letzten zwei Jahre nicht gekommen, und der Lama aus Neapel hatte auch hier für die fehlenden Belehrungen gesorgt.

Die vier Tage in Kolumbien sind mir einige Zeilen wert. Das Land war höchst ungewöhnlich, und wir hatten ganz nahe Freunde und erstklassige Gruppen fast überall. Ein Großteil unserer spanischen Bücher wurde von Eduardo gedruckt. Es war keine westliche „Beinahe-Demokratie“, wie Venezuela es wenigstens bis 1989 war, sondern das gewalttätigste Gebiet der Welt. Man konnte für wenige Dollar einen Menschen umbringen lassen. Der erstaunliche Tagesdurchschnitt von fünfzig bis sechzig Erschossenen hatte mehrere Ursachen: Die inneren waren natürlich, nämlich dass die Leute dachten, ihre Feinde vernichten zu können, was aber nirgendwo gelang ... Die äußeren waren, dass das Land nie zur Ruhe gekommen war. Die jeweiligen Verbindungen der Machtgruppen wie Regierungen, Kommunisten, Hersteller von Kokain, Gutsbesitzer, Polizei und Militär hatten sich gegenseitig umgebracht, seit Kolumbien auf der Landkarte erschienen war.

Seit zehn Jahren zum ersten Mal auf der Straße

Das Bild wurde durch zahlreiche Privatarmeen und bezahlte Mörder keineswegs vereinfacht. Mitglied der ruhmreichen Gesellschaft MAS wurde zum Beispiel nur, wer drei unbekannte Menschen auf offener Straße umbrachte. Jede Nacht hörte sich die Stadt wie eine Schießbude an, und Adriana ehrte unsere Schützer sehr: In meiner Begleitung wagte sie es seit zehn Jahren zum ersten Mal, auf die Straße zu gehen. Sonst saß sie immer in ihrem unauffälligen Auto, Türen und Fenster geschlossen. Alle waren von der steten Gefahr beeinflusst, was vor allem an den Linien um den Mund der Leute erkennbar wurde. Während meiner Vorträge sprangen die Zuhörer jede halbe Stunde zu den Fenstern. So oft heulten die Alarmanlagen der Autos, die gerade aufgebrochen wurden.

Eduardo besaß vier Höfe, von denen er nur noch einen besuchen konnte, weil er sonst gekidnappt würde. Zwei seiner Onkel waren schon als Geiseln erschossen worden. Seinem Bruder war auf der Straße in einer Zigarette Scopolamin verabreicht worden, ein Wahrheitsserum und Nervengift. Er wurde ein paar Tage später auf einem Feld gefunden, nackt und mit einem leichten Dachschaden.

Kalu Rinpoches Todeszeremonie

Die Gewaltebene Kolumbiens wurde am klarsten, als einmal zwei Transporter so unmöglich und ruckhaft auf der Straße vor uns herfuhren, dass unser Fahrer nicht überholen konnte. „Das sind sicher Gangster, die einen Angriff vereiteln wollen“, sagte er. Als wir schließlich auf gleicher Höhe mit einem der Transporter waren, sahen wir einen Mann mit einem schweren Maschinengewehr in den Händen. Waffen kannte ich aus meiner Zeit beim Militär, aber so ein Gesicht hatte ich noch nie gesehen: Es war wie aus Granit gemeißelt.

Adrianas Schwiegermutter leitete die beste englische Schule Bogotás. Die Kinder stellten viele Fragen. Zugleich waren sie aber schon so abgebrüht, dass sie fast einige Leichen vergessen hätten, über die sie am Morgen aus dem Schulbus hatten steigen müssen. Meinen Vortrag in der teuersten Universität des Landes besuchten meist ältere Zuhörer, wie es auch lange in Venezuela und den USA der Fall war. Zwanzig Gesellschaftsstützen nahmen hinterher Zuflucht, und die Gruppe in Bogotá füllte inzwischen den mittleren Stock des Reihenhauses, das Adriana in einer gemischten Gegend gekauft hatte: Nebenan lag das Flüchtlingslager, dessen Bewohner so fleißig die Autos knackten. Auch hier kam die 16. Karmapa-Meditation gut an, und sie wollten die Videobänder meiner Vorträge mit Caracas und Merida austauschen.

Zum Abschied machte Eduardo ein handfestes Geschenk für Karma Berchen Ling, unser damals neues Meditationszentrum in Griechenland: eine 70 Kilogramm schwere Maschine, mit der Ziegel aus nassem Lehm gepresst werden konnten. Da man auf Strecken ohne amerikanische Luftfahrtgesellschaften an der für mich unverständlichen 20-Kilo-Begrenzung für Fluggepäck kaum vorbeikam, trugen wir öfter Berge von

In Karma Gön auf dem Weg ins reine Land

Handgepäck. Diesen Eisenklumpen unentdeckt über Paris nach Frankfurt und dann von München nach Athen zu bringen, war aber schon ein ziemlicher Trip. In München wurden wir wieder aus dem Flugzeug gerufen, und da sie verschärft auf der Jagd nach Übergewicht waren, musste ich die Maschine so tragen, als sei sie nur fünf Kilo schwer. So viel wurde erlaubt.

Am 10. Mai starb Kalu Rinpoche, während Hannah in Malaysia übersetzte. Als es endlich gelungen war, die vielen geschäftigen indischen Ärzte aus seinem Raum in Sonada zu schicken, hatte er sich im Bett aufgesetzt, sich auf Bokar Rinpoche und Gyaltsen gestützt und einfach ausgeatmet. Wir hatten dabei beide seinen Segen gespürt. Hannah fiel sein Bild genau zur Zeit seines Todes aus einem Buch heraus. Sie besuchte seine Mumie im Juni auf dem Rückweg nach Europa und übermittelte unseren wärmsten Dank.

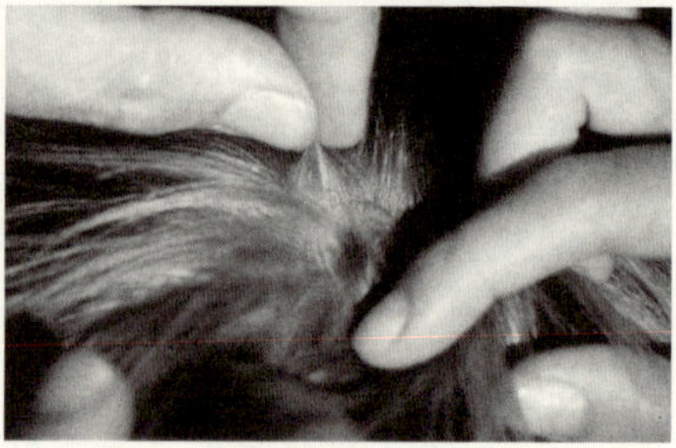

Riß und Blutfleck, ein typisches Phowazeichen

Spanien Danach lehrte ich das Bewusste Sterben in Karma Gön. Von diesem schönen Bergrücken aus erreichen jedes Jahr Hunderte die Reinen Länder: Tatsächlich steht die Lage des Dorfes Rumtek in nichts nach. Karmapa ist nirgendwo näher als hier. Schon beim *Lung* – dem Vorsingen der Texte – blutete Pedro aus der Nase und hatte ein Loch auf seinem edlen Scheitel. Alle zweihundertfünfzig schafften es in vier Tagen.

Deutschland Nach ein paar Wochen in der Schweiz und in Schwarzenberg mit vielen Freunden räumten wir den deutschen Verein auf, ein längst überfälliges Abspecken. Ein großes Treffen in dem braunen Schloss bei Bonn

Haus Schwarzenberg

zeigte lautstark, dass idealistische Arbeit nur mit Freundschaft laufen kann. Unsere freudvollen Verwirklicher verstanden keineswegs die bürokratischen Mönche, die sich dort eingenistet und ihre Trägheit zur Norm gemacht hatten. Noch während die Wellen hochschlugen, fand die süße Sys die Lösung: Die damals etwa dreißig Zentren, die zu meinem Stil standen, sollten sich in Vereinen unter einem Dachverband zusammenschließen. So wurden auch die übrigen vier Gruppen nützlich: Wir haben seither nun endlich Stellen, in die wir die schwierigen Leute schicken können.

Adriana aus Kolumbien kam nach Ungarn und Italien mit. Was sie an meiner Seite lernte, sollte später viel Nutzen in Südamerika bringen.

Griechenland

Nach dem Besuch der größten deutschen Zentren schickte mein griechischer Verleger ein Ticket nach Wien. Ich sollte für einen Tag die griechische Ausgabe von „Die Buddhas vom Dach der Welt" in Athen der Presse vorstellen. Obwohl sich ernstzunehmende geistige Bücher im Westen fast nur in kleinen Auflagen verkauften, wurde dieses sehr gut vermarktet.

Dänemark

Das größte buddhistische Ereignis 1989 war ohne Zweifel die große Kagyü-Ngagdzö-Einweihung im dänischen Zurückziehungszentrum Rödby: Sechshundert Teilnehmer blieben die ganzen drei Wochen lang, und Hunderte kamen und gingen. Die Einweihungsreihe wurde von Jamgön Kongtrul Rinpoche zum ersten Mal überhaupt und noch dazu im Westen gegeben. In seiner vorletzten Geburt als Lodrö Thaye hatte er die Übertragungstexte gesammelt, die Marpa, der Vater unserer Kagyü-Linien, vor 950 Jahren nach Tibet gebracht hatte. Jamgön Kongtrul hatte die Übertragung in diesem Leben 1976 von Karmapa in Nepal zusammen mit unseren Freunden der ersten

Jamgön Kongtrul Rinpoche während der Kagyü Ngagdzö-Einweihung

Busfahrt erhalten. Dass es derselbe Segensstrom war, war leicht zu spüren. Obwohl wir ihm ernsthaft rieten, die Einweihungen als Geschenk und ohne die sonst üblichen Meditationsversprechen zu geben, die sich für den Westen so schlecht eignen, tat er es dennoch. Man sollte niemanden in die Lage bringen, entstandene Bände wegen zu eng auferlegter Verpflichtungen brechen zu müssen. Das kann die Lebenslänge empfindlicher Lehrer – aber auch die der Schüler – sehr beeinträchtigen.

Alles lief gut, und vor der letzten Zeremonie tat Rinpoche etwas, was wir nach dem Ösel-Tendzin-Skandal für unmöglich gehalten hatten: Er lobte einen weißen Lehrer. Er erklärte, wie viel Vertrauen die Linienhalter zu mir hätten, und dankte für die vielen Zentren und Schüler rund um die Welt. Da jetzt alle Schlachten gewonnen waren, konnte er reden, ohne sich politisch zu gefährden. Seine Worte rundeten die Arbeit einiger Jahre ab, und jeder fühlte sich gut. Für die harten Entscheidungen soll man unter seinen Vertrauten sein, aber der Sieg gehört allen.

Tenga Rinpoche hatte ihm bei den Einweihungen beigestanden. Im August beglückte er die Leute in dem schwierigen Schloss mit einer ähnlichen Aussage. Er betonte erst die Tiefe unserer Verbindung und bezeugte dann – was auch später im Rundbrief des Schlosses zu lesen war –, dass er zugegen gewesen war, als Karmapa mich versprechen ließ, in Deutschland und rund um die Welt für ihn zu lehren.

Deutschland

In Berlin hatten Michael und Gunda endlich eine gesunde Gruppe aus Deutschen und Polen aufgebaut, und so machte es wieder Sinn, die Stadt zu besuchen. Ein Opel Diesel von Hans und Martina aus Regensburg wartete für die Weiterfahrt. Sie hatten ihn mir geliehen, weil es

Polen

damals kaum Benzin in Polen gab. Seither nahmen wir öfter den Zug: Während der zehn Tage im Land hatten wir zwei Unfälle, und das Auto wurde zweimal aufgebrochen.

Es war eine Leistung, dass der Wiederaufbau des Zentrums in Kuchary mit so geringen Mitteln noch vorangehen konnte: Meine Bergsteigerschüler zogen jetzt als Arbeitstrupps nach Norwegen und verdienten auf Dächern und Schornsteinen viel vom nötigen Geld.

USA

Um einige Bonus-Tickets des letzten Jahres noch vor dem Verfall zu nutzen, flogen Tomek und ich von Wien über Chicago nach Los Angeles. Am frühen Morgen ging die Fahrt auf einem gebrauchten 750er BMW-Motorrad nach Norden, zunächst mit Watte in den Ohren gegen die Kälte. Um neun Uhr kauften wir auf einem Flohmarkt zwei gebrauchte Sturzhelme, eine Stunde danach alte Armeekleider als Schutz gegen den Nebel. So ausgerüstet genossen wir die Kurven der einmaligen Küstenberge Kaliforniens. Es war besonders spaßig, einige Hells-Angels-Gruppen zu überholen, denen so etwas überhaupt nicht gefällt. Die meisten waren aber sicher voller Drogen und versuchten erst gar nicht, uns zu folgen. Beim Doppelten der in ihrem Lande erlaubten Geschwindigkeit hätten sie gegen europäische Fahrsitten auch nicht viel Erfolg gehabt. Auf dem Weg über die Golden-Gate-Brücke glitt das Hinterrad aus, und ein Mann rief uns zu, dass es platt sei. Die letzten Meilen fuhren wir also im Schritt-Tempo, kamen aber immer noch vor den Freunden in Point Bonita zum Kurs über das Bewusste Sterben an, die die Hauptstraße von Santa Barbara aus genommen hatten.

Roland ging es gut, seine Rolo-Boutiquen blühten. Er hielt sie bewusst unterhalb der Größe, mit der er dem Gesetz nach Mitarbeiter aus den Ghettos hätte anstellen müssen. Seine Tüchtigkeit war ein Hauptpfeiler unserer Arbeit in ganz Amerika. Später schickte ich noch Jesper aus Dänemark hinüber, und zusammen mit den Frauen, die das geistige Leben Kaliforniens sehr beherrschen, besteht ein gelungenes Gleichgewicht.

Mehrere Europäer – wieder neun aus Frankfurt – waren angekommen. Dem Bewussten Sterben folgte ein Kurs über die Vorbereitenden Übungen in einem Versammlungshaus nördlich von San Francisco und – wie jedes Jahr üblich – ein Radio-Interview für ein wichtiges Kulturprogramm, das später wegen unzureichender „p.c.", political correctness, von den Linken gestoppt wurde.

Hawaii

Der nächste Kurs über das Bewusste Sterben fand im Regenwald auf Maui statt, und Bewohner aller Hawaii-Inseln nahmen teil. Tief in den Reinen Ländern des höchsten Glücks angekommen vergaß ich einmal, dass ich auf meinem ehrenwerten Tisch vor ein paar Dutzend Neuen den Buddha vertrat. Der Freude folgend schlug ich laut lachend mit Kopf, Armen und Beinen in alle Richtungen aus. Maia betrat währenddessen den Raum, und ihr schönes Gesicht wurde um ein gutes Stück länger: Es war der völlige Gegensatz zu der „steifen Oberlippe" und dem kraftvoll-sicheren Benehmen, das ich lehre. Dort auf Hawaii, unter den mittlerweile erwachsenen Blumenkindern der 60er Jahre, störte so etwas wenig, aber ich habe seither sehr aufgepasst, wenn ein grenzenloses Erlebnis anfängt, sich einen körperlichen Ausdruck zu suchen. Dadurch wird die Wonne keineswegs eingeengt.

Dan war sehr zufrieden mit meinem Segen für seinen Job, bei dem er mit riesigen Entschädigungsgeldern für Unfallopfer arbeitete. Aus Dankbarkeit ließ er zweitausend Dollar, ein Prozent seines letzten Gewinns, unmittelbar in mein englisches Buch über die Vorbereitenden Übungen einfließen. Es lag schon zum Druck bereit. Goshir Gyaltsab hatte das Vorwort geschrieben, und wie die durch Irmtraut und Gabi verbesserte deutsche Ausgabe war es genau das, was die englischsprachige buddhistische Welt brauchte: mehr Praxis und weniger geistiges Durcheinander. Mit dieser Hilfe und je eintausend Dollar von Tomek und Roland sowie den Mitteln aus dem Verkauf von früheren Büchern konnten wir die ersten fünftausend Bücher drucken lassen.

Acht wunderbare Tage bei Jason und Dechen wurden für weitere Manuskripte verwendet. Wir nahmen uns diesmal auch die Zeit, tief in den beeindruckenden Riesenkrater der Insel zu wandern. Er ist der größte der Welt, in dem die ganze Manhattan-Insel mitsamt Wolkenkratzern verschwinden könnte.

In Frankfurt warteten wieder viele Freunde am Flughafen. Nach einem Stopp im Hamburger Zentrum, in dem sich die Freunde über einige Angriffe einer tugendhaften Gelugpa-Nonne auf unseren lebendigen

Dänemark

Buddhismus schlapp lachten, erreichten wir todmüde Kopenhagen. Es war fünf Minuten vor der ersten Einweihung im Westen auf den 15. Karmapa. Außer all den Wundern, die jeder Karmapa vollbringt, hatten seine Frauen zwölf hohe Wiedergeburten geboren; unter ihnen befand sich die 11. Reinkarnation des Shamarpas, der zum damaligen Zeitpunkt aufgrund der Opposition der Gelugpa-Regierung nicht auf seinen Thron gesetzt werden konnte. So etwas können kraftvolle Laien verstehen, und neben dieser Einweihung wünschten sie sich besonders die Ermächtigung auf den stark im Leben stehenden Marpa.

Spanien

Am nächsten Morgen fuhren Hannah, Pedro und ich für eine Woche nach Karma Gön. Pedro klopfte die Einheimischen nach Möglichkeiten ab, mehr Land zu kaufen. Neben dem Hauptzentrum in „Atalaya Alta“ wollte er nun noch ein kleines, halb verlassenes Dorf „Atalaya Baja“ aufbauen, um Wohnmöglichkeiten für Karmapas Schüler zu schaffen. Hans und Martina aus Regensburg hielten die Planung und Durchführung für das Karmapa-Dorf in ihren sicheren Händen. Hannah übersetzte Kalu Rinpoches Texte, und ich fand wieder ein paar Tage für dieses Buch. Während Hannah dann Gyaltsab Rinpoche weiter umherfuhr, füllten wir ein paar Autos mit Freunden und machten eine der jährlichen Schnellfahrten durch die Zentren Mitteleuropas.

Griechenland

Eine Woche in Griechenland brachte eine schöne Überraschung: Die griechische Ausgabe von »Die Buddhas vom Dach der Welt« hatte eine große Welle von frischen Leuten in die Zentren gebracht, die ich über die Jahre im Lande gestartet hatte. Wegen zu vieler gebrochener Bände waren die Gruppen nach jedem Besuch jedoch wieder geschrumpft, und vor allem eine Zypriotin wollte eher Macht als Wachstum. Sie schreckte schnell alle Selbständigen ab, und Athen, Thessaloniki, Ceres und sogar Berchen Ling, eine Zurückziehungsstelle auf den Bergen bei Korinth, hatte die Leute nicht halten können. Erst 1994 wurde wieder ein neuer Anfang möglich, und die Manganaris-Familie und andere selbständige Leute warteten nur darauf, ohne Störung loslegen zu können.

Deutschland

Mitte Oktober 1989 fuhren Hannah und ich von Wuppertal zum letzten Vereinstreffen im Schloss bei Bonn. Wir waren bereit, endlich einen Schlussstrich zu ziehen. Es wurde der große Tag von Sys. Seit dem letzten Treffen hatte sie alles durchdacht und stellte jetzt ein ausgereiftes Modell vor: Wir würden einen eigenen Dachverband für die Regionalvereine unserer Laien- und Verwirklicher-Zentren gründen, in dem Lama Jigmela und ich als Vorsitzende die Verantwortung tragen würden. Dies war die offizielle Geburtsstunde unseres Diamantweg-Buddhismus im Westen. Gyalwa Karmapa würde die spirituelle Leitung haben. Es sollten die Bücher gedruckt und die Lehrer eingeladen werden, die der Übertragung der Lehren in die moderne Welt nutzen würden. Inzwischen gibt es sechs Regionalvereine mit über hundert Meditationsgruppen und Zentren unter diesem Dachverband.

12. Goshir Gyaltsab Rinpoche, Dragpa Tenpe Yaphal (geb. 1954)

Die Inkarnationsreihe der Gyaltsab Rinpoches geht zurück bis ins 15. Jahrhundert. Sie gilt als eine der prominentesten innerhalb der Kagyü Linie; frühere Gyaltsab Tulkus gehörten auch zu den Lehrern ehemaliger Karmapas.

Der gegenwärtige Gyaltsab Rinpoche, Dragpa Tenpe Yaphal, wurde 1954 geboren. 1959 floh er im Gefolge des 16. Karmapa nach Sikkim, wo er und seine Verwaltung vom 16. Karmapa eingeladen wurden, bei ihnen im Kloster Rumtek zu wohnen. Seit Ende der 1980er Jahre residiert er in seinem eigenen Kloster Ralang in Süd-Sikkim. Seit 1991 gehört er zu denjenigen, die Partei zugunsten einer Anerkennung von Urgyen Trinley als Karmapa-Titelträger, den von China unterstützten Kandidaten ergreifen.

12. Tai Situ Rinpoche Pema Donyo Nyinje Wangpo (geb. 1954)

Der Khentin Tai Situ Rinpoche gehört zu den hochrangigen Tulku-Linien in der Karma Kagyü Linie. Der Titel geht zurück auf das Jahr 1407: Der Chinesische Kasier Yung Lo verlieh ihn an den tibetischen Lama Chökji Gyaltsen (1377-1448), der enger Schüler des 5. Shamar Rinpoche und Abt von Karmapas wichtigem Kloster Karma Gön in Ost-Tibet war.

Der gegenwärtige 12. Tai Situ Rinpoche wurde 1954 als Bauernsohn in Ost-Tibet geboren und bald darauf vom 16. Karmapa offiziell als die Reinkarnation seines Vorgängers anerkannt. Im Exil lud ihn der 16.Karmapa ihn und seine Administration nach Rumtek ein, wo er bis 1976 seine Ausbildung bekam. Als erster der jungen Tulkus verließ er mit 22 Jahren Rumtek und baute sich im über 1500 km entfernten nordindischen Himachal Pradesh seine eigene Stelle Sherab Ling auf. Ab 1984 durfte er wiederholt Tibet besuchen. 1991 war er die treibende Kraft zugunsten einer Ernennung von Urgyen Trinley zum Karmapa-Titelträger, der von den Chinesen eingesetzte politische Kandidat.

Über alle Grenzen

Das Jahr 1989

- Mit einem Massaker auf dem Platz des Himmlischen Friedens in Peking beendet die chinesische Parteiführung die Bemühungen zur Liberalisierung des Landes.
- Fall der Berliner Mauer und Wiedervereinigung Deutschlands
- Die Sowjetunion zieht sich bis Februar nach hohen Verlusten ohne Sieg aus Afghanistan zurück.
- In der jugoslawischen Provinz Kosovo kommt es zu blutigen Unruhen.

Das Jahr 1990

- Die Sowjetunion zerfällt in selbständige Einzelstaaten, beginnend mit Litauen, Lettland und Estland. Im jetzt souveränen Russland wird Boris Jelzin Präsident.
- Die irakische Armee marschiert am 2.8. in Kuwait ein.
- Die jugoslawischen Teilrepubliken Slowenien, Kroatien und Bosnien-Herzegowina erklären ihre Unabhängigkeit.

Russland

Nach einem nützlichen Abend im Kreuzberger Zentrum ließen wir das Auto in Berlin zurück und nahmen den Nachtzug nach Leningrad. Für meinen Porsche und Mercedes jagenden tiefer gelegten Audi Quattro Turbo 200 waren die Straßen und das Benzin Osteuropas nicht gut genug.

Viele Gebiete erinnerten an Westeuropa kurz nach dem Krieg. Stalin hatte zwar Asien um 500 Kilometer nach Europa verschoben und die Ostpolen in frühere deutsche Gebiete versetzt, doch an der Landschaft und den Bauten hatte sich nur wenig geändert. Da die Verhältnisse in den baltischen Staaten lange Zeit die Schlagzeilen der freien Welt beherrschten, genügt es zu sagen, dass die südschwedisch anmutenden Landschaften entweder im Dornröschenschlaf lagen oder voller Müll waren. Bis kurz vor Leningrad sprachen nur die Beamten russisch; die Passagiere, die ein- und ausstiegen, unterhielten sich auf Polnisch oder in den örtlichen Sprachen. Bei Vilnius ging eine so bildschöne Frau am Zugwagen vorbei, dass mir der Atem stockte. Sie trug eine Uniform, so dass es zweifelhaft war, welches Karma sie in diesem Leben aufbauen würde. Im letzten hatte sie bestimmt ein paar Dinge richtig gemacht.

Die Freunde warteten am Leningrader Bahnhof. Sie hatten alles seit unserem letzten Besuch zusammengehalten. Wir wohnten in einem der grauen Ein-Zimmer-Kästchen – aber immer mit Bad –, in denen unzählige Familien des Landes aufeinander gestapelt lebten.

Spannende Leute kamen und gingen, oft Künstler mit einem reichen Innenleben. Eine halbe Stunde Fernsehaufnahmen über die Natur des Geistes sollte im „Fünften Rad" gesendet werden, dem einzigen Programm ohne Soldaten im Gleichschritt und stundenlangem Verlesen unterschiedlicher Herstellungszahlen. Damals missglückte leider die Tonaufnahme, aber seit dieser Zeit waren wir oft auf russischen Bildschirmen zu sehen, und die Menschen vergessen nichts. Da unsere eigene Gruppe so gut wuchs, blieb nun Zeit, auf Einladungen einzugehen. Die buddhistische Vergangenheit Russlands war einfach furchtbar, und die meist Älteren in den Kleingruppen und ihre Lehrer waren die Überlebenden von fünfzig Jahren Unterdrückung und Hinrichtungen.

Die mongolischen Stämme der Burjaten und Kalmücken gehörten seit etwa 1750 zur „tugendhaften" Gelugpa-Linie; ihre Gelehrten wurden in der Mongolei ausgebildet. Sie waren von Stalins Polizei fast ausgerottet worden, und man findet noch heute Gräber mit bis zu 5.000 Mönchen, jeder mit einer Kugel im Kopf. Eine weitere Einladung kam von einer kleinen „Dzogchen"- oder Dandaron-Gruppe, ebenfalls mit Wurzeln nahe des Baikal-Sees. Ihren Leuten war es auch nicht besser ergangen, und ihr Lehrer war wohl im KZ psychisch völlig zerstört worden. Ihre Hauptübung war die „Gana-Puja", bei der man isst und zugleich singend das Essen opfert. Diese Übung, vor allem durch reichlich Alkohol beflügelt, gefiel vielen, vertrug sich aber schlecht mit den bürgerlichen Tischsitten meines Elternhauses.

Was diese alten Gruppen berichteten, konnte einen krank machen. In den 30er Jahren beispielsweise war die Geheimpolizei in das Ostasiatische Institut eingedrungen, in dem einige der Erzähler damals arbeiteten.

Da die Polizei die Schriftzeichen ihrer Texte nicht lesen konnte, hatten sie kurzerhand die Angestellten zu japanischen Spitzeln erklärt und die Hälfte im Hof erschossen. Der Rest bekam zwanzig Jahre Arbeitslager in Sibirien. Von 5.000 eingesperrten Gelugpa-Gelehrten hatten nur zwanzig überlebt, und Mitte der 50er Jahre jäh auf freien Fuß gesetzt, hatte keiner von ihnen die Kraft für einen neuen Anfang. Diesen erwarteten sie jetzt von uns Europäern, die immer wieder die Qualität in ihr Land brachten. „Die Menschen werden es von dir annehmen, Lama Ole", sagten sie, „bitte komme so oft, wie du kannst."

Leningrad – heute Petersburg – war genauso trostlos wie das letzte Mal. Die Sonne schien nicht einmal, aber das bedeutete weniger Ablenkung vom Lernen und Freundschaften schließen. Als eine Menge begabter Schauspieler in die kleine Wohnung kam, wurde uns bewusst, dass wir gerade buddhistische Geschichte machten.

Um unsere Gastgeber zu schützen – und auch aus Neugier –, wollten wir unsere Papiere in einem Amt stempeln lassen. Es wurde eine einmalige Erfahrung, Stoff für einen heutigen Kafka. Wenn der Alltag der Menschen so aussah, waren ihre lauwarmen Gefühle Gorbatschows Glasnost gegenüber besser zu verstehen. Als wir schließlich das Amt in einem ehemaligen Kino entdeckten, saßen dort drei schwere Musen in voller Schlachtordnung verschanzt. Die Dienstjüngste war etwas von der Schranke entfernt, Nummer zwei, links hinter einem Regal halb versteckt, zeigte den Besuchern ihren breiten Rücken, und die Dritte und gefährlichste Vertreterin dieser Gattung konnte in einem Nebenraum durch eine halboffene Tür nur geahnt werden. Ihr Ziel war eindeutig: durch das Gestatten von überhaupt nichts die Vollkommenheit der herrschenden Ordnung zu bestätigen und dabei die Hilfesuchenden möglichst klein zu machen. Während wir warteten, trieben sie ein Dutzend Besucher in die Verzweiflung, indem sie sie einfach der Reihe nach beschimpften. Niemand erreichte irgendetwas bei ihnen. Die Szene wirkte völlig unwirklich, und lange erwarteten wir, dass jetzt die Oscars verteilt würden. Erst als viele gebückt den Raum verlassen hatten, tat es mir Leid, kein Russisch zu können. Ich hätte gerne etwas für die Erziehung der drei Damen getan.

Die Leningrader Gruppe brauchte Zeit, um so viele Belehrungen zu verdauen. Also besuchten wir Freunde in Moskau, die uns beim letzten Mal eingeladen hatten. Moskau war viel verwirrter als Leningrad. Die großen und starken Männer waren beim Heer oder der Polizei, oft mit einer Ausstrahlung von erstaunlicher Macht. Die verbrauchten Menschen waren Arbeiter, und Menschen aus den asiatischen und arabischen Ländern lebten vom Schwarzhandel und Ähnlichem. Um einen vernünftigen Preis zu bekommen, mussten wir die Taxifahrer gegeneinander ausspielen, fast wie in Indien. Dann folgte zwischen grauen Wohnblocks eine endlose, aber beeindruckende Fahrt auf breiten, leeren Straßen.

Die Moskauer Gruppe war um einiges unselbständiger als die Leningrader, sie hatte zu ihren vielseitigen buddhistischen Wurzeln noch keine Stellung bezogen. Ein Gelugpa-Büro des Dalai Lama versuchte vergebens, die Entwicklung zu steuern. Obwohl sie es gut meinten, verpassten sie völlig den Markt. Der althergebrachte Mönchsbuddhismus, den sie so tapfer wiederherzustellen versuchten, ist reine Vergangenheit. Neben unseren lebensnahen Belehrungen und im Alltag verwendbaren Meditationen wirkte er wenig anziehend.

Mehr als an anderen Orten fand ich es in Moskau wichtig, die Leute zu Partnern in ihrer eigenen Entwicklung zu machen. Ich bat sie bei unserer Begegnung mehrmals, ihrem Wissen zu vertrauen und es zum Besten anderer auch anzuwenden. Obwohl so unterschiedliche Karmas kaum zusammenbleiben, brauchten außer zweien noch alle die Zuflucht. Sie erhielten damit den Segen Karmapas für ihre weitere Entwicklung. Kein Lehrer hatte offensichtlich diese wichtige wie einfache Handlung ermöglicht.

Um viereckige Tische auf unterschiedlich hohen Stühlen sitzend, bot das schief gebaute Architekturbüro in einem ehemaligen Kloster zur Geschichte den richtigen Rahmen. Während der russische Cognac verschwand, den Hannah und ich mitgebracht hatten, verband unsere buddhistische Deutung von den Geschehnissen der großen Welt die ganze Gruppe. Heute wächst sie in Moskau aus eigener Kraft, aber damals brauchten die meisten unbedingt Titel und Gütesiegel tibetischer Lamas, um sich für Meditation entscheiden zu können. Das passte gut. Für nur 50 Dollar – wir brauchten kaum noch schwarz zu wechseln, da am Tag unserer Ankunft der Kurs von 2,50 Mark für den Rubel auf 25 Pfennig gefallen war – konnten wir neun von ihnen die Fahrt nach Polen und zurück bezahlen. Ein waches Bewusstsein für solche Gelegenheiten ist

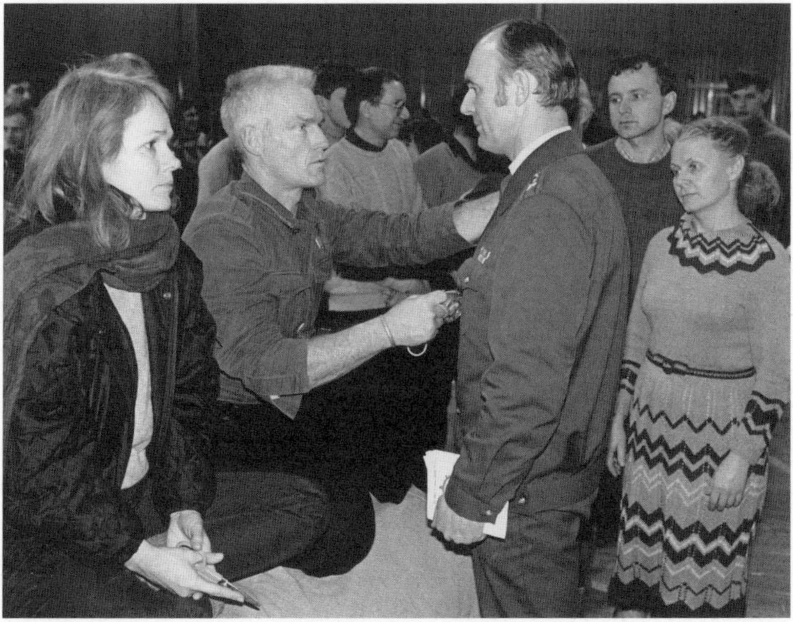

Zuflucht in Russland

nach wie vor der Schlüssel zum Erfolg unserer Arbeit rund um die Welt, und bisher haben wir mit wenigen tausend Mark sehr viel ausrichten können. Wir konnten es kaum erwarten, ein Dutzend Leningrader zum gleichen Preis einzuladen.

Der Zug nach Leningrad zurück hatte mehrere Stunden Verspätung, und so lernten wir die sozialistische „Wartekultur" des Landes kennen. Das konnten sie! Nach zwei Tagen der Festigung drückte mir beim Abschied ein sehr süßes Mädchen einen unregelmäßigen Kupferklumpen in die Hand. Es war eine zweihundert Jahre alte Fünf-Kopeken-Münze, die noch heute für mich die zeitlose Kraft Russlands ausdrückt.

Die Warschauer Gruppe hatte eine schöne Wohnung für Goshir Gyaltsab gefunden. Sein *Mo* bestätigte Maias Traum, dass ich auf der nächsten Südamerikareise bewaffnet sein sollte. „In Tibet hatten sogar die Mönche ein Gewehr dabei, wenn sie reisten", sagte er.

Hannah fuhr mit Gyaltsab nach Polen und anschließend nach Griechenland. Für mich fanden am nächsten Morgen meine starken Verbindungen zu Deutschland einen einmaligen Ausdruck: Ich überquerte die Grenze nach Berlin während des Mauerfalls. Die sonst so sauren Vopos standen völlig überwältigt herum, mehrere der breiten Männer hatten Tränen in den Augen. Sie riefen nur „Pässe links, Ausweise rechts!", während die Menschenmassen endlos nachschoben. Die Gesichter der Ostdeutschen blieben verknittert, bis die verspätete S-Bahn abfuhr. Sie fanden dafür sehr ungewöhnliche Ausdrücke, als sie entdeckten, dass sie jetzt tatsächlich frei waren. Nach der Zeit in den Ostländern war das Essen bei Michael und Gunda wie aus einer anderen Welt. Jeder hatte tausend Vorstellungen, was nun mit den Ostdeutschen geschehen würde.

Deutschland

Wir wurden abends um sechs Uhr in Passau erwartet, kamen aber erst um zwölf Uhr an. An der deutsch-deutschen Grenze nach Bayern hatte es einen sechzehn Kilometer langen Trabi-Stau gegeben, danach jede Menge verschlafene Linksfahrer. Zum Glück hatte sich die weise Theresia der Zuhörer in dem vollen Saal erstklassig angenommen, und bis zum frühen Morgen ging es mehr um Gorbatschow und den Geist der „Ossis" als um Erleuchtung und Karmapa.

In Norddeutschland bot das Zentrum bei Südergellersen eine erste Berührungsfläche zur Psychologie. Dann folgten Belehrungen im schnell wachsenden Hamburg, in Kiel und in Schmedeswurth in der Nähe der Nordsee.

Holland

In Groningen/Holland stellten Marja und Jolanda einen gutbesuchten dreitägigen Kurs auf die Beine. Zu meiner großen Freude hatte Marja die Übersetzung von „Die Buddhas vom Dach der Welt" fertig gestellt, und ein Verleger war bereits gefunden worden. Anschließend folgten zwei Tage in Den Haag bei Franz und Gülfen, die wir schon in Istanbul besucht hatten. Sie unterstützen seit den frühen Jahren Schwarzenberg und meine Arbeit. Was den früher so kulturreichen holländischen Innenstädten zugestoßen war, war verheerend. Zuwanderer aus früheren afrikanisch bevölkerten und asiatischen Kolonien hatten sie weitgehend zu Ghettos gemacht, zu schweren Belastungen der Gesellschaft. Geburtenzahlen und Ausbildungsstand machen künftige Auseinandersetzungen unvermeidbar, die einem humanistisch eingestellten Europa sehr teuer kommen werden.

Schweiz

Für Anfang Dezember hatten unsere Schweizer Freunde eine Berghütte bei Bern gemietet. Auf einer Wanderung im Schnee oberhalb der

Wolken fand Annemarie aus Zürich nach Jahren der Suche ihre wirkliche Verbindung zu Buddhas Lehre. Sie entschloss sich, mit Markus, Kasia und anderen Freunden ihr gediegenes Haus in Zürich zu unserem Zentrum zu machen.

Zurückziehung in den Schweizer Alpen

Anschließend flogen Maia, mehrere Freunde und ich für einige Tage nach Karma Gön, wo Tenga Rinpoche den Ort für die geplante Stupa segnete. Er übergab später die Verantwortung für den Bau an Lopön Tsechu und mich, und wir sammelten von diesem Zeitpunkt an fleißig Geld. Die Stupa sollte dreizehn Meter hoch werden und vom Mittelmeer aus deutlich zu sehen sein. **Spanien**

Nach Österreich und verschneiten Weihnachten in Schwarzenberg folgten Heidelberg, Wuppertal und Hamburg, von wo aus Caty mitkam. In Kopenhagen warteten Hannah und ein riesiges Neujahrsfest auf uns. Eine durchtanzte Nacht ließ wenig Zeit zum **Deutschland** **Dänemark**

Kofferpacken für die kommende Fahrt durch Südamerika und weiter um die südliche Hälfte der Welt. Tomek hatte gut geplant, jede Stunde würde gut genutzt werden.

Venezuela

Wir landeten in Caracas um fünf Uhr morgens. Nach den Veränderungen in Osteuropa konnte Tomek diesmal mit seinem polnischen Pass reisen. Der spitznasige Zöllner wollte nur eines sehen: den Koffer mit meinem Revolver. Als alle Versuche, ihn abzulenken, fehlschlugen, wurde er plötzlich zum Telefon gerufen, und wir verschwanden. Auch Pedro brachte seine Videokamera unbehelligt durch den Zoll. Er sollte für das dänische Fernsehen „Die Fahrt des weißen Lamas um die Welt" filmen. Obwohl von einer Grippe, unter der halb Europa zu dieser Zeit litt, schwer angeschlagen, hatte niemand Zeit, um krank zu sein: Fünfunddreißig hoffnungsvolle Venezolaner warteten auf einem Universitätsgelände vor der Stadt auf den Kurs über das Bewusste Sterben.

Im Zentrum konnten fünfzig neue Leute sofort anfangen, denn alle Belehrungen vom ersten Besuch waren schon gedruckt und im Umlauf. Obwohl Ausdauer und geistige Unterscheidungskraft der Bevölkerung nicht überwältigend sind, ermöglichten jährliche Besuche, Videos und Texte das beste stetige Wachstum. Die starken Schwestern Hoogenstein wollten sich um Caracas kümmern und Paula um das Zentrum in El Lion. Alles war in Entwicklung, so dass diesmal keine Rede davon war, das Zentrum zu „retten". Schließlich stießen auch Detlev und Ulla zu unserer Gruppe, die damaligen Leiter des Münchner Zentrums und Hauptverantwortliche für unsere Zeitschrift „Buddhismus Heute".

Kolumbien

Der kolumbianische Kurs über das Bewusste Sterben fand nahe Tunja, nördlich von Bogotá, statt. Vierzig Teilnehmer kamen zu Adrianas stattlichem Geburtshaus in das Smaragd-Land. Dort werden die Kriege wegen Edelsteinen statt Kokain geführt, sind aber deswegen nicht weniger blutig.

Etwas im allgemeinen Karma des Landes verschob sich zumindest vorübergehend, das zeigten meine Träume. Im Jahr zuvor hatte ich fast jede Nacht Häuser gestürmt und Geiseln befreit. Wenn diesmal die Türen aus den Angeln sprangen, saßen die Leute jedoch friedlich um die Tische. Tatsächlich bot einige Tage darauf Pablo Escobar, der Größte unter den Drogenbossen, der Regierung Verhandlungen an und ließ zum Zeichen seines guten Willens die meisten Geiseln frei. Gleichzeitig gestaltete sich die „M 19", eine der drei großen Guerillaverbände, in eine politische Partei um.

Nach dem Kurs über das Bewusste Sterben kam Eduardo mit uns per Bus durch den Süden Kolumbiens bis an die Grenze nach Ecuador. Tenga Rinpoche hatte uns zwar geraten, aus Sicherheitsgründen diese Strecke zu fliegen, doch da sich die Lage wieder beruhigt hatte, wollten wir das Geld sparen.

Ecuador

Ecuador, hoch in den Anden, unterscheidet sich völlig von den nördlichen und östlichen Nachbarländern. Es gibt wenig Gewalt, und die Einheimischen, Nachfahren der Inkas, sind unglaublich klein, höflich und leben wie in einer anderen Welt. Der Äquator selbst ist durch einen Erdball aus Zement dargestellt. In der Nähe kauften wir Ledertaschen für die Freunde, und in der Hauptstadt Quito waren sowohl die Bauten als auch die Preise wunderbar.

Auf dem Weg nach Guayaquil, der zweitgrößten Stadt Ecuadors, wäre Pedro beinahe seine Kamera losgeworden. Eifrig dabei, etwas örtliche Farbigkeit einzufangen, hatte er einen Polizisten bei der Entgegennahme von Schmiergeld gefilmt.

Am Äquator

Es gab schon Ungewöhnliches hier. Einige anziehende Damen auf der Straße, die mit tiefen Stimmen meine Männlichkeit lobten, waren wohl tatsächlich Herren. Die größte Überraschung gab es jedoch für unseren Gastgeber: Ich hängte ihm, wie ich es oft mache, für die Nacht meinen Gau um, und obwohl er sich niemals an Träume erinnerte, sah er diese Nacht Männer in roten Roben und gewaltige Berge. Offensichtlich hatte Karmapas Segen einige versteckte Erinnerungen in ihm geweckt, und schon wollte er in den Himalaya.

Peru

Nach weiteren Bananenplantagen erreichten wir die peruanische Grenze. Sie schloss einfach um 18 Uhr; auf keinen Fall aber wollten wir in dem wenig anheimelnden Grenzdorf übernachten. Während wir mit schwerem Gepäck in Richtung Grenze liefen, zeigte sich das Gefühl so vieler armer Menschen den Weißen gegenüber. In die Hände klatschend, riefen sie höhnisch: „Lauft, weiße Männer, lauft! Die Grenze ist sowieso zu!“ Aber sie irrten sich: Zehn Dollar für den Beamten in Ecuador und fünfzehn Dollar für den Herrn in Peru verschafften uns die besten Dienstleistungen.

So vermieden wir einen der unangenehmsten Zölle Südamerikas, mussten dann allerdings feststellen, dass nachts kein Bus nach Lima fuhr. Also mieteten wir für die fünf Stunden zur nächsten Stadt zwei klapprige Taxis mit Fahrern, die recht gaunerhaft wirkten. Das Glück blieb: in der stockdunklen Wüstennacht wählten sie gerade an den Stellen Nebenstrecken zum Panamericana Highway, an denen sich die Überfälle häuften. Wie so oft, wenn meine Schützer zu tun haben und nicht gestört werden wollen, döste ich fast den ganzen Weg. Die Fahrer waren ihrerseits nur wegen ihres Vertrauens zu mir nachts gefahren und machten jetzt große Augen: Mehrere Busse und Taxis waren während der letzten Stunden ausgeraubt worden, und eine Spanierin war erschossen worden, da sie den Räubern nichts hatte geben wollen.

Den am meisten heruntergekommenen Bus, den wir in Südamerika sahen, erwischten wir für die letzte Strecke nach Lima. Auf dem Boden stand das Maschinenöl, die Sitze waren völlig zerrissen und verschmiert. Nach hundert Metern verreckte der Motor, und nach weiteren hundert Metern war der Tank leer. Als wir endlich fuhren, ließ der Busfahrer kein Schlagloch aus. Überall gab es die üblichen Zeichen einer Wüste, die das fruchtbare Land verschlingt: Ob es den Mullahs und dem Papst gefällt oder nicht – wenn sie menschenwürdig leben wollen, müssen die armen Länder rasch ihre Bevölkerungszahlen verringern.

Im trockenen Lima, beim tiefblauen Stillen Ozean, empfing uns Ricardo. Er hatte in Polen studiert und war dort 1985 mein Schüler geworden. Jetzt unterrichtete er als Kunstlehrer und wollte seiner Stadt ein buddhistisches Zentrum anbieten. Innerhalb von drei Tagen füllte sich sein Haus im früher so reichen Miraflores immer mehr: Dutzende nahmen Zuflucht, und eine feste Dharmagruppe entstand.

Peru war das ärmste Land, das wir bis dahin gesehen hatten. Als Ulla und Detlev einmal an der falschen Bushaltestelle ausstiegen, teilten sie Tomeks Erfahrung aus Manila. Sie erfuhren mehr vom Hass der Slums, als ihnen lieb war. Ein Langfinger leistete etwas Besonderes und stahl im Gedränge während der Fahrt unsere Reisepässe aus Hannahs Handtasche. Im Osten hatte das keiner geschafft.

Nach Ansicht amerikanischer Behörden wurde Lima so gefährlich wie früher Beirut. Die maoistischen Guerillas namens „Leuchtender Pfad“ hielten mittlerweile große Teile Perus fest in ihrer Hand. Ihrem schönen Namen zum Trotz verwendeten sie dieselben Mittel wie die „Roten Khmer“ in Kambodscha und brachten ca. 27.000 Menschen um, bis Guzman, ihr Leiter, gefangen wurde. Damals töteten sie gezielt Touristen. Durch die Zerstörung der Wirtschaft hofften sie, einen Bürgerkrieg zu entfachen, den sie dann gewinnen wollten. Ein paar Wochen zuvor hatten sie beispielsweise zwei französische Mädchen aus dem Bus geholt und an der Straße erschossen, nur aufgrund ihrer weißen Hautfarbe. Genau diese Gegend hatte man uns empfohlen zu umgehen, und so flogen wir nach Cuzco, der Hauptstadt des alten Inkareiches.

Der Doppelgänger

Gerhard aus Schwarzenberg holte uns am Flughafen ab. Er war ein kraftvoller Idealist. Nach fünf Jahren als Entwicklungshelfer kannte er die Gegend in- und auswendig. Er zeigte uns die Festungen und Tempel der Inkas, die sich auf derselben atemberaubenden Höhe wie Lhasa befinden. Mit ihm und seiner einheimischen Freundin wohnten wir an einem Berghang oberhalb der Stadt und ritten seine beiden schnellen Hengste. Die Gegend bot alles: Indiohöfe, Gebirgsbäche, Lamas und Guerillas. Ihr Bereich fing schon hinter den Bergen an; dort töteten sie jeden Beamten und sprengten das Vieh mit Dynamit in die Luft. Der Ring um Cuzco zog sich immer enger, und der Tourismus hatte schon stark gelitten. Das war sehr schlimm für die Einheimischen, die ihre großen Sippen durch das Geld der Fremden ernährten. Ich verwendete meinen Revolver das einzige Mal auf der Reise für ein paar Schießübungen und vergiftete mich abends mit einigen Gallonen frischen Zuckerweins, so dass ich das übermäßige Trinken beendete. Das Leben ist einfach zu kurz für einen „Kater“.

Eine Busfahrt zum Titicacasee, durch den die Grenze zwischen Peru und Bolivien verläuft, war wegen der Guerillas nicht empfehlenswert. Also nahmen wir einen örtlichen Zug voller Indios und Händler. Er

Zu Gast bei Gerhard

durchquerte die Anden in 4.000 Metern Höhe und bot einen Blick über weite Ebenen mit komisch aussehenden Alpaka- und Lamaherden, oft mit Schneebergen am Horizont. Kurz nach Sonnenuntergang stoppte der Zug, die Einheimischen sagten, „Jetzt kommen die Räuber!“ und machten sich schnell davon. Der Zugführer schien mit den Banditen zusammenzuarbeiten, er fuhr auf ein Abstellgleis und machte die Beleuchtung im Zug aus. Dann fing ein ziemlicher Aufstand an: Gruppen von untersetzten, aber kräftigen Herren in blauen Sportjacken bewegten sich durch die Zugwagen und beobachteten unverhohlen Reisende und Gepäck. Obwohl sie sicher Polizisten waren, die ihre Hungerlöhne aufbessern wollten, waren keine Schusswaffen zu sehen. Unsere nordischen Größen überzeugten sie, weiterzugehen. Wir waren auch nicht einladend: Tomek blendete sie mit einer Taschenlampe, Pedro drückte ihnen ein Bundeswehrbajonett – in der Scheide – zwischen die Rippen, Detlev und ich schubsten sie mit unseren Bäuchen hin und her. Mit Hannah und Ulla an den Fenstern hatten wir auch Augen und Ohren. Abgesehen vom Kater der vorherigen Nacht hatten wir nur Spaß, zwei andere Wagen wurden jedoch ausgeraubt.

Der Titicacasee, der höchstgelegene See der Welt, ist tiefblau und unendlich still. Die Fähren setzten Menschen und Busse getrennt hinüber. Boliviens Hauptstadt La Paz war eine echte Überraschung. Es gab wenig Slums, und die Umgebung ähnelte Tibet. Mitten in der Stadt verkauften sie Glücksbringer und Werkzeug für Zauberer, und man sah dieselben billigen chinesischen Verbrauchsgüter wie in Nepal.

Bolivien

Ein unglaublicher Luxuszug fuhr uns Richtung Süden. In den Weiten Argentiniens war der Kagyü-Buddhismus ein völliges Durcheinander. Obwohl der Zustand der geistigen Zentren eines Landes letztendlich vom Karma der Menschen abhängt, hatten Fremde hier kräftig zur Verwirrung beigetragen. Wer den Mut und die Reife besaß, den Raum als Reichtum und Möglichkeit zu sehen – die Hauptvoraussetzung für eine erfolgreiche Praxis des Diamantwegs –, hing völlig in der Luft. In Buenos Aires war die Arbeit wegen zu vieler Gerüchte zerfallen, und in Córdoba hatte ein bhutanesischer Lama von Kalu Rinpoche, der in Frankreich lebte, ein Zentrum gegründet, war aber später aufgrund einiger Verletzungen durch schwere Unfällen nicht wieder zurückgekehrt. Spätere Besuche von Lehrern derselben Schule waren ohne gegenseitige Absprache gelaufen, und wie üblich hatte keiner die örtlichen Hoffnungsträger ermächtigt, selbst etwas zu tun. Also lebten die Leute auch hier in Erinnerung und Erwartung, und wie in Caracas war dann der Rinpoche aus Neapel zu Besuch gekommen. Er hatte einen schön gelegenen Hof in der Nähe gekauft, und ein Großteil des kränkelnden Zentrums war seinem Verein beigetreten.

Argentinien

Zu den Vorträgen kamen nur wenige, die noch dazu den Buddhismus am liebsten für sich selbst behalten wollten. Sie hatten auch wenig Lust, zwischen Übertragungslinien und Fachsprachen zu unterscheiden. Ich tat also das Möglichste und segnete einfach, was war. So blieben sie zumindest buddhistisch beeinflusst. Auf menschlicher Ebene gab es aber genug Verantwortung: Die Menschen waren sehr verunsichert – auch vom Verfall ihrer Währung – und kamen Tag und Nacht.

Mit dem nächsten Bus fuhren wir westlich zum Fuß der Anden. Von dort aus hatte der Heerführer San Martin im letzten Jahrhundert die hohen Pässe überquert und die spanischen Truppen in Chile sehr unangenehm überrascht. Die riesigen Bergseiten zum Stillen Ozean hin sahen aus wie eine Mondlandschaft, aber dennoch spürte man, dass Chile das wirtschaftlich gesündeste Land Südamerikas ist. Es war kurz vor der

Chile

Wahl, durch die Pinochets Militärregierung gehen musste, und die Leute benahmen sich unerwartet frei. In Santiago stellte eine Medizinstudentin fest, dass ich den Blutdruck eines Zwanzigjährigen hatte, und Hannah war den Messungen zufolge um die fünfzehn. Nach zwei Nächten in einem sonderbaren Hotel, das der Schwingung nach irgendwelchen sexuellen Randgruppen diente, verließen wir nach anderthalb Monaten Südamerika.

Hannah!

Osterinseln

Sechs Stunden dauerte der Flug über den Stillen Ozean zur Osterinsel, ein Drittel des Wegs nach Neuseeland. 4.000 Kilometer vom nächsten Festland entfernt war die Landschaft dieses chilenischen Naturschutzgebietes begeisterungswürdig. Die großen Steintorsos, die diese erloschenen Vulkane so berühmt machen, gefielen mir zutiefst. Ich war sofort überzeugt, dass sie eigentlich Buddhas darstellen. Oberflächlich betrachtet sehen sie zwar etwas eckig aus, aber die Schwingungen stimmen. Sie blicken zur Insel hin, um sie zu segnen, und nicht auf das Meer hinaus, um sie zu schützen. Zweifellos sollen sie eine gute Kraft verbreiten. Einige Einzelheiten können wohl auch kaum Zufall sein, wie zum Beispiel die Größenverhältnisse der Ohren und eine Handstellung, wie sie zur Erzeugung von „Innerer Hitze“ (Tumo) verwendet wird. So saß vor tausend Jahren auch der tibetische Verwirklicher Milarepa in Meditationsstellung.

Vor 1.500 Jahren hatten vermutlich polynesische Fischer mit Staunen Buddhastatuen auf Bali angegafft. Auf ihren Bootsreisen ostwärts war die Erinnerung daran von Vater zu Sohn weitergereicht worden, bis die Lavasteine der Osterinsel ihre Umsetzung ermöglichten. Bei späteren Stammesfehden hatten die Bewohner gegenseitig ihre Statuen umgekippt, ihnen aber dabei nicht die guten Energien ausgetrieben. Die liegenden Riesengestalten taten mir richtig leid, als wären sie nahe Freunde.

Pedro hatte auf den Osterinseln seine erste Fahrstunde in einem Jeep, und Tomek und ich teilten einige spannende Augenblicke auf einem Felsen, während das Meer über uns zusammenschlug. Als ich Karmapa-Reliquien unter Steinen an einem beeindruckenden Krater versteckte, fragte ich mich, wie wohl die Langzeitwirkungen dieses Segens für Milliarden Fische sein würden.

Buddhas?

Tahiti

Weitere sechs Stunden westwärts lag Tahiti, die vielleicht teuerste Gegend der Welt: Alles wurde aus Frankreich eingeflogen, und eine Zeitung kostete bis zu zehn Dollar. Vor der Landung warf ein Wirbelsturm das Flugzeug durch die Luft, die Sonne war schwarz und der Himmel strahlend gelb. Die Insel erinnert an Hawaii, ist nur viel wärmer. Viele Strände haben schweren, schwarzen Sand und noch gefährlichere Unterströmungen als Secret Beach. Glücklicherweise wurden wir erwartet; die chinesische Freundin eines französischen Künstlers fuhr uns vom Flughafen zu einem Hotel am Strand, das sie als Fremdenführerin gut kannte. Ohne uns vorher zu kennen, bewirteten sie und ihr japanischer Mann uns während der folgenden drei Tage königlich. Sie hatten Vorträge auf Französisch bei Freunden vorbereitet; mehrere von ihnen würden wir bestimmt wieder sehen.

Neuseeland

Neuseeland sieht aus wie Nordengland, nur auf die südliche Halbkugel versetzt. Obwohl es mehr rote Sportlerknie als erotische Schwingungen gab, war das Land erfrischend. Alles war sauber, die Menschen waren groß und gesund. Überall wurden Wolkenkratzer gebaut, mit farbig getöntem, die vorbeiziehenden Wolken spiegelndem Glas. Im Auckland-Zentrum auf der Nordinsel machte der Lama wenig Sinnvolles, und so nahmen wir den Zug durch offene Landschaften voller Schafe und setzten mit der Fähre über auf die Südinsel bei Christchurch. Obwohl die Zeitung den Artikel einer kalifornischen Freundin erst einen Tag nach meinem Vortrag druckte, waren alle Stühle in dem kleinen Saal besetzt. Die Neuseeländer hatten die Aufnahmefähigkeit von Europäern, und ein Dutzend stellte den Beginn einer Karmapa-Gruppe. Nach Zuflucht und dem Segen unserer Linie war der nächste Schritt die 16. Karmapa-Meditation auf Karmapa und die alles befreiende Sicht des Großen Siegels. Einige wollten sogar mit den *Grundübungen* anfangen, ein ziemlicher Kultursprung.

Australien

Wir mieden Numea, eine andere teure französische Kolonie, und gönnten uns dafür zwei weitere Tage in Australien. Das fühlte sich richtig an. John erwartete uns mit einem hochbeinigen Jeep am Flughafen. Er war ein Engel der Slums von Sydney und rettete viele Straßenjungen vor den Wegen des schnellen Abstiegs. Die Drei-Millionen-Stadt ist ein Gemisch aus europäischen Bauweisen mit geschmiedeten Eisenzäunen. Jytte und Peter luden uns in die teure Vorstadt Mona Vale ein; auf den Küstenhügeln standen die Häuser der Reichen. Für uns bedeutete das viel ungestörte Arbeit am Buch und gleichzeitig wunderbare Strände ganz in der Nähe. Unsere Wirte langweilten sich auch nicht: Sie hingen ständig am Faxgerät oder Fernsprecher und schoben mit recht wenig Erfolg Gelder und Waren um die Welt.

Lama Trijam wiederzusehen, war eine Freude. Wir kannten ihn aus den frühen 70er Jahren in Darjeeling, mit ihm hatte Karmapa Australien ein großes Geschenk gemacht. Leider war er wegen der üblichen tibetischen Verspätungen erst vier Jahre nach der Absprache eingetroffen, was die Hingabe der Wartenden um einiges abgekühlt hatte. Wie bei anderen Lehrern, die bei ihrem östlichen Stil blieben, wollten wir ihn „zugänglich" machen, wie es so oft an andern Stellen gelungen war. Viele sollten Nutzen von ihm haben können.

Die Landschaft lag im klaren Licht des frühen März gebadet, dem australischen Herbst. Meine ersten Vorträge fanden in der Universität von Sydney statt. Einige Dutzend nahmen Zuflucht, und ein Herr in schwarzem Leder tat sein Bestes, um die Belehrungen zu stören. Er war berüchtigt dafür, aber zu mir kam er nur einmal. Als ein Überbleibsel aus meinen bösen alten Tagen genieße ich es tatsächlich, mir absichtlich unangenehme Leute vorzunehmen. Noch dazu kann diese Gattung nützlich gemacht werden: Buddha lehrte ja nur, damit wir besser leben, sterben und wiedergeboren werden können. Es ist deswegen sinnvoller, gemeinsam heikle Punkte zu prüfen, als die Zuhörer nur durch angenehme Worte geschützt in eine harte Welt hinauszuschicken. Peinlich wird es erst, wenn die „Gegner" einen zu offensichtlich nicht mögen, wenn man ihnen Einweihungen gegeben hat oder Ermächtigungen mit ihnen teilt.

Sogyal Rinpoche war von Jytte eingeführt worden. Im Klatsch wohl geübt, erzählte sie, dass er Bücher von Trungpa Tulku auf seinem Weg zu den Vorträgen las. Ich hoffte, dass er nicht zu sehr von ihm beeinflusst war, denn wir teilten einige Schüler. Mehrere, die von seinen stufenweisen Studienzurückziehungen und seinem weichen psychologischen Stil angezogen wurden, kamen wegen des kühnen Beispiels und des Segens auch zu mir. Der Mutter, die sie bereits in ihm hatten, noch einen Vater hinzuzufügen, ergänzte ihre geistige Welt.

Mit Lama Trijam in Sydney

Es folgte ein Kurs über das Bewusste Sterben in einer Zen-Schule in den Blue Mountains. Das Gebiet war von der Schwere des Grand Canyon in den USA. Entweder waren alle in der kleinen Gruppe geborene Verwirklicher, oder die Kraft der Übertragung hatte sich wieder vergrößert: Nach kurzer Zeit hatten alle das Zeichen. In den Pausen zeigten uns Peter und Jytte von ihrem Maserati aus die uralte Natur der Gegend. Außer den neuen Freunden hatten wir auch alte Verbindungen im Land. Sie waren vor über zwanzig Jahren entstanden, und es war spannend zu sehen, was seit damals geschehen war. Viviana und Malcolm hatten jahrelang und selbstlos Theravada-Mönchen ein Leben in ihrem althergebrachten Stil ermöglicht, was zwar angenehm war, aber das Wachstum ihrer Lehrertätigkeit sicher hinderte. Zuviel Angenehmes am Anfang macht nicht hart.

Singapur Nach einem gelungenen Besuch in Australien und vielen Versprechen am Flughafen, jährlich zurückzukommen, landeten wir abends in Singapur. Hannahs chinesische Freunde waren gekommen, hatten aber nicht lange genug gewartet, also nahmen wir ein billiges Hotel. Singapur ist ein einziger großer Laden, und Pedro tummelte sich mit Freude darin. Er kaufte günstig eine erstklassige Videokamera für Kurt. Der neue und der alte Vorsitzende von Karmapas Singapur-Gruppe fuhren uns zur Bowlinghalle des letzteren, in der sie meditierten. Der putzige Ganchen Rinpoche war zu Besuch, ein Arzt, der mir zu Beginn seiner Arbeit in Athen die teuerste Mahlzeit meines Lebens gekauft hatte. Die Vorsitzenden hatten vom westlichen Verwirklicher-Lebensstil sowie von unserem riesigen Wachstum gehört und waren erst etwas zaghaft. Dann gewann aber der gemeinsame Segensstrom die Oberhand über Vorstellungen von Sittlichkeit und bürgerlichem Leben. Schlagartig wünschten sie nun Belehrungen und einen Kurs über das Bewusste Sterben, was aber nicht leicht sein würde: Malaysias Gesetze erlaubten nur fünf Tage Urlaub pro Jahr. Früh am nächsten Morgen holten uns dann Hannahs Freunde in einem scheinbar unzerstörbaren Volvo ab, während der Rest der Gruppe den

Phowa in den Blue Mountains

Malaysia Bus nahm. Auf der Brücke nach Malaysia standen wir in einem einzigen Stau, und in den nächsten Stunden über Land sah man nur Felder, Palmenöl und Bananen.

Das Patubahat-Zentrum, in dem Hannah so oft und lange übersetzt hatte, war ausschließlich für Chinesen. Den Malaien war es verboten, buddhistische Stellen zu besuchen. Wie das „race norming“ in Amerika, bei dem die Minderheiten besondere Zuschüsse bekamen und mit jeweils zwei Dritteln und drei Vierteln des Notendurchschnitts auf die

Ebene der Weißen hochgerechnet wurden, entschieden auch hier viele derartige Gesetze, wie groß der Anteil der verschiedenen Rassen in den Firmen zu sein hatte. Obwohl die bienenfleißigen Chinesen kaum bezahlten, fühlten sie sich dennoch von Menschen ausgenutzt, die nicht viel leisten wollen.

Ich segnete ein Stück Hochland für eine spätere Zurückziehungsstelle. Es bot einen weiten Blick über die Schiffe vor der Küste, aber aus nächster Nähe gab es wenig Erfreuliches: Wie fast überall in den tropischen Regenwäldern der Welt lagen edle hundertjährige Bäume teilweise angesengt herum, der Nährboden war fortgeschwemmt.

Abends war das Zentrum voller Zuhörer, und nach dem Vortrag lehrte ich Wissenswertes, um in einer so feindlichen Kultur bestehen zu können. Mit besonderem Vergnügen teilte ich meine Erfahrungen aus den 60er Jahren in Nordafrika und dem Mittleren Osten mit. Um zwölf Uhr nachts brachten die Freunde einen Riesenkuchen zu meinem 49. Geburtstag.

Am nächsten Morgen nach dem Abschied stiegen wir in den Bus nach Kuala Lumpur, der Hauptstadt Malaysias. Dort nahmen sich Peggy und Eugene unserer bestens an; wir schliefen in ihrem Riesentempel, und sie schenkten uns noch dazu die Flugtickets nach Bangkok.

Indien

Nach einer langweiligen Nacht – mir gefällt Bangkok nicht – flogen wir weiter nach Kalkutta. Die indischen Zöllner waren wieder „auf Trip". Sie fragten mehrfach nach Videokameras, entdeckten die von Pedro und stellten ihn in die Reihe derjenigen, die gesondert untersucht werden sollten. Alles Weitere würden sie beschlagnahmen, sagten sie. Das war recht ungünstig, denn Pedro hatte ja noch Kurts Kamera in seinem Gepäck dabei. Auf einmal bemerkte ich eine leichte Besorgnis auf seiner Heldenstirn, aber mit einem Trick, der wohl sonst nur in ganz warmen Ländern gelungen wäre, nahm ich den Kasten einfach von seinem Wagen und stellte ihn auf Tomeks. Zehn Herren in Uniform schauten genau zu, konnten es aber offenbar nicht fassen.

Der weitere Weg nach Sikkim zeigte uns wieder, wie sinnvoll die letzten zwanzig Jahre verbracht worden waren. Karmapas europäischer Kraftkreis war überall: Im Flughafengebäude von Kalkutta stand Thomas vom Joy-Verlag. Als wir die Nacht im Bus nach Siliguri hinter uns hatten, stießen drei Freunde aus Kopenhagen zu uns. An der Grenze nach Sikkim schrieben wir uns unmittelbar hinter die Namen unserer

Freunde aus Schwarzenberg ein. Spät abends fand die große Runde in Rumtek statt. Obwohl Jamgön Kongtrul Rinpoche und Gyaltsab Rinpoche in einer fünftägigen Zurückziehung waren, empfingen sie uns täglich. Man erwartete den neuen Karmapa, und Sikkim sollte für den Fremdenverkehr erschlossen werden. Auch in Rumtek wurden größere Hotels geplant, also war es jetzt wichtiger denn je, das Kraftfeld der geheimen Täler, in denen wir gelernt hatten, zu schützen und zugleich der Welt verständlich zu machen.

Einmal um die Welt

Das Jahr 1991

- 17.1.-27.2. Unter militärischer Führung der USA erobert eine aus 37 Nationen bestehende Armee der UNO das vom Irak besetzte Kuwait zurück. Die Verlierer verfahren nach dem bewährten Prinzip der verbrannten Erde und stecken 727 Ölquellen in Brand, die zu löschen ein ganzes Jahr dauern wird.
- Im Januar versucht die Sowjetunion mit einer blutigen Militäraktion, das Ausscheren der baltischen Republiken aus dem Staatenbund rückgängig zu machen, was nicht gelingt.
- 31.3. Der Warschauer Pakt wird aufgelöst.
  Der Präsident der Russischen Föderation Boris Jelzin löst die KPdSU auf und erklärt die Partei für illegal.
- Die GUS (Gemeinschaft Unabhängiger Staaten), deren Präsident Boris Jelzin wird, löst im Dezember mit 15 Mitgliedern die UdSSR ab, die für aufgelöst und Michail Gorbatschow für abgesetzt erklärt wird. Tschetschenien erklärt seine Unabhängigkeit von Rußland.
- Ausbruch des Bürgerkrieges in Jugoslawien durch die serbische Armee, die erst Slowenien und dann Kroatien überfällt. Verschiedene durch die EG vermittelte Waffenstillstände werden nicht eingehalten.
- In Indien wird der ehem. Regierungschef Rajiv Gandhi während des Wahlkampfes bei einem Bombenattentat ermordet.

Das Jahr 1992

- Weil der größte Teil der von der UNO organisierten humanitären Hilfe für das im Bürgerkrieg liegende Somalia von Rebellen gestohlen und der Bevölkerung vorenthalten wird, interveniert am 8.12. die UNO mit Truppen unter US-amerikanischer Führung. Auch Deutsche sind beteiligt.
- Im Kaukasus entflammen mehrere Bürgerkriege und Aufstände gegen die russische Vorherrschaft, so in Georgien, Aserbaidschan, Adscharien, Abchasien, Ossetien, Tschetschenien, u.a.

- In Südafrika verkündet Präsident Frederik de Klerk das endgültige Ende der Politik der Apartheid, der ANC-Präsident Nelson Mandela (Führer der schwarzen Opposition) bestätigt den gemeinsam getroffenen Beschluss, der auf der Grundlage eines Volksentscheids der weißen Bevölkerung zustande gekommen ist.

Das Jahr 1993

- Die CSSR spaltet sich in die souveränen Republiken Tschechien und Slowakien.
- Ein Terror-Anschlag auf das New World Trade Center in New York fordert 5 Tote und über 1.000 Verletzte. Der internationale Terrorismus hat in den USA Fuß gefasst.

Das Jahr 1994

- In Ruanda entbrennt ein höchst blutiger Stammeskrieg zwischen Tutsi-Minderheit und Hutu-Mehrheit mit über 1 Mio. Opfern.
- In Südafrika werden erstmals in der Landesgeschichte freie Wahlen für alle Bürger abgehalten, aus denen Nelson Mandela als Sieger hervorgeht und am 9.5. erster farbiger Präsident Südafrikas wird.
- Russland beendet im Dezember die seit 1991 einseitig proklamierte Unabhängigkeit Tschetscheniens durch eine militärische Invasion, die auf heftigen Widerstand stößt.

Indien

Früh morgens verließen wir Rumtek und machten Halt in Sonada bei Kalu Rinpoches Kloster. Wir wollten ihm vor seinem ausgetrockneten und jetzt vergoldeten Körper für die gemeinsamen Jahre danken. Kalu Rinpoches letztes Bauwerk, eine 33 Meter hohe Stupa in der nordindischen Tiefebene bei Siliguri, war weit vorangeschritten. Sein Neffe Gyaltsen führte uns auf einem Bambusgerüst von einem künstlerisch erstklassigen Stockwerk zum nächsten.

Die Straßen von Darjeeling waren mittlerweile völlig verstopft. Die Mengen nepalesischer Kinder von vor zwanzig Jahren hatten nun ihrerseits Kinderscharen gezeugt, und die Freiheit und Werte des Lebens waren merkbar gesunken.

Bei einem Vortrag in München

Im Zug weiter westlich bei Patna gelang einigen kleinen Stammesfrauen mit Ringen in der Nase das schier Unglaubliche: Sie stahlen Hannahs Koffer, während Tomek darauf schlief. In Delhi war Künzig Shamarpa begeistert, Hannah und mich am Flughafen zu sehen. Er hatte geträumt, dass wir dort auf ihn warten würden.

Frühstück mit meinen selbstständigen Schülern

So langsam verstand ich, warum Karmapa Hannah und mich öfter die Mutter und den Vater des westlichen Buddhismus genannt hatte. Es hörte sich zwar etwas staubig an, war aber tatsächlich nötig und noch dazu eine große Ehre und Verantwortung.

1990 Am 31. März 1990 landeten wir wieder im kraftvollen Europa. Östlich des Rheins war das Wachstum gewaltig. Wie so oft musste ich über die Selbständigkeit meiner Schüler staunen, wie kraftvoll sie wurden und wie einfallsreich die Zentren inzwischen zusammenarbeiteten.

Deutschland Die erste Auflage dieses Buches entstand im Juni. Seine Fertigstellung blieb im Schwarzenberger Umfeld: Sys, Paul, Erik und Nina halfen bei der Sprache, so sehr es mein Starrkopf zuließ. Paul und Markus aus Zürich wählten die Bilder aus – das sollte ein Verfasser niemals selbst tun –, und Mäc vom Logos Buchvertrieb gab den Text in den Computer ein. Kuhn Grafik aus Zürich gestaltete alles, und Thomas vom Joy-Verlag ließ es drucken.

Arbeit am Buchmanuskript mit Detlef, Erik und Paul

Holland Mitte Juni war ich in Holland bei einigen Vorträgen. Dort besprachen wir auch den Erfolg der niederländischen Ausgabe von „Die Buddhas vom Dach der Welt“. Es wunderte mich, dass ein Buch mit einer so klaren Botschaft dort etwas bewirken konnte. Verwirrter Humanismus beherrschte damals völlig das geistige Feld, und in erschreckender Weise hatten schlechte bis fehlende Einwanderungsgesetze große Teile von Hollands Stadtkernen bereits in unkontrollierbare Dritte-Welt-Slums verwandelt, was sich bei Vorträgen während der letzten Jahre vor der Jahrtausendwende verstärkt bestätigte. Karma und kulturellen Prägungen ändern sich nicht, indem man das Land wechselt und, wie die Forschung unter eineiigen Zwillingen und Wandervölkern zeigt, bedeutet eine Änderung der äußeren Bedingungen für das Verhalten der Menschen wenig. Auch Jahrhunderte nach der Trennung von den Umgebungen, in denen ihre Verhaltensmuster für das Überleben einen Sinn hatten, schaffen die Leute noch die Gesellschaften und bauen die Häuser, die ihren Genen über Jahrtausende eingeprägt wurden. Die überwältigenden Kinderscharen vor allem jener Ausländerkulturen, die ihre Frauen durch ständiges Schwangersein gefügig halten, brachten schon den Leistungsdurchschnitt der Schulklassen erheblich nach unten und wie überall, wo Bevölkerungsgruppen sich im falschen Film fühlen, wuchs die Jugendkriminalität und die Frauenhäuser waren voll.

In den Niederlanden hatte damals die typisch holländische „Nüchternheit" auch Auswirkungen auf buddhistischer Ebene. Dass man hier oft zölibatäre, sehr verstandesmäßige oder rituelle Zugänge suchte, häufig auf Fremdsprachen dargebracht, schien den romanischen Ländern abgekupfert. Also fassten bis zum Jahrtausendwechsel Theravada- und Mahayana-Buddhismus, die Gelugpa-Schule und der Zen-Buddhismus hier viel stärker als östlich des Rheins Fuß, wo eine ganz andere buddhistische Welt anfing. Erst dann, nach zahlreichen Besuchen von tibetischen Kagyü Lamas, schon ab den frühen siebziger Jahren, sowohl von mehreren Reiselehren und mit selber entstanden in Holland Zentren im üblichen Diamantweg-Stil. Es wirkte: Heute, wie auf dem ganzen Weg über Eurasien von Schottland bis Wladiwostok und sonst weltweit, wollten die Menschen auch hier berührt werden und etwas wagen und erfahren. Weil sich ihre höchste Sicht im täglichen Leben zunehmend bestätigte, entwickelten sie, wie die Nord- und Südamerikaner, Australier und Neuseeländer, Erfahrung und Vertrauen, um bis zum Jahre 2005 über vierhundertsechzig Diamantweg-Zentren für Laien weltweit auf die Beine zu stellen.

Während die obigen Beobachtungen zu Europas Zukunft sich warnend über mein Speicherbewusstsein verteilten und zu den eben erwähnten Wünschen für die Entwicklung des Diamantwegs gesellten, die das Ziel meines Lebens ist, landeten fünf von uns in Miami.

Mark, mein frischer Freund aus San Francisco und Nachfahre des russischen Kaisergeschlechts Romanoff, wartete in der unglaublich feuchten Hitze. Seine nimmermüde Kraft half später, Japan zu erschließen. Umgeben von leeren Banken, die wegen eines neuen Gesetzes kein Kokain-Geld mehr waschen konnten, nahmen etwa zwanzig Leute Zuflucht. Seit damals haben wir eine Gruppe in der Stadt. Es gab auch einige Sakyapas, und ein paar Geshes der Gelugpa-Linie kämpften eine fast aussichtslose Schlacht. Sie versuchten, ein Zentrum durch Belehrungen tibetischer Art zusammenzuhalten; um diese Aufgabe sollte man sie nicht beneiden.

Nach der Reise ins Reine Land

Der erste amerikanische Kurs über das Bewusste Sterben des Jahres fand bei Albuquerque in der südwestlichen Wüste statt. Wir verdankten Bob und Melanie die Planung. Sie hatten uns in Europa besucht, und ein politischer Tibeter mit Namen Tensing des immer schwieriger werdenden Klosters bei Woodstock hatte vergebens versucht, ihren lobenden Artikel über uns zu verhindern. Er unterstützte auch Dharmadhatu und wollte auf keinen Fall, dass unsere europäische, auf Humor und gesundem Menschenverstand fußende Arbeitsweise nun auch Amerika erreichte.

Das störte uns jedoch wenig. Harold und Ariane überließen uns ihr wunderschönes Zuhause in der Steinwüste, und da – wie damals in

Amerika üblich – wieder nur dreißig bis vierzig Zuhörer kamen, gab es reichlich Zeit für Segnungen. Da ich die Interviews in der brütend heißen Sonne gab, fragten die Leute lediglich das Wichtigste, und so blieb Zeit für einen Besuch bei Norbert in der Nähe von Taos. Er hatte unseren Landbesitz dort oberhalb von Lama Dorjes Stupa um weitere 20 mal 70 Meter Land vergrößert. Das Nachbarland gehörte Yongdu aus Hawaii. Hinter einem Hügel gab es vielseitige Schießübungen: Harolds Patienten schenkten ihm häufig die sonderbarsten Waffen, wenn er sie überzeugen konnte, doch nicht Selbstmord zu begehen, und wie früher trafen die Kriegsdienstverweigerer nicht am schlechtesten.

Obwohl wir bereits gegen zwei Uhr morgens Richtung Phoenix losfuhren, um die härteste Wüstenhitze zu vermeiden, stockte der Motor des riesigen Pick-ups fast während des ganzen Weges. Wenige Meilen von der Straße entfernt liegt der größte Krater im Westen – ein atemberaubender Anblick. Als ich das Metall eines mannshohen Meteors berührte, schoss es wie ein Blitz in meine Knochen: Dies war wirklich ein ganz anderer Traum.

In der Stadt bespritzte uns eine Mormonendame vom Schwimmbecken aus mit Wasser. Sie wollte die „bösen Geister bannen", weil jemand ihrem nicht besonders klugen Sohn von Meditation erzählt hatte. Vier Tage lang konnte kein Flugzeug von Phoenix abheben, da die Hitze die Luft zu dünn machte; später flogen Maia und ich nach San Francisco. Dort hatten Tomek und Roland uns eine wahre Freude vorbereitet: eine Fahrt auf meiner alten, aber schnellen 750er BMW den kurvigen „Highway One" hinunter.

Die Wälder bei Santa Barbara standen in Flammen. Während einer Rast sahen wir uns den gelungenen Film „Total Recall" an. In San Diego stieß Björn zu unserer Truppe, und mehrere Freundinnen aus den späten 70er Jahren tauchten auf. Das kurze Gedächtnis Kaliforniens hatte auch Vorteile: Zwei Tage in Los Angeles brachten die größte Zuhörermenge seit dem Skandal mit Ösel Tensing.

Wir wohnten bei Karin aus Graz, einer langjährigen Freundin von Roland; die helle Annette aus Hamburg lebte nun ebenfalls in der Nähe. Beide sorgen mit ihrer guten europäischen Ausbildung für den richtigen Hintergrund bei Kulturfilmen. Einigen gefielen meine klaren Antworten auf Fragen zu Dharmadhatu nicht, und sie klagten später über mich in Woodstock. Ich wusste aber schon, was ich tat: Nur eine schnelle und vollständige Darlegung aller Tatsachen vermeidet, dass jahrelang Gerüchte schwelen. Unsere Hochschätzung von Gradlinigkeit, Offenheit und Ehrlichkeit wird wohl das letzte sein, was einige Tibeter über uns Westler begreifen werden. Wenn selbst jahrelange Unterstützer Karmapas wie Lex uns „Catch-you-pas“ und die reformierte Schule „Glue-pas“ nennen, haben die Verbreiter des althergebrachten Buddhismus noch einiges zu lernen.

Hawaii Nach einem Kurs über die Grundübungen und gut besuchten Vorträgen in San Francisco kamen Tomek und Annette mit nach Hawaii. Adriana aus Kolumbien war schon auf der Insel, bezaubernd wie immer. Sie war auf der Flucht vor ihrem Mann, der ziemlich verwirrt aus einer dreijährigen Zurückziehung des sehr harten Lama Norla bei New York herausgekommen war. Nur wenige verstehen, dass dies eine Sache für Mönche und Nonnen ist.

Auf der Insel Kauai lehrte die pfeifenrauchende Angeline, die zum ersten Kurs über das Bewusste Sterben in Spanien gekommen war, inzwischen die alte Lomi-Massage, bei der man die Leute mit Lehm und Salzen einreibt. Der riesige Sturm Iniki, der 80 Prozent der Insel verwüstet hatte, ließ ihre kleinen Holzhäuser zum Erstaunen aller unversehrt. Während draußen der Sturm tobte, hatte sich die Gruppe um eine Statue des 8. Karmapa geschart und einfach meditiert.

Wieder am Secret Beach, diesmal jedoch im Sommer, erlebten wir selbst den Traum vieler Einheimischen – wir schwammen mit den Delphinen. Ungefähr eine halbe Stunde von der Küste entfernt kamen etwa vierzig aus allen Richtungen, um zu spielen. Viel größer, als ich mir vorgestellt hatte, sprangen sie über uns hinweg, umkreisten uns und nahmen uns immer weiter auf das offene Meer hinaus. Wir sahen nur noch die Küstenberge, als sie wieder verschwanden.

Die letzte Messingstatue des 8. Karmapa ließen wir auf Kauai. Diese Halter der Kraftkreise sind jetzt quer über die Vereinigten Staaten verteilt. Nach Fähigkeit sorgte ich dafür, dass sie nicht – wie im kulturverwirrten Amerika üblich – auf ihren Altären in Fußhöhe stehen oder umgeben sind mit Bildern von Jesus, irgendein Swami, Mohammed in friedlicher Pose oder gemischten neuzeitlichen Heilsbringern.

Nach Hawaii flog Tomek zu einer schönen Frau nach Colorado; der Besuch endete jedoch mit einem gut versicherten Unfall. Niemanden wunderte es, dass Tomek mit dem Geld, das er als Entschädigung erhielt, noch härter für Karmapa und mich arbeitete.

Als ich – Tomek war zu einer Freundin nach Amerika zurückgeflogen und Maia war schon früher nach Kopenhagen abgereist – im Juli 1990 in Amsterdam landete, waren zwar Post und Pläne erledigt, ich hatte aber eine Woche kaum geschlafen. Gabi, Ulla und Lothar aus Wuppertal warteten am Flughafen, und binnen kürzester Zeit waren wir in Deutschland. Die Belehrungen im Zentrum schaffte ich zwar noch, danach war ich jedoch für nichts mehr zu gebrauchen. Diesmal hatte ich meinen Körper wirklich zu weit getrieben.

Deutschland

Passau floss über vor Leuten und Tatendrang. Theresia, Charlie und Renate zeigen dort hervorragend, wie ein Zentrum sein ganzes Einflussgebiet mitziehen kann.

Ungarn

Die schöne Doris kam mit nach Ungarn, wo unsere Gruppe in einer ungewöhnlichen Lage ist: Im Gegensatz zu den anderen Ländern östlich des Rheins gab es dort schon einen nennenswerten Buddhismus, bevor ich kam. Da ihre Sprache mongolischer Herkunft ist und die Wangenknochen oft hoch sitzen, hatten die Ungarn lange eine romantische Bindung nach Zentralasien, und viele glauben, dass der Name „Budapest" von „Buddha" stammt. Bereits vor über hundert Jahren war Alexander Chörös nach Tibet gereist und hatte ein tibetisches Wörterbuch verfasst, das bis zum heutigen Tag benutzt wird. Auch Lama Anagarika Govinda, ein Deutscher, hatte in Ungarn einigen Einfluss. Ich hatte ihn und seine Frau, die Künstlerin Li Gotami, ein Jahr vor seinem Tod in San Francisco besucht, eine angenehme Erfahrung. Eine seiner „Arya Maitreya Mandala"-Gruppen hatte am Stadtrand von Budapest eine Stupa errichtet, schien jedoch tief in sich zerstritten. Zur selben Zeit unterhielten auch Lama Ngawang aus Schweden, San Sa Nyim aus Korea und Sakya Dorje von den Nyingmapas Gruppen im Land, und Josef, der Hannah und mich das erste Mal ins Land geholt hatte, gehörte eigentlich zur Sakyapa-Schule.

Die zwanzig Karmapa-Zentren, die wir diesem reichen Angebot hinzufügten, gedeihen aufgrund der freudvollen Verwirklicher-Neigungen meiner Schüler und der ausgezeichneten Verbindungen nach Hattingen. Durch Zsuzsi und Didi im Ruhrgebiet ist die Gruppe immer auf dem neuesten Stand; Istvan und Freunde kümmern sich in Budapest um die Öffentlichkeitsarbeit, und Dutzende kraftvoller junger Leute kommen regelmäßig zum Meditieren.

Zutiefst treu folgt ihre Entwicklung dem Muster aller neu geöffneten Länder: Wenn starke Karmas aus früheren Lebenszeiten die Menschen

Stützen der Arbeit im Osten: Tatyana in Russland und Zsuzsa in Ungarn

wieder zusammenführen, ist der nach Motorrädern, Karate, Marihuana oder Politik nächste – und dauerhafte – Schritt, wieder Verbindung mit den geistigen Wurzeln aufzunehmen. Viele meiner Schüler, die in früheren Lebenszeiten mit mir Pferde stahlen und stärkere Wünsche für Entwicklung als für Verbrauch gemacht haben, wurden diesmal im Ostblock wiedergeboren. Das führte zu den charakterbildenden Umständen eines leicht zu erkennenden Feindes und einer selbstlosen Erziehung. Vor allem jedoch lehrte es die wertvolle Eigenschaft des Zusammenhaltes. Das reife und offene Gefühl, das uns zunächst in Polen entgegengeschlagen war, fanden wir auch oft in Osteuropa.

Ungarn leidet noch heute unter seiner Zerstückelung durch Stalin nach dem Krieg; es wohnen mehr Bürger im Ausland als im Land selbst. Wer als Minderheit in Rumänien oder Jugoslawien unterdrückt aufwuchs, hat oft einen sehr starken Erleuchtungswunsch. Obwohl nach den Karmagesetzen die Geburt in armen Gegenden nicht die beste ist, haben meine osteuropäischen und russischen Schüler ihre Lage hervorragend genutzt. Heute wirken sie sehr erwachsen und geradlinig, besonders im Vergleich zu manchen selbstbezogenen, nörgelnden oder oberflächlichen Buddhisten im Westen.

In Wien wartete bereits meine liebe Hannah. Ich lehrte zu der Zeit als einziger Lama in Europa, und wir gaben die Kurse des Sommers 1990 zusammen. Zunächst veranstalteten die Griechen einen lang erwarteten Kurs über das Bewusste Sterben auf dem Bergrücken bei Korinth in

Griechenland

Griechenland, den sie mir zur Einhaltung einer klaren Linie überschrieben hatten. Hier hörten wir das erste Mal von der irakischen Besetzung Kuwaits. Ich habe die Stelle *Schwarzer Mantel*, unserem Schützer gewidmet, und sie gesellt sich zu unserem großen Landzentrum in der Nähe Malagas als der zweite Fuß Europas. In 1.200 Metern Höhe, mit Blick auf zwei Seen inmitten eines Naturschutzgebietes gelegen, ist die Stelle wirklich schön. Hundertsiebzig Freunde erschienen trotz der schlechten

Der Bergrücken bei Korinth

Straßen durch das damals noch bestehende Jugoslawien, und wieder bewirkte Karmapas Segen Wunder: Die Forstverwaltung entschied, dass wir doppelt soviel Land gekauft hatten als ursprünglich angenommen.

Das äußere Zeichen wird entdeckt

Österreich In Österreich genossen wir zehn Tage mit den Freunden. Es wurde gerade viel über die Rumänen geredet, die seit kurzem in Scharen ins Land kamen. Sie verspeisten die Schwäne in den gepflegten Parks in der Annahme, es seien Gänse.

Phowa in Graz / Österreich

Polen Bei dem Kurs über das Bewusste Sterben in Kuchary kurz danach bekamen alle fünfhundertfünfzig Teilnehmer gute Zeichen. Bei jedem Besuch wurde Polen dem westlichen Europa immer ähnlicher, und ich sah mit Freude, wie auch hier die Lehre unsere Freunde zugleich wach und idealistisch hielt, an der Spitze jeder Entwicklung. Zwölf Jahre lang hatten meine bergsteigenden Schüler aus Polen monatelang Schornsteine und hohe Dächer in Norwegen und Finnland ausgebessert. Sie spendeten stets ein Fünftel ihres Lohns den Zentren. Auch begannen einige, die im Land blieben, so viel Geld zu verdienen, dass sie die Zentren unterstützen konnten. Mit Karol aus Krakau als Speerspitze erschienen allmählich die ersten Yuppies in unseren Gruppen.

Russland Ich war froh, dass Wojtek nach Leningrad, dem heutigen Petersburg, mitkam. Er ist meine rechte Hand in Polen, ein echter Held, und mit Freunden wie Tadeusz, Mischek, Zbigniew, Mira und Karol hält er die Entwicklung in seinen starken Händen. Mit ihm stiegen Maren und Michael aus Kiel in den Zug. In Leningrad herrschte ein großes Durcheinander. Es gab kaum Fernsprechverbindungen zur Außenwelt, alle

Briefe wurden von der Polizei gelesen, waren monatelang unterwegs und erreichten unsere Boten nicht.

Die über hundert Leute, denen ich bei meinem letzten Besuch Zuflucht gegeben hatte, waren fast alle Schauspieler. Da sie so lange nichts von uns gehört hatten, war ihnen keine andere Wahl geblieben, als ihre Sommerverträge zu unterschreiben. Sie waren nun über das riesige Land verstreut.

Mein Meisterübersetzer Vagid hatte einen riesigen alten Backsteinbau einige Stunden außerhalb der Stadt gemietet. Er lag am Fluss auf einem Hügel nahe einer historischen Kirche und der ersten Festung, die schwedische Wikinger auf ihrem Weg durch Russland nach Süden gebaut hatten. Da sie doppelt so stark waren wie die Bewohner aus den warmen Ländern, wurden die Einheimischen über Jahrhunderte angeheuert, um das oströmische Reich zu schützen. Zuerst ruderten sie nach Süden, so weit es ging, trugen ihre Boote über die Wasserscheide und segelten dann auf einem anderen Strom weiter. Verständlicherweise nannten die Wikinger das weite Gebiet „Das Land, wo man rudert", „Russland".

Phowa in Russland

Da wir nun zwar eine Stelle, aber keine Leute hatten, hielt ich an zwei Abenden „Hochdruckvorträge" in Petersburg und sagte einfach den siebzig Zuhörern, sie sollten zu dem geplanten Kurs über das Bewusste Sterben kommen. Sie waren völlig unvorbereitet, so dass es sowohl verfrüht als auch gewagt war; die Dinge mussten jedoch sofort geschehen. Unsere Arbeit durfte nicht liegen bleiben oder sich in Kleinigkeiten erschöpfen. Den vielen Jahren der Unterdrückung und Bespitzelung zum Trotz: Die Russen mussten jetzt lernen, einander zu vertrauen und eine Gruppe zu werden. Es konnte nicht schnell genug gehen.

Der klapprige Bus hielt an einem ungepflegten Hügel mit starken Schwingungen an. Dort hatten die verwahrlosesten Soldaten, die wir je gesehen haben, das untere Stockwerk des Gebäudes belegt. Trotz ihrer Dankbarkeit für die Hilfe in zwei Weltkriegen belächelten Europäer oft die amerikanischen Streitkräfte. Die allgemeine Meinung war, dass die Hälfte aus den Ghettos käme und weder lesen noch schreiben könne. Wenn diese Soldaten hier jedoch der Feind sein sollten, sähen die Dinge nicht so schlecht aus: Die mächtige Rote Armee, deren Vertreter zwischen zerstörten Militärlastwagen in den Nähten ihrer schlecht sitzenden Uniformen nach Läusen suchten, wirkte nicht besonders bedrohlich.

Nie zuvor habe ich härter arbeiten müssen. Es galt, siebzig zutiefst enttäuschte Menschen in den Buddhismus einzuführen und ihnen Zuflucht und Vertrauen in Karmapa als den Buddha des Grenzenlosen Lichtes zu geben, alles innerhalb von fünf Tagen. Während des dritten Nachmittags geschah der Umbruch, und wir gewannen Russland. Auf einmal „griff" der Segen. Leute, die sich gewohnheitsmäßig eher aus dem Weg gingen, scheu nach so vielen Jahren der Bespitzelung und des Zusammengedrängtseins in hässlichen kleinen Wohnungen bei schlechtem Essen, wurden Schüler unserer Linie. Sie spürten mit Stolz die Kraft, die sie plötzlich ergriff. Es geschah innerhalb einer halben Stunde, und man sah, wie sich die Gesichter veränderten. Ansätze eines ungewohnten Lächelns und die Bereitschaft, neu gefundene Reichtümer zu teilen, fanden überall ihren ersten ungeprobten Ausdruck.

Ein Fernsehinterview und eine letzte Nacht mit Belehrungen bildeten den Abschluss des Programms. Da Vagid meine Bücher schon während seiner Armeezeit übersetzt hatte, waren die nötigen Voraussetzungen vorhanden, um Karmapas Segen über jenen riesigen Erdteil zu verbreiten. Der achte Kurs über das Bewusste Sterben des Jahres 1990 hinterließ in mir das Gefühl unbeschreiblichen Glücks.

Dänemark

Topga Rinpoche landete in Kopenhagen. Er war ein hoch gebildeter ehemaliger König aus Osttibet, den Karmapa zuerst wie Tenga Rinpoche

Topga Rinpoche

zum Meditationsmeister, Dorje Lopön, ernannte und dann als Hauptsekretär von Rumtek einsetzte. In Zusammenarbeit mit Lopön Tsechu Rinpoche hatte er geholfen, unsere große Gruppe nach Bhutan hineinzubringen. Bis ins Mark bescheiden, hatte er tatsächlich bezweifelt, dass er für uns im Westen von irgendeinem Nutzen sein könnte. Bis der richtige, nicht-chinesische Karmapa 1994 bekannt wurde, waren er, Hannah und ich die einzigen, die die Anerkennung des politischen Kandidaten offiziell verweigerten. Togpa Rinpoche entdeckte unsere Erfolgsformel, gegenseitiges Vertrauen und starke Freundschaft innerhalb unserer mitteleuropäischen Zentren: Da wir die Fahrt geplant hatten, begegnete er auch denjenigen, die tatsächlich die Arbeit machen. Dies war etwas Neues; berühmte Besucher trafen jahrelang fast nur die Aufsteiger, die sich auf die hohen Stellungen gesetzt hatten. Zwölf Tage in Kopenhagen, Hamburg, Wuppertal, Heidelberg, Schwarzenberg, München, Passau und Wien brachten eine Reihe von Arbeitsverbindungen und Bekanntschaften, und für viele unserer Freunde kam Rumtek durch seinen Besuch viel näher. Tibetische Kultur wurde weniger zur heiligen Kuh, die verehrt oder bestaunt werden sollte, sondern zur Kraft, die entweder genossen oder abgelegt werden kann, wenn sie keinem nutzt.

Das „Schwarzenberger Mandala"

Im Herbst 1990 verteilte ich viele Aufgaben im Osten auf unsere westlichen Gruppen. Starke karmische Verbindungen waren schon sichtbar geworden, die nun genutzt werden sollten. Die Schweiz – insbesondere Annemarie aus Zürich – sowie Kiel und Kopenhagen ermöglichten

Mit meiner lieben Annemarie

Karola und Gerhard

in verschiedener Weise die Öffnung Russlands, die später Gabi so meisterhaft weiterführen sollte. Die Betreuung von Polen, vor allem für unsere Zurückziehungsstelle bei Kuchary, lief schon seit Jahren fachmännisch über Manfred und Beate in Schwenningen, und das Hattinger Zentrum hat wie erwähnt den Schlüssel zu Ungarn. Die Wiener halfen den Tschechen. Ich hatte vor Jahren in Prag eine Gruppe um Sascha gestartet, der danach Sekretär des Präsidenten Havel wurde und keine Zeit mehr hatte.

Beate und Manfred

Maxi und Gerhard, Astrid und Wolfgang arbeiteten von Graz aus den Balkan hinunter.

Jakob unterstützte das Zurückziehungszentrum in Griechenland und verwirklichte seinen Traum von einer Zentrums-Wohngemeinschaft auf dem Hof oberhalb der Stadt, wo meine ersten Kurse über das Bewusste Sterben 1987 stattgefunden hatten.

Ungarn hatte einen natürlichen Einfluss auf die Gruppen in Rumänien, Jugoslawien und Bulgarien, und heute sind unsere Freunde in allen Ländern Osteuropas mit örtlichen Karmapa-Gruppen verbunden und werden von etwa fünfzig meiner reisenden westeuropäischen Schüler betreut.

Hannah übersetzte einige Tage für Künzig Shamarpa, und zwischen dem Besuch in Deutschland, der Schweiz und Dänemark kam sie zur Buchmesse nach Frankfurt. Der Dalai Lama stellte dort ein neues Werk vor, und zugleich war die erste Auflage von „Über alle Grenzen“ in allen Händen.

Deutschland

Wie zu erwarten, war mein dänischer Stil nicht nach jedermanns Geschmack. Einige Herren aus der Gelugpa-Regierung hatten vorab Bücher bestellt und mochten die ehrliche Darstellung politischer Vorgänge nicht. Sie hatten sich anscheinend über mich beschwert, was mich aber keineswegs störte. Wir werden niemals weiterkommen, wenn wir behaupten, keine Fehler zu machen. Es ist das klarste Zeichen für die grundlegende Gesundheit des tibetischen Buddhismus, dass wir über unsere Unterschiede und die Vergangenheit witzeln können. Weil die Lehre sauber in den Westen kommen muss, um ordentlich wachsen zu können, bin ich in der zweiten Auflage dieses Buches noch deutlicher geworden. Bei den üblichen Märchenvorstellungen von Tibet sind böse Machtspiele wie die der frühen 90er Jahre um den chinesischen Karmapa-Kanditaten völlig unverständlich.

Die einzige wirkliche Kritik an den vielen Bildern von Hannah und mir ist leicht zu erklären: Sie werden von anderen ausgewählt.

Auf einer Konferenz tat sich der Dalai Lama mit Saddam Husseins Eroberung von Kuwait schwer. Als Träger des Friedensnobelpreises konnte er die einzige sinnvolle Lösung ja nicht gut heißen, und ich musste einen krankhaften Dauerfrager abbrechen. Es war schön, den Dalai Lama, König Tibets und Leiter der Gelugpa-Schule, seit seinem

Die KIBI-Universität in New Delhi

Aufenthalt in unserem Kopenhagener Zentrum wiederzusehen – und er zeigte uns wie immer sein Vertrauen.

Eigentlich könnte sich die tibetische Staatskirche eine sportlichere Haltung leisten. Außer dem riesigen Verlust von Tibet hat sie wenig Grund zur Klage. Wann immer die Gelugpas – auch Gelbmützen genannt – können, sprechen sie für ganz Tibet. Sie füllen schnell jede Lükke in Religion oder Macht innerhalb wie außerhalb ihres Landes und

Tibets größter Yogi und Shamar Rinpoche

haben fast den alleinigen Zugang zu westlichen Universitäten gepachtet. Die Gelugpas bekamen im Exil nahezu die gesamte Unterstützung aus dem Westen. Lehrer der alten „Rothut"-Schulen – der Nyingmapas, Sakyapas und Kagyüpas – müssen oft auf sich aufmerksam machen, weil sie bei öffentlichen Darstellungen meistens übergangen werden. Obwohl die meisten die Unterschiede nicht kennen und die Vereinfachung genießen, dass alles Tibetische dasselbe sei, war es ein Fehler, bei der riesigen Ausstellung in San Francisco, die 1990 stattfand, Karmapa nicht einmal zu erwähnen. Er ist unbestritten Tibets größter Verwirklicher und Leiter von ein paar hundert Gruppen im Westen, der großen Mehrheit aller tibetisch-buddhistischen Zentren überhaupt. Die KIBI-Universität in Neu Delhi, gegründet vom 16. Karmapa, sollte ein Gleichgewicht zu dem Bild, das in der Öffentlichkeit besteht, schaffen. Neben den trockenen Vorstellungen der Gelugpa-Schule über Leerheit verdient die Welt auch unsere freudvolle Verwirklicher-Erfahrung, dass Raum untrennbar ist von Furchtlosigkeit, Freude und tatkräftigem Mitgefühl und dass dem Raum diese Eigenschaften nicht genommen werden können.

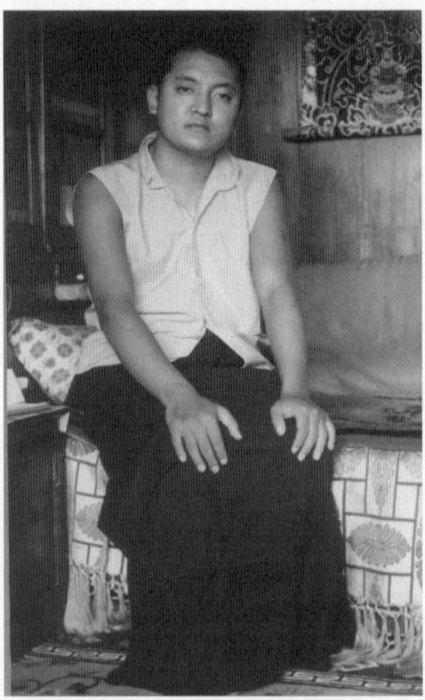

Shamar Rinpoche führt Karmapas Aktivität fort

Diesen Wunsch Karmapas hat Künzig Shamarpa mit dem Bau des KIBI-Instituts nach Karmapas Tod erfüllt.

Heute leitet es der hoch gelehrte Khenpo Chödrak, während Karmapa Thaye Dorje bei Kalimpong studiert und lehrt und Künzig Shamarpa sich um den offiziellen Fortbestand der Linie kümmert.

Spanien

Im Oktober genossen wir den schönen spanischen Herbst; erst im schnellen Golf mit Marion und Peter im Norden des Landes, dann mit Pedro in „Karma Gön". Antonio und John aus San Sebastian arbeiteten gut, aber die Zentren in Madrid und Barcelona fühlten sich recht steif an: Wie früher an mehreren

Stellen in Südamerika und auch in den USA war uns jedoch zumindest eine Hand gebunden: Wir besuchten die Zentren anderer Lamas – in Barcelona eines von Kalu Rinpoche – und konnten deshalb die nötige Starthilfe nur empfehlen.

Die Insel Ibiza wirkte wie die 60er Jahre in fast ursprünglicher Verpackung. Dutzende Freunde aus den alten Schmugglertagen lebten dort. Es war Hannahs und mein erster Besuch seit 1967 und ein richtiges Wiedersehen. Auch hier waren wir in den Klatschspalten geblieben, und abgegriffene Kopien meiner Bücher wurden seit Jahren herumgereicht. Wegen einiger Gelugpa-Geshes, die einmal jährlich von Barcelona nach Ibiza kamen, hielten wir uns eher zurück. Auf keinen Fall würden wir uns verhalten wie die Lehrer, die ich seit Jahren bremsen musste, weil sie die Zentren anderer Lamas spalteten oder übernahmen. Ibiza war jedoch ein besonderer Fall. Unfähig, mit den noch immer Hasch rauchenden Leuten umzugehen, hielten die Geshes lediglich kurze Vorträge. Sie hatten weder Zuflucht gegeben noch Meditationen gelehrt. Wieder einmal waren Karmapas breite Schultern das Richtige, um diese Art der Last zu tragen, und die Karmapa-Meditation gab genau den Schub, den viele brauchten.

Dänemark

In Kopenhagen kauften wir die schöne Nachbarvilla dazu, und inzwischen leben über zwanzig Freunde im Zentrum. So erfüllte sich ein Wunsch Karmapas von 1977.

Jenny

Deutschland

Auch Berlin veränderte sich. Seit die Mauer gefallen war, geschah die Entwicklung sehr schnell, und bald zogen wir aus dem türkischen Kreuzberg zu Klaus-Dieter in die Bundesallee. Mitte November gab ich meine ersten Belehrungen in den Hauptstädten Ostdeutschlands. Es war keine Freude; die Leute waren sehr schwierig: Entweder hatten sie durch völliges Spießbürgertum den plumpen Stil der früheren Regierung überwintert, oder sie wurden jetzt Bhagwanesen. Die Tänzerin Jenny aus San Francisco und Eduardo aus Kolumbien schauten dort mit großen Augen in eine schier unglaubliche Welt.

Nach einer schönen gemeinsamen Zeit wurden Hannahs Dienste, wie jeden Herbst, im KIBI-Institut in Delhi benötigt. Auch Eduardo reiste ab, und Jenny und ich fuhren Jason und Dechen durch viele Zentren. Sie – unsere Wirte von der entspannten Maui-Insel – lernten bei 240 Stundenkilometern das Herz Europas kennen und gaben dabei Auskünfte über den Verkauf von Wasserfiltern, wovon jedoch nur wenige meiner eher humanistischen Schüler Nutzen ziehen konnten.

Maia reiste diesmal nur kurz mit. Obwohl noch so jung, waren die Reisejahre hart für ihren empfindlichen Körper gewesen. Sie wurde immer häufiger krank. Auch brauchte ihr Sohn mehr Fürsorge, denn ihre süße Schwester Mira war mittlerweile mit zwei eigenen Kindern beschäftigt. Wir hatten unzählige Freuden geteilt, und nun war die Zeit für eine Ausbildung in Kopenhagen gekommen. Was sie mit mir gelernt hatte, sollte ihr einen ständigen Vorsprung im Leben sichern.

Das Jahr endete mit großen Kursen in Schwarzenberg, Wuppertal und Hamburg mit Hunderten von Freunden. Caty war das denkbar beste Weihnachtsgeschenk, auch für Karmapas Arbeit. Sie ist eine geborene Führungskraft und war nun so nah an ihr Staatsexamen herangekommen, dass ich sie um ihre Mitarbeit bitten konnte. Dynamit und Weisheit in einer äußerst anziehenden Form, gewann Caty bei der Silvesterfeier in Kopenhagen viele Herzen.

USA
1991

Am ersten Januar 1991 reisten Tomek und ich nach San Francisco. Tomek hatte diese Fahrt rund um die Welt noch größer angelegt als die vorherige.

Nach fünf Jahren völliger Dürre waren die Kalifornier ernstlich besorgt, und ich bat schon in San Francisco den roten Buddha des Grenzenlosen Lichtes um Regen. Zu unserem Erstaunen wachten wir mit tropfenden Bäumen auf.

Mexiko

Roland flog für fünf Tage mit nach Mexico City. Zu meiner großen Freude warteten Cesar und Yoshiko am Flughafen. Der misshandelte Toyota und die kulturellen Unterschiede waren unter den Strahlen von Karmapas Segen und unserer Freundschaft weggeschmolzen, und wir waren uns so nah wie immer. Jens und Karin, enge Freunde aus der ersten Gruppe im Schwabenland, hatten den Besuch lückenlos vorbereitet. Sie fuhren uns überall hin und behandelten uns königlich in ihrem altspanischen Haus.

Antonio leistete bewundernswerte Arbeit in Mexiko und wurde sehr schnell unser Freund. Obwohl er während seiner Jahre bei Dharmadhatu in Boulder viel Merkwürdiges gesehen hatte, wurde sein tiefes Vertrauen nicht erschüttert. Er wünschte stark, den Wesen durch Buddhas Lehre zu helfen, und seine Zuflucht war bei den Kagyüpas. Er hatte sich jedoch politisch durch die Stellung des Zentrums als „Tibet-House" einspannen lassen. Die äußerlichen Pflichten – ein Bewusstsein für den geistigen Reichtum und das tiefe Leiden Tibets zu verbreiten – fand er sinnvoll. Die inneren hingegen waren ihm oft sehr peinlich. Die Kämpfe zwischen den tugendhaften Mönchen der tibetischen Regierung ließen damals unsere gelegentlichen Kagyü-Zusammenstöße wie kleine Meinungsverschiedenheiten im „Verein der Weltverbesserer" aussehen. Trotz Verbot des Dalai Lama rief zum Beispiel ein politischer Geshe in Guadalajara öfters einen nicht erleuchteten und weithin unbeliebten Spuk herbei, der schon im Zentrum große Schwierigkeiten bereitet hatte. In Tibet hatte der Spuk vor allem die anderen Schulen belästigt.

Unweit der Sonnen- und Mondtempel hatte eine Gruppe Indios die Stadthalle gemietet. Sie tischten mehrere neue Gaumenreize auf – sie waren großartige Gastgeber –, und nach meinem Vortrag nahmen 30 Zuhörer Zuflucht. Ein starkes Kraftfeld war im Raum spürbar, und für einen Augenblick stellte ich mir unsere Zentren mit mehr braunen und schwarzen Gesichtern vor. Sogar in gemischten Ländern wie Amerika glänzen diese sonst eher durch ihre Abwesenheit.

Als moderne Menschen wollten Antonio und wir dasselbe: Die Lehre in das Leben der Menschen führen. Einige Stunden wöchentlich in der buddhistischen „Kirche" zu verbringen und auf Hilfe von außen zu warten, während man gewohnheitsmäßige Gedankenmuster einfach weiterlaufen lässt, genügt keineswegs. Die Meditation auf Karmapa war genau der Tritt, den sie brauchten, und vor der Abreise beschlossen wir, im November 1991 dort einen Kurs über das Bewusste Sterben zu geben, was inzwischen jährlich geschieht.

USA

Nach Mexiko kehrten wir wieder in unser schickes Art-Deco-Hotel am Südstrand von Miami zurück – Roland war wie immer großzügig gewesen. Wir schalteten gerade die CNN-Nachrichten ein, als die ersten Bomben Bagdad trafen. Da ich wusste, dass sich weder Amerika noch

Die Nachricht über den Beginn des Golfkrieges

Russland lange ihre derzeitige Rüstungspolitik würden leisten können, war ich sehr erleichtert: Wenn andere friedlich werden müssen, kann sich die Welt weniger denn je einen streitsüchtigen arabischen Staat leisten. Nur eines überraschte mich – dass General Schwarzkopf so viele Männer wollte. Das übliche Maß für einen schnellen und sicheren Sieg ist ein europäischer Soldat auf zehn arabische.

Am nächsten Morgen flogen wir nach Südamerika. Zu dieser Zeit bot Aero Peru ein Paket mit sieben Flügen in ihren uralten Fliegern für nur 700 Dollar an. Während der nächsten drei Monate, als die Araber drohten, westliche Flugzeuge abzuschießen, genossen wir dreiundvierzig bemerkenswert leere Flüge rund um die Welt.

Peru

In Lima, wo die Mörder des „Leuchtenden Pfades" nun auch die Slums rund um den Flughafen beherrschten, hatten Ricardo und Jota unsere Gruppe gehalten. Sie waren gute Lehrer gewesen, das stete Vertrauen der Gruppe zeigte dies. Ansonsten gab es wenig Verlässliches in Peru. Der Inti, ihre Währung, war in einem Jahr von 15.000 auf 500.000 pro Dollar gefallen. Ich lehrte drei Tage lang in Ricardos Haus und einer Kulturhalle, und wir besichtigten seine Galerie. Obwohl Jotas schönes Haus in einer bewachten Siedlung liegt, kann seine hoch begabte Frau nie mit ihm zusammen weggehen. Binnen kurzer Zeit würde eingebrochen werden. Eine bleibende Erinnerung an die Wüste Perus waren einige besonders giftige Mücken. Ihre Stiche verheilten erst, als wir schon tief in Brasilien waren.

Ein Witz Jotas auf der Fahrt war so gut, dass ich ihn erzählen muss: Der Bürgermeister von Lima besucht den Bürgermeister von Washington. Er fragt, wie dieser so reich sein könne. Auf ein großes Gebäude zeigend, antwortet der Bürgermeister von Washington: „Siehst du das Krankenhaus? Ich nehme 10 Prozent." Den Besuch erwidernd, stellt er fest, dass sein Gastgeber noch reicher ist und will auf einer Stadtrundfahrt wissen, wie es dazu käme. Ihm die Gegend zeigend, fragt der Bürgermeister von Lima: „Siehst Du die Brücke dort drüben?" „Nein", antwortet sein Kollege. Auf seine Tasche klopfend, sagt der Herr von Lima: „100 Prozent."

Argentinien

Argentinien war ein weiterer wirtschaftlicher Unglücksfall. Einige Stunden bevor wir wechselten, fiel der Australes von 6.000 auf 9.000 pro Dollar. Die Gruppe in Córdoba war verwirrt, hatte jedoch etwas Gutes in Aussicht: Lama Trinle aus Portland, ein angenehmer, ehrlicher und fähiger Lehrer, würde vielleicht dorthin kommen und bleiben.

Mehrere Piloten, denen ich Zuflucht gegeben hatte, waren zu dieser Zeit wahrscheinlich über dem Irak im Einsatz, und ich träumte öfter davon, sie zu beschützen.

Brasilien

Die Igazu-Wasserfälle an der Grenze zu Brasilien waren einmalig. Nirgendwo in der Welt stürzt mehr Wasser in die Tiefe als dort im Dschungel. Als wir am „Teufelsrachen" standen, 70 Meter über dem tosenden Aufschlag des Wassers, zitierte ich Tilopa für Tomek: „Wenn ich einen guten Schüler hätte ..."

Obwohl wir nur ein kurzes Stück von der Straße entfernt einen Abstecher in den Dschungel machten, war der pflanzliche Reichtum der Gegend unbeschreiblich. 80 Prozent der Vielfalt der gesamten Welt, bezogen auf das Erbgut, befinden sich dort, und die Pflanzen bergen sicher Heilmittel gegen einige Krankheiten der Welt.

In Rio fuhren uns Nina und Ramon in die Stadtmitte zu ihrem idyllischen Haus. Sie hatten kein langweiliges Leben, berichteten gerade über die Zerstörung des Amazonas und waren einigen Mordanschlägen saurer Farmer knapp entkommen. Eine der schmerzhaftesten Geschichten, die sie erzählten, handelte von einem Indianerstamm, der gerade von amerikanischen protestantischen Sekten bekehrt wurde. Nun fühlten sie sich zwischen zwei Welten verloren, und jede Woche erhängten sich einige.

Die Behörden waren einfach unmöglich. Der junge und inzwischen wegen Unterschlagung abgesetzte Präsident joggte damals jeden Tag im Fernsehen; ab und zu froren sie die Bankguthaben der Reichen ein. Wenn die Polizei streikte, ging die Mordrate, die im Durchschnitt bei 50 pro Tag lag, auf nahezu Null herunter. Sie stieg auf über 100, wenn die Polizei um Lohnerhöhung feilschte. Brasilien ist zwar reich an Rohstoffen, ist aber ein völliges Rassen- und Kulturgemisch, mit unzählbar vielen Kindern. Ich habe noch weniger Vertrauen als zu Indien, dass sie jemals aufholen.

Danach zeigte uns Ramon einen Hügel voller „favelas", armseligen Slums. Ich lehrte bei einer Schülerin von Jamgön Kongtrul Rinpoche im Gelugpa-Zentrum des Lama Yeshe.

Nach den letzten Belehrungen im Haus von Nina und Ramon wollte die sehr bürgerlich wirkende Präsidentin der Prostituierten-Gewerkschaft uns die spaßigsten Transvestiten der Stadt zeigen. Die Arbeit kommt aber zuerst, und als ich um drei Uhr morgens den letzten gesegnet hatte, waren die Transvestiten leider schon weg.

Kolumbien

Ein weiteres uraltes Flugzeug brachte uns nach Kolumbien. Adriana, Eduardo und andere warteten mit Jeeps auf uns. Wir fuhren direkt zu einem seiner vier Anwesen, die Eduardo noch halbwegs sicher besuchen

In Kolumbien, vorne rechts Adriana und Eduardo

konnte; die Zeiten sind leider seit 1994 vorbei. Es lag in einer wundervollen Umgebung, tiefer und wärmer als Bogotá. Dreißig Leute nahmen an einem zweitägigen Kurs teil, und wir nutzten jeden Augenblick.

Unsere Freunde gehören zur Spitze der kolumbianischen Gesellschaft, von der sauberen Seite: Ihr Geld stammt nicht aus Kokaingeschäften. Sie warnten uns, nicht weiter über Land nach Caracas zu reisen. Unsere Gruppe wünschte auch, dass ich ein *Mo* machte, aber stattdessen fragte ich, was die Tickets kosteten. Da der Preis für die Busfahrt bei 20 Dollar und der für den Flug bei 200 lag, ließ ich meine Mala in der Tasche. „Hannah und ich reisen von den Spenden unserer Freunde", sagte ich, „und ich will deren Geld nicht für Luxus ausgeben."

Mein Respekt vor der Großzügigkeit meiner Schüler verschaffte unseren Schützern bald darauf eine Menge Arbeit. Früh morgens, zwischen einer Stadt namens Bucaramanga und dem berüchtigten Cucuta, sah Hannah plötzlich einen Tankwagen quer über die Straße stehen und Mädchen mit Schnellfeuergewehren davor. Einen Augenblick später standen Männer mit verschwitzten Gesichtern und verschlissenen Maschinenpistolen in der Bustür und forderten alle zum Aussteigen auf. Wir taten, was sie sagten. Sie waren so gereizt, dass niemand daran dachte, mit ihnen etwas zu bereden. Nachdem sie jeden nach Waffen abgetastet hatten – mein Bundeswehr-Bajonett hatte ich unter dem Sitz versteckt, es wäre hier von wenig Nutzen gewesen –, wurden wir die Straße hoch zu einem Dorf geführt, das die Guerillas besetzt hielten.

Mitten auf der Straße stand der Commandante, ein kleiner, starker Mann mit Kinnbart. Seiner Erklärung nach waren die fünfzehn bewaffneten, meistens maskierten Gestalten Teil der „Simon-Bolivar"-Guerillas der „Nationalen Befreiungs-Armee". Sie waren gerade in einen größeren Angriff verwickelt und sprengten Brücken und Straßen überall im Land in die Luft. Also waren sie Linke, keine Rechten. Das bedeutete, dass unsere Leben, nicht aber unsere Sachen in Gefahr waren. Die andere Seite würde unser Gepäck stehlen und je nach Laune entweder schießen oder nicht.

Ich beschloss, sie nicht zu beachten. Sie verschwendeten unsere wertvolle Zeit, und ich war von der einheimischen Sitte der Geiselnahme nicht belustigt. Also schrieb ich eisern an meinem Manuskript weiter. Der Commandante hielt eine dreistündige, hasserfüllte und sich wiederholende Rede: Wir Gringos (Weiße) seien der Grund für alles Böse. Er verurteilte noch dazu die Klasse von Kolumbianern, deren Namen unsere Adressbücher füllten, als die schlimmste. Es gab also einiges zu tun. Während ich die letzten Seiten der englischen Ausgabe meines Buches „Mahamudra" beendete, schaute ich nach, wie ihre Schnellfeuergewehre – Marke F. N. – abgesichert waren, und wusste schon, wessen Waffe ich mir schnappen würde, falls es hart auf hart käme. Das größte Problem waren die Guerillas, die bestimmt aus den Hügeln alles überschauten. Im echten Karl-May-Stil gab ich Tomek zu verstehen, er solle die am meisten belastende Seite des Adressbuchs aufessen. Seine Erleichterung war sichtbar, als er ein Feuer entdeckte und sie ungesehen dort hineinwerfen konnte.

Straßenblockade

Die große Ehre, uns aus diesem Guerilla-Schlamassel gerettet zu haben, gebührt unseren Schützern. Ihre Arbeitsweise war erstaunlich. Obwohl wir wenige Meter hinter dem Commandante saßen, konnte er uns einfach nicht sehen! Jedes Mal, wenn ihn einer seiner Männer auf uns aufmerksam machte – wir waren die vier einzigen blonden Köpfe zwischen all den schwarzen und trugen orangefarbene und rote T-Shirts mit riesigen Buddhas darauf –, gingen seine Augen nach rechts, links, oben und unten, aber ... blieben nie auf uns hängen. Genau in dem Augenblick, als mehrere zugleich auf uns deuteten und „Gringo" sagten, stellte ein grauhaariger orthodoxer Priester eine Frage, was ihn erneut ablenkte.

In der hinter uns liegenden Stadt wusste man von dem Überfall nichts. Also kamen Autos und Busse weiterhin den Hügel hochgefahren und wurden angehalten. Als die Guerillas mehr Geiseln hatten, als sie handhaben konnten, schickten sie uns einfach weg. Ihr letzter Gruß war das Versprechen, jeden zu töten, den sie wieder auf der Straße sehen würden. Dies überzeugte sogar mich, einen Flug zu nehmen. Es war zwar nicht langweilig gewesen, aber selbst die besten Schützer soll man nicht rund um die Uhr hetzen.

Jeder unserer Freunde in Bogotá hatte Verwandte, die als Geisel umgebracht worden waren. Sie wussten, welches Glück wir gehabt hatten, und waren heilfroh, uns wieder zu sehen. Abends brachten sie im Fernsehen die Ergänzung zu den Ereignissen: Wir waren in den größten Angriff seit dreißig Jahren verwickelt gewesen. Über vierhundert Menschen wurden an diesem Tag getötet, und Bogotá war von allen Seiten abgeschnitten. Sie zeigten auch die hageren Gesichter einiger Engländer, die drei Monate lang Geiseln gewesen waren. Während die meisten getötet wurden, hatte man diese soeben für ein hohes Lösegeld freigelassen. Wir konnten uns aber nicht beschweren: Die Stunden mit den Guerillas hatten den letzten Seiten meines englischen Mahamudra-Buches einen besonderen Pfiff gegeben.

Venezuela

Für Caracas blieben also nur zwei Tage übrig, die aber waren wichtig. Es war an der Zeit, die Zentrumsarbeit an diejenigen zu übergeben, die wirkliche Buddhisten sind und ein Band zu Karmapa spüren. New-Age-Anhänger genügten hier nicht. Wieder retteten Zentraleuropäer den Tag. Ihre geistige Kraft und Ausdauer ist sowieso das Rückgrat in einem Großteil unserer Zentren rund um die Welt. Die vier groß gewachsenen und beeindruckenden Hoogesteijn-Schwestern hatten genug von der „Mañana-Kultur" und wollten nun die Sache selbst in die Hand nehmen. Sie leiteten die Meditationen und veranstalteten zusammen mit Bogotá einen Kurs über das Bewusste Sterben im April des folgenden Jahres.

Peru

Als wir für eine Nacht in Lima zwischenlandeten, war im Flughafengelände gerade eine Autobombe hochgegangen. Zum ersten Mal seit hundertfünfzig Jahren war die Cholera ausgebrochen, und die Hälfte des Stadtwassers war verseucht. Ein beliebtes Fischgericht sollte der Hauptträger der Krankheit sein. Um Aufstände wütender Fischer zu vermeiden, hatte der Präsident dem Gesundheitsminister befohlen, dieses Gericht im Fernsehen zu essen. Am darauf folgenden Tag wurde er mit verdächtigen Zeichen ins Krankenhaus eingeliefert. Wir hinterließen ungern Ricardo, Jota und unsere inzwischen dreißig Freunde in einer solchen Lage, aber sie konnten mit den Zuständen umgehen. Am Flughafen gab es eine letzte einheimische Färbung: Nachdem die Belegschaft von Aero Peru ewig keinen Lohn erhalten hatte, streikte sie seit Monaten jeden zweiten Tag. Mit unserem Glück hörten wir erst hier davon.

USA

Wieder in Miami, wollte Jack näheres zu meiner Einstellung gegenüber Dharmadhatu hören. Ich erklärte, dass ich die Erneuerer im Verein unterstützte und sie gegen eine künftige Ausbeutung impfen wolle.

Danach besuchten wir Los Angeles. Einige Träger fußgeformter Schuhe mochten meine Ansichten des „schlagt Saddam" zum Golfkrieg nicht, mussten jedoch zugeben, dass ich wusste, wovon ich redete. Europa ist dem Mittleren Osten sehr nahe, und je mehr man über die zornigen Menschen dort weiß, desto weniger mag man sie.

Eine Talk-Show früh morgens in einem alternativen Radiosender wurde reichlich bizarr. Unsere Europäer, die mit ins Studio gekommen waren, fragten sich ernsthaft, ob Amerikaner aus den Ghettos überhaupt zur Schule gingen. Wenn die Anrufer nicht gerade behaupteten, dass Dänen Mongolen seien, bestanden sie darauf, dass Buddha schwarz gewesen sei und dass jede Zivilisation aus Afrika stamme. Die überlieferten Texte beschreiben, dass Buddha blaue Augen hatte. Aber das sagte ich ihnen lieber nicht. Es hätte wohl ihren Zugang zur Lehre für viele weitere Lebenszeiten versperrt. Tatsächlich war es hier, wie bei anderen Auseinandersetzungen eine echte Wonne, Buddhist zu sein: Weil man tief im Mark der Knochen weiß, dass jeder die Buddhanatur hat und auch der Welt das Beste für die weitere Zukunft wünscht, muss man überhaupt kein schlechtes Gewissen haben, wenn man auf Missstände, Unterschiede und Herde des Leids zeigt. Auch zum Besten der Betroffenen selbst mache ich durchgehend auf die Gefahren von Islam, Frauenunterdrückung, Ghettos, fehlender Ausbildung und Überbevölkerung aufmerksam. Alle wollen Leid vermeiden, und wenn man dessen Ursachen kennt, ist das auch weitgehend möglich.

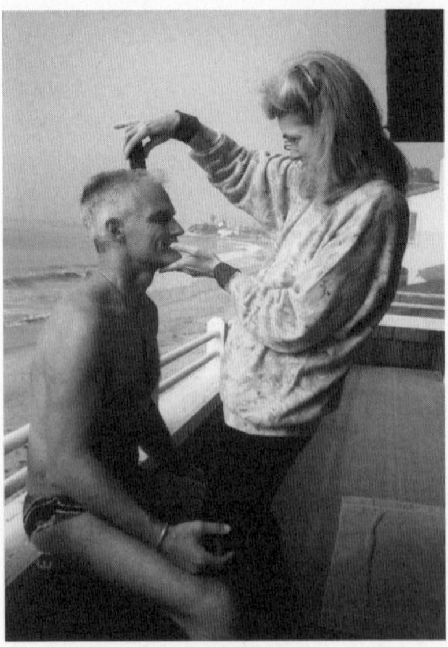

Die Nydahls privat

Im Zentrum nördlich von San Diego hatte man inzwischen verstanden, dass „heilig" voll tauglich zu sein heißt – und nicht exotisch. Somit konnten wir wieder anfangen, Südkalifornien ein zeitloses Angebot für klare Geister zu schenken. Schon am folgenden Tag begann der Kurs über das Bewusste Sterben in einer Herrschaftsvilla in Phoenix, und der Buddha des Grenzenlosen

Lichtes erfüllte mir einen zweiten Wunsch. Dieses Mal segnete er die Wüste mit einem Tag und einer Nacht Regen.

Mit Rolands Saab fuhren wir die Küstenstraße nach Norden bis San Luis Obispo. Mein Vetter Dudley hatte zu einem großen Vortrag in einer „Kirche der Einheit" eingeladen. Es kamen fast europäisch viele Zuhörer, und ihr junger Priester war gut.

Südkalifornien war wirklich von der Sonne braungebrannt. Ein Besuch auf einer Farm meiner Familie zeigte überdeutlich, welchen Scha-

Meine Familie in San Luis Obispo, rechts Dudley

den fünf Jahre Trockenheit angerichtet hatten. Die neu verordneten Duschköpfe spendeten mehr Luft als Wasser. Mit Erstaunen hörte ich schon wieder meine Stimme sagen, dass ich den roten Buddha um Regen bitten und dass er sicherlich auch ein drittes Mal helfen würde. Das fühlte sich jedes Mal sehr seltsam an. Der vernünftige Teil meines Geistes sagte dabei immer: „Halt! Du darfst die Buddhas nicht so unter Druck setzen. Du vertrittst sie, und wenn sie deinen Wunsch nicht erfüllen, lässt du sie schlecht aussehen." Trotzdem ertappte ich mich mehrmals bei dieser Aussage, und allmählich nistete sich noch dazu ein sehr „dänischer" Wunsch mit ein: dass die Regenfälle zum Besten von Land und Leuten erst nach unserer Abreise aus Kalifornien beginnen mögen.

Hawaii Am 25. Februar landeten wir zu acht in Hawaii. Jenny konnte zwei Wochen bleiben, wir anderen hatten nur drei Tage Zeit. Als wir bei Jason und Dechen auf Maui den Fernseher anschalteten, fielen uns fast die Augen aus dem Kopf: Über Südkalifornien waren Gewitter hereingebrochen, und wie sich herausstellte, war es eine lang anhaltende Veränderung der Wetterlage.

Neuseeland Am zweiten März landeten wir in Christchurch, Neuseeland. Maureen und Manfred hatten drei Vorträge vorbereitet, einen davon bei den Theosophen in Bank's Peninsula. Die heimische Pflanzenwelt war an einigen Stellen recht unberührt und wies sehr ungewöhnliche Arten auf. Per Gesetz waren vor hundert Jahren die Bäume in den weiten Feldern gefällt worden. Man wollte so mehr Schafe züchten können, aber weil das unfassbar harte Holz nicht verrottet, erinnern heute die seltsamen herumliegenden Äste oft an Gemälde von Goya.

Australien Sydney war gewachsen. Nachdem unsere Gruppe meine Belehrungen vom letzten Besuch abgetippt und gut verbreitet hatte, wollte sie jetzt mehr. Auf dem Weg die australische Küste hinauf zog ich vier runderneuerten Reifen von Jyttes und Peters Wagen das Gummi ab. Sie schafften gerade 1.000 Kilometer, bei einer Strecke mit aufregenden Kurven, Überschwemmungen und völlig außergewöhnlichen Bäumen.

In Surfer's Paradise, wohl die schönsten Strände der Welt, wollten Terry James und Kim einen Vortrag vorbereiten. Am Ende kamen aber nur sie – es war dort wohl zu schön. Weiter südlich in der Hauptstadt Canberra war mehr Reife vorhanden, man dachte wieder an andere. Dort arbeitete unser alter Freund Lee zum Besten der Ureinwohner Australiens. Obwohl diese den Verlust ihrer Wurzeln bei jedem Zusammentreffen mit westlicher Kultur beklagten, steuerten sie auch ein paar rührende Bilder bei: Viele sind begeisterte Autofahrer. Vom Sozialamt steigen sie direkt ins nächste Taxi und lassen sich so lange spazieren fahren, bis das gesamte Wochengeld verbraucht ist.

In Wollongong lehrte ich bei einer Theravada-Gruppe. Sie wurde von einem Mönch geleitet, der Jamgön Kongtrul Rinpoche aufs Haar glich. Er hatte sogar die gleichen kurzen Oberarme, und nachdem Jamgön Kongtrul Rinpoche 1992 bei einem Autounfall starb, waren spätere Begegnungen mit dem Mönch schmerzhaft.

Am 21. März begann ich einen Kurs über das *Große Siegel* in den Wäldern bei Wiseman Ferry. Das Land gehörte Ayya Khema, einer erfolgreichen deutschen Theravada-Nonne, und barg bis zum großen Brand im Januar 1994 die unberührte Pflanzen- und Tierwelt des Landes. Dieses wunderschöne Areal wurde von einem englischen Mönch, einem „Bhante", geleitet, der heute Laurence heißt.

Anfang April verließen wir Peter und Jytte und ihr schönes Haus. Wir nahmen den Nachtbus nach Melbourne, das sehr englisch ist, und flogen von dort aus nach Kuala Lumpur in Malaysia, wo wir von den liebevollen Menschen Uguen und Peggy in Empfang genommen wurden. Vor uns hatten sie schon Markus und Kasia aus Zürich für eine Woche zu sich eingeladen, und ihre Gastfreundschaft war wieder jenseits jeglicher Beschreibung. Im Jahr davor hatten sie uns die Flugtickets nach Bangkok geschenkt.

Malaysia

Leider war es unmöglich, einen Zwischenstopp in Bangkok zu vermeiden. Aids verbreitete sich nun immer schneller, und die „Kunden" wurden vorsichtiger.

Thailand

Obwohl wir keine Begegnungen in Sikkim geplant hatten, waren die Zeiten, in denen wir alleine Rumtek besuchten, endgültig vorbei. Unsere polnischen Jungunternehmer wollten etwas von der Welt sehen. Da unsere Reisepläne immer bekannt sind, waren wir so mit dreißig Freunden unterwegs.

Die Straße nach Westen in Richtung Kathmandu war schlechter denn je, und die Leute sprachen mittlerweile von „Kackmanzu". Die Infrastruktur Nepals fiel auseinander, und unsere Freunde, die die letzten Unruhen miterlebt hatten, konnten einiges erzählen. Das unpolitische „Shangri La" gehörte der Vergangenheit an.

Nepal

Der letzte Besuch bei Pawo Rinpoche

Wir wohnten nahe Swayambhu bei Lopön Tsechu Rinpoche und seinem Helfer Lama Kalsang. Jeden Tag planten wir Neues und Spannendes für die Zukunft. Meine Vorträge im Vajra-Hotel wurden von einigen Englisch sprechenden Lamas der Sakya-Schule begutachtet. Sie waren sichtlich erfreut, dass althergebrachte Belehrungen den Menschen unserer Zeit so schmackhaft gemacht werden konnten, und ich war dankbar für ihr Lob. Wir schafften es auch, mit Tenga Rinpoche zu sprechen, ohne von seinen beiden schlecht beleumundeten Aufpassern belauscht zu werden. Der letzte Besuch beim wichtigen Linienhalter Pawo Rinpoche kurz vor seinem Tod wurde ein bleibendes Erlebnis.

Dann flog Hannah nach Hongkong zu Shamarpa, während Tomek und ich hoffentlich zum letzten Mal mit Indian Airlines flogen. Wir hatten inzwischen ihre Verwirrung, ihre pedantischen Kontrollen beim Wiegen des Gepäcks und ihre fehlende Freigiebigkeit gründlich satt. Selbst das Flugpersonal schien es für einen persönlichen Sieg zu halten, so wenig wie möglich von allem zu geben.

Deutschland

Als wir sechs Stunden verspätet in Frankfurt landeten, warteten immer noch über achtzig Freunde am Flughafen. Ich war stolz auf sie, alles roch nach Frische und Selbständigkeit. Meine Rechnung war aufgegangen. Da unsere Gruppen Laienlehrer fördern und die Besuche der Mönche und Nonnen begrenzen, kommen immer mehr kraftvolle Leute. Durch den offenen Austausch waren wir nicht zur Machtpyramide erstarrt. Die Leute waren verantwortungsvolle buddhistische Hersteller, nicht Verbraucher. Nach Austausch von Neuigkeiten, Segnungen und einer kurzen gemeinsamen Meditation wollte uns ein Clemens Kuby, ein Filmemacher, unbedingt nach Wuppertal fahren. Auch sein Auto war unzuverlässig. Er wollte einen Dokumentarfilm über Karmapa und die tibetische Wiedergeburt drehen, bevor zwei zu diesem Zwecke bereitgestellte Millionen wegfielen. Der nachgestellte – nicht dokumentarische – Film „Living Buddha“ spielt alle Seiten des Tibet-Mythos voll aus, überzeugt aber nur kurz-

Mit Caty – in guten Händen

fristig, weil eine offensichtlich falsche Prophezeihung als Ursache der Wahl eines schönen, aber wenig außergewöhnlichen Kindes angeführt wird. Aber zurück zu Kubys Auto.

Ich glaubte, in alle Reinen Länder gekommen zu sein, als Catys strahlendes Gesicht ganz unerwartet am Seitenfenster des liegen gebliebenen Wagens erschien. Um 23 Uhr endlich angekommen, war die Straße vor dem Zentrum voller Menschen. Zuerst dachte ich, dass alle eine Pause machten, um frische Luft zu schnappen, aber dem war nicht so. Jeder Zentimeter im Haus war voll. Über vierhundert Freunde waren für nur einen Abend gekommen und hatten fünf Stunden gewartet. Auf solche Leute konnte man bauen. Nach einer dreieinhalbmonatigen Reise rund um die Welt war das ein wirkliches Nachhausekommen.

Nach einem 24-stündigen Interviewmarathon, unterstützt von Caty, fuhren wir nach Berlin. Die Stadt hatte sich verändert. Man war weniger chaotisch als vor dem Fall der Mauer. Manche, die sich jahrelang die Haare hatten verfilzen lassen, schnitten den Mopp nun ab. Michael, Gunda, Ali, Eva, Peter und Jürgen arbeiteten gut, und obwohl die Stadt noch recht übertrieben war: Die Gruppe gewann an Kraft und kam vorwärts.

Der Zug in Richtung Osten war von der alten russischen Sorte. An den Eingängen der Waggons wurde nur mit Kohlen geheizt und stand gekochtes Wasser für Tee zur Verfügung. Lotte aus Dänemark und Gabi wunderten sich über die kitschige und völlig veraltete Innenausstattung. Tomek und ich mussten ihnen erklären, warum die Beamten so nervös waren: Sie waren einfach nicht gewöhnt, unerwarteten Situationen zu begegnen oder Fragen zu beantworten.

Polen

In Warschau wurden die Bahnangestellten von vierzig meiner polnischen Schüler ausgetrickst. Sie stürmten einfach das Abteil und blieben für Segnungen über eine Stunde im Zug. Sie hatten gute Neuigkeiten für mich: Mein Buch „Die Buddhas vom Dach der Welt“ war in einer Auflage von 20.000 Stück in Polen in Druck gegangen. Wojteks Übersetzung war ausgezeichnet, nur hatte der Verleger es sich im letzten Augenblick erlaubt, einige meiner Äußerungen etwas abzuschwächen, was er nicht hätte tun sollen. Michael aus Kiel schloss sich dort unserer Reisegruppe an. Nach einem Tag und einer Nacht auf den Schienen durch fruchtbare, aber öde Landschaften, die früher zu Polen gehört hatten und nun Teil der Ukraine sind, kamen wir in Kiew an.

Ukraine

Im Zug Richtung Osten

Als wir aus dem Zug stiegen, umfing uns ein kraftvoller warmer Windstoß, und vor mir standen die hübsche Tatjana, Tolek, Sascha und andere Freunde aus unserer Petersburger Gruppe. Während der folgenden Wochen zeigten sie mir die Tiefe Russlands und wurden eine perfekte Mannschaft. Vagid, mein Übersetzer, ist ein Sprachgenie, der sich alles selbst beigebracht hat. Seit wir uns kennen lernten, hat er sich von seinen Wurzeln im aserbaidschanischen Baku unglaublich empor entwikkelt. Er hatte seine Jahre in der Roten Armee gut genutzt. Außer sich einige Sterne für die Schulter zuzulegen, hatte er Deutsch, Englisch und mehrere asiatische Sprachen gelernt.

Nur im Abteil der Wagonbegleiterin gibts genügend Licht

Segen zur Begrüßung

Sein Ziel, meine bis heute erschienenen Bücher ins Russische zu übertragen, hat er bereits erreicht.

Kiew ist die ursprüngliche Hauptstadt Russlands, und wir hörten sofort, dass man für fast alles Bezugsscheine brauchte. Nur Ukrainer durften die wenigen schlecht verarbeiteten Gegenstände kaufen, die überhaupt aufzutreiben waren. Erstaunlich viele der geschichtsträchtigen Gebäude standen noch, die Ukrainer hatten offensichtlich die „Kriegsführung der verbrannten Erde" des Zweiten Weltkriegs gegen die Deutschen nur lauwarm überstanden.

Mein Superübersetzer Vagid

In einem niedrigen Raum einer farbenfrohen Kunstausstellung fanden nur ein paar Dutzend Zuhörer Platz. Es ging aber weniger um die Menge: Während des Leitens einer Meditation hatte ich ein einzigartiges Erlebnis. Die lokalen Gottheiten und andere Energien erschienen. Sie zeigten mir die heiligen Stellen, versteckte Birkenhaine und aufge-

ladene Felsen, die ihre Kraftfelder bewahren. Zweifellos mochten sie uns und würden unsere Arbeit unterstützen. Das Gefühl tiefer Sehnsucht, das sie mir einflößten, verschmolz mit ähnlichen Erlebnissen, die ich im Norden des Landes gehabt hatte. Es war so viel Gefühl in jedem kleinsten Teil der Aussage. Es gab noch weitere Zeichen, die darauf hindeuteten, dass Russland ein bedeutender Teil meiner Aktivität werden wür-

Ost und West lernen sich kennen

de. Wie zuvor an anderen Stellen, die ich für die Lehre öffnete, blutete ich auch hier – dieses Mal aus dem Darm. Eine Mahlzeit auf dem Flug von Nepal, die Tomek klugerweise gemieden hatte, war offensichtlich voller Amöben gewesen, und eine Handvoll russischer Tetracycline hatte sie nicht beseitigen können.

Zweieinhalb weitere Tage im Zug brachten uns nach Zaparoje, ins Herz des Kosakenlandes. Ein Bus wartete auf unsere damals bescheidene Gruppe von fünfzehn Freunden; im Januar 1992 sollten wir schon mit sechzig durch Sibirien reisen, und im Sommer mieteten wir für über hundert Mitfahrer einen ganzen Zug.

Auf dem Weg zeigten die Kosaken uns einige geschichtsträchtige Orte, an denen ihr Stamm immer wieder Kraft tankte. An der Mündung des Dnjepr-Flusses liegt eine Insel mit einer großartigen Aussicht. Auf

Hunderte nahmen Zuflucht

ihrem Weg, um das Römische Kaiserreich zu schützen, hatten die schwedischen Wikinger dort ein letztes Mal gerastet. Es war deutlich, dass die Kosaken auch geben und nicht nur nehmen wollten. Während der Belehrungen hörten fünfhundert begabte und sehr offene Menschen nicht

auf, Fragen zu stellen. Danach waren wir ihre Gäste und ritten ihre schnellen Pferde.

Da zweihundert Menschen Zuflucht nehmen wollten und Tausende folgen würden, musste ich einheitliche Namen geben. Also entschied ich mich, für die Männer „Karma Dorje" (Diamant) und für die Frauen „Karma Pema" (Lotus) zu verwenden. Diese Namen drücken die grundlegenden männlichen und weiblichen Eigenschaften aus, sie sollen zum allgemeinen Segen auch die Geschlechter einander näher bringen. Während die Menschen für die Zuflucht langsam an uns vorbeigingen, segnete ich sie. Gabi schnitt ihnen eine Haarsträhne ab, Lotte und Tatjana verteilten aufgeladene Segensschnüre, und Tomek und andere sorgten dafür, dass jeder dran kam. Dies wurde zum Muster für die Länder östlich von Polen, und wieder einmal war zu sehen, dass nichts Zufall ist: Die Buddhas können zählen! Wie zuvor bereits in Polen und in Südamerika reichten die Zufluchtskärtchen ganz genau. Den Rest der 1.200 Kärtchen, die wir in Kiew mitgenommen hatten, vergab ich am letzten Tag im Land.

Kharkov, die Hauptstadt, die die Russen den Ukrainern aufgezwungen hatten, um sie an kürzerer Leine halten zu können, summte vor geistiger Offenheit. Wieder nahmen über zweihundert Menschen Zuflucht, doch unser Mann vor Ort hatte Rubelzeichen in den Augen. Er dachte zu sehr daran, wie man durch die buddhistische Lehre Geld verdienen könnte. Heute gibt es deswegen eine neue gemeinnützige Gruppe in Kharkov.

Sascha, heute – ohne Bart – mein erster Mann in Russland

Russland

Wolgograd, das frühere Stalingrad, war unser erster Aufenthalt in Russland selbst. Da wir Gäste einer kommunistischen Jugendgruppe waren, kamen wenige, und die Leute spähten sich eher gegenseitig aus, als dass sie zuhörten. Fachmännisch tüchtig trennten sie Tomek, Tatjana und mich vom Rest der Reisegruppe, um selbst mehr Zeit mit uns zu haben. Ihr Leben war leer, aber sehr begünstigt – sie hatten Autos und waren in den Westen gereist.

Ein Teil unseres Gepäcks

Zu Gast in Russland

Die Stadt stand noch immer unter Schock. Der Park um das Kriegsdenkmal war riesengroß, und der Hügel, der über die Wolga blickt, hat eine unbeschreibliche Schwingung. Dort fanden die entscheidenden Kämpfe des Zweiten Weltkriegs statt. Stalin hatte ständig neue Truppen über den Fluss geschickt und ließ jeden hinrichten, der flüchten wollte. Deshalb aßen die Deutschen zunächst ihre Pferde, dann ihre Stiefel und erlagen schließlich dem eisigkalten Winter.

Die Stadt Wolgograd schenkte uns im Sommer 1993 einen Hektar Hinterland – ohne Kriegsgräber – wollte dann aber plötzlich eine Menge Geld. Inzwischen bauen wir ein nicht fertiggestelltes Schach-Gebäude in einem Park in der 70 Kilometer langen Stadt und ein Haus nahe einem Dorf am Fluss. Wir hoffen, bald das Geld zu haben, um ein 160 Quadratmeter großes Zentrum bauen zu können.

Samara, ebenfalls an der Wolga, war der nächste Halt. Die Stadt hatte gerade ihren vorkommunistischen Namen wiederbekommen. Die Schilder mit dem Namen eines früheren Oberfolterers, die den Ort zierten, wurden überall abgenommen. Wir bedauerten, dass sie auch hier Reihen schöner alter Blockhäuser abrissen. Die langweiligen Betonbauten, die sie statt ihrer aufstellten, mussten ausgebessert werden, bevor sie überhaupt fertig waren. Zugleich war es aber auch verständlich: Die alten, volkstümlich aussehenden Häuser waren ohne Dusche und hatten die Toilette draußen im Garten.

Wir genossen den begabten Freundeskreis einer Burjatenfamilie, und ich bat Hep Lama, der nicht nur seinem Namen nach Lehrer ist, die Gruppe zu leiten.

Hep Lama mit seinen Töchtern

Der ansässige KGB-Offizier für Religion, ermächtigt durch Gorbatschow, aber nach Jelzins Gesetzen gar nicht vorhanden, beeindruckte mich. Er erwähnte einerseits, wie viel Geld die hereinströmenden protestantischen Sekten in die Gegend brachten, war aber sehr von meinem Versprechen angetan, keine Religion über die Wahrheit und die geistige Freiheit der Menschen zu stellen. Nachdem ich ihm kurz erklärt hatte, inwieweit Buddhismus über Philosophie, Psychologie und Glaubensbekenntnisse hinausgeht, gewannen wir einen Freund. Er begleitete uns endlose Gänge und Treppen hinunter zum schwer bewachten Haupttor. Als wir in Wind und Sonnenschein an den Ufern der Wolga standen, tauchten Bilder zahlloser Polizeiwachen meiner Jugend auf. Wie viel angenehmer ist es doch, sie auf eigenen Wunsch zu besichtigen.

Wieder nahmen mehrere hundert Russen Zuflucht, und anschließend stiegen wir in ein Boot Richtung Lenins Geburtsort. Früher Simbirsk, heißt er jetzt zu Ehren seines Familiennamens Ulianowsk. Die Stadt bekam über diese Verwandtschaft mehr als ihren Teil von ihrem dünnen sozialistischen Kuchen ab. Das Boot hatte auf der Fahrt durch die zahlreichen Schleusen eine Panne nach der anderen. Daher erreichten wir die vielen Zuhörer, die in einem großen Saal auf uns warteten, erst mit zwei Stunden Verspätung. Zu meinem Erstaunen gefielen meine Ausführungen auch einigen ordensgepanzerten Offizieren, die sich unter die Zuhörerschaft gemischt hatten. Selbst ein Ausspruch, der mich während der Notstandsgesetze in Polen fast in Schwierigkeiten gebracht hatte, störte nicht: Sie sollten doch froh sein, dass ihr System nicht funktioniere. So würden sie geistige Werte entwickeln können, anstatt nur sinnlos zu verbrauchen.

Der nächste Tag, der letzte kommunistische Erste Mai, Tag der Arbeiterklasse, war geschichtsträchtig. Die Polizei stand in verschüchterten Grüppchen herum, und die Straßen waren für die jubelnden Menschenmengen abgesperrt, die nicht mehr erschienen. Auf dem Umweg zu dem Saal, in dem ich lehren sollte, traf ein vor mir gehender Fahnenträger mein Kinn. Als ich schon dabei war, ihn am Kragen zu packen, sah ich überrascht das Ergebnis der jüngsten buddhistisch-kommunistischen Auseinandersetzung. Dieses Mal gewannen wir. Unter den staunenden Blicken unserer Gruppe brachen Sichel, Flagge und Ornamente von der Stange und fielen krachend zu Boden.

Ulianowsk war frisches Neuland. Auch hier fingen viele mit der Meditation an. Unsere Petersburger hatten den Besuch bestens vorbereitet. Nach einer Disconacht im Jugendclub nahmen wir den Zug westwärts nach Moskau.

Die große Hauptstadt besaß nur noch wenig Ursprüngliches. Viele kamen inzwischen aus den verschiedensten Kulturen, was weltweit nicht das Beste aus den Menschen hervorbringt. Tatjana und ich trafen unsere Gruppe vor dem Kreml und hörten, dass die Polizei sie um Mitternacht aus einem gemischt-geistigen Zentrum geräumt hatte. Mit slawischer Gastfreundschaft hatten andere sie dann von der Straße zu sich nach Hause eingeladen. Überall auf der Fahrt war Ähnliches geschehen, und alle waren sich einig, niemals zuvor eine so offene Bevölkerung kennen gelernt zu haben wie in diesem Riesenland.

Nach der letzten Belehrung nehmen sowohl Tatjanas Mutter als auch Großmutter Zuflucht. Uns wird langsam klar, was während der letzten Wochen geschehen ist. Tausende Ukrainer und Russen wurden berührt und begeistert. Ich habe sechs neue Zentren gegründet und über tausend Menschen Zuflucht gegeben.

Lopön Tsechu und Hannah kamen an – links Gabi, die heute in Russland die Hauptarbeit leistet

Am nächsten Tag kamen Lopön Tsechu Rinpoche und die prachtvolle Hannah aus Nepal an. Überall summten die Gruppen „Om Ami Dewa Hri"-Mantras, die Vorbereitung für den Kurs über das Bewusste Sterben, der wenige Tage später in der Nähe von Petersburg beginnen sollte. Während Lopön Tsechu Rinpoche und ich am letzten Abend in dieser schönen Stadt Belehrungen gaben, kamen Freunde von überall. Am nächsten Morgen stiegen dreihundert Leute in die Busse und fuhren in ein kommunistisches Pionierlager nördlich der Stadt. Es lag in den Kiefern- und Birkenwäldern, die ich so sehr mag, unweit eines Sees.

Teilnehmer des Bewusste Sterben-Kurses

Hier, im starken Segensfeld der Linie, entstanden viele gute Verbindungen, alle hatten die Zeichen in nur drei Tagen, und am Ende segnete Lopön Tsechu Rinpoche Russland mit den allerersten Kagyü-Übertragungen.

Obwohl ich neben Lopön Tsechu Rinpoche auf der Bühne saß und eigentlich dachte, dass ein Lehrer in der Öffentlichkeit keine persönlichen Gefühle zeigen sollte, hatte ich bei seinen abschließenden Worten

Tsechu Rinpoche gibt die allerersten Kagyü-Übertragungen in Russland

Für einmal habe ich nichts zu sagen

keine andere Wahl. Heiße Wellen stiegen in meinem Körper auf, und mit Tränen der Dankbarkeit, die ich zu verstecken versuchte, hörte ich Worte, die so viel erklärten:

„Ich sage oft, dass Ole und Hannah Aktivitäten und sogar Ausstrahlungen Karmapas sind. Ich werde euch sagen, warum. Ich sage das nicht, weil ich sie so gerne mag, sondern weil ich es von Karmapa selbst habe. Ich war dabei, als sie Seine Heiligkeit zum ersten Mal sahen. Nach einer Kronzeremonie in Kathmandu kamen sie für einen längeren Segen in Karmapas Zimmer ins Kloster von Swayambhu. Nachdem sie gegangen waren, fragte er mich, wer sie seien. Ohne nachzudenken sagte ich: ‚Es sind meine Schüler.' ‚Jetzt sind es meine!', sagte Karmapa. ‚Sie werden in Zukunft meine Aktivität ausdrücken.' "

Ausblick

Nachdem sich seit 1972 bis früh in den neunziger Jahren die örtlichen Diamantweg-Gruppen gefestigt und viele meiner Schüler erfreuliche Entwicklungen durchlaufen hatten, brachten die Wünsche des 16. Karmapa einen weiteren Schub an Wachstum überall. Auf der Grundlage von Freundschaft, Idealismus, freiheitlich-humanistischem Denken und einsgerichteter Tatkraft wuchs nicht nur die Größe der Zentren, sondern auch unsere Gegenwart in vielen bisher vom Buddhismus noch unberührten Ländern, alles zusammen mit der Anerkennung des Tibetischen Buddhismus durch die Menschen und Medien. Dieses „Graswurzelprinzip" hat jetzt den Diamantweg in die Mitte der Gesellschaft gebracht. In naher Zukunft werden wir weitere Grenzen überschreiten und wagen uns an Größenordnungen, die es für ein Europa-Zentrum in Bayern und einen Buddha-Park im Herzen Berlins zu überschreiten und bewältigen gilt. Dies wurde nur durch eine weltweite Vernetzung und Zusammenarbeit möglich.

Der Lehrstil in unseren Zentren ist schon lange modern. Alle Meditationen werden in der eigenen Landessprache durchgeführt und der gesamte äußere Rahmen hat sich dem westlichen Stil angepasst. Der kulturelle Ballast Asiens wurde zugunsten eines klaren, für alle leicht zugänglichen Stils ersetzt, ohne dass Buddhas Lehren dadurch in irgendeiner Weise verändert wurden.

Was unsere wichtigen Lehrer betrifft, so sind auch hier eingreifende Veränderungen geschehen. Hannahs und mein erster, hochgeschätzter Lehrer Lopön Tsechu Rinpoche ist 2003 von uns gegangen. Er hat unschätzbar viel Wichtiges für die Entwicklung des Buddhismus im Westen getan, gleichzeitig reichte sein Einfluss in Asien sehr weit. Die Wiedergeburt des 16. Karmapa, der 17. Karmapa Thaye Dorje, besuchte als 16-Jähriger erstmals den Westen im Jahr 2000. In Düsseldorf wohnten ungefähr 6.500 begeisterte Diamantweg-Buddhisten diesem öffentlichen Auftritt bei. Seitdem er seine klassische Ausbildung beendet hat, sich aber auch gleichzeitig moderne westliche Sicht und damit verbunden entsprechendes Wissen angeeignet hat, reist der 17. Karmapa öfter zu den Menschen überall und gibt Einweihungen, Belehrungen und Übertragungen. Mögen durch den unermüdlichen Einsatz von Ost wie West die Wesen weiterhin großen Nutzen haben!

Durch meine Praxis kann ich nun sagen,
dass ich, was auch immer der letzte Karmapa tat,
wieder aufnehmen und ausführen kann.
Ich habe die Fähigkeit es zu tun.

Der 17. Karmapa Trinlay Thaye Dorje

Glossar

Allmächtiger Ozean (tib.: Gyalwa Gyamtso/skt.: Jinasagara): Buddha des Mitgefühls (Liebevolle Augen/Chenresig) in Vereinigung mit Partnerin, im *Freudenzustand*, rot, sitzend, 4-armig. Hält in der rechten äußeren Hand einen Dorje statt einer Mala. Vereinigt Mitgefühl und Weisheit. Sehr wichtig für die Karma Kagyü Linie.

Ausstrahlungszustand (tib.: Tulku/skt.: Nirmanakaya): siehe *Tulku*

Band, Bände (tib.: Damtsig/skt.: Samaya): die Grundlage für schnelles geistiges Wachstum im *Diamantweg*-Buddhismus. Durch die ungebrochene Verbindung zum *Lama*, zu den *Buddhaformen* und denjenigen, mit denen man gemeinsam *Einweihungen* und Belehrungen erhalten hat, entwickelt der Praktizierende schnell die ihm innewohnenden Fähigkeiten.

Bardo, der (tib.; wörtl.: "zwischen zwei"): im Allgemeinen jeder Zwischenzustand oder Übergang. In den Belehrungen des *Diamantweges* wird gewöhnlich von sechs Bardos gesprochen. Im Westen verstehen die meisten darunter die Zeit zwischen dem Tod und der nächsten Wiedergeburt.

Befreierin (tib.: Dölma/skt.: Tara)

Grüne Befreierin: weibliche Buddha des Mitgefühls im Freudenzustand, smaragdgrün, sitzend. Die rechte Hand ruht am Knie in der Geste des Gebens, die linke Hand hält eine Lotusblüte. Der rechte Fuß ist nach vorne gestreckt als Zeichen, dass sie jederzeit für die Wesen bereit ist. Um sie herum sitzen 20 weitere Befreierinnen. Sie schützen vor unterschiedlichen Gefahren und erfüllen Wünsche.

Gelbe Befreierin (tib.: Nor gyun ma/skt.: Vasudhara oder Basundhara): weibliche Buddha im Freudenzustand für Reichtum auf materieller und spiritueller Ebene, golden, sitzend. Der rechte Fuß ist nach vorne gestreckt. Die rechte Hand zeigt die Geste der Freigiebigkeit, die linke hält eine Reis-Ähre. Sie ist die Gefährtin des Reichtumsbuddha (Jambhala) und Hauptaspekt in der buddhistischen Kunst Nepals.**Weiße Befreierin:** weibliche Buddha im Freudenzustand für langes Leben und Willenskraft. Sitzt in voller Meditationsstellung. Ihr besonderes Kennzeichen sind die 7 Weisheitsaugen.

Befreierin der Verwirklichung (tib.: Dölma Naljorma): Eine Form der Befreierin mit 8 Armen, grün.

Befreiung / befreit: Befreiung vom Daseinskreislauf (*Samsara*), Geisteszustand, in dem alles Leid - zusammen mit den Ursachen für Leid – vollkommen überwunden ist. Auf dieser Stufe fallen alle Störgefühle weg. Erst wenn auch die letzten festen Vorstellungen über die Wirklichkeit losgelassen wurden, spricht man von *Erleuchtung*.

Bodhgaya: jene Stelle in Nordindien, an der der historische *Buddha* Sakyamuni vor ca. 2550 Jahren die volle *Erleuchtung* erlangte. Alle 1.000 historischen *Buddhas* dieses Zeitalters zeigen hier ihre volle *Erleuchtung*.

Bodhisattva (skt./tib.: Djang Chub Sem Pa): jemand, der *Erleuchtung* zum Besten aller Wesen anstrebt. Diese Haltung entspricht dem Ideal des *Mahayana*-Buddhismus, dem auch der *Diamantweg* angehört. Ein Bodhisattva ist einerseits jemand, der *Leerheit* verstanden und Mitgefühl entwickelt hat, andererseits wird der Begriff auf alle angewendet, die das *Bodhisattva-Versprechen* genommen haben.

Bodhisattva-Versprechen: das Versprechen zum Besten aller Wesen *Erleuchtung* zu verwirklichen und mit Kraft und Ausdauer zu arbeiten, bis alle Wesen *befreit* bzw. *erleuchtet* sind. Es wird in Gegenwart eines *Bodhisattvas* genommen und wird in der täglichen *Meditation* wiederholt, um die Motivation zu stärken.

Buddha, der / die (tib.: Sangye): Der Name bezeichnet den erleuchteten Geisteszustand. „Sang“ bedeutet „vollkommen gereinigt“ von allen Schleiern, die die Klarheit des Geistes verdunkeln. „Gye“ bedeutet “vollkommene Entfaltung“ aller Qualitäten des Geistes. Zu diesen gehören Furchtlosigkeit, unendliche Freude, grenzenloses Mitgefühl, Weisheit und Tatkraft zum Wohle der Wesen. Der Buddha unserer Zeit ist der historische Buddha Shakyamuni, der vierte von insgesamt 1.000 historischen Buddhas dieses Zeitalters. Jeder historische Buddha leitet eine neue *Dharma*-Periode ein.

Buddha des grenzenlosen Lichtes (tib.: Öpame/Skt.: Amitabha): Buddha der unterscheidenden Weisheit, rubinrot, sitzend. Die Hände ruhen im Schoß und halten eine Schale mit dem Nektar der höchsten Erfüllung. Sein Bewusstseinsfeld ist das Reine Land der höchsten Freude (Dewachen), das man durch sein Versprechen an die Wesen mit starken Wünschen erreichen kann.

Buddha-Familien (tib.: Gyalwa rig nga/skt.: panca tathagata, auch: 5 Dhyani-Buddhas): Alle von *Buddha* gelehrten *Buddhaformen* lassen sich in fünf Buddha-Familien zusammenfassen. Während die reine Essenz der fünf Persönlichkeitsbestandteile durch die fünf männlichen Buddhas der Familien dargestellt wird, stehen ihre fünf Gefährtinnen für die fünf gereinigten Elemente.

Buddhaformen, Buddhaaspekte (tib.: Yidam): eine der *Drei Wurzeln*. Die unendlichen Eigenschaften des erleuchteten Geistes drücken sich selbst in zahlreichen Licht- und Energieformen aus. Indem man sich mit ihnen in der *Meditation* und im täglichen Leben identifiziert, erwecken sie die jedem innewohnende *Buddhanatur*. Sie werden als untrennbar vom eigenen *Lama* gesehen. Um auf sie meditieren zu können, benötigt man die Erlaubnis oder eine *Einweihung* von einem *Lama*, der die Übertragung hält.

Buddhanatur: die Natur des Geistes, das Potenzial der *Buddhaschaft*, das allen Wesen innewohnt.

Buddhaschaft: siehe *Erleuchtung*

Buddhataten, auch: Vier Tatbereiche. Sie beschreiben mitfühlendes, spontanes und müheloses Verhalten, die Fähigkeit, zum richtigen Zeitpunkt an der richtigen Stelle das Richtige zu tun. Es gibt insgesamt vier Buddhataten: die befriedende, vermehrende, faszinierende und kraftvoll schützende Aktivität eines *Buddha*. Die Grundlage für diese Tatbereiche ist die Fähigkeit, in dem zu ruhen, was ist.

Dakini (skt./tib.: Khandro): weibliche *Buddha* – im tibetischen Buddhismus verwendete Bezeichnung für eine weibliche Weggefährtin auf dem Erleuchtungspfad; hochverwirklichte Frauen von denen in Tibet gesagt wird, sie könnten im Raum wandeln. Sie begeistern und treiben den Mann zur Tat an. Dakinis treten oft als Überbringerinnen oder *Schützer*innen der Lehre auf.

Dharma, das (umgangssprachlich auch: der) (skt./tib.: Chö): die buddhistische Lehre. Teil der buddhistischen *Zuflucht*. Es wird unterschiedlich gegliedert. Oft in *Theravada*, *Mahayana* und *Vajrayana*, die drei Ebenen von Belehrungen, die *Buddha* an Schüler mit verschiedenen Einstellungen gab.

Diamant: siehe Dorje.

Diamant in der Hand (tib.: Channa Dorje/skt.: Vajrapani): Buddha der Kraft und Energie im Freudenzustand, tiefblau. „Vater" vom zweiarmigen Schützer Schwarzer Mantel. Schützt und beseitigt Hindernisse. Halter aller Tantras.

Diamantdolch (tib.: Dorje Phurba/skt. Vajrakilaya): Wichtiger Yidam und Ausdruck von Diamantgeist, durchschneidet Widerwillen, Anhaftung und Dummheit.

Diamantgeist (tib.: Dorje Sempa/skt.: Vajrasattva): Buddha der reinigenden Kraft aller Buddhas, weiß, sitzend. Die rechte Hand hält einen Dorje zum Herzen und die linke eine Glocke an der Hüfte. Freudenzustand von Akshobya und verkörpert im Bardo Mandala alle Buddhafamilien.

Diamantweg (tib.: Dorje Thegpa / skt.: Vajrayana): Teil des *Großen Weges* (Mahayana). Auf der Grundlage des *Erleuchtungsgeistes* wird durch tief gehende und schnelle Mittel das Ziel, vollkommene *Erleuchtung*, zum Weg gemacht. Er kann nur mit der Einstellung, alles als grundlegend rein zu betrachten, praktiziert werden (siehe auch *Reine Sicht*). Synonyme sind Tantrayana und *Mantra*yana.

Dorje, der (skt.: Vajra; wörtl.: „Herr der Steine, Diamant"): Sinnbild der Unzerstörbarkeit und Unerschütterlichkeit, die den höchsten Geisteszustand, die *Erleuchtung*, kennzeichnen. Der so bezeichnete Ritualgegenstand symbolisiert die Mittel des *Diamantweges* sowie Mitgefühl und Freude. (siehe auch *Glocke)*

Drei-Jahres-*Zurückziehung* (auch: Drei-Jahres-Retreat): traditionelle Ausbildung für *–Lamas* im Tibetischen Buddhismus. Sie dauert drei Jahre, drei Monate und drei Tage und wird in geschlechtsgetrennten Gruppen durchgeführt. Sie besteht aus den *Grundübungen*, äußerer, innerer und geheimer *Yidam*-Praxis und den *Sechs Lehren von Naropa*.

Drei Juwelen: *Buddha*, *Dharma* und *Sangha*. Alle Buddhisten nehmen *Zuflucht* zu diesen.

Drei Wurzeln: *Lama*, *Yidam* und *Schützer*. Sie sind über die *Drei Juwelen* hinaus *Zuflucht* im *Diamantweg* und ermöglichen einen schnellen *Erleuchtungs*weg. Sie sind die Quelle (oder Wurzeln) für *Segen*, Verwirklichung und Schutz.

Drei Zustände der Erleuchtung (skt.: Kayas): *Wahrheitszustand* (skt.: Dharmakaya) ist verbunden mit der Erfahrung von Furchtlosigkeit. *Freudenzustand* (skt.: Sambhogakaya) ist verbunden mit der Erfahrung von nicht bedingter Freude. *Ausstrahlungszustand* (skt.: Nirmanakaya) ist verbunden mit der Erfahrung von nicht bedingtem Mitgefühl. Die Drei Zustände der *Erleuchtung* werden bei den *Einweihungen* in Körper, Rede und Geist im *Guru Yoga* und auch bei zeremoniellen *Einweihungen* erweckt.

Einweihung (tib.: Wang/skt.: Abhisheka): auch Ermächtigung. Die meist mit Zeremonien verbundene Einführung des Praktizierenden in das *Kraftfeld* einer *Buddhaform*, wodurch der Schüler die Ermächtigung erhält, auf diese zu meditieren (siehe auch *Drei Zustände der Erleuchtung*). Praxis-Ermächtigungen sind mit Versprechen verbunden. Einweihungen können auch als *Segen* gegeben werden (so genannte Erlaubnis-Einweihungen). Hier bekommt man ein *Band* zum *Lama* und Hindernisse auf dem Weg zur *Erleuchtung* werden gereinigt. Neben der

Ermächtigung sind für die *Diamantweg*-Übung auch die Übertragung durch Lesen (tib.: *Lung*) und die mündlichen Erklärungen (tib.: *Thri*) notwendig. Der unmittelbare Weg des Gomlungs wird unter *Meditation* erklärt.

Erleuchtung / erleuchtet: siehe *Buddha*.

Erleuchtungsgeist (tib.: Chang Chub Kyi Sem/skt.: Bodhicitta): Grundlage für den *Großen Weg* und den *Diamantweg*. Der Wunsch, zum Besten aller Wesen *Erleuchtung* zu erlangen. Der bedingte (relative) Erleuchtungsgeist besteht aus dem Wunsch und des weiteren aus der Handlung, sich selbst durch die *Sechs befreienden Handlungen* zum Wohle aller Wesen zu vervollkommnen. Der letztendliche (absolute) ist die Erkenntnis der Untrennbarkeit von *Leerheit* und Mitgefühl, spontane und mühelose Aktivität, ohne Gedanken oder Zögern. Subjekt, Objekt und Tat werden nicht mehr als voneinander getrennt erlebt. Geisteshaltung eines *Bodhisattva*.

Formzustände: *Freudenzustand* und *Ausstrahlungszustand*. Sie entspringen dem *Wahrheitszustand* und bringen Nutzen für andere.

Freuden-Ebene: siehe *Freudenzustand*.

Freudenzustand (tib.: Long Ku/skt. Sambhogakaya): einer der *Drei Zustände der Erleuchtung*. *Erleuchtete*r Ausdruck der Klarheit des Geistes, sein freies Spiel und Erfahrung höchster Freude. Dieser Zustand wird erlebt, wenn der Geist von der Ebene der Furchtlosigkeit aus seinen Reichtum an Möglichkeiten erkennt. Er zeigt sich aus dem *Wahrheitszustand* heraus als mannigfache *Buddhaformen*. Fortgeschrittene *Bodhisattva*s können ihnen begegnen und Belehrungen erhalten. (siehe auch *Tulku*)

Fünf Buddha-Familien: siehe *Buddha-Familien*

Fünf Weisheiten: siehe *Weisheiten*

Gampopa (1079-1153): *Milarepa*s Hauptschüler und Lehrer des ersten *Karmapa*, Düsum Khyenpa. *Buddha* sagte voraus, dass Gampopa das *Dharma* in ganz Tibet verbreiten werde. Er vereinte die *Kadampa*-Schule des Atisha mit dem Weg des *Großen Siegel*s (Mahamudra). Die klösterliche *Kagyü-Überlieferung* beginnt mit ihm.

Zu einem seiner philosophischen Hauptwerke, dem "Kostbaren Schmuck der Befreiung", sagte er, dieses zu lesen sei das gleiche, wie ihm selbst zu begegnen. Dieses Buch erklärt Sichtweise und Weg des "*Großen Weges*" und ist eine hervorragende Einführung in die Grundlagen des Buddhismus.

Geist: Strom von einzelnen Momenten des klaren und bewussten Erlebens. In seinem unerleuchteten Zustand drückt er seine Denk-, Wahrnehmungs- und Erinnerungsfähigkeit durch das Bewusstsein aus. Sein wahres *erleuchtet*es Wesen ist frei von aller Selbstbezogenheit und erlebt sich ungetrennt vom Raum als offene, klare und unbegrenzte Bewusstheit.

Gelug-Linie, Gelug-Schule, die Gelugpas (tib., zwei Übersetzungsmöglichkeiten: Tugend-Tradition oder Ganden-Tradition, benannt nach ihrem Hauptkloster), auch: "Gelbhut"-Schule: die neueste der *Vier Hauptlinien* des tibetischen Buddhismus. Diese reformierte, erst im 14. Jahrhundert von Tsongkhapa gegründete Schule legt besonderes Gewicht auf das Studium der Schriften und auf die klösterliche Tradition. Obwohl diese Schule auch verschiedene *tantrische* Übertragungen besitzt, ordnet sie sich selbst meistens dem *Mahayana* zu und nicht dem *Diamantweg*.

Glocke: Ritualgegenstand, der oft zusammen mit dem *Dorje* verwendet wird und die Weisheit bzw. den Raum symbolisiert. Gemeinsam bedeuten sie die Untrennbarkeit von Raum und Freude, Weisheit und Mitgefühl.

Grenzenloses Licht: siehe *Buddha des Grenzenlosen Lichtes*

Große Vervollkommnung (tib.: Dzogchen, Dzogpa Chenpo/skt.: Maha-Ati): die letztendliche Belehrung der „Alten" oder *Nyingma-Tradition*. Essenz und Ziel entsprechen dem *Großen Siegel* (Mahamudra) der *Kagyü*-Übertragung. Mittel und Weg sind jedoch verschieden.

Großer Weg (tib.: Thegchen/skt.: Mahayana): teilt sich in *Sutra*- und *Tantra*-Weg. In beiden strebt man nach *Erleuchtung* zum Wohle aller Wesen. Im *Sutra*weg wird durch Studium, Hinterfragen und *Meditation* über lange Zeit Mitgefühl und Wissen vertieft, was dann in Einsicht mündet. Großer Weg wird manchmal gleichbedeutend mit *Sutra* verwendet.

Großes Siegel (tib.: Chagchen, Chagya Chenpo/skt.: Mahamudra): das „Große Siegel" der Verwirklichung. *Buddha* gab das Versprechen, dass dies die letztendliche Belehrung sei. Sie wird hauptsächlich in der *Kagyü-Schule* gelehrt und führt zu einer direkten Erfahrung des Geistes. Das Große Siegel umfasst Grundlage, Weg und Ziel. Auf die *Buddhanatur* vertrauend, übt man in der Untrennbarkeit von Erleber, Erlebtem und Erleben zu verweilen und wird als Resultat den Geist voll erwecken und seine *Erleuchtung* besiegeln.

Grundgedanken: siehe *Vier Grundgedanken*

Grundübungen: (tib.: Chag Chen Ngöndro; wörtl.: die Vorbereitung auf das *Große Siegel*): Sie bestehen aus den vier allgemeinen (oder auch *Vier Grundgedanken*) und den vier besonderen vorbereitenden Übungen. Mit den besonderen Vorbereitungen, den Grundübungen, schafft man unzählige gute Eindrücke im Unterbewusstsein. Sie bilden die Grundlage für das *Große Siegel*. Bei jeder dieser Übungen gibt es 111.111 Wiederholungen:

- *Zuflucht*nahme und das Erwecken des *Erleuchtungsgeistes* bei den Verbeugungen
- Reinigung von Leid bringenden Eindrücken durch die *Meditation* auf Diamantgeist (siehe Anhang zu Buddhaformen)
- das Verschenken von *Mandalas* bei den Mandalagaben
- Guru Yoga, die *Meditation* auf den *Lama*

Guru Rinpoche (tib., auch: Pema Jungne/skt.: Padmasambhava; wörtl.: "der Lotus-Geborene"): brachte den Buddhismus, insbesondere die *Diamantweg*-Übertragungen, im achten Jahrhundert nach Tibet. Er führte ein spannendes Leben und zeigte unzählige Wunder. Mit seinen *Termas* und den Vorhersagen der *Tertöns* begründete er die *Nyingma-Linie* und wird auch von den *Kagyüs* sehr verehrt.

Guru-Yoga, das (skt./tib.: Lami Naljor): *Meditation* auf den Lehrer (*Lama*) als Essenz aller *Buddhas*. Dabei erhält man, wie bei einer *Einweihung*, den *Segen* von Körper, Rede und Geist und die *Drei Zustände der Erleuchtung* werden erweckt. Am Ende verschmilzt man mit dem *erleuchteten* Zustand des *Lamas*.

Hinayana (skt.): siehe *Kleiner Weg*

Höchste Freude (tib.: Korlo Demchok/skt.: Chakrasamvara/wörtl.: „Rad der höchsten Freude"): Buddha der strahlenden und überpersönlichen Freude, welche die wahre Natur unseres Geistes (des Raumes) ist, tiefblau, stehend, die Hände sind auf Herzenshöhe gekreuzt und halten Dorje und Glocke. Begeisternde Erscheinung, die Anhaftung umwandelt. Oft in Vereinigung mit Roter Weisheit. Wichtige Meditationsform in der Karma Kagyü Linie.

Kadampa: eine Schule, die auf den indischen Meister Atisha zurückgeht und Belehrungen zu *Erleuchtungsgeist* und *Zuflucht* betont. Sie existiert heute nicht mehr als eigene Linie.

Kagyü-Linie, Kagyü-Schule, die Kagyüpas: die *Verwirklicher*-Übertragung innerhalb der *Vier Hauptschulen* des tibetischen Buddhismus. Sie umfasst die alten und neuen Belehrungen, die Tibet erreichten. Da sie sehr praxisorientiert ist, wird sie die „mündliche" oder „vervollkommnende" Schule genannt. Sie wurde durch den Helden *Marpa* ca. 1050 nach Tibet gebracht und schöpft ihre Kraft aus der engen Lehrer-Schüler Verbindung.

Vier größere und acht kleinere Schulen finden ihren Ursprung in den vier Hauptschülern *Gampopas*. „Größer" und „kleiner" bezieht sich auf die direkte Verbindung mit Gampopa (größere oder Haupt-Schulen) oder indirekte Verbindung über einen Schüler von Gampopa (kleinere oder Neben-Schulen). Heute sind die größeren alle in der Karma Kagyü Schule verschmolzen, deren geistiges Oberhaupt *Karmapa* ist. Von den 8 kleinen Linien haben die Drugpa und Drikung Kagyüpas viele Anhänger in Bhutan und Ladakh.

Kanjur, der (tib.): Sammlung der direkten Belehrungen des *Buddha*, je nach Ausgabe 100, 103, 106 oder 108 Bände. (vgl. *Tenjur*)

Karma, das (skt./tib.: Lä; wörtl.: „Handlung"): das Gesetz von Ursache und Wirkung, nach dem wir die Welt entsprechend der im Geist gespeicherten Eindrücke erleben, die wir mit Handlungen von Körper, Rede und Geist schaffen. Das bedeutet, dass wir mit unseren Handlungen hier und jetzt unsere eigene Zukunft bestimmen.

Karma-Kagyü(-Schule/Linie) : siehe *Kagyü(-Schule/Linie)*

Karmapa (tib.; wörtl.: „derjenige, der die Buddhatat ausführt" oder „Herr der Buddhaaktivität"): der erste bewusst wiedergeborene *Lama* Tibets und geistiges Oberhaupt der *Kagyü-Linie* seit dem 12. Jahrhundert. Der Karmapa verkörpert die Tatkraft aller *Buddhas* und wurde schon von *Buddha* Shakyamuni und *Guru Rinpoche* vorhergesagt. Viele Karmapas hinterließen vor ihrem Tod einen Brief, der die genauen Umstände ihrer nächsten Geburt enthält. Bis heute gab es 17 Inkarnationen:

1. Düsum Khyenpa, 1110-1193
2. Karma Pakshi, 1204-1283
3. Rangjung Dorje, 1284-1339
4. Rölpe Dorje, 1340-1383
5. Deshin Shegpa, 1384-1415
6. Tongwa Dönden, 1416-1453
7. Chödrag Gyamtso, 1454-1506
8. Mikyö Dorje, 1507-1554
9. Wangchug Dorje, 1556-1603
10. Chöying Dorje, 1604-1674
11. Yeshe Dorje, 1676-1702
12. Changchub Dorje, 1703 - 1732
13. Düdül Dorje, 1733-1797
14. Thegchog Dorje, 1798-1868
15. Khakhyab Dorje, 1871-1922
16. Rangjung Rigpe Dorje, 1924-1981
17. Thaye Dorje, 1983-

16. Karmapa *Meditation* (oder *Meditation* auf den 16. Karmapa): Diese *Meditation* wurde vom 16. *Karmapa* selbst verfasst. Sie ist eine Form des *Guru-Yoga* und wird auf den Wunsch des 16. Karmapa in den *Diamantweg*-Zentren im Westen als Hauptpraxis für die gemeinsamen *Meditation*en verwendet.

Khandro (tib.): siehe *Dakini*

Klarheit (tib.: Sälwa): *Leerheit*, Klarheit und *Unbegrenztheit* sind die nicht voneinander zu trennenden Eigenschaften des Geistes; Klarheit ist die dem Geist innewohnende Fähigkeit, ohne Unterbrechung zu erleben und entspricht bei der Verwirklichung dem *Freudenzustand* der *Erleuchtung*.

Kleiner Weg (tib.: Thek Chung/skt. Hinayana, heute Theravada): der Weg der „Hörer" (skt.: Shravakas) und der „Einzel-*Buddhas*" oder „Allein-Verwirklicher" (skt.: Prathyekabuddhas). Hier steht die eigene *Befreiung* im Mittelpunkt.

Kraftfeld: siehe *Mandala*

Kronzeremonie: Zur Zeit des 5. *Karmapa* ließ der chinesische Kaiser eine Nachbildung vom Kraftfeld der *Schwarzen Krone* anfertigen. Diese zeigen die *Karmapas* seither in Zeremonien, wobei sie gleichzeitig in tiefer *Meditation* verweilen. Der 16. *Karmapa* gilt als Ausstrahlung von „Allmächtiger Ozean" (Siehe Anhang zu Buddhaformen). Die *Schwarze Krone* gehört zu den Schätzen der Karma-*Kagyü-Linie*.

Lama (tib.; wörtl.: höchstes Prinzip): eine der *Drei Wurzeln*. Buddhistischer Lehrer. Er ist im *Diamantweg* besonders wichtig. Ohne ihn gibt es keinen Zugang zu den tiefsten Belehrungen. Durch das *Guru-Yoga*, die *Meditation* auf ihn, erhält man seinen *Segen*. Bei Segen erlebt man für Momente die wahre *Natur des Geistes*, der Lama spiegelt dem Schüler die *Drei Zustände der Erleuchtung*.

Leerheit (tib.: Tongpanyi/skt.: Shunyata): leer von unabhängiger Existenz, nichts entsteht aus sich selbst heraus, sondern aufgrund von Bedingungen. Leerheit ist die letztendliche Natur aller äußeren und inneren Phänomene und kann nicht durch Begriffe erfasst werden.

Lhaktong (tib./skt.: Vipashyana): Einsichtsmeditation; diese *Meditations*-praxis wird sowohl im *Sutra* als auch im *Tantra* als Methode verwendet und baut auf einer stabilen *Shine*-Erfahrung auf. Man übt, die Einsicht in die Nicht-Zweiheit von wahrnehmendem Bewusstsein und wahrgenommenem Objekt von Moment zu Moment aufrecht zu erhalten. Es gibt einen analytischen und einen direkten Zugang.

Liebevolle Augen (tib.: Chenresig/skt.: Avalokiteshvara): Buddha des Mitgefühls und der nicht unterscheidenden Liebe, im Freudenzustand, weiß, sitzend, mit vier Armen. Die rechte äußere Hand hält eine Kristallmala, die alle Wesen aus der bedingten Welt befreit. Die beiden mittleren Hände umschließen das Juwel der Erleuchtung vor seinem Herzen. Die linke äußere Hand hält eine Lotusblüte, die die Reinheit seiner Einstellung zeigt. Seine Augen sehen jedes Wesen.

Lung, der (tib.): rituelles Vorlesen der *Diamantweg*stexte. Das bloße Hören der Silben überträgt ihre innere Bedeutung; siehe auch *Einweihung*.

Maha-Ati, das (skt.): siehe *Große Vervollkommnung*

Mahamudra, das (skt.): siehe *Großes Siegel*

Mahasiddha(s) (skt./tib.: Drubchen; wörtl.: „Großer Verwirklicher"): große *tantrisch*e Meister Indiens, die berühmt dafür waren, durch die kraftvollen Mittel des *Tantra* und des *Großen Siegel*s in einem Leben *Erleuchtung* zu erlangen. Sie kamen aus allen sozialen Schichten und verwirklichten die *Natur des Geistes* unter äußerlich oft ganz normalen Lebensumständen. Sie konnten durch ihre spirituelle Kraft Änderungen in der Welt der Erscheinungen bewirken und damit Schüler von der Wirksamkeit der Lehren überzeugen. Unter ihnen haben Saraha, *Tilopa* und *Naropa* eine herausragende Bedeutung in der *Kagyü-Linie*.

Mahayana, das (skt.): siehe *Großer Weg*.

Mala (skt./tib.: Threngwa): Buddhistische Meditationskette, wird zum Zählen von *Mantras* oder auch als körperliche Erinnerungsstütze für die vielen Wiederholungen verwendet.

Mandala, das (skt./tib.: Khyilkhor; wörtl.: „Zentrum und Umkreis"), mehrere Bedeutungen:

- Kraftfeld eines Buddha, das aus den unzähligen Möglichkeiten des Raums entsteht, oder die bildliche Darstellung davon.
  Im weiteren Sinne auch Kraftfeld einer Person oder einer Gruppe.
- geistig vorgestelltes Universum voller Kostbarkeiten, das man bei den Mandalagaben, dem 3. Teil der *Grundübungen*, den Buddhas schenkt
- Metall-Scheibe, die bei den Mandalagaben verwendet wird

Mantra, das (skt./tib.: Ngag): natürliche Schwingung einer *Buddhaform*. Aktiviert das *Kraftfeld* eines *Buddha*. Viele *Diamantweg-Meditation*en enthalten einen Abschnitt, in dem Mantras gesprochen werden.

Marpa (1012-1097): der „große Übersetzer". Er reiste dreimal nach Indien und verbrachte dort viele Jahre um bei seinen Lehrern zu lernen. Er war fähig den Buddhismus in Tibet wieder aufzubauen. Seine Hauptlehrer waren *Naropa* und Maitripa, von welchen er die *Sechs Lehren Naropas* und die Belehrungen zum *Großen Siegel* erhielt. Er war der erste tibetische Linienhalter der *Kagyü-Schule* und wurde *Milarepa*s Lehrer. Die Laien- und *Verwirklicher*-Übertragung der Kagyü-Linie wird auch oft „Marpa Kagyü" (vgl.: *Gampopa*) genannt.

Meditation (buddhistische): Das tibetische Wort „Gom" bedeutet „bekannt werden mit" und drückt einen Vorgang aus, wodurch der Geist geübt wird, seine Schleier fallen zu lassen. Hierbei benutzt man Mittel, die das vorher neu begrifflich Verstandene zur Eigenerfahrung machen. Meditation ist das mühelose Verweilen in dem, was ist. Auf den verschiedenen Ebenen der buddhistischen Belehrungen werden unterschiedliche Methoden gelehrt, die sich aber im wesentlichen unter *Shine* und *Lhaktong* zusammenfassen lassen. Im *Diamantweg* sind die wichtigsten Mittel die Einswerdung mit der *Erleuchtung*, das Erwecken der erleuchteten *Kraftfelder* durch *Mantras* und das Halten der *Reinen Sicht*. Wie früher in den Verwirklicherhöhlen Tibets ermöglicht heute geleitete Meditation (tib.: Gomlung) einer Großzahl der Meditierenden den Zugang zu den zahllosen Mitteln des *Diamantwegs*.

Milarepa (1040-1123): Hauptschüler *Marpas* und Lehrer *Gampopas*. Er ist der bekannteste der tibetischen *Verwirklicher*. Nachdem er sich auf Wunsch seiner Mutter an 35 Feinden seiner Familie gerächt und sie getötet hatte, suchte er einen Weg um das angesammelte schlechte *Karma* wieder zu reinigen. Er begegnete *Marpa* und aufgrund seines unerschütterlichen Vertrauens in ihn und seines Willens, selbst unter den schwierigsten Bedingungen zu meditieren, erlangte er die Verwirklichung der Belehrungen in einem Leben.

Naropa (956-1040): Schüler *Tilopas* und Lehrer *Marpas*. Indischer *Mahasiddha* und ehemaliger Gelehrter von Nalanda, einer der großen buddhistischen Universitäten Indiens. Nach acht Jahren verzichtete er auf das akademische Leben und wurde ein wandernder, bettelnder *Verwirklicher* auf der Suche nach seinem wahren Lehrer. Er verfasste die erste schriftliche Zusammenfassung über wichtige *tantrische* Lehren, die *Sechs Lehren Naropas* (tib.: Naro Chö Druk).

Natur des Geistes: siehe *Buddhanatur*

Ngöndro, das (tib.): siehe *Grundübungen*.

Nirwana, das (skt./tib.: Nyang ngen le depa): allgem. Befreiung vom Leiden in *Samsara*, spez. im *Mahayana* Zustand der Vollkommenheit (*Buddhaschaft*).

Nyingma-Linie, Nyingma-Schule, die Nyingmapas: die früheste der *Vier Hauptlinien* des tibetischen Buddhismus, die „Alte Schule". Sie wurde von dem indischen Meister *Guru Rinpoche* (tib./skt.: Padmasambhava) im achten Jahrhundert begründet. Man unterscheidet zwischen der Kama-Tradition, der Schule der direkten Übertragung von Lehrer zu Schüler, und der *Terma*-Tradition, der Übertragung der versteckten „Schätze". Der dem Buddhismus feindlich gesonnene König Langdarma zerstörte kurze Zeit später die Klöster und die Übertragungslinie, aber die durch die *Tertöns* (Schatzfinder) wieder entdeckten *Termas* retteten die Lehren *Guru Rinpoches* für spätere Generationen. Viele *Tertöns* waren

Kagyüs und durch das gegenseitige Halten von Übertragungen entstand eine nahe Verbindung zwischen der *Kagyü-* und der Nyingma-Schule.

Pferdekopf (tib.: Tamdrin/skt.: Hayagriva): Kraftvoll schützende Form von Buddha des grenzenlosen Lichtes (Amitabha), rotbraun. Schützer des Reinen Landes der höchsten Freude. In der rechten Hand hält er einen Stab mit Totenkopf und in der linken einen Haken zum Fangen und Beherrschen schädlicher Kräfte.

Phowa, das (tib.): die *Meditation* des bewussten Sterbens. Man lernt das Bewusstsein aus dem Körper heraus in das Herz des *Buddha* des Grenzenlosen Lichtes (siehe Anhang zu Buddhaformen) zu schicken und bereitet sich so auf den späteren Tod vor. Die Wirkung einer erfolgreichen Praxis ist, weniger Furcht zu haben und beim Sterben in das *Reine Land der Großen Freude* zu gehen. Von dort aus kann man sich zur *Erleuchtung* weiterentwickeln.

Puja, die (skt./tib.: Chöpa): „Anrufung durch Geben", auf Tibetisch gesungene *Meditation*/ Anrufung auf verschiedene *Buddhaformen*.

Rad der Zeit (tib.: Dükyi Khorlo/skt.: Kalachakra): Buddha, der Unwissenheit umwandelt, indem die festen Vorstellungen von Zeit gereinigt werden. Stehend, mit Partnerin, er ist blau, die Partnerin ist safrangelb. Sein rechtes Bein ist weiß, das linke rot.

Raum: Raum ist zeitlos und überall vorhanden als die allem innewohnende Möglichkeit des Geistes. Er enthält Wissen, erfährt Freude und drückt sich sinnvoll und liebevoll aus. Diesen Raum ständig in und um sich zu erkennen, ist die volle *Erleuchtung*. Oft als ein Nichts, etwas Fehlendes oder Schwarzes Loch missverstanden, verbindet er stattdessen alles. Von *Buddha* als *Leerheit* beschrieben, umfasst und erkennt er alle Zeiten und Richtungen.

Reines Land der Großen Freude (tib.: Dewachen/skt.: Sukhavati): *Reines Land* des Buddha des Grenzenlosen Lichtes (siehe Anhang zu Buddhaformen). Ist durch die von dem Buddha des Grenzenlosen Lichtes gemachten Wünsche und das *Phowa* besonders leicht zu erreichen.

Reines Land: das Kraftfeld eines *Buddha*. Das bekannteste Reine Land ist das *Reine Land der Großen Freude* des Buddha des Grenzenlosen Lichtes (siehe Anhang zu Buddhaformen).(siehe auch *Phowa*).

Reine Sicht (oder **Reine Sichtweise**): Sichtweise im *Diamantweg*. Man übt, die Welt und die Wesen als selbstbefreiendes Spiel des Raumes zu sehen.

Retreat: siehe *Zurückziehung*

Rinpoche (tib.); wörtl.: „Kostbarer". Ehrentitel, der häufig buddhistischen Lehrern verliehen wird.

Rote Weisheit (tib.: Dorje Pamo/skt.: Vajravarahi): Weibliche Buddha der letztendlichen höchsten Weisheit aller Buddhas, rot, tanzend. In der rechten Hand hält sie ein Haumesser, mit dem sie alles Kleinliche durchschneidet, in der linken eine Schädelschale mit dem Nektar der Befreiung. Wichtige Meditationsform in der Karma Kagyü Linie, Partnerin von Buddha höchste Freude.

Samadhi, das (skt./tib.: Ting-nge dsin): meditative Vertiefung.

Samsara, das (skt./tib.: Khorwa): Daseinskreislauf. Unfreiwillige Wiedergeburt in bedingten Zuständen.

Sangha, die (skt./tib.: Gendün): die Gemeinschaft der Praktizierenden. Als Teil der buddhistischen *Zuflucht* die verwirklichten Freunde auf dem Weg. Wird oft auch verwendet, um eine buddhistische Gruppe zu bezeichnen.

Sakya-Line, Sakya-Schule, die Sakyapas: eine der *Vier Hauptschulen* des Tibetischen Buddhismus, gegründet von Khön Könchok Gyalpo im 11. Jh. In ihr wird sowohl Gewicht auf das Studium als auch auf die *Meditation*spraxis gelegt.

Schützer (tib.: Chökyong): eine der *Drei Wurzeln*. Ihre Funktion ist, Hindernisse auf dem Weg zur *Erleuchtung* zu entfernen. Ihre Kraft bewirkt, dass jede Erfahrung zu einem Teil des Weges wird. Die Schützer, Quelle der *Buddhataten*, sind ebenso wie die *Yidams* Ausdruck des *Freudenzustandes* der *Erleuchtung* und in ihrer Essenz untrennbar vom *Lama*. In der *Kagyü-Linie* sind „Schwarzer Mantel" und „Strahlende Göttin" die wichtigsten Schützer. (Siehe Anhang zu Buddhaformen)

Schwarze Krone: besonderes Kennzeichen der *Karmapas*. Im Augenblick seiner *Erleuchtung* erhielt *Karmapa* die aus ihren Weisheitshaaren geflochtene Krone von den *Dakinis*. Sie krönten *Karmapa* damit zum „Herrn der Buddhaaktivität". Dieses Kraftfeld befindet sich immer über seinem Kopf und ist nur für Wesen auf hohen geistigen Stufen sichtbar. In *Kronzeremonien* wird eine Nachbildung verwendet, ein Mittel, bei dem durch Sehen *Befreiung* erlangt werden kann. Durch den Anblick der Schwarzen Krone oder die *Meditation* auf sie entsteht eine Offenheit, die es ermöglicht, die tiefsten Ebenen des Geistes zu reinigen und dessen Natur zu verwirklichen.

Schwarzer Mantel (tib.: Bernagchen/skt.: Mahakala): Hauptschützer der Karma Kagyü Linie, schwarzblau, springend oder mit seiner Partnerin Strahlende Göttin (Palden Lhamo) auf einem Muli reitend. In der rechten Hand hält er ein Haumesser, das alle Hindernisse abschneidet, in der linken eine Schädelschale mit dem Herzensblut des Egos.

Sechs befreiende Taten (tib.: Paröl tu djinpa druk/ skt.: Paramitas): befreiende Handlungen eines *Bodhisattvas*. Meistens werden die folgenden sechs genannt: Großzügigkeit, sinnvolle Lebensweise, Geduld, freudvolle Anstrengung, *Meditation* und befreiende Weisheit.

Sechs Lehren von *Naropa*: höchst wirksame Mittel der *Kagyü-Linie*, die nur in Zurückziehung verwendet werden. Ihr Ziel ist das Erkennen der *Natur des Geistes* durch seinen Energieaspekt. Folgende *Meditationen* sind darin enthalten: Innere Hitze (Tumo), Klares Licht (Ösel), Traum (Milam), Illusionskörper (Gyulü), Zwischenzustand (Bardo), Bewusstes Sterben (*Phowa*).

Segen: Den tibetischen Texten nach ein sehr starkes Mittel, um geistige Reife zu übertragen. Wird ermöglicht durch die Gleichheit von *Raum* und Freude überall und dass jedem die *Buddhanatur* innewohnt. Im *Diamantweg* kann der Lehrer durch die Begeisterung und Offenheit des Schülers einen Einblick in die *Natur des eigenen Geistes* vermitteln und so einen Geschmack von den jedem innewohnenden Möglichkeiten und ein tiefes Vertrauen in die eigene Entwicklung geben.

Shine (tib./skt.: Shamatha): Geistesruhe, stilles Verweilen. *Meditation* auf ein tatsächliches, vorgestelltes oder abstraktes Objekt. Man übt, den Geist einsgerichtet und ohne Ablenkung verweilen zu lassen. Shine ist im *Sutra* und *Tantra* Grundlage für die Erkenntnis der wahren *Natur des Geistes*.

Strahlende Göttin (tib.: Palden Lhamo/ skt.: Shri Devi): Weisheitsschützerin, die in allen vier Linien des tibetischen Buddhismus praktiziert wird. Partnerin von Schwarzer Mantel. Ihre bekanntesten Erscheinungen sind eine zweiarmige und eine vierarmige Form. Sie wird als Ausstrahlung von Sarasvati oder Tara betrachtet.

Stupa, der (umgangssprachlich auch: die) (skt./tib.: Chörten): eine Form, oft als Bauwerk, die vollkommene *Erleuchtung* symbolisiert, meist mit Reliquien und geschriebenen *Mantras* etc. gefüllt. Bedeutet wörtlich aus dem tibetischen übersetzt (chö = Geschenke, ten = Grundlage, Basis) eine Grundlage um Geschenke (von Körper, Rede und *Geist*) an die *Erleuchtung* zu geben. Wurde auch von *Buddha* im *Sutra* des abhängigen Entstehens gelehrt.

Sie steht für die Umwandlung aller Gefühle und Elemente in die fünf Erleuchtungs-Weisheiten und die fünf *Buddha*-Familien. Wird von Buddhisten als Stelle für überpersönliche Wünsche zum Besten aller Wesen verwendet und dabei im Uhrzeigersinn umschritten. Wird auch als Symbol für *Sangha* verwendet.

Sutra, das (skt./tib.: Do): oft als Ursachen-Merkmal-Weg bezeichnet. Man setzt lange die „Ursachen" für *Erleuchtung* um das „Merkmal" aller

Dinge, ihre *Leerheit* zu erkennen. Siehe auch *Großer Weg*.

2\. Bedeutung: (skt. wörtl. Leitfaden): Bezeichnung der einzelnen Lehrreden *Buddhas*.

Tantra, das / tantrisch (skt.) (buddhistisches); Teil des *Großen Weges*, bei dem die Identifikation mit *Erleuchtung* und das Halten der *Reinen Sicht* die wichtigsten Mittel sind. Tantrayana (Tantraweg) ist bedeutungsgleich mit Vajrayana (skt.; *Diamantweg)* und *Mantra*yana (*Mantra*weg). Das Ziel, *Buddhaschaft*, wird zum Weg gemacht. Ein schneller Weg zur *Erleuchtung*, der aber Vertrauen in den eigenen Geist und eine mitfühlende Einstellung (siehe *Erleuchtungsgeist*) voraussetzt.

Tenjur, der (tib.): Sammlung der Kommentare der indischen Meister zu den Belehrungen des *Buddha* (*Kanjur*), je nach Ausgabe zwischen 225 und 256 Bänden.

Terma, das (tib.); wörtl.: versteckter Schatz; von *Guru Rinpoche* und seiner tibetischen Gefährtin Yeshe Tsogyal versteckte Lehren, die dadurch erhalten und von späteren Schatzfindern (tib.: *Tertön*) wieder entdeckt wurden. Sie machen einen großen Teil der *Nyingma-Übertragung* aus.

Tertön, der (tib.); wörtl.: Schatzfinder, siehe *Terma*, siehe *Guru Rinpoche*

Tilopa: (928-1009): großer indischer *Meditations*meister und *Mahasiddha*, der die gesamte Übertragung des *Diamantwegs* in sich vereinigte. Er gab sie an seinen Hauptschüler *Naropa* weiter, und wurde somit zum Vorvater der *Kagyü- Linie*.

Thri (tib.): mündliche Erklärung zur *Meditation* von einem *Lama* oder in vielen Fällen auch von einem erfahrenen Schüler. Siehe auch *Einweihung*.

Tonglen (tib.): wörtl. Geben und Nehmen; *Meditation* des *Großen Weges*

Tulku (tib./skt.: Nirmanakaya): einer der *Drei Zustände der Erleuchtung*. Auch *Ausstrahlungszustand*. Drückt die Fähigkeit des Geistes aus, sich ungehindert aus dem Raum heraus zu zeigen. In seiner höchsten Bedeutung bezieht sich „Nirmanakaya" auf einen historischen *Buddha*. Er ist ein „perfekter Tulku". Weitere Arten von Tulkus sind der „Expertentulku", der z.B. als Heiler, Künstler oder Wissenschaftler zum Besten anderer handelt und der „geborene Tulku", der z.B. auch als Tier Geburt annehmen kann, um den Wesen zu helfen. Es gibt Tulkus, die sich an frühere Leben erinnern und solche, die sich anfangs noch nicht daran erinnern. Sie zeigen sich, um den Wesen den Zugang zu ihrer *Buddhanatur* zu ermöglichen. Tulku bedeutet wörtlich „Illusionskörper": Man ist nicht der Körper, sondern man hat ihn und kann ihn als Werkzeug zum Besten aller Wesen nutzen.

Tumo, das (tib.): siehe *Sechs Lehren von Naropa.*

Vajrayana, der (skt.): siehe *Diamantweg.*

Verwirklicher, -in (mannl., weibl.: skt.: Yogi, Yogini/ tib.: Naljorpa, Naljorma): buddhistische Übende, die sich, unabhängig von äußeren Sicherheiten oder gesellschaftlichen Regeln, vor allem auf die Erkenntnis von der *Natur des Geistes* ausrichten.

In Asien waren Buddhisten entweder Mönche, Laien oder Verwirklicher. Heute im Westen vermischen sich die Lebensweisen der Laien und Verwirklicher.

Vier Grundgedanken, auch **Vier allgemeine Vorbereitungen** genannt. Vier Gedanken, die ein tiefes Verständnis für die grundlegenden Tatsachen unseres Lebens entwickeln und den Geist auf das *Dharma* ausrichten:

- die Kostbarkeit unserer gegenwärtigen Existenz: dass wir sie nutzen können, um *Befreiung* und *Erleuchtung* zu erlangen
- die Vergänglichkeit: dass man diese Gelegenheit jetzt nutzen sollte
- *Karma*, Ursache und Wirkung: dass wir unser eigenes Leben gestalten
- die Tatsache, dass *Erleuchtung* die einzig wahre und andauernde Freude ist
  (siehe auch *Grundübungen)*

Vier Grundübungen: siehe *Grundübungen*

Vier Hauptschulen oder -linien des tibetischen Buddhismus: *Kagyü* (tib.; wörtl.: mündliche Übertragung), *Nyingma* (tib.; wörtl.: alter Stil), *Sakya* (ein Gebiet in Tibet), *Gelug* (tib.; wörtl.: Tugend-Tradition bzw. Ganden-Tradition).

Wahrheitszustand (tib.: Chöku/skt.: Dharmakaya; wörtl.: „Körper der Phänomene"): einer der *Drei Zustände der Erleuchtung*. Der Wahrheitszustand ist die zeitlose *Erleuchtung* an sich, die leere *Natur des Geistes*. Er bildet die Grundlage für den *Freuden-* und den *Ausstrahlungszustand*. Er ist das letztendliche Wesen eines *Buddha*, jenseits aller Formen, Eigenschaften und Begrenzungen. Die Erkenntnis des Wahrheitszustandes nutzt einem selbst und schenkt absolute Furchtlosigkeit, während die beiden *Formzustände* anderen nutzen.

Wang (tib.): siehe *Einweihung*

Weisheiten, fünf: Die Fünf Buddhaweisheiten sind die wahre Natur der Störgefühle. Durch die Umkehrung der gewöhnlichen Erfahrung wird Zorn als ein spiegelähnlicher Zustand erkannt, Stolz wird zur ausgleichenden Weisheit, Anhaftung zur Fähigkeit zu unterscheiden, Eifersucht verwandelt sich in die Kraft, Erfahrungen aneinander zu reihen, und Verwirrung wird zur alles durchdringenden Einsicht.

Weisheitsbuddha auf dem Löwen (tib.: Jampel Maseng/skt.: Simhasana Manjushri): Buddha des Wissens und der Weisheit, im Freudenzustand, seitwärts sitzend auf einem weißen Löwen mit blauer Mähne. Vor ihm stehen fünf Weisheitgeberinnen. In der rechten Hand hält er ein Schwert, das alle Unwissenheit durchschneidet und in der linken eine Lotusblüte mit Buch darauf. Er verkörpert sowohl die Weisheit, die noch mit Vorstellungen arbeitet, als auch die letztendliche.

Weißer Schirm (tib.: Dukar): Schützerin/schützende Buddha, im Freudenzustand, weiß, stehend, mit tausend Köpfen in den fünf Weisheitsfarben, die alles sehen. Ihre Zähne sind die männlichen und weiblichen Schützer, ihre Augen sehen alles, ihre rechten fünfhundert Hände und Füße segnen alle Wesen und die linken schützen und drücken alles Schädliche weg. Auch wichtig als Schützerin bei Reisen.

Yidam (tib.): siehe *Buddhaform*. Eine der *drei Wurzeln*. Quelle für *erleuchtet*e Eigenschaften.

Zuflucht (tib.: Khyab Dro; wörtl. „zum Schutz gehen"): die Begegnung mit der eigenen *Buddhanatur*. Man wendet sich den Werten zu, auf die wirklich Verlass ist. Man nimmt Zuflucht zum *Buddha* als Ziel, zum *Dharma* – der Lehre – als dem Weg, und zur verwirklichten *Sangha* – den *Bodhisattvas* – als seinen Freunden und Helfern auf dem Weg. Dies sind die so genannten *Drei Juwelen*. Im Diamantweg nimmt man zusätzlich Zuflucht zu den *Drei Wurzeln*. Die Zufluchtnahme bei einem *Lama* ist der rituelle Beginn des Weges. Er macht eine Verbindung zwischen der *Buddhanatur* des Schülers und der zeitlosen Weisheit eines *Buddha*. Als gutes Zeichen bekommt man einen buddhistischen Namen und es wird ein wenig Haar abgeschnitten, symbolisch für den Akt des Buddha, der, nachdem er seine Heimat verlassen hatte und beschlossen hatte, all seine Zeit und Energie der Suche nach Erleuchtung zu widmen, seine Haare abgeschnitten hatte.

Zurückziehung (buddhistische) (auch engl.: Retreat): Tage-, wochen- oder jahrelanges Meditieren (siehe auch *Drei-Jahres-Zurückziehung*) an einem ruhigen, abgeschiedenen Ort nicht abgelenkt von den Verstrikkungen des Lebens. Am wirkungsvollsten mit klarem Ziel und vorgegebenem Tagesablauf und unter Betreuung an einer buddhistischen Stelle und in Abstimmung des Lehrers. Es gibt offene und geschlossene Zurückziehungen, Einzel-, Paar- oder Gruppenzurückziehungen. Zurückziehungen schaffen mehr Abstand zum Alltag und Vertiefung der Meditationserfahrungen.

Adressen von buddhistischen Zentren

Eine Auswahl von über 460 Diamantweg-Zentren der Karma-Kagyü-Tradition unter der spirituellen Führung des 17. Karmapa Trinlay Thaye Dorje und geleitet von Lama Ole Nydahl

DEUTSCHLAND
www.diamantweg.de

Buddhistisches Zentrum **Augsburg**
Gögginger Str. 68
D-86159 Augsburg
Fon: +49 (821) 87444,
+49 (8231) 608241
Fax: +49 (1212) 547814751
Augsburg@diamondway-center.org
www.buddhismus-augsburg.info

Buddhistisches Zentrum **Berlin**
Grunewaldstr. 18
D-10823 Berlin
Fon: +49 (30) 78704213
Fax: +49 (30) 78704214
eMail: Berlin@diamondway-center.org
www.buddhismus-ost.de/Berlin/

Buddhistisches Zentrum Braunschweig
Kramerstr. 18
D-38122 Braunschweig
Fon: +49 (531) 798601
Fax: +49 (531) 791009
Braunschweig@diamondway-center.org
www.buddhismus-braunschweig.de

Buddhistisches Zentrum Darmstadt
Dieburger Str. 148a
D-64287 Darmstadt
Fon:+49 (6151) 77572
Fax: +49 (6151) 788496
eMail: Darmstadt@diamondway-center.org
www.buddhismus-darmstadt.de

Buddhistisches Zentrum Dresden
Bautzner Str. 14
D-01099 Dresden
Tel: +49 (351) 8951265
Fax: +49 (351) 8951268
Dresden@diamondway-center.org
www.buddhismus-dresden.de

Buddhistisches Zentrum Düsseldorf
Volmerswertherstr. 3
D-40221 Düsseldorf
Tel: +49 (211) 6173395, +49 (211) 7356422
Fax: +49 (211) 7356422
Duesseldorf@diamondway-center.org
www.buddhismus-duesseldorf.de

Buddhistisches Zentrum Frankfurt
Saalburgstr. 17
D-60385 Frankfurt am Main
Fon: +49 (69) 4691001
Fax: +49 (69) 4691002
Frankfurt@diamondway-center.org
www.buddhismus-frankfurt.de

Buddhistisches Zentrum Freiburg
c/o Rüdiger Waschke
Zasiusstr. 67
D-79102 Freiburg
Tel: +49 (761) 7072185
Fax: +49 (761) 7072186
Freiburg@diamondway-center.org

Buddhistisches Zentrum Hamburg
Thadenstr. 79
D-22767 Hamburg
Fon: +49 (40) 4328380
Fax: +49 (40) 43283810
Hamburg@diamondway-center.org
www.buddhismus-hamburg.de

Buddhistisches Zentrum Heidelberg-Leimen
Kaiserstr. 39
D-69181 Leimen
Fon: +49 (6224) 951748
Fax: +49 (6224) 951758
Heidelberg-Leimen@diamondway-center.org
www.buddhismus-heidelberg-leimen.de

Buddhistisches Zentrum Karlsruhe
Gartenstr. 52
D-76133 Karlsruhe
Fon: +49 (721) 8305070
Fax: +49 (721) 8305071
Karlsruhe@diamondway-center.org
www.buddhismus-karlsruhe.de

Buddhistisches Zentrum Kiel
Jungmannstr. 55-57
D-24105 Kiel
Fon: +49 (431) 93533
Fax: +49 (431) 93633
Kiel@diamondway-center.org
www.buddhismus-kiel.de

Buddhistisches Zentrum Konstanz
Mainaustr. 7
D-78467 Konstanz
Tel: +49 (7531) 67705
Fax: +49 (7531) 67787
Konstanz@diamondway-center.org
www.buddhismus-konstanz.de

Buddhistisches Zentrum Köln
Aquinostr. 27
D-50670 Köln
Fon: +49 (221) 7327475
Fax: +49 (221) 7327475
Koeln@diamondway-center.org
www.buddhismus-koeln.de

Buddhistisches Zentrum Leipzig
Wiesenstr. 1
D-04564 Böhlen-Großdeuben
Fon: +49 (34299) 76812
Fax: +49 (34299) 76813
Leipzig@diamondway-center.org
www.buddhismus-leipzig.de

Buddhistisches Zentrum München
Gabelsbergerstr. 52 / RGB
D-80333 München
Fon: +49 (89) 52046330
Fax: +49 (89) 52046340
Munich@diamondway-center.org
www.buddhismus-muenchen.de

Buddhistisches Zentrum Passau
Löwengrube 16
D-94032 Passau
Fon: +49 (851) 36750
Fax: +49 (851) 931100
Passau@diamondway-center.org
www.buddhismus-passau.de

Buddhistisches Zentrum Regensburg
Am Brixener Hof 6
D-93047 Regensburg
Tel: +49 (941) 5998173
Fax: +49 (941) 5998174
Regensburg@diamondway-center.org
www.buddhismus-regensburg.de

Buddhistisches Zentrum Schwarzenberg
Hinterschwarzenberg 8
D-87466 Oy-MitFonberg
Fon: +49 (8366) 98380
Fax: +49 (8366) 983818
Schwarzenberg@diamondway-center.org
www.zentrum-schwarzenberg.de

Buddhistisches Zentrum Stuttgart
Esslinger Str. 22
D-70182 Stuttgart
Fon: +49 (711) 607268
Fax: +49 (711) 607268
Stuttgart@diamondway-center.org
www.buddhismus-stuttgart.de

Buddhistisches Zentrum Wuppertal
Wittensteinstr.22
D-42285 Wuppertal
Fon: +49 (202) 84089
Fax: +49 (202) 82845
Wuppertal@diamondway-center.org
www.buddhismus-wuppertal.de

Buddhistisches Zentrum Würzburg
Nürnberger Str. 80
D-97076 Würzburg
Fon: +49 (931) 283151
Fax: +49 (931) 283153
Wuerzburg@diamondway-center.org
www.buddhismus-wuerzburg.de

ÖSTERREICH

www.diamantweg.at

Buddhistisches Zentrum Graz
Pfeifferhofweg 94
A-8045 Graz
Fon: +43 (316) 670700
Fax: +43 (316) 67070023
Graz@diamondway-center.org

Buddhistisches Zentrum Linz
Hauptplatz 15/15
A-4020 Linz
Fon: +43 (732) 680831,
+43 (732) 602182
Fax: +43 (732) 676534
Linz@diamondway-center.org

Buddhistisches Zentrum Wien
Josef Melichargasse 20
A-1210
City Center: Siebensterngasse 25
A-1070 Wien
Fon: +43 (1) 2631247
Fax: +43 (1) 2631247
Wien@diamondway-center.org

SCHWEIZ

www.buddhismus.org

Buddhistisches Zentrum Basel
Laufenstr. 15
CH-4053 Basel
Fon: +41 (0) 61 2720223
Fax: +41 (0) 61 2720223
Basel@diamondway-center.org
www.buddhismus-basel.ch

Buddhistisches Zentrum Bern
Bellevue im Park
Morillonstrasse 87
CH-3007 Bern
Fon: +41 (0) 31 3111451
Fax: +41 (0) 31 8195297
Bern@diamondway-center.org
www.buddhismus.org/ZentrenCH/ZenBern.html

Buddhistisches Zentrum Zürich
Hammerstr. 9
CH-8008 Zürich
Fon: +41 (0) 1 3820875
Fax: +41 (0) 1 3820875
Zurich@diamondway-center.org
www.buddhismus.org/ZentrenCH/Zenzurich.html

Die Adressen weiterer buddhistischer Zentren in den deutschsprachigen Ländern und weltweit sind zu finden unter www.diamantweg.de und www.diamondway-buddhism.org

Weitere Informationen zum Autor, seinen Büchern und seiner Arbeit finden Sie unter:
www.lama-ole-nydahl.de

Allgemeine Informationen zum Buddhismus:
www.buddhismus.de

Weitere Bücher von Lama Ole Nydahl

Lama Ole Nydahl
Wie die Dinge sind
ISBN:3-426-87234-X
Verlag: Knaur TB

Eine zeitgemäße Einführung in die Lehre Buddhas
Was ist Buddhismus? Welche Möglichkeiten lehrte Buddha, um festgefahrene Vorstellungen zu durchbrechen? Wie kann der moderne Mensch die täglichen Freuden und Sorgen in Beruf, Familie und Partnerschaft für seine geistige Entwicklung nutzen? Wie die Dinge sind ist eine lebendige Übertragung der tiefen Weisheit Buddhas geschrieben von einem der bekanntesten westlichen buddhistischen Meister, einem Lama »zum Anfassen«.

Lama Ole Nydahl
Der Buddha und die Liebe
ISBN: 3-426-66692-8
Verlag: Knaur

Lama Ole Nydahl beschreibt eindrucksvoll, was Buddha empfahl, um eine Partnerschaft so zu leben, dass sowohl das Paar als auch dessen Umfeld in einen Bereich des Glücks eintreten. Buddha lehrt, dass wir unsere jeweiligen Lebenssituationen selbst schaffen und unendlich viele Veränderungs- und Gestaltungsmöglichkeiten haben. Liebe und Partnerschaft werden als Grundlage für Wachstum und Entwicklung verstanden und gleichzeitig als Möglichkeit, persönliche Begrenzungen zu überwinden und letztlich ganz aufzulösen. Lama Ole Nydahl ist seit über 35 Jahren verheiratet und hat mit seiner Frau Hannah das geschaffen, wovon viele träumen: ein erfülltes, dauerhaft glückliches Leben.